Access for Beginners

액세스
실전솔루션

강경원 著

ACCESS

21세기사

급변하는 산업 사회에서 기업의 승패는 정보력으로 승부가 갈린다. 소비자 제품 선호도의 다양성은 소품종 다량 생산으로 기업을 경영하던 패턴에서 다품종 소량 생산으로 기업 경영의 패턴을 바꾸어 놓았다. 이제 소비자가 무엇을 원하는지 그 정보를 실시간으로 파악하지 않으면 안 된다. 이것은 제품 생산과 판매에 이르는 기업의 전반적인 경영과 연결되기 때문이다. 이제 정보가 곧 경쟁력이라는 등식은 정치, 경제, 사회, 문화, 보건의료, 교육, 스포츠 등 거의 모든 분야에 적용된다.

정보는 방대하게 수집된 데이터를 통해 얻어진다. 양질의 정보는 체계적으로 잘 정리된 데이터를 통해 가공되어 만들어진다. 방대한 양질의 데이터가 체계적으로 잘 정리되어 있다면 이것을 이용하여 양질의 정보를 만들 수 있다. 가장 쓰이지 않을 것 같은 스포츠 분야에서도 정보는 중요하다. 전 세계를 흥분의 도가니로 몰아넣었던 월드컵을 예로 들어보자. 이제 축구의 승리는 걸출한 한 사람의 선수보다는 선수들의 장단점에 대한 정보를 바탕으로 한 탄탄한 조직력, 상대방의 전략과 전술 상대 선수의 세세한 정보까지도 알아서 대처하는 능력 등을 가진 감독이 필요한 것이다. 축구 감독에게 있어 시합 전에 상대방의 선수 및 과거 게임의 녹화를 보면서 데이터를 수집하고 이를 분석하여 맞춤형 연습을 시키는 것은 당연한 일이다.

오늘날은 누구든 데이터베이스를 사용하지 않고서는 생활이 불가능한 시대이다. 여러분이 은행 또는 병원을 방문하여 인터넷을 통해 신용카드 결제나 체크카드 결제를 하려는 순간부터 여러분은 이미 금융 또는 보건의료 데이터베이스를 사용하려는 것으로 생각할 수 있다. 거미줄 같이 복잡하게 얽힌 글로벌 네트워크에서 금융 업무와 관련한 전산 시스템 또는 보건의료기관에서 사용하는 국민건강보험 처리 시스템 등 국가 기간 전산망이 다운되었다고 가정해 보라. 그 피해와 불편은 상상하기 어려울 것이다.

데이터베이스는 이제 데이터베이스 전문가들만의 전유물이 아니라 누구든지 자신의 업무 형태에 맞는 데이터베이스를 만들 수 있는 능력이 있어야 한다. 대규모의 데이터베이스는 기업 차원 혹은 국가 차원에서 이루어진다. 그러나 소규모의 업무환경을 가진 중소기업이나 개인은 큰 규모의 데이터베이스를 만들 수는 없지만 자신의 비즈니스 환경에 맞는 소규모의 데이터베이스는 구현할 수 있어야 한다.

이 교재는 소규모의 데이터베이스를 만들어 활용할 수 있도록 하는데 목적을 두고 있다. 데이터베이스 이론은 수학적 기반과 함께 매우 추상적인 용어가 사용되며 관련된 이론의 범위가 매우 넓어 비전공자들이 이해하기란 쉬운 일이 아니다. 그렇다고 데이터베이스와 관련된 이론을 무시할 수는 없다. 이 교재는 데이터베이스 이론서는 아니지만 충분한 실습을 통해 이를 스스로 이해하여 초보자라도 쉽게 데이터베이스를 실무에 활용할 수 있도록 집필하였다.

저자는 수많은 실무 경험과 강단에서 강의한 경험을 바탕으로 군더더기 없이 쉬운 것에서부터 꼭 필요한 내용을 중심으로 교재의 내용을 처음부터 끝까지 일관성 있게 기술하였다. 따라서 이 교재는 처음 데이터베이스를 대하는 정보 계열 학생이나 비즈니스 실무자, 경영 계열 또는 보건의료행정 전공 학생, 컴퓨터활용능력1급, 사무자동화산업기사를 준비하는 수험생에게 적합할 것으로 여겨진다. 이에 따른 이 책의 특징은 다음과 같다.

첫째, 이 교재는 데이터베이스 초보자인 고수준씨라는 사장을 등장시켜 학습자가 추구해야하는 학습의 방향을 각 장의 첫머리에 제시하고 실습을 통해 이를 이해하여 활용할 수 있도록 하였다.

둘째, 이 교재의 구성은 크게 네 부분으로 나뉜다. 1장과 2장은 데이터베이스의 개념에 대한 기초 내용, 3장에서 8장까지는 액세스 사용법과 테이블, 쿼리, 폼, 보고서 등과 관련한 기본 개념을 익히는 실습, 9장에서 15장까지는 데이터베이스 모델링, 정규화 이론, 관계 설정, 조인을 이용한 쿼리 등의 실습, 16장에서 21장은 테이블 정의에서부터 검색 쿼리에 이르기까지의 전 과정을 SQL로 구현하는 실습으로 구성되어 있다.

셋째, 표준 SQL을 사용하는 상용 RDBMS를 활용할 수 있도록 액세스를 이용하여 실습한 후에 표준 SQL을 이용하여 반복 구현함으로써 SQL을 쉽게 활용할 수 있도록 하였다.

넷째, 제시되고 있는 실무 예제는 약간의 변경만으로 실무 현장에 그대로 사용할 수 있도록 하였고 사무자동화산업기사, 컴퓨터활용능력1급, 기업의 OA능력검정 등의 자격 검정에도 충분히 대응할 수 있게 하였다.

다섯째, 액세스의 버전 변경에 영향을 받지 않도록 데이터베이스에서 필수적으로 다루어야하는 내용과 SQL을 중심으로 엮어 다른 DBMS사용에도 도움이 되도록 하였다.

여섯째, 혼자하기, 연습문제, 종합 연습문제를 통해 충분한 연습이 가능하도록 하였고 보건의료행정 또는 경영 분야의 실무에 적절히 활용할 수 있도록 하였다.

이 책에서 언급되지 않은 액세스 특유의 많은 기능들은 액세스 도움말이나 매뉴얼을 참조하기 바란다. 끝으로 이 책이 데이터베이스를 구현하고 이를 이용하고자하는 수많은 학습자에게 미력하나마 작은 도움이 되기를 바라는 마음 간절하며 부족한 부분은 아낌없는 충고를 해 주길 바란다. 아울러 이 책이 나오기까지 도움을 주신 많은 분들에게 진심으로 감사의 마음을 전한다.

늦은 밤 연구실에서
저자 씀

목 차

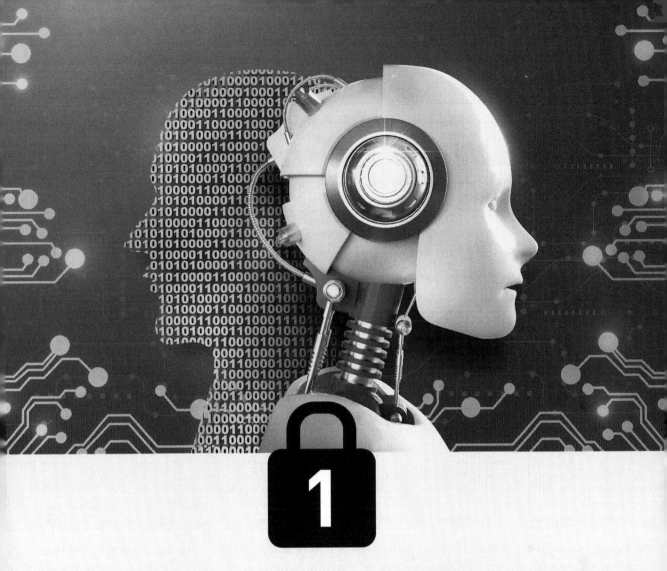

정보 시스템이란?

1.1   자료

자료는 일반적인 컴퓨터 용어로 데이터(data)라고 한다. 자료(data)는 현실 세계에서 관찰 또는 실험, 측정을 통해서 수집된 가공하지 않은 형태의 값이나 사실을 말한다. 그러므로 우주 또는 인간 세계에 존재하는 유형·무형의 모든 것이 자료가 될 수 있다. 자료의 이해를 돕기 위해 몇 가지 간단한 예를 들어보자. 학교에서 시험을 치는 경우, 시험 과목의 답안지가 자료에 해당된다. 일기예보를 위해 수집되는 각종 측정치나 관찰되는 값도 자료이다. 직원에게 지급할 월급을 계산하기 위해 존재하는 직원의 가족사항, 결근일수, 월별실적 등도 자료에 속한다. 기업 영업의 경우, 고객의 이름, 나이, 취미, 주소, 전화번호 등은 고객 관리의 중요한 자료로 사용된다. 은행의 경우, 고객의 이름, 주민등록번호, 비밀번호, 입금, 출금, 신용도 등은 금융거래의 중요한 자료에 해당한다. 비디오 숍에서는 신규 고객이 오면 고객의 자료를 등록하고 비디오를 빌려준다. 이때 발생하는 고객의 전화번호, 대여 비디오, 날짜 등은 비디오 숍에서 발생하는 중요한 자료가 된다. 의사가 환자를 진찰할 때 측정하는 혈압, 몸무게, 과거에 앓았던 병 등은 환자를 치료하는데 사용되는 자료이다.

이러한 자료는 자본, 사람, 기술과 더불어 기업 경영에 관한 의사 결정에 중요한 역할을 한다. 첨단 산업국에서는 대부분의 기업들이 별개의 독립 부서로 하여금 자료를 관리하게 하고 그 책임자를 최고 경영자급으로 임명하고 있다는 것은 자료의 중요성을 단적으로 나타낸 것이다. 즉, 현재와 같은 정보화 사회에서 기업의 관점에서 볼 때, 정확한 자료를 많이 가지고 있어야 한다. 정확한 자료를 어떻게 확보하느냐 하는 것은 오늘날의 기업 경영에 있어 가장 중요한 요소 중의 하나가 된 것이다. 예를 들어, 비행기를 자동으로 목적지까지 도착하게 하는 자동항법시스템의 경우, 풍향, 고도, 현재 속도 등의 자료는 중요한 자료가 된다. 만약 이 자료가 잘못되었다고 가정해 보자. 비행기는 원하는 목적지에 도달하지 못할 뿐만 아니라, 추락할 가능도 있다. 기업의 경우, 잘못된 자료는 경영자의 잘못된 판단을 유발시킬 수 있고, 기업을 망하게 할 수도 있다. 컴퓨터에서 "쓰레기가 들어가면 쓰레기가 나온다"라는 말로 "garbage in garbage out"가 있다. 이는 자료의 중요성을 단적으로 설명하는 말이다. 즉, 잘못된 자료는 잘못된 정보를 산출하고 잘못된 판단을 유도한다.

요점정리

● **자료(data):** 현실세계에서 관찰 혹은 실험, 측정을 통해서 수집된 가공하지 않은 형태의 값이나 사실(예: 온도, 습도, 풍속, 스포츠의 각종기록, 나이, 취미, 혈압, 몸무게, 답안지 … 등)

1.2 정보

정보(information)는 어떤 상황에 대한 적절한 의사 결정을 할 수 있게 하는 지식(knowledge)으로 정확성과 현재성을 가지고 있어야 한다. 정보의 정확성은 정확한 자료를 통해 얻어지고, 정보의 현재성은 시간과 밀접한 관계가 있다. 인간은 우주·인간 세상에 존재하는 유형·무형의 자료로부터 끊임없이 정보를 획득하여 판단을 내리게 된다. 정보의 이해를 돕기 위해 몇 가지 예를 들어보자. 학교에서 시험을 치는 경우, 자료에 해당하는 시험 과목의 답안지는 학생의 성적을 산출하는데 사용되고, 학생의 성적은 학생과 교수, 학교, 학부모 등 모두에게 중요한 정보가 된다. 그런데, 방금 치른 시험의 성적 결과가 다음날 나온다면 학생과 교수, 학교, 학부모 모두에게 유용한 정보가 될 수 있지만, 성적 결과가 1년 후에 나온다면 이것은 모두에게 유용한 정보가 되지 않는다. 운전 면허 시험의 예를 들어보자. 시험을 치르고 나면, 바로 합격 유무를 알려준다. 시험 직후, 합격 유무는 수험자에게 중요한 정보가 된다. 또, 어떤 환자가 자신의 병을 진찰하기 위해 병원을 찾았다. 의사는 각종 진료 장비를 동원해 환자의 자료를 수집할 것이고, 이 환자의 병이 무엇이며 어떻게 치료를 해야 하는지의 판단을 내린다. 의사의 판단은 정보를 통해 내릴 수 있는데, 이 판단이 1년 후에 나온다고 가정해 보자. 1년 내에 환자는 증세가 심각하게 악화될 수 있고, 죽을 수도 있다. 즉, 의사의 판단은 정확해야하고 빨라야 한다. 아무리 정확하고 좋은 정보라고 하더라도 필요시에 즉각 제공되지 않으면 정보가 될 수 없는 것이다.

오늘날 기업의 관점에서 볼 때, 기업 경영에 필요한 정보를 필요한 시점에 얻을 수 없다면 그 기업은 살아남기 어렵다. 예를 들어, 의류를 생산하는 기업의 경우, 다가올

계절의 날씨를 정확하고 빠르게 예측할 수 있다면 제품 생산에 이를 반영하여 기업의 경쟁력을 확보할 수 있다. 즉, 의류 생산 기업에서 일기 예보는 중요한 정보가 될 수 있다. 제품을 수송하는 운송 사업자의 경우, 고속도로 혹은 일반도로의 교통 상황은 차량 운전자에게 중요한 정보가 된다. 만약, 출발 전에 미리 고속도로의 도로 여건이 좋지 않다는 사실을 알 수 있다면 다른 도로를 통해 이동할 수 있을 것이므로 운전자에게는 꼭 필요한 정보를 획득한 것이 된다. 그러나 운전자가 고속도로에 진입해서야 도로 여건이 좋지 않다는 사실을 알았다면 이것은 정보가 될 수 없다. 시시각각으로 변화하는 세계 시장의 변화에 신속하게 대응해야 하는 오늘날의 기업 경영에 있어, 기업이 필요한 정보를 필요한 때에 얼마나 빨리 획득하느냐하는 것은 기업의 생존을 결정하는 가장 중요한 요소가 된 것이다.

요점정리

- **정보(information):** 어떤 상황에 대해 적절한 의사 결정을 할 수 있게 하는 지식 (knowledge)으로 정확성과 현재성을 가지고 있어야 함(예: 일기예보, 스포츠의 기록분석, 환자의 진단, 성적 … 등)
- **garbage in garbage out:** '쓰레기가 들어가면 쓰레기가 나온다'는 말로, 잘못된 자료는 잘못된 정보를 산출하고 잘못된 판단을 내리게 하기 때문에 정확한 자료수집의 중요성을 강조하는 용어.

1.3   정보 시스템

정보 시스템(information system)은 어느 한 단위 조직체에서 존재하는 각종 자료를 수집하여 조직하고 저장해 두었다가 필요한 때에 가공 처리하여 의사 결정에 필요한 정보를 생성하여 제공해 주는 역할을 한다. 예를 들어, 경영정보시스템(MIS, Management Information System)은 경영자에게 기업의 경영 관리에 필요한 의사 결정을 위하여 가장 최신의 정확한 정보를 제공한다. 군사정보시스템(Military Information)은 군 지휘관에게 의사 결정에 필요한 최신의 정보를 제공한다. 이와 같이 의사 결정을 위해 사용되는 정보 시스템은 그 사용 목적에 따라 여러 가지 이름으로 불릴 수 있다. 예를 들어, 국가 행정 관리를 목적으로 정보 시스템이 구축되었다면 행정정보시스템(Administration Information System)이라 할 수 있고, 인사 관리의 목적으로 정보 시스템이 구축되었다면 인사정보시스템(Personnel Information System)이라 할 수 있다. 만약, 비디오 대여 숍에서 이를 관리하기 위한 목적으로 정보 시스템이 구축되었다면 비디오관리정보시스템이라고 할 수 있을 것이다.

이렇게 자료를 조직하고 저장하고 정보를 생성해 내는데 있어서 컴퓨터는 아주 유용한 도구이다. 만약 PC에 50G(기가) 바이트의 하드디스크가 장착되어 있다면 200자 원고지 약 1억3천4백만 장 분량의 자료를 한꺼번에 저장해 둘 수 있다. 또, PC의 마이크로프로세서(microprocessor)가 4G Hz라면 1초 동안에 약 40억 번 이상의 속도로 자료를 가공 처리할 수 있다. 컴퓨터의 이러한 놀라운 처리 능력으로 인해서 정보 시스템이라 하면 컴퓨터를 사용하여 정보를 생성한다는 의미를 기본적으로 가지고 있고, 모든 정보 시스템은 그 중심에 컴퓨터를 두고 있다. 이를 그림으로 도시하면 〈그림 1.1〉과 같다.

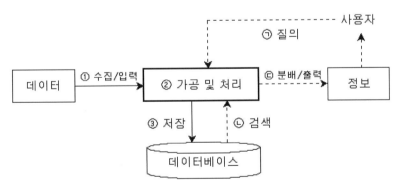

〈**그림 1.1**〉 정보 시스템의 개요

성적처리과정을 통해 〈그림 1.1〉의 정보 시스템을 이해해 보자. ① 학생들이 시험을 치른다면 감독자는 답안지를 수집하고, 답안지는 컴퓨터의 입력장치(OMR, 키보드, 인터넷 등)를 통해 컴퓨터 내로 입력된다(*답안지 입력*). ② 입력장치를 통해 들어온 자료는 가공 및 처리과정을 통해 평균, 등급 등을 계산한다(*평균, 등급 등 계산*). ③ 자료 및 계산 결과는 보조기억장치(하드디스크 혹은 CD-ROM 등)에 저장된다(*성적이 기록되어 저장됨*). **이 과정을 통해 조직적(체계적)으로 저장된 데이터(계산 결과 포함)를 데이터베이스라 한다.** ㉠ 데이터베이스에서 정보가 필요한 사람(혹은 조직)은 입력 장치(키보드, 마우스 등)를 통해 데이터베이스에 질의(쿼리) 한다(*평균이 90점이상인 학생*). ㉡ 컴퓨터는 질의내용을 데이터베이스에서 검색하는 처리과정을 수행한다(*성적 데이터베이스에서 평균이 90점 이상인 학생을 검색*). ㉢ 검색결과는 질의를 한 사람(혹은 조직)에게 출력장치(모니터, 프린터, 인터넷 등)를 통해 전달된다(*모니터 혹은 프린터 등을 통해 질의 자에게 정보가 전달됨*). **이 과정을 통해 사람(혹은 조직)은 필요한 정보를 획득하게되고, 정보를 바탕으로 의사결정을 수행하게된다.**

위의 과정을 통해 처리되는 성적처리시스템에 이름을 붙인다면 학사정보시스템이라 할 수 있다. 정보 시스템에서 정보를 이용하려는 사람은 ㉠과 ㉢의 과정에서만 입/출력 장치를 통해 접근할 수 있다(*성적조회*). ①에 해당하는 데이터의 입력과 ②의 처리와 관련이 있는 사람은 데이터베이스의 접근이 허용된 소수의 사람만이 하게 된다(*성적데이터베이스*). 특히 ②의 가공 및 처리와 관련하여 데이터베이스 접근 권한이 허용되는 사람을 데이터베이스관리자(DBA)라 한다. 또한, 데이터베이스는 외부로부터의 불법적인 침입을 차단하는 방화벽(fire wall)의 설치가 필수적이다.

요점정리

- **정보 시스템(information system):** 어느 한 단위 조직체에서 존재하는 각종 자료를 수집하여 조직하고 저장해 두었다가 필요한 때에 가공 처리하여 의사 결정에 필요한 정보를 생성하여 제공해 주는 역할(예: 경영정보시스템, 군사정보시스템, 행정정보시스템, 인사정보시스템, 의료정보시템 … 등)
- **데이터베이스(database):** 컴퓨터의 보조 기억장치에 조직적이고 체계적으로 저장된 데이터를 말함
- **데이터베이스관리자(DBA):** 컴퓨터의 보조 기억장치에 저장된 데이터의 가공 및 처리와 관련하여 데이터베이스 접근 권한이 허용되는 사람
- **방화벽(fire wall) 시스템:** 어떤 기관의 내부 네트워크를 보호하기 위해 외부로부터의 불법적인 침입을 차단하기 위해 설치하는 시스템

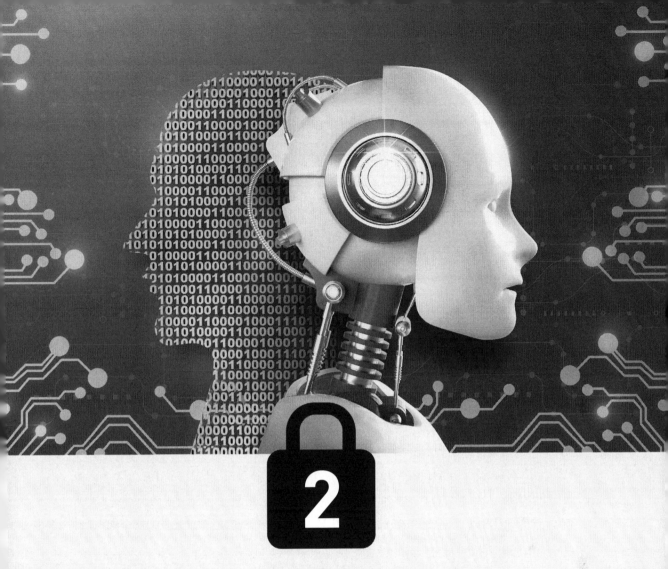

데이터베이스와 DBMS

2.1 데이터베이스의 개념

    데이터베이스는 원래 여러 사람 혹은 조직이 공동으로 사용하는 공용의 개념에 기초를 두고 있다. 따라서 데이터베이스는 어느 한 조직의 여러 응용 시스템들이 공용으로 사용할 수 있도록 통합, 저장하여 운영되는 데이터의 집합이라고 정의할 수 있다. 예를 들어 어느 기업의 고객관리시스템을 살펴보자. '중소기업에 해당하는 고조선 기업의 사장인 고수준 사장은 수년 사이에 회사의 매출액과 이익이 급성장 함에 따라 전국 규모의 고객관리시스템을 직접 구현하기로 한다.' 고조선 기업의 기본적인 고객관리시스템의 구현을 위한 의사결정 과정을 통해 데이터베이스의 개념을 이해해 보자.

    잘 정리되어 있는 서류는 업무처리의 능률을 올릴 수 있을 뿐만 아니라 업무처리의 정확성을 기할 수 있다. 책상 위에 아니면 서류를 보관하는 상자에 관련 서류가 어지럽게 널려 있다면 처리하기 위한 서류를 찾는데 많은 시간을 보내야한다. 반대로 평소 서류가 잘 정돈되어 있다면 관련 서류를 빨리 찾을 수 있고 업무처리를 신속하게 할 수 있을 것이다. 데이터베이스는 컴퓨터의 보조기억장치(예: 하드디스크)에 기업과 관련한 데이터(예: 고객명부, 매출전표 등)를 체계적으로 잘 정리해 저장한 것을 말한다.

🔒 데이터베이스 구현 이전의 데이터관리

(사 례) 고조선 기업의 사장인 고수준씨는 영업 과정에서 수많은 고객을 만난다. 만나는 고객마다 고사장은 고객과 서로 명함을 교환하며 인사를 하고 영업과 관련된 상담을 한다. 사무실에서 고사장은 명함철에 명함을 정리해 꽂고 영업 상담일지에 영업과 관련한 내용을 꼼꼼히 기록한다. 이렇게 모아두는 명함과 영업 상담 자료는 고조선 기업의 영업과 관련한 중요한 데이터가 된다. 고수준씨는 고객과의 영업 상담과정에서 얻어진 상담자료를 분석하여 물품구매에서부터 적정 재고 유지에 이르기까지 다양한 기업 경영의 정보로 활용한다. 고객이 늘어남에 따라 기업의 규모도 커지게 되고 관리해야하는 데이터의 양도 늘어나게 되었다. 아주 단순한 업무임에도 불구하고 처리 시간이 상당히 지체되었고 탁상용 계산기를 이용하여 계산한 결과를 신뢰하기 어려웠고 잘못된 계산으로 큰 문제가 생기기도 하였다. 예를 들어 대금을

미납한 기업의 명단을 작성하고 월별 평균 미납금과 미납금 합계를 기업별로 계산하려고 할 경우에도 많은 시간과 인력이 낭비되었다. 시간이 갈수록 기업의 규모는 커져가고 고객은 늘어나는데 기업 관리의 능률이 오르지 않자 고사장은 이와 관련한 전산화로 데이터베이스를 구현하기로 결정한다.

🔒 데이터베이스 구현 이후의 데이터관리

(사례) 오늘도 고수준씨는 영업 과정에서 수많은 고객을 만난다. 영업 혹은 거래 과정에서 발생한 많은 데이터를 데이터 입력 담당자에게 준다. 담당자는 고사장 혹은 직원이 건네준 각종 데이터를 컴퓨터의 키보드 혹은 마우스를 통해 체계적으로 입력해 넣는다. 이렇게 입력된 데이터는 컴퓨터의 하드디스크에 규격화되어 모아지게 된다. 이제 고수준 사장은 대금을 미납한 기업의 리스트를 보는데 시간을 소비하지 않아도 된다. 마우스로 **대금미납자리스트** 버튼만 클릭하면 화면에 리스트가 전화번호 주소와 함께 순식간에 표시될 뿐만 아니라 필요하면 프린트해서 보관할 수 있다. 뿐만 아니라 미납 기업의 총 미납금 합계와 월별 미납금 합계의 결과도 순식간에 볼 수 있고 그 결과를 의심하지 않아도 된다. 담당자가 입력한 데이터가 정확하다면 말이다. 담당자가 잘못된 데이터를 입력하면 그 결과는 당연히 틀리다. 그래서 컴퓨터 관련 용어에서는 개비지 인 개비지 아웃(garbage in garbage out)이라는 말이 있다. 즉 쓰레기가 들어가면 쓰레기가 나온다는 뜻이다. 이 용어는 컴퓨터를 이용한 전산화 과정에서 특히 유의해야 하는 중요한 말이다.

데이터베이스에서는 이러한 데이터 관리의 오류를 줄일 수 있는 방안이 다양하게 연구되고 있다. 만약 내가 생각하고 있는 것을 잘못 입력하여도 컴퓨터가 고쳐줄 수 있다면 얼마나 좋겠는가. 그러나 현재 사람의 생각을 읽어내는 컴퓨터의 프로그램은 지구상에 없다. 결국 사람이 잘못 입력하면 그것으로 끝이다. 그래서 전산화 과정에는 데이터 대사라는 작업이 있다. 즉 입력된 데이터와 원본 데이터가 동일한지를 비교하는 작업이다. 지루하고 따분하며 시간이 많이 걸리는 작업이다. 그러나 한번 정확하게 입력된 자료는 반복적으로 활용되므로 꼼꼼하게 대사 작업을 하여야 한다.

🔒 데이터베이스의 활용

(사 례) 고조선 기업의 고객 자료는 데이터베이스 서버라고 불리는 컴퓨터의 하드디스크에 저장되어 있다. 만약 하드디스크가 10기가 바이트(G byte)라고 한다면 10×1024×1024×1024÷2의 결과에 해당하는 5,368,709,120자의 한글을 저장할 수 있다. 200자 원고지 26,843,545장에 해당하는 엄청난 분량의 데이터를 손바닥 크기의 공간에 저장할 수 있다는 의미가 된다. 데이터베이스는 컴퓨터의 하드디스크와 같은 저장 공간에 데이터를 체계적으로 저장해두고 필요할 때 그 데이터를 이용하여 정보를 제공해 준다. 이렇게 컴퓨터의 저장 공간에 데이터를 체계적으로 저장하고 조직할 수 있도록 해 주는 소프트웨어가 필요하다. 데이터베이스관리시스템(DBMS)으로 불리는 이 소프트웨어는 기업 또는 개인이 데이터베이스를 구현하고자 할 때 구매하여 데이터베이스 서버를 구축하는데 사용하게 된다. 고조선 기업의 데이터베이스 서버에 저장된 데이터는 다양한 형태로 가공되어 고사장에게 제공되고 이것은 사업에 필요한 유익한 정보가 된다. 그리고 고객들에게 공개해도 좋은 데이터는 고객 서비스를 위해 보기 좋게 잘 가공되어 인터넷에 올려 지게 된다. 만약 여러분들이 인터넷을 이용한다면 거의 그 중심에는 데이터베이스가 있다. 여러분은 그것이 데이터베이스인줄은 몰랐지만 이미 데이터베이스를 사용해본 경험이 있는 것이다. 예를 들어 여러분이 인터넷에 접속하여 회원으로 가입한 후 로그인 해 본적이 있는가. 만약 있다면 회원 가입을 위해 입력하는 여러분의 각종 개인 정보는 상대 컴퓨터의 데이터베이스 서버에 착실히 저장되게 된다. 통상적으로 해커나 크래커의 인터넷 침입의 목표는 데이터베이스에 있다. 따라서 데이터베이스를 운영하는 운영자는 데이터베이스를 보호하기 위한 각종 보안 소프트웨어를 필요로 하며 보안을 위해 많은 비용을 지출하기도 한다.

2.2 DBMS

데이터베이스관리시스템(DBMS, database management system)은 사람이 데이터베이스를 관리하고 데이터베이스를 조작하고 제어할 수 있게 해주는 소프트웨어를 말한다. 많이 사용되고 있는 DBMS로는 오라클(Oracle), DB2(Database 2), SQL 서버(server), MySQL, 액세스(Access) 등이 있다.

(사례) 고수준 사장은 데이터베이스 구현을 위해 오랫동안 고심한 끝에 컴퓨터를 1대 구입하였다. 그리고 DBMS를 구입하기 위하여 상용 DBMS 패키지에 대한 많은 정보를 수집하였다. 고사장은 그 과정에서 수천만원에 이르는 DBMS의 가격을 보고 깜짝 놀랐다. 겨우 PC급 컴퓨터 1대를 이용하여 데이터베이스를 구현하려던 고사장으로서는 상업용 DBMS의 가격에 놀라지 않을 수 없었다. 따라서 고사장은 자신의 기업에서 처리하고자 하는 데이터의 양을 고려하고 추가적인 비용 없이 회사의 실정에 적절한 DBMS를 사용하기로 하였다.

요점정리

- **데이터베이스관리시스템(DBMS, database management system):** 사람이 데이터베이스를 관리하고 조작하고 제어할 수 있게 해주는 소프트웨어(예: 오라클, DB2, SQL 서버, MySQL, 액세스 … 등)

🔒 오라클(Oracle)

오라클은 미국의 소프트웨어 제조회사인 오라클사에서 제작한 상업용 관계형 데이터베이스 관리시스템(RDBMS, relational DBMS)으로 SQL을 이용한 제품이다. 본사는 미국 캘리포니아주 레드오드 오라클 파크웨어에 있고 1977년 로렌스 J. 엘리슨(Lawrence J. Ellison)이 설립하였다. 오라클사는 마이크로소프트(MS)사에 이어 세계 제2위 규모의 독립적 소프트웨어 기업으로 인터넷 서버를 통해 정보를 공유하는 포스트 PC 시대에 핵심 기술로 부상한 데이터베이스 분야에서 독보적인 위치를 확보하였다. 오라클의 성장은 인터넷 전자상거래와 깊은 연관이 있고 기업용 데이터베이스 분야에서 세계 시장의 절반 이상을 장악하고 있다.

🔒 DB2(Database 2)

DB2는 미국의 IBM사가 제작한 관계형 데이터베이스 관리시스템으로 SQL을 사용하여 다수의 사용자들이 서로 관계된 여러 개의 데이터베이스를 동시에 접근할 수 있는 대형 데이터베이스를 위한 제품이다. 현재의 DB2 제품군의 적용 영역은 IBM 메일 프레임과 유닉스 서버를 포함하는 IBM 모든 플랫폼부터 타사 제품인 휴렛패커드, 선마이크로시스템스, MS사의 윈도 2000서버, 개인용 컴퓨터 등에 이르며 OS/2, 윈도우즈, 리눅스 등의 다양한 운영체제에 적용 가능하도록 발전되어 왔다. DB2는 오라클, 인포믹스(Informix), 사이베이스(Cybase) 등과 함께 대형 데이터베이스 관리를 위한 대표적인 상업용 RDBMS이다.

🔒 SQL 서버(server)

SQL 서버는 마이크로소프트사에서 개발한 상업용 RDBMS이다. MS SQL 제품군은 끊임없는 발전을 거듭하여 SQL 서버 1.0에서부터 7.0까지 버전 업 되어 왔다. 최근의 SQL 서버 2000은 기존의 SQL Server 7.0에 비해 성능, 안정성, 사용의 편리성 등이 향상되었고 XML(extended markup language) 및 인터넷 쿼리를 지원한다. 또한 대규모 온라인 트랜잭션 처리(OLTP), 데이터 웨어하우징 등이 가능하며 대용량 데이터베이스 환경을 지원하는 고속 최적화 기능을 제공하고 있다. 응용 프로그램은 데이터베이스 엔진에 SQL 문을 제출할 수 있고 테이블 형식의 결과 집합으로 응용 프로그램에 결과를 반환한다.

🔒 MySQL

MySQL은 1979년 TcX사에서 처음 사용된 RDBMS로 회사 자체에서만 사용하기 위해 개발되었다. 하지만 기능을 보완하면서 공개적으로 사용되어 1996년 5월 MySQL 1.0이 개발되었다. 1996년 10월 MySQL 3.11.1 버전이 솔라리스 플랫폼의 배포판으로 일반 사용자에게 공개되었으며 리눅스 바이너리와 소스 배포판으로 공개되면서 널리 알려지게 되었다. 이후 MySQL은 무료로 제공되고 리눅스나 유닉스 등의 운영체제이외에 윈도우즈 계열에서도 설치해서 사용할 수 있을 뿐만 아니라 웹프로그래밍 언어로 널리 사용되고 있는 PHP(professinal HTML preprocessor)와 연동할 수 있어 웹 데이터베이스 구축에 사용자층이 넓게 분포되어 있다.

🔒 액세스(Access)

액세스는 마이크로소프트사에서 만든 오피스 패키지 군에 포함되어 있는 RDBMS 로 MS 윈도우즈 운영체제 계열에서 활용되고 소규모 데이터베이스를 구현하는데 적 합하다. VB(visual basic)언어를 사용하여 보다 강력한 데이터베이스 응용 프로그램 을 작성할 수 있고 웹프로그래밍 언어인 ASP와 연동되므로 웹 데이터베이스 구축에 도 활용할 수 있다. 액세스 특유의 다양한 마법사 기능을 통해 데이터베이스를 쉽게 구축할 수 있고 SQL을 사용할 수 있다. 비즈니스 분야에서 가장 널리 사용되고 있는 엑셀 데이터와의 상호 변환이 가능하여 소규모 비즈니스 분야의 데이터베이스 구축 에 효과적으로 사용할 수 있다.

(사 례) 소규모의 기업을 경영하는 고수준씨는 오랜 동안의 고민 끝에 마이크로소프 트사의 윈도우즈 운영체제에서 작동되는 MS오피스 패키지 군에 포함된 액세스를 사 용하여 데이터베이스를 구축하기로 결정하였다. 액세스는 응용 프로그램을 쉽게 개 발할 수 있을 뿐만 아니라 엑셀과 데이터를 교환하여 다양한 형태의 문서처리 및 통 계처리, 재무회계처리 등의 비즈니스 관련 업무도 손쉽게 처리할 수 있다. 또한 ASP 프로그래밍을 통해 웹과 연동시켜 웹 데이터베이스로 확장하여 사용할 수 있어 고수 준씨는 자신이 경영하는 소규모 기업에는 액세스가 적절하다고 여긴 것이다.

🌱 요점정리

- **액세스(ACCESS):** 마이크로소프트 오피스 패키지에 포함되어 있는 RDBMS(relational database management system)로서 MS Windows 운영체제 계열에서 활용되고, 소규모 의 데이터베이스를 손쉽게 구현할 수 있음

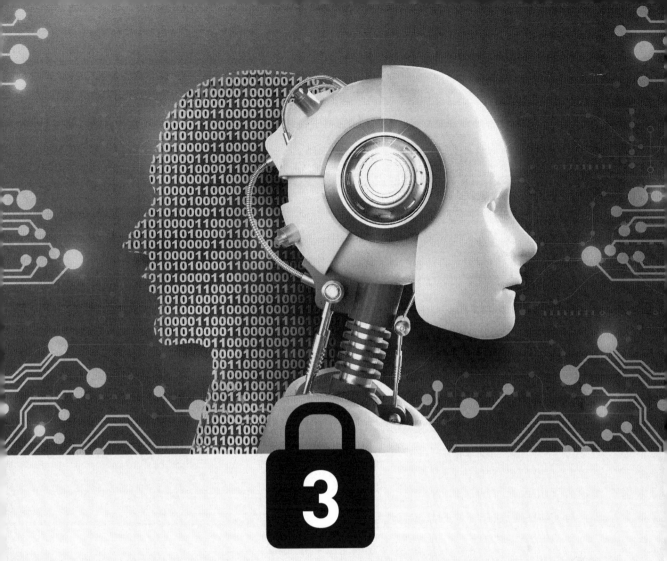

데이터베이스 모델링

현실 세계의 업무적 프로세스를 데이터베이스로 구현하려면 복잡한 업무 프로세스를 충분히 이해하고 이를 체계적으로 저장할 수 있는 테이블을 작성하고 테이블간의 관계를 적절히 설정해야 한다. 단순하게 한 개의 테이블을 만들어 파일 시스템과 같은 형태로 사용할 때는 데이터베이스 설계 과정을 크게 고려하지 않아도 되지만 두 개 이상의 테이블이 서로 관련될 경우에는 데이터베이스 모델링과 정규화 이론 등이 필요하다.

3.1 관계형 데이터베이스 관리시스템의 개념

데이터베이스 관리시스템(DBMS)은 컴퓨터의 저장 공간에 데이터를 체계적으로 저장하고 조직할 수 있도록 해 주는 소프트웨어이다. DBMS의 유형에는 계층형, 망형, 관계형, 객체 지향, 객체 관계형 DBMS 등 여러 가지가 있다. 일반적으로 상용되고 있는 대부분의 DBMS는 관계형 DBMS(RDBMS, relational DBMS)이다. 통상적으로 데이터베이스라고 하면 관계형 DBMS로 구현한 데이터베이스를 말한다. 물론 오라클, SQL 서버, DB 2, MySQL, 액세스 등도 관계형 DBMS이고 이외에 상용화되어 있는 대부분의 DBMS 역시 관계형 DBMS이다.

관계형 DBMS의 기본 개념은 '**데이터베이스는 최소한의 의미를 가지는 테이블들로 구성되며 그 테이블들에 있는 컬럼으로 연결한 것**'이다. 이것은 1969년 IBM의 연구원으로 있던 E. F. Codd가 고안한 모델로 수학적인 논리적 기초에 근거를 두고 있다. 즉 데이터베이스는 낭비되는 공간 없이 효율적으로 데이터를 저장하기 위해서 최소한의 의미를 가지는 테이블로 나누어져야 한다.

효율적인 데이터 저장을 위한 최소한의 관계형 데이터베이스를 구현하기 위해서는 정규화 이론에 근거한 데이터베이스 모델링이 필요하다. 데이터베이스의 모델링은 개념적 데이터베이스 모델링 단계와 논리적 데이터베이스 모델링 단계로 나눌 수 있다. 개념적 데이터베이스 모델링 단계에서는 업무 분석, 엔티티 및 속성 추출, ER-다이어그램의 작성 등을 하게된다. 논리적 데이터베이스 모델링 단계는 개념적 데이터베이스 모델링 단계에서 정의된 ER-다이어그램을 매핑 규칙과 정규화라는 두 단계를 거쳐 데이터 스키마로 전환하는 단계이다.

Help!!

특정 시스템을 데이터베이스로 구현하려면

해당 업무에 대한 업무 분석에서부터 데이터베이스 모델링 단계를 거쳐 데이터베이스의 테이블의 구체적인 설계에 이르기까지 전과정을 거쳐야 한다. 실무에서 관계형데이터베이스 설계를 위해서는 데이터베이스 이론과 업무 분석 방법, 개념적 모델링과 논리적 모델링 이론과 방법 등을 알아야 한다.

3.2 데이터베이스 모델링

데이터베이스 모델링은 현실 세계의 업무적 프로세스를 현실 세계를 물리적으로 데이터베이스화하기 위한 과정이다. 〈그림 3.1〉과 같이 현실 세계의 업무적 프로세스를 데이터베이스로 표현하기 위해서는 개념적 모델링과 논리적 모델링 과정을 거쳐 실제 데이터를 저장할 수 있는 물리적 구조로 변환되어야 한다.

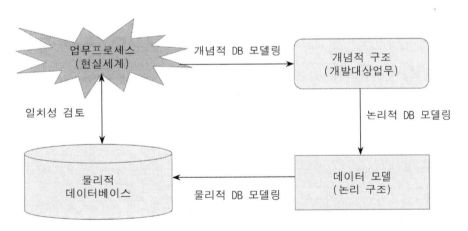

〈그림 3.1〉 데이터베이스 모델링의 개념도

Help!!

이 교재의 지금까지의 실습은 단순하게 고객의 자료만을 취급하는 파일 시스템 형태의 테이블 만을 취급하였으므로 특별한 데이터베이스의 모델링이 필요치 않았다. 즉 데이터베이스의 내용이아니라 파일 시스템의 단순한 데이터를 취급하는 수준이었다고 생각하면 한다. 관계형 데이터베이스의 기본 개념은 여러개의 테이블이 서로 유기적인 관계를 유지하면서 전체의 시스템이 현실 세계와 일치하도록 구현하는 것이다.

3.3 프로젝트 업무 분석

프로젝트의 업무 분석을 위해서는 관련 분야에 대한 기본적인 지식과 상식을 가져야 한다. 프로젝트를 수행해야 하는 업무 분석자 입장에서는 신입 사원으로 입사해서 업무에 대한 설명을 듣는 기분으로 업무를 파악해야 한다. 업무 분석 요령을 간단하게 요약하면, 1) 문서(서류, 전표, 보고서)를 이용하여 데이터로 관리되는 항목들을 중심으로 정확하게 파악하고, 2) 파악된 업무와 관련한 세부적인 프로세스를 정의하기 위해서는 담당자와 인터뷰한다.

사 례 고조선 기업의 고수준씨가 고객의 주문과 관련한 업무 프로세스를 분석하려면 1) 문서로는 고객카드, 주문전표, 일일제품주문보고서 등의 서류를 중심으로 분석하고, 2) 영업 담당자와의 인터뷰를 통해 고객의 정보와 관련하여 필요 항목들을 수집 분석하고, 주문과 관련하여 처리해야 할 자세한 업무 프로세스 및 주의 사항, 보관해야 할 서류의 종류와 서류 형식 등을 의문점없이 자세히 파악하여 문서화해야 한다.

3.4 개념적 데이터베이스 모델링

개념적 데이터베이스 모델링은 업무 분석 단계를 통해서 얻어진 내용을 토대로 엔티티(entity)를 추출하고 엔티티 내에 속성(attribute)을 구성하며 엔티티간의 관계를 정의하여 ER-다이아그램(ER-diagram)을 도출하므로서 업무를 일반화하는 단계를 말한다. ER-다이아그램은 1976년 P. Chen이 제안한 방법으로 개체 관계 모델을 그래프 형식으로 알아보기 쉽게 표현한 것으로 개체를 나타내는 사각형, 그 개체의 속성을 나타내는 타원형, 개체들간의 관계를 나타내는 마름모, 그리고 이들을 연결하는 링크로 연결된다. 예를 들어 〈그림 3.2〉는 고객과 상품사이의 주문관계를 ER-다이아그램으로 표현한 것이다.

〈그림 3.2〉 고객과 상품간의 주문 관계 ER-diagram

데이터베이스 모델링과 관계형 데이터베이스간에는 용어에 서로 차이가 있다. 예를 들어 데이터베이스 모델링에서는 엔티티가 관계형 데이터베이스에서는 테이블로 대응되고 투플은 행(row)으로 식별자는 키로 속성은 열(column)로 대응된다. 관계형 데이터베이스의 테이블은 파일시스템의 파일에 대응되고 행은 레코드로 열은 필드로 대응된다.

파일 시스템과 데이터베이스 모델링, 관계형 데이터베이스간에 용어를 대응시켜 정리하면 〈그림 3.3〉과 같다.

파일시스템	데이터베이스 모델링	관계형 데이터베이스
File	Entity(예: 고객, 상품)	Table
Record	Tuple	Row
Key	Identifier	Key
Field	Attribute(예: 고객번호, 상호명,....등)	Column

〈그림 3.3〉 데이터베이스 모델링과 관계형 데이터베이스간의 용어 비교

3.5 　　　논리적 데이터베이스 모델링

　　논리적 데이터베이스 모델링은 1969년 IBM의 연구원 E. F. Codd가 고안한 모델로 '데이터베이스는 최소한의 의미를 가지는 테이블로 구성되며 그 테이블에 있는 컬럼으로 연결한 것'으로 정의하고 있다. 조직 전체의 입장에서 본 데이터베이스 구조로써 데이터 개념적 DB 모델링 단계에서 정의된 1) ER-Diagram을 매핑 룰을 적용해서 관계형 데이터베이스 이론에 입각한 스키마를 설계하는 단계와 2) 정규화 과정을 수행하는 정규화 단계로 구분할 수 있다.

　　ER-Digagram의 매핑 룰은 다음과 같이 4단계로 진행된다. 1단계는 엔티티가 테이블로 2단계는 속성이 컬럼으로 3단계는 식별자가 기본 키로 4단계는 관계가 외래 키로 매핑된다. 스키마(schema)는 조직 전체에서 본 데이터베이스 구조로서 데이터베이스 내의 개체와 개체들의 관계 그리고 제약조건 등에 관한 명세를 말한다. 예를 들어 개념적 모델링 단계에서 도출된 〈그림 3.2〉의 고객과 상품의 주문 관계를 나타내는 ER-diagram을 이용하여 좌에서 우로 N:M 관계를 나타내는 관계 스키마로 변환시키면 〈그림 3.4〉와 같다. 우에서 좌로 N:M 관계를 나타내는 관계 스키마로 변환시키면 〈그림 3.5〉와 같다.

테이블 명 : 고객

컬럼명	고객ID	상호명	성명	직위	주소	전화번호
키형태	PK					
견본 데이터	103	내일로	엄지영	대표	서울	709-1073
	104	홀로있	김도환	영업과장	부산	303-2198
	105	가버린내	박천후	판매과장	대구	876-2143

테이블 명 : 상품

컬럼명	상품ID	상품명	단가	제조회사	고객ID
키형태	PK				FK
견본 데이터	G1	녹차	23800	상계제다	103
	G2	유자차	12900	남도유자	105
	G1	녹차	23800	상계제다	105
	G1	녹차	23800	상계제다	104

〈그림 3.4〉 고객과 상품간의 N:M 관계 스키마(좌→우)

고객

컬럼명	고객ID	상호명	성명	직위	주소	전화번호	상품ID
키형태	PK						FK
견본 데이터	103	내일로	엄지영	대표	서울	709-1073	G1
	104	홀로있	김도환	영업과장	부산	303-2198	G1
	103	내일로	엄지영	대표	서울	709-1073	G2
	103	내일로	엄지영	대표	서울	709-1073	G3

상품

컬럼명	상품ID	상품명	단가	제조회사
키형태	PK			
견본 데이터	G1	녹차	23800	상계제다
	G2	유자차	12900	남도유자
	G3	녹차	33900	보성제다

〈그림 3.5〉 고객과 상품간의 N:M 관계 스키마(좌←우)

두 개의 관계 스키마는 각각 다음의 문제점을 야기한다. 〈그림 3.4〉는 상품 테이블에 상품ID, 상품명, 단가, 제조회사 등의 내용이 중복되어 저장되는 문제를 발생시키고, 〈그림 9,5〉는 고객테이블에 고객ID, 상호명, 직위, 주소, 전화번호가 중복되어 저장되는 문제가 있다.

N:M 관계의 문제점을 해결하기 위해서는 〈그림 3.6〉과 같이 두 개체 간의 관계 정보를 1:N으로 표현할 수 있는 새로운 관계 스키마를 도출해야 한다.

고객

컬럼명	고객ID	상호명	성명	직위	주소	전화번호
키형태	PK					
견본 데이터	103	내일로	엄지영	대표	서울	709-1073
	104	홀로있	김도환	영업과장	부산	303-2198
	105	가버린내	박천후	판매과장	대구	876-2143

상품

컬럼명	상품ID	상품명	단가	제조회사
키형태	PK			
견본 데이터	G1	녹차	23800	상계제다
	G2	유자차	12900	남도유자
	G3	녹차	33900	보성제다

주문

컬럼명	고객ID	상품ID	주문날짜	수량
키형태	PK, FK	PK, FK	PK	
견본 데이터	103	G1	20070808	12
	104	G2	20070808	15
	103	G2	20070909	30
	103	G1	20070909	12
	105	G1	20070909	16

〈그림 3.6〉 고객과 상품간의 N:M 문제를 해결한 1:N 관계 스키마

정규화는 데이터의 중복을 제거하고 속성들을 본래의 제자리에 위치시키고자 하는 것이다. 제1정규화는 반복되는 그룹 속성을 제거한 뒤 기본 테이블의 기본 키를 추가해 새로운 테이블을 생성하고 기존의 테이블과 1:N 관계를 생성한다. 제2정규화는 복합 키에 전체적으로 의존하지 않는 속성(부분적 함수종속)을 제거한다. 제3정규화는 기본 키에 의존하지 않고 일반 컬럼에 의존하는 속성(이행적 함수종속)을 제거한다. BCNF 정규형은 어떤 릴레이션 R의 모든 결정자가 후보 키이면 릴레이션 R은 BCNF에 속한다.

데이터베이스 CASE(Computer Added Softer Engineering) 도구인 ER-Win을 사용하여 고객, 상품, 주문 엔티티간의 관계를 나타낸 논리적 데이터베이스 모델링의 결과는 〈그림 3.6〉과 같다.

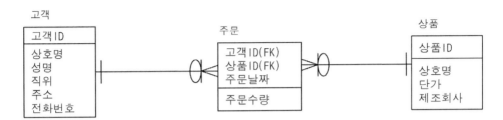

〈그림 3.7〉 ER-Win을 이용한 논리적 데이터베이스 모델링 결과

> **Help!!**
>
> 논리적 데이터베이스 모델링에서 관계 스키마 정의와 정규화 이론은 관련 서적을 통해 좀더 깊이 연구할 필요가 있다. 결국 데이터베이스를 완성하려면 논리적 데이터베이스 모델링 단계를 거쳐야하기 때문이다.

3.6 물리적 데이터베이스 모델링

물리적 데이터베이스 모델링은 논리적 모델링 단계에서 얻어진 데이터베이스 스키마를 좀더 효율적으로 구현하기 위한 작업과 함께 개발하려는 DBMS의 특성에 맞게 실제 데이터베이스 내의 개체들을 정의하는 단계를 말한다. 이와 관련한 내용으로 인덱스, 트리거, 커서, 역정규화 등이 있다.

인덱스(index)는 데이터베이스의 테이블에서 원하는 데이터를 좀더 빨리 찾아줄 수 있도록 데이터의 위치 정보를 모아놓는 데이터베이스내의 오브젝트이다.

트리거(trigger)는 업무 규칙(업무적인 프로세서)를 정의하기 위한 데이터베이스내의 오브젝트로 트리거를 이용하면 데이터의 무결성과 일관성을 정의할 수 있다. 예를 들어 상품입고와 상품판매가 빈번하게 발생하는 프로세서에서 상품의 재고를 정확하게 유지하기 위한 업무 규칙이 있다. 이러한 업무 규칙을 정의하기 위해 트리거를 이용한다.

커서(cursor)는 select 문장의 실행 결과로 만들어지는 레코드 셋(record set)을 말한다. 커서는 레코드 셋에서 특정한 행을 지정해서 각각의 레코드 단위로 데이터를 처리할 수 있다. 커서는 여러 가지 용도로 사용되지만 커서를 사용하면 트리거에서 동시에 발생하는 오버헤드(예: 상품재고의 실시간 처리)를 커서를 사용해서 분산(일일단위로 처리) 시켜 보다 시스템이 안정적으로 운영될 수 있도록 할 수 있다.

역정규화는 시스템의 향상을 위해서 정규화에 위배되는 행위를 하는 것을 말한다. 역정규화를 할 때 고려할 사항은 업무에 따른 사용량(입력, 수정, 삭제, 조회)과 업무 프로세스를 분석해야 한다.

데이터베이스 파일의 생성

액세스의 데이터베이스 파일은 관련 데이터베이스를 처음 만들 때 한번 생성하면 된다. 이와 같이 생성된 데이터베이스 파일은 액세스 데이터베이스 파일의 확장자 accdb를 갖게 되고 테이블, 쿼리, 폼, 보고서 등의 개체를 생성할 수 있는 기본 형식을 갖추게 된다.

(**사 례**) 고수준씨는 **영업관리** 데이터베이스를 만들기 원하기 때문에 **영업관리.accdb** 파일을 만들어 업무와 관련한 테이블, 쿼리, 폼, 보고서 등 다양한 액세스 개체를 만들려고 한다. 따라서 고수준씨는 자신의 영업과 관련된 모든 자료를 **영업관리** 데이터베이스에 저장하기로 하고 **영업관리.accdb** 파일을 생성하고자 한다.

4.1 데이터베이스 생성

다음 실습 [따라하기 4.1]을 통해 **영업관리.accdb** 파일을 생성하고 확인한다.

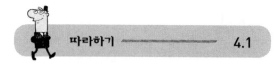

동작 1 데이터베이스를 저장하려는 드라이브에 **고조선** 폴더를 만든다.

◎ 고조선 폴더는 영업 자료를 저장하기 위한 **영업관리.accdb** 파일을 생성하여 저장하기 위한 폴더이다.

동작 2 액세스를 실행한다.

◎ 〈그림 4.1〉은 액세스 2010의 실행 초기 화면으로 액세스 버전에 따라 약간의 차이가 있다.

〈그림 4.1〉 액세스 실행 초기화면

동작 3 새로운 데이터베이스를 만들기 위해 **파일** 메뉴의 **새로만들기**를 선택한다.

◎ 화면의 우측에 〈그림 4.2〉와 같이 새 데이터베이스 파일의 이름을
입력할 수 있는 텍스트 상자가 표시된다.

◎ 파일 이름 텍스트 상자에는 Database1.accdb라는 임시 파일명이 표
시되어 있다.

◎ 파일 이름 텍스트 상자 아래에 데이터베이스 파일이 저장될 경로가
표시되어 있다.

〈그림 4.2〉 새 데이터베이스 생성 정보 입력화면

동작 4 새 데이터베이스 생성을 위한 폴더의 경로를 변경하기 위해 〈그림 4.2〉에서 열기 버튼(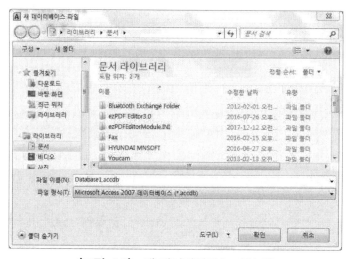)을 클릭한다.

◎ 〈그림 4.3〉과 같이 새 데이터베이스 파일을 생성할 수 있는 창이 열린다.

〈**그림 4.3**〉 새 데이터베이스 파일 창

동작 5 새 데이터베이스 파일 창에서 고조선 폴더가 있는 드라이브와 고조선 폴더를 선택하고 **파일 이름(N):** 텍스트 상자에 〈그림 4.3〉과 같이 **영업관리**를 입력한 후 **확인** 단추를 클릭한다.

◎ 〈그림 4.4〉와 같이 새 데이터베이스 드라이브와 폴더의 경로가 표시되고 파일 이름은 영업관리.accdb로 표시되어 있다.

〈**그림 4.4**〉 영업관리 파일 생성 정보 표시화면

동작 6 생성된 파일이 저장될 폴더의 경로와 파일 이름이 정확한지 살펴보고 **만들기**를 클릭한다.

◎ 〈그림 4.5〉와 같이 영업관리 데이터베이스가 생성된다.

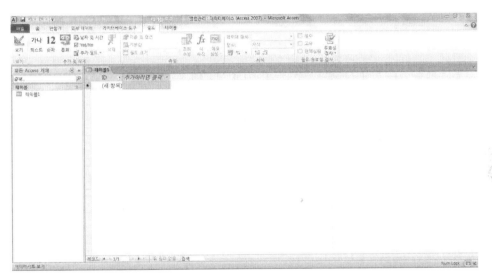

〈그림 4.5〉 생성된 **영업관리** 데이터베이스 초기 화면

4.2 데이터베이스의 종료

　생성된 영업관리 데이터베이스에는 테이블, 쿼리, 폼, 보고서 등의 다양한 개체를 만들 수 있다. 그러나 데이터베이스는 통상적으로 단시간에 완성되는 것이 아니라 장시간에 걸쳐 완성되므로 생성된 데이터베이스는 필요시 마다 다시 열어 작업을 하게 된다. 생성된 영업관리 데이터베이스를 종료하려면 액세스를 종료하면 된다.

다음 [따라하기 4.2]는 **영업관리** 데이터베이스를 종료하는 실습이다.

동작 액세스의 닫기 버튼을 클릭한다.

　◎ 액세스 창과 함께 영업관리 데이터베이스 파일이 닫힌다.

다음 [따라하기 4.3]은 생성된 **영업관리.accdb** 파일의 속성을 확인하는 실습이다.

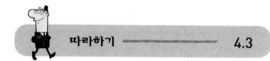

동작 1 윈도우즈 창에서 고조선 폴더가 있는 드라이브를 선택하고 **고조선** 폴더
를 연다.

　◎ **영업관리.accdb** 데이터베이스 파일이 있다.

동작 2 **영업관리.accdb** 파일에서 마우스의 우측 버튼을 클릭하여 열린 팝업
메뉴에서 속성(R)를 클릭한다.

　◎ 〈그림 4.6〉과 같은 **영업관리.accdb** 파일에 대한 속성 창이 열린다.
　◎ 파일 형식이 표시되어 있다.
　◎ 파일이 생성된 위치와 파일 크기가 표시되어 있다.
　◎ 파일을 만든 날짜와 수정한 날짜, 액세스한 날짜가 표시되어 있다.

〈그림 4.6〉 **영업관리.accdb** 파일의 속성 창

Help!!

파일 이름 **영업관리.accdb**에서 accdb는 중요한 의미를 갖는다. 사람의 경우 가족을 나타내는 성에 해당하는 것으로 파일의 성격을 결정한다. 액세스에서 데이터베이스 파일을 작성하면 액세스는 파일 이름에 자동적으로 accdb라고 하는 확장자를 부여한다. 즉, 액세스는 accdb가 붙어 있는 파일만을 다룬다는 의미가 된다.

4.3 데이터베이스 파일 열기

생성된 **영업관리.accdb** 파일 닫은 후 **영업관리.accdb** 파일을 다시 열면 최초 생성된 영업관리 창 〈그림 4.6〉과는 다른 〈그림 4.7〉과 같은 창이 열린다.

다음 실습 [따라하기 4.4]를 통해 **영업관리.accdb** 파일을 열어 화면의 차이를 비교
해 보자.

동작 1 액세스를 실행하고 상단의 파일을 클릭하여 표시된 메뉴에서 열기(O)를
클릭한다.

◎ 엑세스 파일을 열수 있는 창이 열린다.

동작 2 영업관리.accdb 파일이 있는 드라이브에서 고조선 폴더를 열고 **영업관
리.accdb**를 선택하여 열기(O) 버튼을 클릭한다.

◎ 〈그림 4.7〉과 같은 **영업관리.accdb** 액세스 창이 열린다.
◎ 리본 메뉴 아래에 콘텐츠 사용을 제한하는 보안 경고가 표시된다.

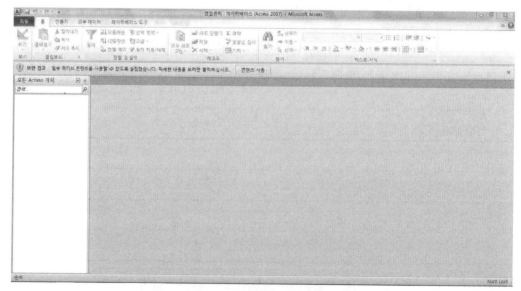

〈그림 4.7〉 영업관리.accdb 실행 화면

동작 3 노란색 줄의 보안 경고 우측에 있는 **콘텐츠 사용** 단추를 클릭한다.

◎ 보안 경고가 없어지고 〈그림 4.8〉과 같은 **영업관리.accdb** 창이 표시된다.

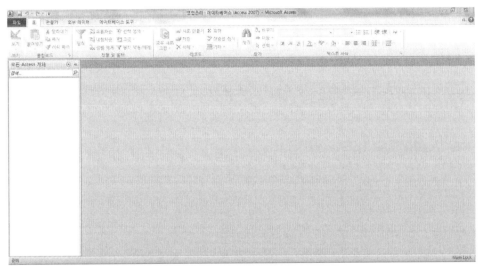

〈**그림 4.8**〉 영업관리.accdb 실행 화면

Help!!

파일을 열기 위해 메뉴에서 파일을 선택하면 최근에 열었던 파일이 차례로 표시된다. 열고자 하는 파일을 선택하면 간단하게 파일을 열 수 있다. 생성된 영업관리.accdb 파일을 종료한 후 다시 열면 데이터베이스 작업은 〈그림 4.8〉과 같은 창에서 작업하게 된다. 액세스 화면의 최상단에는 데이터베이스 파일명(영업관리)이 표시되어 있고 리본 메뉴는 홈 리본 메뉴가 선택되어 있다.

4.4   리본 메뉴 최소화

다음 실습 [따라하기 4.5]를 통해 **영업관리.accdb** 파일을 연 후 리본 메뉴를 최소화 시켜보자.

따라하기 ──────── **4.5**

동작 1   열려진 **영업관리.accdb** 상단 메뉴의 홈에서 우측 버튼을 클릭하면 〈그림 4.9〉와 같은 팝업 메뉴가 열린다.

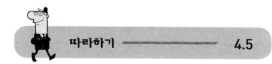

빠른 실행 도구 모음 사용자 지정(C)...
리본 메뉴 아래에 빠른 실행 도구 모음 표시(S)

리본 메뉴 사용자 지정(R)
리본 메뉴 최소화(N)

〈그림 4.9〉 리본 지정 메뉴

동작 2   리본 메뉴 최소화(N)를 클릭한 후 아래의 회색 바탕의 클릭하면 리본 메뉴가 표시되지 않는다.

동작 3   홈의 리본 메뉴를 표시하려면 상단의 홈을 클릭하면 홈 메뉴와 관련된 리본 메뉴가 홈 아래에 표시되고 아래의 회색 바탕의 클릭하면 리본 메뉴가 표시되지 않는다.

동작 4   리본 메뉴의 최소화를 취소하려면 상단 메뉴의 홈에서 우측 버튼을 클릭하여 표시된 팝업 메뉴에서 **체크 표시**가 된 **리본 메뉴 최소화(N)**를 다시 클릭한다.

> **Help!!**
>
> 액세스에서 작업을 할 때는 대체로 상단 메뉴과 관련된 리본 메뉴가 모두 표시된 상태에서 작업하는 것이 편리하다.

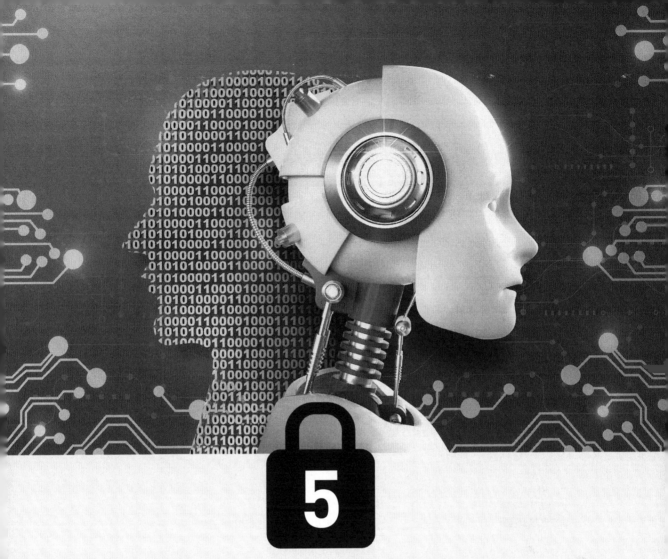

5

테이블 만들기

테이블을 만들기 위해서는 테이블이라는 용어를 이해해야 한다. 테이블은 일반적인 데이터베이스에서 사용되는 용어가 아니지만 데이터 저장을 위한 구조를 이해하는데 도움이 된다. 데이터베이스의 구현은 테이블의 구성으로부터 시작되고 얼마나 테이블을 잘 만드느냐에 따라 제공되는 정보가 달라진다. 데이터베이스의 크기가 커질수록 테이블의 개수와 데이터의 양은 늘어나게 되고 테이블과 테이블과의 연결 관계는 복잡한 관계를 가지게 되므로 데이터 모델링이 필요하다. 이렇게 테이블을 정의하고 테이블간의 관계를 이용하여 데이터베이스를 구현하는 것을 관계형 데이터베이스(relational database)라고 한다. 이 장에서는 이해가 쉽도록 한 개의 **고객** 테이블 구성에 필요한 내용만을 다룬다.

(**사 례**) 고수준씨는 생성되어 있는 **영업관리.accdb** 파일에 고객 관리를 위한 각종 자료를 저장하기로 하고 **고객** 테이블 구조를 정의하고 데이터를 입력하여 테이블을 만들기로 한다.

5.1   테이블의 이해

테이블은 반드시 테이블 이름을 가지고 열과 행로 이루어진다. 테이블의 맨 위에는 각각의 열을 구분하는 필드 이름이 있고 통상적으로 필드 이름을 포함하는 이 열을 필드(field) 또는 아이템(item)이라 한다. 테이블을 구성하고 있는 데이터의 행 단위를 레코드(record)라고 한다.

이 통상적인 테이블의 개념은 관계형 데이터베이스 시스템이 기반으로 하는 관계 데이터모델 환경에서 사용하는 학술적인 용어와는 다르다. 그러나 테이블을 학술적인 개념에 대응시키면 관계 데이터 모델을 직관적으로 이해하는데 많은 도움이 된다.

고객 → 테이블 이름

필드

고객번호	상호명	성명	직위	주소	전화번호	→ 필드 이름
103	내일로가는길	엄지영	대표	서울시 성동구	709-1023	→ 레코드1
104	홀로있는뜰	김도환	영업과장	부산시 해운대구	303-2198	→ 레코드2
105	가버린내일	박천후	판매팀장	대구시 달성구	876-2143	→ 레코드3
106	잃어버린오늘	방재기	관리과장	대전시 유성구	443-1002	→ 레코드4
107	눈내리는밤	강후둥	총무팀장	경상남도 진주시	882-0808	→ 레코드5
108	이슬맺힌풍경	이방원	사원	전라남도 고흥군	554-2233	→ 레코드6
109	삶	정주해	총무이사	제주도 서귀포시	102-1212	→ 레코드7
110	아침햇살	심도일	영업팀장	경기도 고양시	383-3383	→ 레코드8
111	추억만들기	하수상	대표	인천시 개양구	404-4404	→ 레코드9
112	해당화언덕	전기화	판매과장	서울시 동작구	311-1122	→ 레코드10

〈그림 5.1〉 고객 테이블

🔒 테이블 구조

〈그림 5.1〉과 같은 **고객** 리스트는 테이블 형태의 구조를 띠고 있다. 이와 같은 테이블 형태의 자료 구조는 일반 업무에서 사용하는 대부분의 업무 형태와 개념적으로 그 구조가 같다. 테이블은 테이블 이름과 필드 이름으로 기본 골격을 구성하고 레코드 단위로 데이터가 적재된다. 즉 〈그림 5.1〉의 **고객** 테이블은 6개의 필드(필드 이름)를 가지고 있고 10개의 레코드로 구성되어 있다. 그러나 실제 기업 실무에서는 테이블에 상당한 양의 레코드가 저장된다. 데이터베이스는 소량의 자료를 처리하기 위해 사용되는 것이 아니라 상상도 할 수 없는 많은 자료를 처리하기 위해 사용되기 때문이다.

🔒 관계 데이터 구조

관계형 데이터베이스 시스템이 기반으로 하는 관계 데이터모델 환경에서 사용하는 학술적인 용어는 통상적인 테이블의 개념과 다르다. 그러나 테이블을 학술적인 개념에 대응시키면 관계 데이터 모델을 직관적으로 이해하는데 많은 도움이 된다. 테이블을 관계 데이터 모델로 나타내면 테이블은 릴레이션(relation)으로 필드는 애트리뷰트(attribute)로 레코드는 투플(tuple)로 표현될 수 있다. 즉 〈그림 5.1〉의 **고객** 테이블을 관계 데이터 구조의 용어로 표현하면 **고객** 릴레이션은 6개의 애트리뷰트를 가지고 있고 10개의 투플로 구성된다고 할 수 있다. 그러나 이 대응 관계는 세부적인 내용을 무시한 개략적인 것이기 때문에 정확하게 분석하면 상당한 의미상의 차이가 있다.

하지만 세부적인 내용은 생략하기로 하고 직관적인 테이블과 학술적인 개념에 해당하는 관계 데이터 구조를 연결하여 이해하는 정도로 그친다. 그러나 관계 데이터 구조는 데이터베이스 이론을 학습하기 위해서 필수적으로 알아야 할 내용이다.

5.2 테이블 디자인

액세스에서는 학술적인 용어가 아닌 직관적으로 이해하기 쉬운 용어를 사용하고 있다. 〈그림 5.1〉과 같은 테이블을 **영업관리** 데이터베이스에 구현하기 위해서는 레코드를 입력할 수 있는 테이블 구조를 정의하여야 한다. 테이블 구조를 정의하기 위해서는 테이블 이름과 필드 이름을 정확히 부여할 수 있어야 하고 데이터의 형식에 대해서도 자세히 알아야 한다.

🔒 테이블 이름과 필드 이름을 만드는 규칙

- 이름은 최대 64개의 문자를 가질 수 있다.
- 이름에는 영문자, 한글, 숫자, 빈칸이 사용될 수 있다.
- 마침표(.), 느낌표(!), 역따옴표, 꺾쇠괄호([])를 제외한 특수 문자가 사용될 수 있다.
- 이름은 빈칸으로 시작될 수 없다.
- 동일 테이블에서는 중복된 필드명을 사용할 수 없다.

🔒 데이터 형식

데이터 형식은 1개의 필드에 어떤 값이 들어 갈 수 있고 어떤 속성을 가지게 되는가를 결정한다. 데이터 형식은 문자열, 메모, 숫자, 날짜/시간, 통화, 일련 번호, 예/아니오, OLE 개체, 하이퍼 링크, 조회마법사 등 다양한 형태가 있으나 **고객** 테이블에는 문자열 데이터만 있으면 된다. 〈그림 5.1〉의 **고객** 테이블에서 **고객번호**는 시각적으로 숫자로 보이지만 계산에 이용되지 않으므로 문자 데이터로 취급하는 것이 좋다. **고객** 테이블의 각 필드는 모두 문자 데이터이므로 데이터 형식을 문자열로 한다.

Help!!

문자열 형식

텍스트 형식이라고도 하며 문자, 숫자, 빈칸, 특수 문자를 포함하는 필드 값들을 허용하고 계산에 사용되지 않는 숫자를 포함하는 필드 등에 사용된다. 필드길이는 1~255까지이며 기본값은 50문자로 되어 있다. 필드 형식 중에서 가장 많이 사용된다.

🔒 필드 크기

일반적인 DBMS에서 정의되는 필드 크기 속성은 문자열과 숫자 필드에 대해서 필드 값의 최대 크기를 기준으로 저장 공간의 크기를 정한다.

예를 들어, 일반적인 DBMS에서 **고객** 테이블의 **고객번호** 필드는 계산에 사용되지 않는 문자열(숫자이지만 문자로 취급) 형식이므로 필드 크기를 3바이트(byte)로 하면 된다. **상호명** 필드는 값으로 들어갈 가장 긴 상호명의 길이를 참고로 길이를 정해야 한다. 〈그림 5.1〉에서 가장 긴 **상호명**은 **내일로가는길**과 같이 한글 6자가 가장 긴 데이터이므로 이를 기준으로 6×2=12바이트(byte)의 필드 크기를 정하면 된다. 만약 6자보다 더 긴 상호가 있을 가능성이 존재하면 이것까지도 고려해야 한다. 한글 12자까지의 **상호명**을 허용하려면 문자로 12×2=24바이트(byte)로 한다. 이와 같은 규칙에 따라 **성명**은 한글 4자의 이름을 고려하여 4×2=8바이트(byte)로 하고, **직위**는 5×2=바이트10(byte), **주소**는 15×2=30바이트(byte), **전화번호**는 숫자7개와 특수문자 1개이므로 8바이트(byte)로 하면 된다.

고객번호, **전화번호**와 같이 숫자 혹은 특수 문자, 영문자로 된 데이터인 경우는 1자가 1(byte)에 해당되므로 2를 곱하지 않는다. 그러나 한글은 1자에 2바이트에 해당되므로 2를 곱한다.

필드 이름을 정하는 규칙과 데이터 형식, 필드 크기를 모두 고려하여 **고객** 테이블을 구성하는 필드의 형식과 크기를 모두 요약하면 〈그림 5.2〉와 같다.

테이블 이름: 고객

필드이름	데이터형식	필드크기
고객번호	텍스트	3
상호명	텍스트	24
성명	텍스트	8
직위	텍스트	10
주소	텍스트	30
전화번호	텍스트	8

〈그림 5.2〉 **고객** 테이블 설계

Help!!

액세스는?

액세스에서 문자는 텍스트로 표현하며 필드 크기는 한글, 영문자 구분 없이 모두 문자의 개수로 크기를 정하면 된다. 즉, 한글의 글자 수에 2를 곱한 바이트(byte)로 하지 않고 문자의 개수로 필드 크기를 정한다. 예를 들어, 상호명이 12자인 경우에는 필드의 크기를 12로 하고, 성명이 4자인 경우에는 필드 크기를 4로 하고, 직위가 최대 5자인 경우에는 필드 크기를 5로, 주소가 최대 15자인 경우에는 필드 크기를 15로 하면 된다.

다음의 [따라하기 5.1] 실습은 〈그림 5.2〉의 테이블 설계를 바탕으로 한다. 물론, 액세스 상에서 〈그림 5.2〉를 기준으로 테이블을 만들 경우, 문자 데이터를 저장하는 필드 크기는 2배가 되므로 데이터의 저장에는 문제가 없으나 해당 필드의 데이터 공간이 낭비되는 문제가 있다. 이러한 차이를 이해할 수 있다면 액세스의 문자 길이로 크기를 정해서 실습해도 무방하다.

5.3 　　　　　　　　　테이블 생성

(사 례) 〈그림 5.2〉의 **고객** 테이블 디자인 결과를 이용하여 **고조선** 폴더에 있는 **영업 관리** 데이터베이스에서 **고객** 테이블 구조를 정의하고 테이블을 생성한다.

　　다음 [따라하기 5.1]은 액세스의 테이블 디자인 도구를 사용하여 테이블 구조를 정의하고 테이블을 생성하는 과정이다. 이 방법은 액세스에서 사용하는 방법이므로 SQL 사용을 기반으로 하는 오라클, DB2, MySQL 등의 DBMS에서는 다른 방법을 사용하여야 한다.

따라하기 ―――――― 5.1

동작 1　　액세스를 실행한다.

동작 2　　고조선 폴더에 있는 **영업관리.accdb** 파일을 실행한다.

　　◎ 액세스에서 **영업관리.accdb** 파일이 실행된다.

동작 3　　**만들기** 리본 메뉴의 **테이블 그룹**에서 **테이블 디자인** 도구를 클릭한다.

　　◎ 〈그림 5.3〉과 같은 테이블 디자인 창이 열린다.
　　◎ 테이블 디자인 창은 테이블의 구조를 정의할 수 있다.

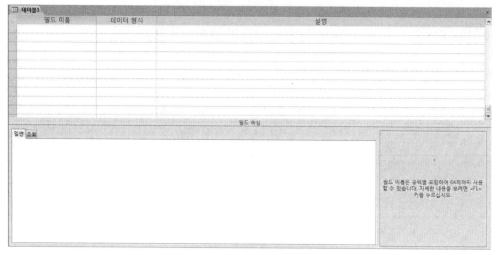

〈그림 5.3〉 테이블 디자인 창

동작 4 필드 이름의 첫 번째 입력 난에 **고객번호**를 입력하고 〈Enter〉키를 친다.

◎ 입력 커서가 데이터 형식으로 이동한다.

동작 5 데이터 형식에서 텍스트를 선택한다.

◎ 텍스트가 이미 선택되어 있다.

◎ 필요에 따라서는 다른 데이터 형식을 선택할 수 있다.

◎ 〈그림 5.4〉와 같이 화면 하단에 텍스트 필드 속성의 기본 정보가 표시된다.

〈그림 5.4〉 텍스트 필드 속성 표시

동작 6 아래의 필드 크기 입력 난에 **3**을 입력하고 〈Enter〉를 친다.

◎ 커서가 필드 크기 아래의 형식 입력 난으로 이동한다.

◎ 고객번호와 관련한 형식, 입력 마스크, 캡션 등 여러 가지 사항을 변경할 수 있다.

동작 7 필드 이름의 두 번째 입력 난에 **상호명**을 입력하고 〈Enter〉키를 친다.

◎ 입력 커서가 데이터 형식으로 이동한다.

동작 8 데이터 형식에서 텍스트를 선택하고 필드 크기를 **24**로 수정한다.

동작 9 동일한 방법으로 〈그림 5.2〉를 참조하여 **성명, 직위, 주소, 전화번호** 필드를 추가 한다.

◎ 테이블의 필드 입력 결과는 〈그림 5.5〉와 같다.

〈**그림 5.5**〉 테이블의 필드 입력 결과

동작 10 Table1:테이블의 닫기 버튼을 클릭한다.

◎ 〈그림 5.6〉과 같이 테이블 저장 여부를 묻는 창이 열린다.

〈**그림 5.6**〉 테이블 저장 여부를 묻는 창

동작 11 예(Y) 버튼을 클릭한다.

◎ 테이블 이름을 입력할 수 있는 창이 열린다.

동작 12 테이블 이름(N): 텍스트 상자에 테이블 이름 **고객**을 입력하고 확인
버튼을 클릭한다.

◎ 〈그림 5.7〉과 같이 기본 키 생성 여부를 묻는 창이 열린다.

〈**그림 5.7**〉 기본 키 생성 여부를 묻는 창

◎ 기본 키는 데이터베이스에서 중요한 의미를 지닌다.
◎ 기본 키는 매우 테이블 간의 관계를 설정하는데 중요한 역할을 하므
로 **고객** 테이블에서는 기본 키를 일단 사용하지 않고 테이블을 생성
한다. 기본 키는 추후에 상세히 다룬다.

Help!!

기본 키(primary key)

기본 키는 관계형 데이터베이스에서 중요한 역할을 한다. 기본 키는 테이블에 각 레코드를 고유하게 정의하는 필드를 의미한다. 예를 들어 주민등록번호, 학번 등은 기본 키가 될 수 있는 필드이다. 즉 어떤 테이블의 한 필드가 기본 키로 지정되면 그 값은 반드시 입력되어야하고 중복되어서는 안 된다.

동작 13 기본 키를 사용하지 않고 테이블을 생성할 것이므로   아니오(N)   를 클릭한다.

◎ **고객** 테이블이 완성되었다.
◎ 완성된 테이블은 필요에 따라 언제든지 그 구조를 변경할 수 있지만 테이블은 디자인 할 때 충분히 상황을 예측하여 디자인하여야 한다.

5.4 데이터의 직접 입력

테이블이 생성되면 테이블에는 데이터를 입력해야 한다. 데이터가 정확하게 많이 입력되면 될수록 데이터베이스 사용자는 보다 정확하고 다양한 정보를 얻을 수 있다. 따라서 데이터베이스 운영의 성패 여부는 테이블에 관련 정보를 잘 표현할 수 있는 필드 구조를 얼마나 잘 정의하느냐와 관련 데이터를 얼마나 정확하게 많이 저장하느냐에 따라 좌우된다고 볼 수 있다.

사 례 고수준씨는 생성된 **고객** 테이블에 자신이 거래하는 거래처의 데이터를 직접 입력하기로 한다.

다음 [따라하기 5.2]는 **고객** 테이블에 데이터를 직접 입력하는 과정이다. 이 방법은 액세스에서 테이블에 데이터를 손쉽게 입력할 수 있는 장점은 있지만 입력된 데이터가 모두 노출되어 예기치 못한 사고를 유발할 수 있는 문제점이 있다. 이 문제점은 데이터베이스 운용에 막대한 영향을 미치게 되므로 이를 개선하기 위해 일반적으로 데이터베이스에서는 데이터 입력을 위한 화면을 만들어 사용할 뿐만 아니라 테이블에 접근할 수 있는 권한을 제한하는 등 여러 가지 보안에 많은 주의를 기울이고 있다. 그러므로 SQL 사용을 기반으로 하는 오라클, DB2, MySQL 등의 DBMS에서는 테이블에 접근할 수 있는 권한을 제한하는 보안성이 높을 뿐만 아니라 응용 프로그램을 구현할 때는 반드시 데이터 입력을 위한 화면을 만들어 데이터를 입력한다.

따라하기 ————————— 5.2

동작 1 생성된 고객 테이블을 더블 클릭한다.

◎ 〈그림 5.8〉과 같은 **고객** 테이블 데이터 입력 창이 열린다.
◎ 좌측 특수 문자(*)의 표시는 신규 레코드 임을 표시하고 있다.

〈그림 5.8〉 **고객** 테이블 데이터 입력 창

동작 2 고객번호 필드 입력 난에 **103**을 입력하고 〈Tab〉키를 친다.

◎ **고객번호** 필드에 **103**이 입력되고 커서는 **상호명** 필드로 이동한다.
◎ 좌측의 특수 문자가 입력 중임(*)을 의미하는 모양으로 표시된다.
◎ 〈Tab〉키 대신에 〈Enter〉키를 사용해도 된다.
◎ 윈도 프로그램에서 항목 간 이동키는 통상적으로 〈Tab〉키를 많이 사용한다.

동작 3 **상호명** 필드 입력 난에 **내일로가는길**을 입력하고 〈Tab〉키를 친다.

◎ **상호명** 필드에 **내일로가는길**이 입력되고 커서는 **성명** 필드로 이동한다.

동작 4 **성명** 필드 입력 난에 **엄지영**을 입력하고 〈Tab〉키를 친다.

◎ **성명** 필드에 **엄지영**이 입력되고 커서는 **직위** 필드로 이동한다.

동작 5 **직위** 필드 입력 난에 **대표**를 입력하고 〈Tab〉키를 친다.

◎ **직위** 필드에 **대표**가 입력되고 커서는 **주소** 필드로 이동한다.

동작 6 **주소** 필드 입력 난에 **서울시 성동구**를 입력하고 〈Tab〉키를 친다.

◎ **주소** 필드에 **서울시 성동구**가 입력되고 커서는 **전화번호** 필드로 이동한다.

동작 7 **전화번호** 필드 입력 난에 **709-1023**을 입력하고 〈Tab〉키를 친다.

◎ **전화번호** 필드에 **709-1023**이 입력되고 커서는 다음 레코드의 **고객번호** 필드로 이동한다.
◎ 첫 레코드의 입력이 완료되었다.

Help!!

액세스에서 테이블에 직접 데이터를 입력할 때의 문제점
1) 테이블에 들어있는 데이터가 모두 노출된다.
2) 손쉽게 데이터를 수정함으로써 실제와 다른 데이터로 변형되어 예기치 못한 사고를 유발할 수 있다.

5.5 데이터 입력 폼(form)을 이용한 입력

액세스는 소규모 업무를 중심으로 하는 간이용 데이터베이스를 구현하는데 효과적이다. 따라서 테이블에서 데이터를 손쉽게 입력, 수정, 삭제할 수 있도록 되어 있는 것은 액세스의 장점이자 단점이 될 수 있다. 그러므로 실무에서 응용 프로그램을 개발하여 사용하거나 여러 사용자가 함께 사용하는 데이터베이스인 경우에는 테이블에 데이터를 입력할 때 데이터 입력을 위한 화면을 만들어 사용한다.

액세스에서는 사용자가 화면을 손쉽게 만들 수 있는 개체가 준비되어 있는데 이를 폼 개체라고 한다. 폼 개체를 사용하면 화면과 관련한 폼을 쉽게 만들 수 있다. 액세스에서 폼을 만드는 방법은 폼 마법사를 이용하는 방법과 디자인 보기에서 폼을 직접 만드는 방법이 있다. 폼 마법사를 이용한 방법은 데이터 입력 화면을 쉽게 작성할 수 있으나 마법사에서 지원되지 않는 기능은 이용할 수 없다. 반면에 디자인 보기에서 사용자가 직접 디자인하여 만드는 방법은 화면을 직접 만들고 코드를 작성해야하는 어려움은 있으나 마법사에서 지원되지 않는 여러 가지 기능을 추가하여 사용자 중심의 편리한 폼으로 만들어 사용할 수 있다.

액세스의 폼 개체에서 만들어지는 폼은 여러 가지 목적으로 사용될 수 있다. 테이블의 내용을 화면에 노출시키지 않고 테이블에 데이터를 입력할 수 있는 데이터 입력 폼, 사용자의 선택에 따라 원하는 작업을 수행하는 사용자 정의 대화상자, 원하는 정보만을 검색해 내는 데이터 검색 폼, 다른 폼이나 보고서를 열 수 있는 스위치보드 폼 등을 만들어 사용할 수 있다.

(사 례) 고수준씨는 액세스의 테이블에서 데이터를 직접 입력하는 방법은 테이블에 입력되는 레코드가 모두 화면상에 노출되므로 이를 보완할 수 있는 다른 방법을 모색하고자 한다. 따라서 고수준씨는 **고객** 테이블에 전체 데이터를 노출시키지 않고 데이터베이스 사용자가 편리하게 레코드를 입력하거나 검색할 수 있는 화면을 만들어 사용하기로 결정한다.

다음의 [따라하기 5.3]은 액세스에서 제공하는 폼 마법사를 이용하여 데이터 입력 폼을 작성하는 실습이다.

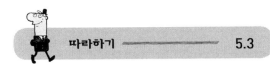

동작 1 만들기 리본 메뉴의 폼 그룹에서 폼 마법사를 클릭한다.

◎ 〈그림 5.9〉와 같은 **폼 마법사** 창이 열린다.

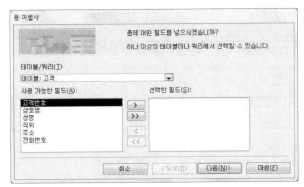

〈그림 5.9〉 폼 마법사 실행 창

동작 2 테이블/쿼리 콤보 상자에서 **테이블:고객**을 선택한다.

◎ 현재 만들어진 테이블은 **고객** 테이블이 유일하므로 **고객** 테이블이 이미 선택되어 있다.

동작 3 사용 가능한 필드(A)에서 모두 선택 버튼(>>)을 클릭한다.

◎ **선택한 필드(S)** 영역으로 모든 필드가 옮겨진다.

동작 4 다음(N) 버튼을 클릭한다.

◎ 〈그림 5.10〉과 같이 폼 모양을 선택하는 창이 열리고 열 형식이 선택되어 있다.

◎ **열(컬럼) 형식**은 폼에 한 개의 레코드만을 표시할 수 있는데 일반적으로 데이터 입력 폼에서 많이 사용된다.

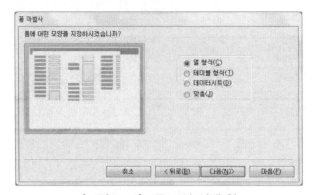

〈그림 5.10〉 폼 모양 선택 창

동작 5 　**테이블 형식(T)** 을 선택하고 폼의 모양이 열 형식과는 어떤 차이를 보이는지 살펴보고 　**데이터시트(D)** 와 　**맞춤(J)** 도 선택해 본다.

◎ 〈그림 5.11〉은 **테이블 형식**을 선택했을 때의 폼 모양이다.
◎ **테이블 형식**은 폼에 여러 개의 레코드를 한꺼번에 표시할 수 있다.
◎ **데이터시트**는 폼은 일반적인 레코드 표시 형태로 여러 개의 레코드를 표시할 수 있으며 엑셀의 워크시트 창과 유사한 형태를 가진다.

〈그림 5.11〉 테이블 형식을 선택한 폼 마법사 창

동작 6 　**열 형식(C)** 을 선택하고 　**다음(N)** 버튼을 클릭한다.

◎ 〈그림 5.12〉와 같이 폼 마법사의 마지막 단계가 열린다.
　폼 제목을 입력할 수 있는 텍스트 상자가 있다.

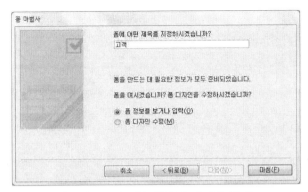

〈그림 5.12〉 폼 마법사 마지막 단계

동작 7 **폼에 어떤 제목을 지정하시겠습니까?** 라고 묻는 텍스트 상자에 **고객자료입력폼**을 입력하고 **◉ 폼 정보를 보거나 입력(O)** 을 선택한 후 **마침(F)** 버튼을 클릭한다.

◎ 〈그림 5.13〉과 같이 완성된 **폼**이 열린다

◎ 폼에는 앞서 입력한 첫 번째 레코드가 현재 레코드로 표시된다.

◎ 입력되어 있는 전체 레코드 수는 1개이다.

◎ 완성된 폼의 이름은 **고객자료입력폼**이다.

◎ 레코드 선택기(▶)는 고객번호가 103인 레코드를 나타내고 있다.

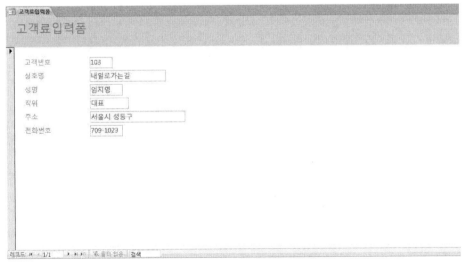

〈그림 5.13〉 완성된 **고객자료입력폼**

열(컬럼) 형식의 폼

〈그림 5.13〉과 같은 형태의 폼을 컬럼 형식이라고 한다. 이 형식의 폼은 레코드 이동 버튼을 이용하여 한 번에 한 개의 레코드를 볼 수 있다. 이 폼에서 레코드 입력 버튼을 클릭하면 새로운 레코드를 입력할 수 있다.

동작 8 만들어진 폼의 닫기 버튼을 클릭한다.

◎ **고객자료입력폼**이 닫힌다.

다음의 [따라하기 5.4]는 완성된 **고객자료입력폼**을 이용하여 데이터를 입력하는 실습이다. 이 실습을 통해 폼의 필요성과 유용성을 이해할 수 있다.

따라하기 ———— 5.4

동작 1 고객자료입력폼을 더블 클릭하여 열고 새 레코드 추가 버튼(▶*)을 클릭한다.

◎ 새 레코드 추가 버튼(▶*)을 클릭하면 새 레코드를 추가할 수 있다.
◎ 〈그림 5.14〉와 같이 새 레코드를 추가할 수 있도록 텍스트 상자가 비어 있다.
◎ **현재 레코드**는 2로 되고 추가되는 레코드는 두 번째 레코드가 된다.

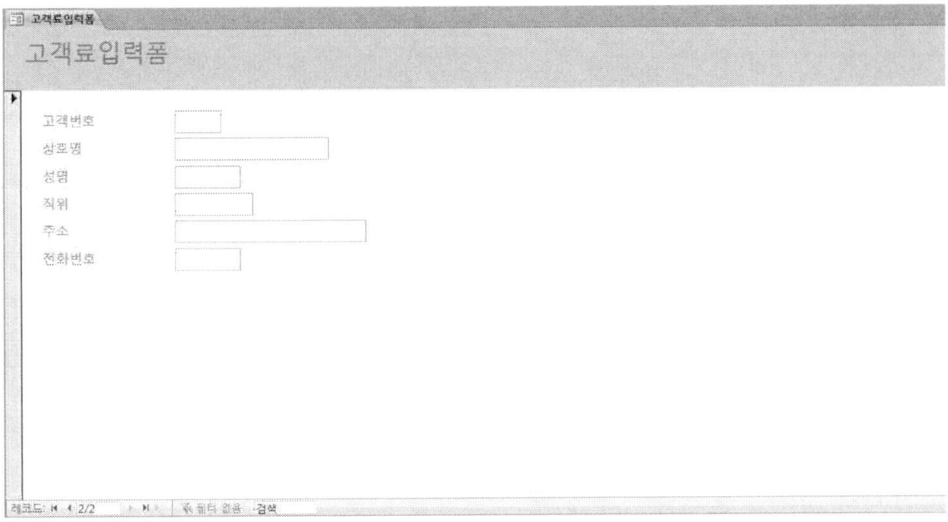

〈그림 5.14〉 새 레코드 추가 창

동작 2 커서가 있는 고객번호 텍스트 상자에 **104**를 입력한다.

동작 3 키보드 상의 **탭(Tab)** 키를 친다.

◎ **고객번호** 텍스트 상자에 **104**가 입력되고 커서가 **상호명** 텍스트 상자
로 이동한다.
◎ **탭(Tab)** 키는 항목 간 이동 키이다.
◎ **Enter** 키를 사용해도 항목 간 이동을 시킬 수 있다.
◎ 일반적으로 항목 간 이동은 **탭(Tab)** 키를 사용한다.

동작 4 상호명 텍스트 상자에서 **홀로있는뜰**을 입력하고 **탭(Tab)** 키를 친다.

◎ **상호명** 텍스트 상자에 **홀로있는뜰**이 입력되고 커서가 **성명** 텍스트 상
자로 이동한다.

동작 5 **성명**, **직위**, **주소** 텍스트 상자에 다음 내용을 입력한다.

김도환, 영업과장, 부산시 해운대구, 303-2198

> **Help!!**
>
> **입력 중인 레코드를 저장하지 않으려면?**
> 레코드 입력 중에 ESC 키를 1번 누르면 해당 텍스트 상자의 입력 내용이 취소된다. 레코드 입력 중에 ESC 키를 2번 누르면 폼의 전체 텍스트 상자의 입력 내용이 취소된다. 폼의 모든 텍스트 상자가 입력 취소된 상태에서 창을 닫으면 새 레코드는 추가되지 않는다.

동작 6 **전화번호** 텍스트 상자에 **303-2198**을 입력하고 **탭(Tab)** 키를 친다.

◎ **고객번호**가 **104**인 레코드가 저장되고 새 레코드를 추가할 수 있다.

> **Help!!**
>
> **레코드가 저장되는 경우**
> 1) 레코드 입력 도중 새 레코드 추가 버튼을 클릭하면 지금까지 입력한 내용을 저장하고 다시 새 레코드를 추가할 수 있다.
> 2) 폼에서 마지막 텍스트 상자까지 데이터를 입력하고 마지막 텍스트 상자에서 **탭(Tab)** 키를 누르면 입력된 텍스트 상자의 모든 내용은 저장되고 다시 새 레코드를 추가할 수 있다. **레코드가 저장되면 레코드 수는 1증가**한다.

동작 7 동일한 방법으로 다음 레코드를 모두 입력하라.

    105, 가버린내일, 박석후, 판매팀장, 대구시 달성구, 876-2143
    106, 잃어버린오늘, 방재기, 관리과장, 대전시 유성구, 443-1002
    107, 눈내리는밤, 강후둥, 총무팀장, 경상남도 진주시, 882-0808
    108, 이슬맺힌풍경, 이방원, 사원, 전라남도 고흥군, 554-2233
    109, 삶, 정주해, 총무이사, 제주도 서귀포시, 102-1212
    110, 아침햇살, 심도일, 영업팀장, 경기도 고양시, 383-3383
    111, 추억만들기, 하수상, 대표, 인천시 개양구, 404-4404
    112, 해당화언덕, 전기화, 판매과장, 서울시 동작구, 311-1122

동작 8 고객자료입력폼을 닫는다.

5.6 폼(form)에서의 레코드간 이동

폼을 이용하면 레코드간의 이동뿐만 아니라 찾고자하는 특정 레코드를 빠르고 편리하게 찾을 수 있다.

다음의 [따라하기 5.5]는 **고객자료입력폼**을 이용하여 레코드간의 이동 실습이다. 이 실습을 통해 원하는 레코드를 하나씩 화면에 표시할 수 있다.

따라하기 ────────── 5.5

동작 1 **고객자료입력폼**에서 우측 버튼을 클릭하여 표시된 팝업 메뉴에서 🗎열기(O)를 클릭한다(혹은 **고객자료입력폼**을 더블 클릭 한다).

◎ **고객자료입력폼**이 열린다.
◎ **전체** 레코드 수는 **10**개이고, **현재 레코드**는 **1**로 첫 번째 레코드가 표시되어 있다.

Help!!

전체 레코드 수
이 교재의 실습에서 **고객** 테이블의 전체 레코드 수는 **10**이다. 그러나 전체 레코드 수는 실습자가 입력한 레코드 수에 따라 다소의 차이가 있을 수 있다.

동작 2 다음 레코드 이동 버튼(▶)을 클릭한다.

◎ **고객번호**가 **104**인 레코드로 이동한다.
◎ **현재 레코드**는 **2**로 두 번째 레코드를 의미한다.

동작 3 이전 레코드 이동 버튼(◀)을 클릭한다.

◎ 다시 **고객번호**가 103인 레코드로 이동한다.
◎ **현재 레코드**는 1로 첫 번째 레코드를 의미한다.

동작 4 마지막 레코드 이동 버튼(▶I)을 클릭한다.

◎ **고객번호**가 112인 마지막 레코드로 이동한다.
◎ **현재 레코드**는 **12**로 열두 번째 레코드를 의미한다.

동작 5 처음 레코드 이동 버튼(I◀)을 클릭한다.

◎ 다시 **고객번호**가 103인 첫 번째 레코드로 이동한다.

동작 6 **고객자료입력폼** 폼의 닫기 버튼을 클릭한다.

Help!!

폼 상에서 특정 레코드의 필드 내용을 수정하려면?
원하는 레코드를 찾아 원하는 필드의 텍스트 상자에서 표시된 내용을 수정하면 된다.

폼 디자인

자동 폼 만들기로 만들어진 폼을 수정하면 사용자가 원하는 형태의 폼을 자유롭게 만들 수 있다. 사용자가 폼을 보다 간편하고 편리하게 사용할 수 있도록 디자인하는 것은 많은 경험을 요구한다.

(사 례) 고수준씨는 마법사를 이용하여 폼을 작성하고 고객의 자료를 입력함으로써 데이터를 보다 안전하게 입력할 수 있게 되었다. 고수준씨는 고객의 자료를 입력하면서 마법사를 통해 만들어진 폼을 보다 세련되게 자신이 원하는 모양으로 디자인하기를 원한다. 따라서 고수준씨는 **고객자료입력폼**을 〈그림 5.15〉와 같이 폼을 수정하기로 한다.

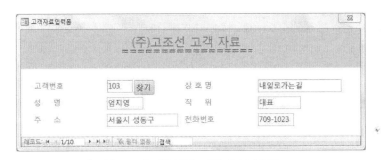

〈그림 5.15〉 완성될 **고객자료입력폼**

다음의 [따라하기 5.6]은 만들어진 **고객자료입력폼**을 수정하여 〈그림 5.15〉와 같은 폼을 만드는 실습이다.

따라하기 ————— 5.6

동작 1 고객자료입력폼을 선택하고 🖉 디자인(D)을 클릭한다.

◎ 〈그림 5.16〉과 같은 디자인 창이 열린다.

◎ 원형으로 표시된 단추는 고객자료입력폼의 디자인 창 전체를 선택하는 단추이다.

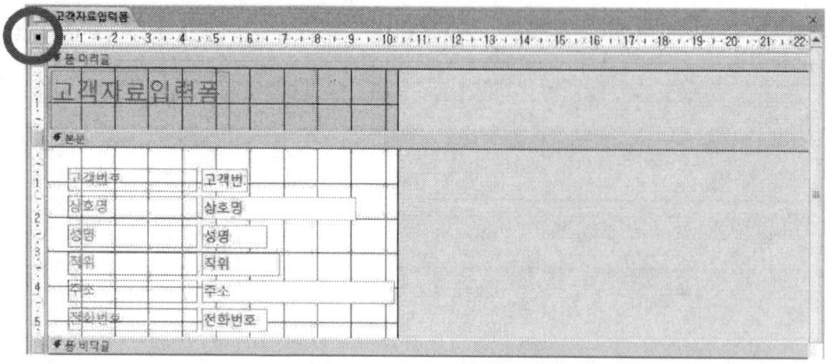

〈그림 5.16〉 **고객자료입력폼** 디자인 창

Help!!

폼 수정을 위한 레이아웃 해제 방법

액세스 버전에 따라 폼을 수정하고자 텍스트 상자를 끌어 옮기려고 하면 전체 컨트롤이 한꺼번에 선택되어 원하는 작업을 수행할 수 없는 경우가 있다. 이 경우 선택된 전체 컨트롤에서 **우측 버튼 - 레이아웃 - 해제**를 차례로 클릭하면 레이아웃이 해제 된다.

동작 2 〈그림 5.16〉의 원형에 있는 전체 선택 단추(■)를 클릭하여 표시된 속성 창에서 **기타** 탭을 클릭한다.

◎ 〈그림 5.17〉과 같은 디자인 속성 시트의 기타 탭이 열린다.

〈그림 5.17〉 디자인 창의 크기 조절

동작 3 기타 탭에서 **팝업**의 아니오를 아랫방향 화살표(▼)를 클릭하여 **예**로 변경한다.

◎ 팝업을 예로 설정하면 폼을 실행했을 때 창의 크기를 사용자가 만든 크기로 열 수 있다.

동작 4 디자인 창의 **본문** 영역의 우측 끝에 마우스 포인터를 옮겨 마우스 포인터의 모양이 창 크기 좌우 조절 포인터로 바뀐 상태에서 좌측 버튼을 누른 채로 우측으로 끌어(drag & drop) 〈그림 5.18〉과 같이 폼 크기를 조절한다.

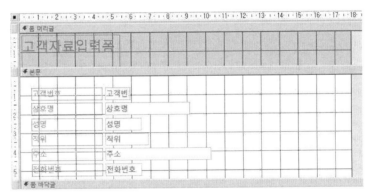

〈그림 5.18〉 폼의 크기 조절

동작 5 **본문** 영역의 **상호명** 텍스트 상자에 마우스 포인터를 옮기고 좌측 버튼을 클릭한 채(포인터의 모양이 손바닥 모양으로 바뀜)로 〈그림 5.19〉와 같이 고객번호의 우측에 끌어다 놓는다.

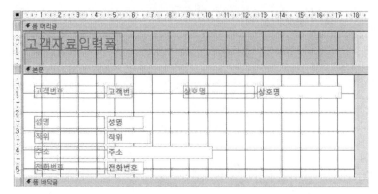

〈그림 5.19〉 **상호명** 레이블과 텍스트 상자의 이동

◎ **상호명**의 레이블과 텍스트 상자에 조절점이 표시된다.
◎ 조절점은 해당 개체의 크기를 조절하거나 이동하는데 사용된다.
◎ 좌측 회색 바탕의 상호명 부분은 레이블이다.
◎ 우측 흰색 바탕의 **상호명** 부분은 텍스트 상자이다.

Help!!

레이블과 텍스트 상자의 차이
레이블은 표시만을 나타내므로 안에 있는 내용(예: **상호명**)은 사용자 임의로 변형해도 오류를
발생시키지 않는다. 그러나 텍스트 상자는 데이터의 입력과 연관되는 부분으로 테이블 내의
필드명이므로 사용자 임의로 변형하면 오류를 발생시킨다. 그러므로 사용자가 임의로 변형하
지 않도록 주의해야 한다.

동작 6 조절점이 표시된 상태에서 회색 영역의 상호명 레이블 영역을 다시 클
릭하면 레이블 내용을 수정할 수 있는데, 〈그림 5.20〉과 같이 내용을
수정하고 **본문**의 바탕을 클릭한다.

〈그림 5.20〉 상 호 명으로 변경된 레이블

동작 7 동일한 방법으로 〈그림 5.21〉과 같이 **성명**, **직위**, **주소**, **전화번호**의 레이블과 텍스트 상자를 이동시키고 레이블의 표시 내용을 변경하라.

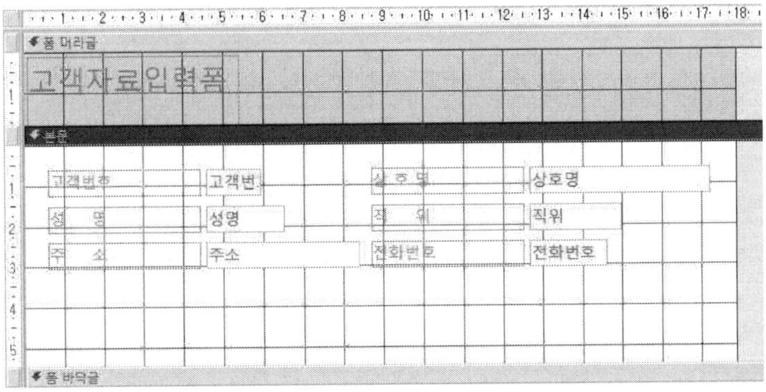

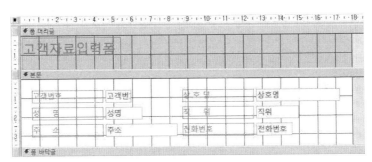

〈그림 5.21〉 레이블과 텍스트 상자의 이동

동작 8 디자인 창의 **폼 바닥글** 위의 선에 마우스 포인터를 옮겨 마우스 포인터의 모양이 창 크기 상하 조절 포인터로 바뀐 상태에서 좌측 버튼을 누른 채로 위로 끌어 〈그림 5.22〉와 같이 본문의 크기를 조절한다.

〈그림 5.22〉 본문 크기의 조절

동작 9 폼 머리글의 **고객자료입력폼**을 클릭하여 **(주)고조선 고객 자료**로 수정하고 **글꼴 크기**를 18(18 ▾)로 조절한다.

◎ 폼 머리글의 제목이 **(주)고조선 고객 자료**로 수정되고 크기가 글꼴 크기가 변경된다.

동작 10 폼 머리글의 **(주)고조선 고객 자료** 레이블을 선택하여 조절점을 이용해 〈그림 5.23〉과 같이 레이블의 크기를 적절히 조절하고 **가운데 맞춤** (▤)한 후 레이블을 폼 머리글 영역의 중앙으로 끌어다 놓는다.

◎ 〈그림 5.23〉과 같이 폼 머리글 레이블의 크기 및 위치가 이동된다.

〈그림 5.23〉 레이블의 크기 조절 및 가운데 맞춤

동작 11 도구상자에서 **선**(╲) 도구를 선택하여 〈그림 5.24〉와 같이 레이블 아래에서 좌측 버튼을 클릭한 후 끌어 적당한 크기로 선을 삽입한다.

〈그림 5.24〉 선 삽입

동작 12 선에 표시된 조절점에 마우스 포인터를 옮기고 우측 버튼을 클릭한다.

◎ 〈그림 5.25〉와 같은 선 속성 창이 열린다.

〈그림 5.25〉 선 속성 창

동작 13 테두리 스타일의 텍스트 상자에서 내림표시 버튼(▼)을 클릭하고, 표시된 여러 가지 선 종류 중에서 **파선**을 선택한다.

◎ 제목 아래의 실선이 파선으로 바뀐다.

동작 14 동일한 방법으로 〈그림 5.26〉과 같이 **파선**을 한 개 더 추가한다.

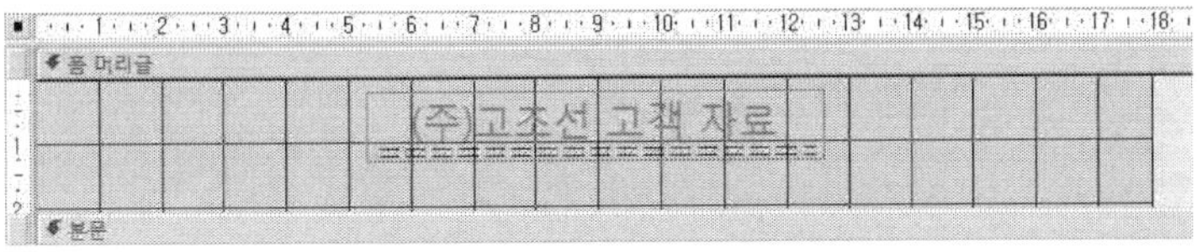

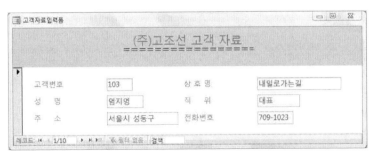

〈그림 5.26〉 파선이 추가된 결과

동작 15 만들어진 폼을 저장하고 실행시킨다.

◎ 〈그림 5.27〉과 같이 수정된 **고객자료입력폼**이 열린다.

〈그림 5.27〉 수정된 **고객자료입력폼**

5.8 최소화/최대화 버튼과 구분 선 없애기

사 례 고수준씨는 완성된 폼의 우측 상단에 있는 최소화/최대화 버튼을 사용하지 못하게 하고, 폼 머리글과 본문을 구분하는 구분 선을 없애 폼을 보다 깔끔하게 처리하고자 한다.

다음의 [따라하기 5.7]은 **고객자료입력폼**의 최소화/최대화 버튼과 구분 선을 표시하지 않는 실습이다.

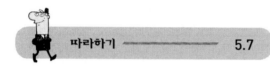

동작 1 고객자료입력폼을 선택하고 ✎디자인(D)을 클릭한다.

동작 2 디자인 창의 눈금자 좌측에 있는 폼 선택 버튼(■)에서 우측버튼을 클릭한다.

◎ 〈그림 5.28〉과 같은 폼의 전체 속성을 변경할 수 있는 폼 속성 시트가 열린다.

〈그림 5.28〉 폼 속성 시트

동작 3 형식 탭의 **최소화 최대화 단추**의 텍스트 상자에서 내림표시 버튼(▼)을
클릭하고, **표시 안함**을 선택한다.

◎ 폼이 실행되면 우측상단의 최소화/최대화 버튼은 표시되지 않는다.

동작 4 **구분 선**의 텍스트 상자에서 내림표시버튼(▼)을 클릭하고, **아니오**를 선
택한다.

◎ 폼이 실행되면 구분 선이 표시되지 않는다.

동작 5 변경된 폼을 저장하고 실행시킨다.

◎ 〈그림 5.29〉와 같이 최소화/최대화 버튼과 구분 선이 표시 안된 **고
객자료입력폼**이 열린다.

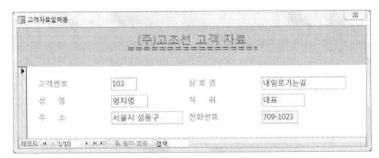

〈그림 5.29〉 수정된 **고객자료입력폼**

Help!!

폼의 속성을 변경하면 폼의 형식, 데이터, 이벤트, 기타와 관련한 여러 가지를 변경할 수 있
다. 여기서 형식 속성은 폼의 캡션(제목)의 변경, 최소화/최대화 버튼의 표시 여부, 레코드 선
택기의 표시여부, 구분 선 표시여부 등 폼의 모양과 관련한 많은 속성을 지정할 수 있다.

5.9   레코드 선택기 없애기

(사례) 고수준씨는 완성된 폼 〈그림 5.29〉의 좌측에 있는 레코드 선택기도 표시하지 않도록 하고 폼 본문의 레이블 및 텍스트 상자를 모두 우측으로 약간 옮겨 폼 좌우의 균형을 맞추려고 한다.

다음의 [따라하기 5.8]은 **고객자료입력폼**의 레코드 선택기를 표시하지 않고 본문의 레이블과 텍스트 상자를 한꺼번에 우측으로 약간 이동시키는 실습이다.

따라하기 —————— 5.8

동작 1 　**고객자료입력폼**을 선택하고 　 **디자인(D)** 을 클릭한다.

동작 2 　디자인 창의 눈금자 좌측에 있는 폼 전체 선택 버튼(■)에서 우측버튼을 클릭하고 팝업 메뉴에서 **속성**을 클릭한다.

◎ 폼의 전체 속성을 변경할 수 있는 폼 속성 창이 열린다.

동작 3 　**레코드 선택기**의 텍스트 상자에서 내림표시버튼(▼)을 클릭하고, **아니오**를 선택한다.

◎ 폼이 실행되면 레코드 선택기는 표시되지 않는다.

동작 4 　본문의 **고객번호** 레이블이 있는 좌측 상단 바닥에 마우스 포인터(↖)를 옮긴후 클릭하여 전화번호 텍스트 상자가 있는 곳까지 끈다.

◎ 〈그림 5.30〉과 같이 본문의 모든 개체가 선택된다.

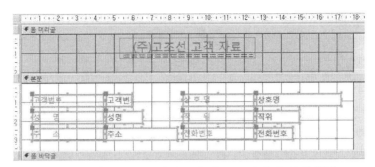

〈그림 5.30〉 본문의 레이블과 텍스트 상자의 전체 선택

동작 5 선택된 개체의 아무 곳이나 마우스 포인터를 옮겨 마우스 포인터의 모양이 상하좌우 모양으로 바뀌면 클릭하여 우측으로 약간 끌어 옮긴다.

◎ 선택된 레이블과 텍스트 상자 모두가 우측으로 약간 이동된다.

동작 6 변경된 폼을 저장하고 실행시킨다.

◎ 〈그림 5.31〉과 같이 수정된 **고객자료입력폼**이 열린다.

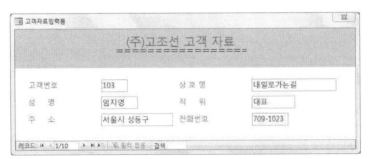

〈그림 5.31〉 수정된 **고객자료입력폼**

5.10 레코드 검색을 위한 명령 단추 삽입과 레코드 검색

고수준씨는 폼을 이용하면 간단하게 사용자가 원하는 특정 레코드를 쉽게 검색할 수 있고 필요하다면 레코드가 검색된 화면을 인쇄할 수 있을 뿐만 아니라 검색된 레코드의 내용을 간단하게 수정할 수도 있다는 것을 알게되고 다시 한번 폼의 유용성을 인식한다.

다음 〈따라하기 5.9〉는 완성된 **고객자료입력폼**을 이용하여 특정 레코드를 검색하는 실습이다.

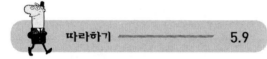

따라하기 ———————————— 5.9

동작 1 고객자료입력폼을 선택하고 🔍 디자인 보기(D) 를 클릭한다.

동작 2 컨트롤 마법사 사용이 가능한 상태에서 리본 메뉴의 단추(xxxx) 컨트롤을 선택하여 〈그림 5.32〉와 같이 고객번호 텍스트 상자의 우측에 적당한 크기로 삽입한다.

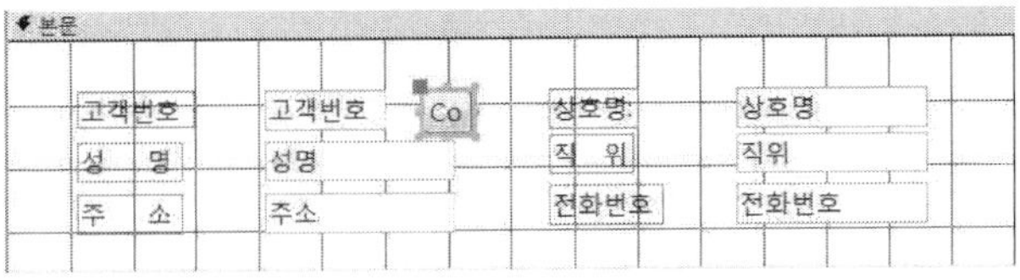

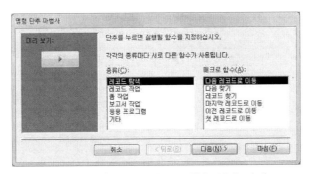

〈그림 5.32〉 명령 단추 삽입

◎ 〈그림 5.33〉과 같은 실행할 매크로를 선택할 수 있는 명령 단추 마법사 창이 열린다.

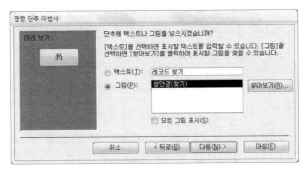

〈그림 5.33〉 실행 매크로 함수 선택 단계

동작 3 매크로 함수(A)에서 레코드 찾기를 선택하고 다음(N) 단추를 클릭한다.

◎ 〈그림 5.34〉과 같은 단추 모양 선택을 위한 **명령 단추 마법사**의 다음 단계 창이 열린다.

〈그림 5.34〉 단추의 형태 선택 단계

동작 4 〈그림 5.34〉의 창에서 텍스트(T)를 선택하고 **찾기**를 입력하고 다음(N) 단
추를 클릭한다.

◎ 〈그림 5.35〉과 같은 단추 이름을 입력할 수 있는 **명령 단추 마법사**의
다음 단계 창이 열린다.

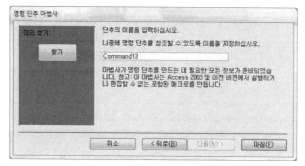

〈**그림 5.35**〉 명령 단추의 이름 입력 단계

동작 5 〈그림 5.35〉에서 임시 단추 이름 Command??을 지우고 **찾기단추**를 입
력하고 마침(F) 단추를 클릭한다.

◎ 단추의 이름으로 **찾기단추**가 만들어지고 텍스트로 **찾기**가 표시되어
있다.

동작 6 폼을 저장한 후 고객자료입력폼을 실행하여 성명 텍스트 상자를 선택하
고 찾기 단추를 클릭한다.

◎ 〈그림 5.36〉과 같은 **찾기 및 바꾸기** 창이 실행된다.
◎ **성명**의 텍스트 상자에서 찾기 단추를 클릭하였으므로 **찾는 위치**는 **성
명** 필드로 되어 있다.

〈그림 5.36〉 찾기 및 바꾸기 창

동작 7 **찾을 내용(N):**의 텍스트 상자에 **강후동**을 입력하고 **다음 찾기(F)** 버튼을 클릭하고 **찾기 및 바꾸기** 창을 닫는다.

◎ **고객자료입력폼**에 **강후동** 레코드가 검색되어 있다.

동작 8 동일한 방법으로 **상호명**이 **눈내리는밤**인 레코드를 검색해 보라.

Help!!

레코드를 검색하는 방법 역시 여러 가지 방법이 있지만, 이 장에서는 **찾기** 단추를 만들어 검색함으로써 데이터베이스의 편리성과 유용성을 이해하는 정도로 실습하였다. **찾기** 단추를 사용하지 않으려면 폼 하단에 있는 **검색**에서 검색하고자 하는 값을 입력하면 손쉽게 찾을 수 있다.

<table>
<tr><td>5.11</td><td>종합 연습문제</td></tr>
</table>

산악회에서는 회원관리업무를 전산화하려고 한다. 〈그림 5.37〉의 입력 자료를 이용하여 지시하는 바와 같이 입력/검색 화면을 만든 후 임의의 레코드를 검색하여 화면을 인쇄하라.

[처리조건]

1) 데이터베이스 명은 **연습문제**로 한다.

2) 테이블 명은 **산악회원**으로 한다.

3) 폼 명은 **회원자료입력폼**으로 한다.

4) 테이블의 데이터 입력은 만들어진 **회원자료입력폼**을 이용해 입력한다.

5) 입력이 완료되면 **회원자료입력폼**에서 **성명**이 **이동극**인 레코드를 검색한다.

가. 입력 자료(data)

[산악회원 관리자료]

회원번호	소 속	성 명	전화번호	생년월일	혈액형	신장
1001	COEX	오리온	2553-6672	90/02/18	A	170
2001	COMA	가리비	8897-2213	89/09/09	AB	167
1002	COEX	나른해	2236-6659	92/02/28	O	178
1003	COMA	얼씨구	6656-6621	89/07/09	B	176
2002	RISTE	주을래	4569-2013	87/05/06	A	180
1004	RISTE	가지마	5265-2653	88/03/06	AB	179
1005	RISTE	절씨구	1145-6523	90/11/12	B	178
2003	COMA	화구라	8879-2156	91/12/01	A	176
1006	COMA	하수상	2136-0213	90/07/07	O	175
2004	COEX	이동극	6521-0021	91/06/06	O	170
2005	COEX	허사수	9546-2115	91/01/02	A	165
2006	COMA	고두기	4125-3202	89/02/01	A	169
2007	RISTE	허설해	9859-6215	90/09/31	AB	172

〈그림 5.37〉

나. 입력/검색 화면(screen)

〈그림 5.38〉과 같은 화면을 완성하여 화면상에서 데이터를 입력한 뒤 입력된 데이터에서 찾기 단추를 만들어 **하수상** 고객 레코드를 검색하시오.

웰빙 산악회원 관리

회원번호		소 속	
성 명		전화번호	
생년월일		혈 액 형	
		신장(cm)	

〈그림 5.38〉 회원자료입력폼의 디자인

5.12   보건의료 연습문제

□ □ 병원에서는 환자진료접수업무를 전산화하려고 한다. 〈그림 5.39A〉와 〈그림 5.39B〉의 입력 자료를 이용하여 지시하는 바와 같이 입력/검색 화면을 만든 후 임의의 레코드를 검색하여 화면을 인쇄하라.

[처리조건]

1) 데이터베이스 명은 **HK메디컬진료관리**로 한다.
2) 테이블 명은 **진료등록**으로 한다.
3) 폼 명은 **HK메디컬진료등록폼**으로 한다.
4) 테이블의 데이터 입력은 만들어진 **HK메디컬진료폼**을 이용해 입력한다.
5) 입력이 완료되면 **HK메디컬진료등록폼**에서 **수진자명**이 **삼철근**인 레코드를 검색한다.

가. 입력 자료(data)

[진료등록 자료]

	인적정보						보험정보
차트번호	수진자명	주민번호1	가입자명	주민번호2	보험유형	관계	사업체번호
HKM0024	이상구	810123-122****	이상구	810123-112****	국민건강보험	본인	40001722
HKM0025	김동구	110506-133****	김말선	840203-234****	국민건강보험	자녀	50001822
HKM0026	박사랑	991124-277****	박미동	800809-159****	국민건강보험	자녀	70003422
HKM0027	이구라	010306-189****	이삼동	790504-142****	국민건강보험	자녀	41002730
HKM0028	공삼순	970404-247****	하수상	801113-155****	국민건강보험	처	42556300
HKM0029	이사가	980507-154****	이가자	850707-147****	국민건강보험	자녀	47802360
HKM0030	감수공	860428-167****	감돌민	860428-188****	국민건강보험	본인	55440360
HKM0031	이말순	070709-221****	이순구	830313-254****	국민건강보험	처	11005566
HKM0032	황방자	080820-292****	황신수	830217-112****	국민건강보험	차	44668900
HKM0033	삼철근	841118-172****	삼미랑	841118-213****	국민건강보험	본인	20005306
HKM0034	사천근	100307-199****	사만근	800810-112****	국민건강보험	자녀	21000800
HKM0035	홍구삼	570707-152****	–	–	일반	본인	–
HKM0036	신수주	510903-292****	신둘선	750920-232****	국민건강보험	부모	45000404

〈그림 5.39A〉

보험정보		가타정보				
보험증번호	취득일자	최초내원일	진료실	주소	전화번호	휴대폰번호
5520674002	16/03/01	19/02/11	제1진료실	부산광역시 해운대구	051-111-1234	010-4455-5555
6655447702	15/04/01	19/02/12	제1진료실	경상남도 통영시	055-333-2222	010-1111-1111
9988778900	17/03/02	19/02/13	제2진료실	경상남도 진주시	055-221-2311	010-2222-2222
3322114450	10/04/01	19/02/22	제2진료실	부산광역시 사상구	051-362-4545	010-3333-3333
6655448897	11/05/01	19/02/23	제3진료실	경상남도 산청군	055-444-8897	010-1122-8888
2589974123	12/05/01	19/03/05	제1진료실	대구광역시 달서구	052-998-9987	010-4444-4444
3332254111	12/06/01	19/03/07	제1진료실	부산광역시 동래구	051-555-6655	010-5555-5555
2200144784	10/07/02	19/03/09	제2진료실	부산광역시 동래구	051-889-5959	010-6666-6666
3652010001	08/09/02	19/03/12	제2진료실	경상남도 산청군	055-000-0000	010-4455-9980
3385956540	07/10/03	19/04/13	제3진료실	경상남도 거제시	055-598-7764	010-7788-0099
5784203000	11/07/04	19/04/20	제1진료실	경상남도 함안군	055-404-4454	010-9988-0707
–	–	19/04/24	제1진료실	부산광역시 사상구	051-777-7777	010-6600-6666
1113254440	09/09/03	19/04/25	제2진료실	부산광역시 해운대구	051-412-1212	010-7070-7070

〈그림 5.39B〉

나. 입력/검색 화면(screen)

〈그림 5.40〉과 같은 화면을 완성하여 화면상에서 데이터를 입력한 뒤 입력된 데이터에서 찾기 단추를 만들어 수진자명이 **삼철근**인 레코드를 검색하시오.

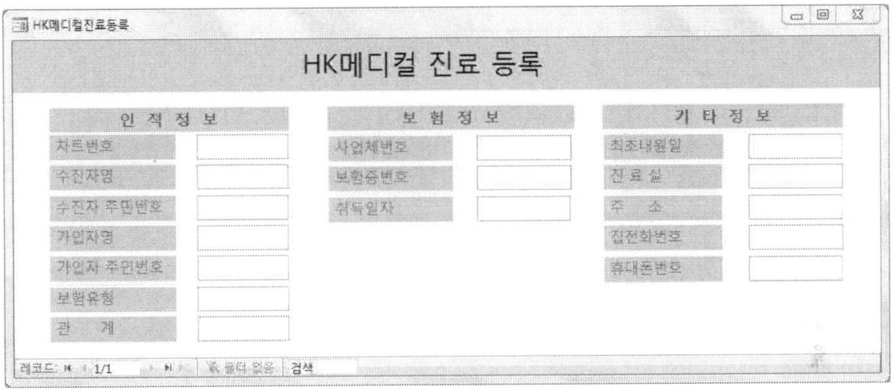

〈그림 5.40〉 **HK메디컬진료등록폼** 디자인

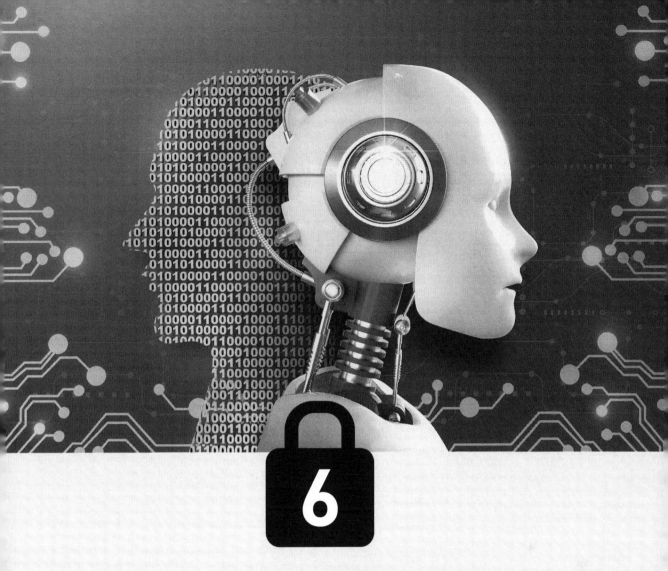

테이블 구조 변경과 레코드 내용 수정

테이블의 구조를 변경 하지 않으려면 테이블의 설계 단계에서 치밀하게 디자인해야 한다. 데이터가 입력되어 있는 상태에서 테이블의 구조를 변경하면 데이터의 손실이 발생할 수 있고 큰 실수로 이어져 테이블 전체의 데이터를 잃어버릴 수 있다. 그러나 테이블의 구조를 불가피하게 변경해야하는 경우가 있을 수 있으므로 테이블의 구조를 변경하는 방법과 구조가 변경된 테이블의 레코드를 수정할 수 있어야 한다.

테이블은 테이블의 구조를 수정해야하는 경우도 있고 단순하게 테이블 내에 저장된 레코드의 데이터만을 변경해야 하는 경우도 있다. 테이블의 구조를 변경하는 경우는 이미 저장되어 있는 많은 데이터를 상실할 우려가 있고 만들어진 폼과 관련하여 많은 문제를 야기하므로 신중하게 해야 한다. 따라서 데이터베이스는 테이블 설계 과정에서부터 테이블 변경 사유가 발생하지 않도록 하여야 한다. 그러므로 테이블의 구조 수정은 누구나 할 수 있는 것은 아니며 테이블 구조를 수정할 수 있는 권한을 가진 관리자만이 해야 한다. 테이블 구조를 수정할 수 있는 권한을 가진 관리자인 경우에도 불가피한 경우를 제외하고는 테이블의 구조를 변경하지 않는 것이 좋다. 테이블의 구조를 변경하지 않고 저장되어 있는 레코드의 내용을 단순하게 변경하는 경우는 데이터베이스 이용자가 그 내용을 쉽게 수정할 수 있다. 단순한 레코드 변경은 작성된 폼을 통해 손쉽게 할 수 있다.

(사 례) 고수준씨는 데이터 집계의 효율성을 높이기 위해 **영업관리.MDB**에서 **고객** 테이블의 **주소** 필드를 **광역시/도**, **구/시/군**, **동/번지** 필드 등으로 세분화하여 〈그림 6.1〉과 같이 테이블 구조를 변경하고 각 레코드의 내용을 수정하고자 한다.

고객

고객번호	상호명	성명	직위	광역시/도	구/시/군	동/번지	전화번호
103	내일로가는길	엄지영	대표	서울특별시	성동구	상왕십리동	709-1023
104	홀로있는뜰	김도환	영업과장	부산광역시	해운대구	좌동	303-2198
105	가버린내일	박천후	판매팀장	대구광역시	달서구	신당동	876-2143
106	잃어버린오늘	방재기	관리과장	대전광역시	유성구	송강동	443-1002
107	눈내리는밤	강후동	총무팀장	경상남도	진주시	상봉동	882-0808
108	이슬맺힌풍경	이방원	사원	전라남도	고흥군	대서면 송강리	554-2233
109	삶	정주해	총무이사	제주도	서귀포시	대포동	102-1212
110	아침햇살	심도일	영업팀장	경기도	고양시	일산구 가좌동	383-3383
111	추억만들기	하수상	대표	인천광역시	개양구	다남동	404-4404
112	해당화언덕	전기화	판매과장	서울특별시	동작구	노량진동	311-1122

〈그림 6.1〉 변경할 **고객** 테이블의 구조 및 데이터

6.1 테이블의 구조 변경

테이블은 처음 설계할 때 충분히 여러 가지 상황을 고려하여 설계하여야 한다. 테이블의 구조가 변경되면 이와 관련한 폼 역시 변경해야 하고 이외에도 다양한 문제가 발생하게 된다. 또한 약간의 실수가 전체 데이터를 망실하는 큰 실수를 야기할 수도 있으므로 테이블의 구조 수정에는 세심한 주의가 필요하다.

사 례 고수준씨는 **고객** 테이블의 **주소** 필드를 **광역시/도**, **구/시/도 필드**로 분할하고 **동/번지** 필드와 **우편번호** 필드를 추가로 삽입하여 테이블 구조를 변경하려고 한다.

고객 테이블을 〈그림 6.1〉과 같이 만들려면 먼저 테이블의 구조를 〈그림 6.2〉와 같이 변경해야 한다.

테이블 이름: 고객

필드이름	데이터형식	필드크기
고객번호	텍스트	3
상호명	텍스트	24
성명	텍스트	8
직위	텍스트	10
광역시/도	텍스트	10
구/시/군	텍스트	10
동/번지	텍스트	30
전화번호	텍스트	8

〈그림 6.2〉 변경할 **고객** 테이블의 구조

Help!!

일반적인 DBMS에서는 필드를 만들 때 슬래쉬(/) 기호를 사용할 수 없으므로 슬래쉬 기호를 써야할 경우에는 밑줄 하이픈(_)을 사용한다. 슬래쉬는 액세스에서만 허용되는 특수기호이다. 일반적인 데이터베이스에서 사용하려면 **광역시/도는 광역시_도, 구/시/군은 구_시_군, 동/번지는 동_번지**로 해야 한다.

다음 [따라하기 6.1]은 **고객** 테이블의 구조를 액세스 디자인 도구를 사용하여 〈그림 6.2〉과 같은 구조로 변경하는 실습이다.

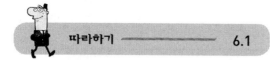

따라하기 ———————— 6.1

동작 1 액세스를 실행하고 **영업관리.MDB** 파일을 연다.

동작 2 테이블 개체에서 **고객** 테이블을 선택하고 🔨 디자인(D)을 클릭한다.

◎ **고객** 테이블의 구조를 디자인 할 수 있는 창이 열린다.

동작 3 **주소** 필드를 **광역시/도**로 수정하고 필드 크기를 **10**으로 수정한다.

◎ **주소** 필드가 **광역시/도** 필드로 수정된다.

◎ **주소** 필드의 데이터는 **광역시/도**의 데이터가 된다.

◎ 필드 길이가 30에서 10으로 짧아지므로 문자 길이가 10을 넘는 주소의 데이터는 잘려 나간다.

◎ 변경된 구조를 저장하면 이와 관련한 경고 창이 열린다.

Help!!

데이터 손실

변경 전의 필드 길이보다 변경 후의 필드 길이가 짧아진 경우에는 짧아진 만큼의 문자가 손실된다. 따라서 문자 데이터의 길이는 신중을 기해 결정하고 변경해야 한다.

동작 4 〈그림 6.3〉과 같이 **광역시/도** 필드를 선택하고 **우측 버튼**을 클릭한다.

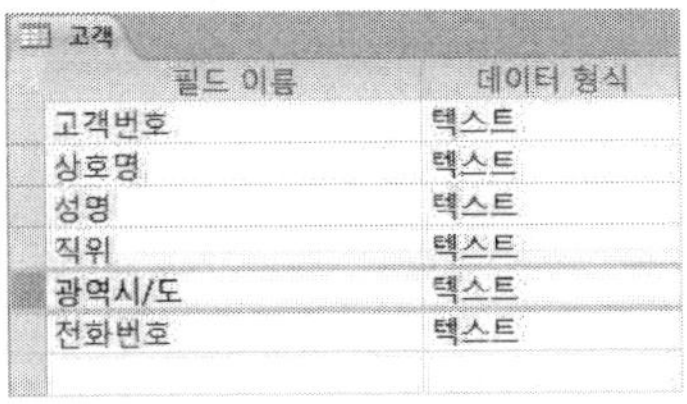
고객
필드 이름
데이터 형식
고객번호
텍스트
상호명
텍스트
성명
텍스트
직위
텍스트
광역시/도
텍스트
전화번호
텍스트

〈그림 6.3〉 광역시/도 필드 선택

◎ 〈그림 6.4〉와 같은 팝업 메뉴가 열린다.

기본 키(K)
잘라내기(T)
복사(C)
붙여넣기(P)
행 삽입(I)
행 삭제(D)
속성(P)

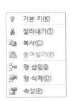

〈그림 6.4〉 팝업 메뉴

동작 5 팝업 메뉴에서 ⋮← 행 삽입(I) 을 클릭한다.

◎ 〈그림 6.5〉와 **광역시/도**는 아래로 이동하고 1행이 삽입된다.

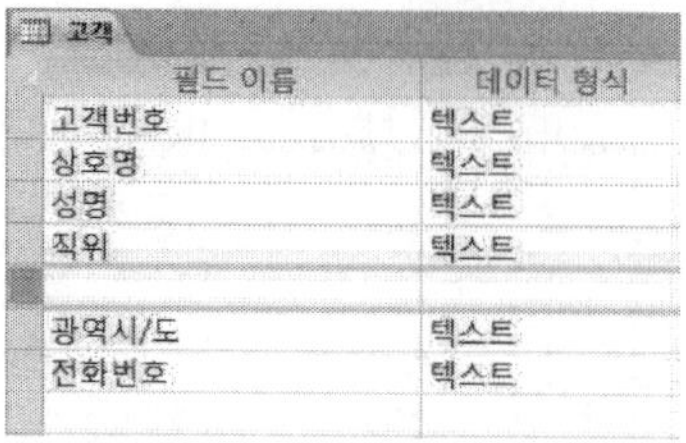

〈그림 6.5〉 행 삽입 결과

동작 6 삽입된 행에서 **필드 이름**은 **우편번호**를 입력하고 **데이터 형식**은 **텍스트**로 하고 **필드 크기**는 **7**로 한다.

◎ **우편번호** 필드가 삽입되어 만들어진다.

Help!!

우편번호 필드는 필드 삭제 실습과 관련하여 삽입하였으므로 의문을 갖지 않기 바란다.

동작 7 **전화번호** 필드를 선택하고 **우측 버튼**을 클릭한 후, 팝업 메뉴에서 **행 삽입(I)** 삽입을 클릭한다.

◎ **전화번호** 필드가 아래로 이동하고 1행이 삽입된다.

동작 8 삽입된 행에서 **필드 이름**은 **구/시/군**을 입력하고 **데이터 형식**은 **텍스트**로 하고 **필드 크기**는 **10**으로 한다.

◎ **구/시/군** 필드가 삽입되어 만들어진다.

동작 9 동일한 방법으로 **동/번지**, **텍스트**, **30**으로 필드를 삽입한다.

◎ 필드가 모두 삽입된 결과는 〈그림 6.6〉과 같다.

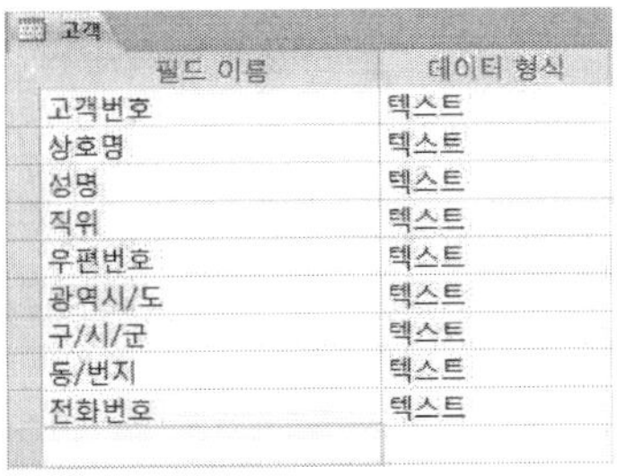

필드 이름	데이터 형식
고객번호	텍스트
상호명	텍스트
성명	텍스트
직위	텍스트
우편번호	텍스트
광역시/도	텍스트
구/시/군	텍스트
동/번지	텍스트
전화번호	텍스트

〈**그림 6.6**〉 **고객** 테이블의 수정 결과

동작 10 **고객** 테이블의 디자인 창의 닫기 버튼을 클릭한다.

◎ 〈그림 6.7〉과 같은 데이터 손실과 관련한 경고 창이 열린다.

Microsoft Access

데이터의 일부가 손실되었습니다.

⚠ 일부 필드의 [필드 크기/FieldSize] 속성이 더 짧게 바뀌었습니다. 데이터가 손실되었으면 결과적으로 유효성 검사 규칙에 어긋납니다. 계속하시겠습니까?

[예(Y)]   [아니요(N)]

〈**그림 6.7**〉 데이터 손실과 관련한 경고 창

동작 11 예(Y) 버튼을 선택한다.

◎ 수정된 **고객** 테이블의 구조가 저장된다.

6.2 테이블 구조의 필드 삭제

테이블의 구조 변경에서 불필요한 필드를 삭제할 경우가 있다. 필드 삭제는 입력된 내용을 모두 삭제하게 되므로 매우 조심해야 한다. 따라서 테이블을 디자인 할 때는 사전에 충분한 검토를 하여 테이블 필드의 삭제가 발생하지 않도록 하는 것이 좋다. 앞서 실습한 [따라하기 6.1]에서 **우편번호**는 삽입할 대상이 아니므로 삭제해야 한다. 실무에서는 **우편번호**는 **광역시/도** 및 **동/번지**를 이용해 자동 연결되도록 할 수 있다.

다음 [따라하기 6.2]는 수정된 **고객** 테이블에서 **우편번호** 필드를 삭제하여 구조를 수정하는 실습이다.

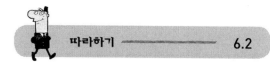

따라하기 　　　　　　　　　　　6.2

동작 1 **고객** 테이블을 선택하고 **디자인**을 클릭한다.

동작 2 **고객** 테이블 디자인 창에서 **우편번호** 필드를 선택하고 **우측 버튼**을 클릭한 후, 팝업 메뉴에서 **행 삭제(D)**를 클릭한다.

◎ 〈그림 6.8〉과 같은 필드 삭제 경고 창이 열린다.
◎ 필드는 삭제와 동시에 필드의 모든 데이터가 삭제되어 되살릴 수 없으므로 주의해야 한다.

〈그림 6.8〉 필드 삭제 경고 창

동작 3 예(Y)를 클릭한다.

◎ **우편번호** 필드가 삭제된다.

동작 4 디자인 창을 닫고 변경된 **고객** 테이블의 구조를 저장한다.

6.3 테이블 구조의 텍스트 필드 크기 변경

텍스트는 문자로 입력되는 데이터를 저장할 때 표시하는 데이터 형식으로 테이블을 디자인 할 때 필드의 크기는 해당 필드에 입력될 문자의 최대 길이를 나타낸다. 만약 어느 필드의 길이가 저장할 데이터에 비해 너무 길게되면 기억 공간의 낭비가 일어난다. 반대로 필드의 길이가 저장할 데이터에 비해 짧으면 데이터의 일부가 잘려나가게 된다. 일반적으로 문자의 길이는 바이트 단위로 계산되는데 한글은 1자를 저장하는데 2바이트가 소요되고 영문자 혹은 수치문자는 1자를 저장하는데 1바이트가 소요된다.

그러나 액세스에서 텍스트 필드의 크기는 한글 혹은 영문자 구분 없이 글자 수로 정해진다. 예를 들어 '광역시/도' 필드에 들어가는 한글의 최대 글자수가 5라면 필드 크기를 5로 정하면 된다. 즉 필드 크기가 5이면 한글이든 영문이든 간에 5자가 허용된다.

> **Help!!**
>
> 필드 크기의 계산 방법 요약: 일반적인 DBMS의 문자 필드 크기의 단위는 바이트 단위로 계산된다. 한글은 1자당 2바이트, 영문자 혹은 수치문자는 1자당 1바이트로 필드 크기를 결정한다. 그러나 액세스에서 문자 필드의 크기는 한글, 영문을 가리지 않고 최대 문자수로 필드 크기를 정하면 된다. 예를 들어, '광역시/도'의 필드 크기를 5로 하면 한글이든 영문자이든 최대 5자 까지만 허용된다.

이 방법으로 테이블에 입력될 데이터를 고려하여 **고객** 테이블의 필드 크기를 다시 조정하면 〈그림 6.9〉와 같이 정의할 수 있다.

테이블 이름: 고객

필드이름	데이터형식	필드크기
고객번호	텍스트	3
상호명	텍스트	12
성명	텍스트	4
직위	텍스트	5
광역시/도	텍스트	5
구/시/군	텍스트	5
동/번지	텍스트	15
전화번호	텍스트	8

〈그림 6.9〉 변경된 **고객** 테이블의 필드 크기

다음 [따라하기 6.3]은 〈그림 6.9〉의 구조로 필드 크기를 수정하는 실습이다.

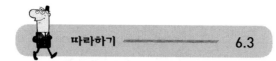

따라하기 ━━━━━━━━ 6.3

동작 1 **고객** 테이블을 선택하고 디자인을 클릭한다.

동작 2 **고객** 테이블의 디자인 창에서 〈그림 6.9〉를 참조하여 필드의 크기를 수정하고, 수정된 **고객** 테이블을 저장한다.

6.4 테이블 구조 변경에 따른 폼 수정

테이블 설계는 관계형 데이터베이스를 구현하는데 있어 가장 기본적이며 중요한 부분이다. 이를 어떻게 설계하고 테이블간의 관계를 어떻게 설정하느냐에 따라 전체적인 데이터베이스 시스템의 성능이 결정되는 것이다. 이와 같이 현실 세계에 있는 사실을 효과적으로 데이터베이에 구현하기 위해서는 이를 위한 설계가 필요하다. 이를 데이터베이스 모델링이라 한다. 관계형 데이터베이스 모델링은 전통적인 데이터베이스 이론 이외에 여러 가지 모델링 기법들이 사용된다. 결론적으로 테이블은 데이터베이스 모델링의 첫 설계 단계부터 치밀하게 설계하여 가능하면 수정하는 일이 발생하지 않도록 하는 것이 좋다.

(사 례) 고수준씨는 고객 테이블의 구조를 변경함에 따라 고객자료입력폼도 수정해야 할 필요성을 느끼게 되었다. 고수준씨는 크게 대수롭게 생각하지 않았던 테이블 설계가 결국 폼 등 이와 관련한 많은 것들이 못쓰게 되어 수정하거나 폐기해야만 한다는 것을 알게 되었다.

Help!!

관계형 데이터베이스는 테이블 형태로 만들어지는 데이터베이스의 한 종류로 테이블과 테이블 사이의 관계를 정의하여 전체 시스템을 구현하는 데이터베이스이다. 테이블을 정의하고 테이블 사이의 관계를 설계하는 일련의 과정을 관계형 데이터베이스 모델링이라 한다. 모델링은 보다 전문적인 지식이 요구되므로 추후에 다루기로 한다.

다음 [따라하기 6.4]는 수정된 **고객** 테이블의 내용을 **고객자료입력폼**에 적용하여 폼 디자인을 수정하는 실습이다.

따라하기 ━━━━━━━━━ 6.4

동작 1 폼 개체에서 고객자료입력폼을 선택하고 디자인을 클릭한 후, 디자인 창의 크기를 **최대화** 한다.

동작 2 본문의 **주소** 레이블의 우측 텍스트 상자를 클릭한다.

◎ 〈그림 6.10〉과 같이 레이블과 텍스트 상자가 모두 선택된다.

〈**그림 6.10**〉 선택된 레이블과 텍스트 상자

Help!!

〈그림 6.10〉과 같이 레이블은 **고객** 테이블에서 **주소**를 **광역시/도**로 변경했지만 텍스트 상자는 변경되지 않았다. 고객 테이블의 필드 변경이 **고객자료입력폼**에 반영되지 않기 때문이다. 따라서 **주소**의 레이블과 텍스트 상자를 **광역시/도**로 수정할 수도 있지만 [따라하기 6.4]는 레이블과 텍스트 상자를 삭제한 후 다시 삽입는 방법을 실습한다.

동작 3 키보드에서 **Delete** 키를 친다.

◎ 선택된 레이블과 텍스트 상자가 삭제된다.

동작 4 디자인 창의 상단에 있는 도구 모음에서 **기존 필드 추가**를 클릭한다.

◎ 디자인 창의 우측에 〈그림 6.11〉와 같은 **필드 목록** 창이 열린다.

〈그림 6.11〉 **고객** 테이블의 필드 목록 창

동작 5 필드 목록 창에서 **광역시/도** 필드를 선택한 후 〈그림 6.12〉과 같이 폼 디자인 창의 본문에 끌어다 놓는다.

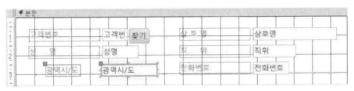

〈그림 6.12〉 본문에 삽입된 **광역시/도** 필드의 레이블과 텍스트 상자

동작 6 **광역시/도** 텍스트 상자의 좌측 상단 큰 조절점에 마우스 포인터를 이동 시켜 상하좌우 모양으로 바뀌면 드래그하여 〈그림 6.13〉와 같이 텍스 트 상자를 맞춘다.

◎ 레이블 및 텍스트 상자에 있는 조절점은 레이블과 텍스트 상자의 개 별 이동에 사용되고 조절점이 아닌 곳에서 텍스트 상자를 이동시키 면 레이블과 텍스트 상자가 한꺼번에 이동된다.

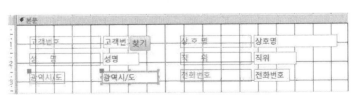

〈그림 6.13〉 **광역시/도** 레이블의 위치 이동

동작 7 동일한 방법으로 〈그림 6.14〉와 같은 폼이 만들어지도록 필드를 추가하여 **고객자료입력폼**을 완성하여 저장하고 실행한다.

◎ 〈그림 6.14〉와 같이 완성된 폼이 열리고 이미 입력된 데이터가 표시된다.

◎ **광역시/도** 텍스트 상자에는 이전에 입력한 **주소**의 일부는 잘리고 5자만 남아 있다.

◎ 새롭게 추가된 **구/시/군**, **동/번지** 필드는 비어 있다.

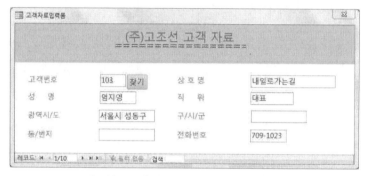

〈그림 6.14〉 수정된 **고객자료입력폼**

6.5 폼의 탭 인덱스 수정

탭 인덱스란 텍스트 상자의 입력 순서를 결정하는 것이다. 처음 **고객자료입력폼**이 열리면 데이터 입력 커서는 **고객번호**의 텍스트 상자에 있어야하고 키보드에서 **Tab**키를 치면 차례로 **상호명**, **성명**, **직위**, **광역시/도**, … 순으로 이동해야 한다. 만약 순서가 바뀌어 이동한다면 해당 텍스트 상자의 탭 인덱스를 확인하여 수정해야 한다.

처음 폼이 열릴 때 데이터 입력 기다리는 텍스트 상자를 지정하려면 탭 인덱스는 **0**으로 지정하고, 다음은 **1**, **2**, **3**, … 순으로 차례로 지정한다.

다음 [따라하기 6.5]는 수정된 **고객** 테이블의 내용을 **고객자료입력폼**에 적용하여 폼 디자인을 수정하는 실습이다.

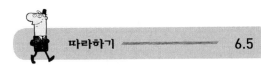

따라하기 6.5

동작 1 폼 개체에서 고객자료입력폼을 선택하고 디자인을 클릭한 후, 디자인 창의 크기를 **최대화** 한다.

동작 2 본문의 **고객번호** 텍스트 상자에서 **우측 버튼**을 클릭하고 **속성** 창에서 **탭 인덱스**를 찾아 값이 **0**인지를 확인한다. 만약 **0**이 아니면 **0**으로 수정한다.

동작 3 동일한 방법으로 〈그림 6.15〉와 같이 각 텍스트 상자의 탭 인덱스를 확인하고 다른 탭 인덱스가 있으면 수정한다.

텍스트 상자	탭 인덱스
고객번호	0
상호명	1
성명	2
직위	3
광역시/도	4
구/시/군	5
동/번지	6
전화번호	7

〈그림 6.15〉 텍스트 상자의 탭 인덱스

동작 4 완성된 **고객자료입력폼**을 저장하고 실행한 후 키보드의 **Tab**키를 쳐서 확인한 후 닫는다.

6.6 폼을 이용한 레코드 수정

고수준씨는 완성된 **고객자료입력폼**을 이용하여 고객의 자료를 수정하거나 추가하여 입력하려고 한다.

액세스에서는 테이블에 직접 접근하여 레코드를 쉽게 수정하거나 삭제할 수 있지만 큰 문제를 야기할 수 있다. 따라서 사소한 레코드의 수정이라 하더라도 테이블에서 직접 데이터를 수정하지 않도록 한다.

다음 [따라하기 6.6]은 **고객자료입력폼**을 이용하여 **고객** 테이블에 입력되어 있는 레코드의 내용을 수정하는 실습이다.

따라하기 —————— 6.6

동작 1 고객자료입력폼을 연다.

◎ **고객번호**가 **103**인 레코드가 화면에 표시되고 입력 커서는 **고객번호** 텍스트 상자에서 대기하고 있다.

동작 2 Tab 키를 이용하여 **고객번호**가 **103**인 레코드의 **광역시/도** 텍스트 상자로 커서를 이동시켜 **서울시 성**을 **서울특별시**로 수정하고, **구/시/군**은 **성동구**, 동/번지는 **상왕십리동**을 입력한다.

동작 3 동일한 방법으로 〈그림 6.16〉과 같이 모든 레코드를 수정한다.

고객번호	상호명	성명	직위	광역시/도	구/시/군	동/번지	전화번호
103	내일로가는길	엄지영	대표	서울특별시	성동구	상왕십리동	709-1023
104	홀로있는뜰	김도환	영업과장	부산광역시	해운대구	좌동	303-2198
105	가버린내일	박천후	판매팀장	대구광역시	달서구	신당동	876-2143
106	잃어버린오늘	방재기	관리과장	대전광역시	유성구	송강동	443-1002
107	눈내리는밤	강후둥	총무팀장	경상남도	진주시	상봉동	882-0808
108	이슬맺힌풍경	이방원	사원	전라남도	고흥군	대서면 송강리	554-2233
109	삶	정주해	총무이사	제주도	서귀포시	대포동	102-1212
110	아침햇살	심도일	영업팀장	경기도	고양시	일산구 가좌동	383-3383
111	추억만들기	하수상	대표	인천광역시	개양구	다남동	404-4404
112	해당화언덕	전기화	판매과장	서울특별시	동작구	노량진동	311-1122

〈그림 6.16〉 수정할 **고객** 테이블의 레코드 내용

Help!!

만약 추가로 입력된 데이터가 있으면 〈그림 6.16〉과 같은 형식으로 데이터를 모두 수정하여 입력한다.

동작 4 〈그림 6.17〉의 레코드를 추가로 입력한다.

고객번호	상호명	성명	직위	광역시/도	구/시/군	동/번지	전화번호
213	호수가에서	장호수	대표	부산광역시	부산진구	부전동	709-1023
214	황토집	이황토	총무이사	부산광역시	동래구	사직동	303-2198

〈그림 6.17〉 추가로 입력할 **고객** 테이블의 레코드 내용

동작 5 레코드 수정이 완료되었으면 **고객자료입력폼**을 닫는다.

6.7	레코드 삭제

액세스에서 불필요한 레코드는 쉽게 삭제할 수 있지만 레코드 삭제는 신중히 해야 한다. 특히 여러 개의 테이블 간에 관계가 설정되어 있으면 레코드 삭제에는 더욱 조심해야 한다. 그러나 불가피하게 특정 레코드를 삭제하고자 한다면 폼을 통해 삭제할 레코드를 검색한 후 확인 과정을 거쳐 삭제할 수 있다.

다음 [따라하기 6.7]은 **고객자료입력폼**을 이용하여 **고객** 테이블에 입력되어 있는 레코드에서 **고객번호**가 **213**인 레코드를 찾아 삭제하는 실습이다.

따라하기 ━━━━━━━━━ **6.7**

동작 1 고객자료입력폼의 디자인 창에서 찾기 버튼의 우측에 삭제 버튼을 만들어 저장하고 실행한다.

동작 2 고객자료입력폼에서 **고객번호**의 텍스트 상자를 클릭하고 우측에에 있는 찾기 버튼을 클릭한다.

◎ **찾기 및 바꾸기** 창이 열린다.

동작 3 찾을 내용(N):의 텍스트 상자에 **213**을 입력하고 다음 찾기(F) 버튼을 클릭하고 **찾기 및 바꾸기** 창을 닫는다.

◎ **고객자료입력폼**에 **고객번호**가 **213**인 레코드가 검색되어 있다.

동작 4 찾기 버튼의 우측에 만들어진 삭제 버튼을 클릭한다.

◎ **213** 레코드가 고객자료입력폼에서 없어지고 〈그림 6.18〉과 같은 레

코드 삭제 경고 창이 열린다.

◎ **고객번호**가 **213**번인 레코드는 아직 완전히 삭제되지 않았음을 의미한다.

◎ **아니오** 버튼을 클릭하면 삭제가 취소되어 폼에 **213** 레코드가 다시 표시된다.

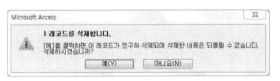

〈그림 6.18〉 레코드 삭제 경고 창

동작 5 예(Y)의 버튼을 클릭하여 레코드를 삭제한다.

◎ **고객번호**가 **213** 레코드는 영구히 삭제된다.

동작 6 동일한 방법으로 **고객번호**가 **214**인 레코드를 검색하여 삭제하라.

동작 7 **고객자료입력폼**의 디자인 창에서 삭제 버튼을 없애고 저장한다.

◎ 데이터의 삭제는 신중해야 하므로 데이터 고객자료입력폼에 만들어진 삭제 버튼을 없앤다.

Help!!

데이터베이스에서 데이터를 삭제할 때는 항상 세심한 주의를 기울여야 한다. 삭제된 데이터는 복구가 되지 않으므로 잠시 방심하면 큰 사고로 이어질 수 있다. 그러므로 데이터 삭제를 위한 버튼은 꼭 필요한 경우에 만들어 사용하는 것이 바람직하다고 본다.

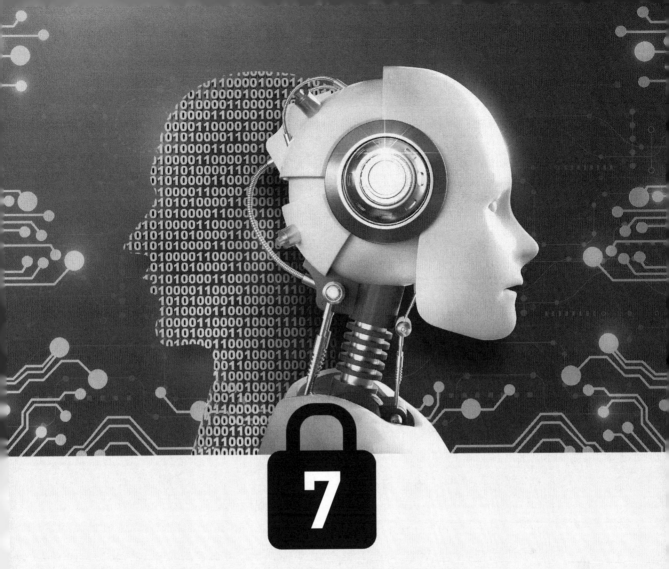

선택 쿼리를 이용한 정보 검색

고수준씨는 영업 과정에서 만난 수많은 고객의 자료를 입력하는 담당자에게 주어 **영업관리.MDB** 파일의 **고객자료입력폼**을 이용하여 자료를 빠짐없이 입력하도록 하였다. 고조선 기업과 거래하는 많은 고객 자료는 **고객** 테이블에 차곡차곡 저장되었고 고수준 사장은 이를 이용하여 자신이 알고자 하는 정보를 실시간으로 검색하여 영업 활동에 이용할 수 있게 되었다.

데이터베이스에 만들어져 있는 테이블에서 유용한 정보를 검색하기 위해서는 이와 관련한 쿼리(질의)를 만들어야 한다. 선택 쿼리는 가장 일반적인 정보 검색 쿼리로서 액세스에는 이와 관련하여 액세스에서 제공하는 독특한 형태의 쿼리 편집기가 있다. 쿼리 편집기에서는 만들어진 쿼리를 이용하여 유용한 정보를 실시간으로 검색할 수 있을 뿐만 아니라 이를 이용하여 다양한 형태의 보고서까지도 생산해 낼 수 있다. 데이터베이스를 이용하는 가장 큰 이유중의 하나는 쿼리를 만들어 사용하기 때문인데 선택 쿼리를 이용하면 사용자가 원하는 정보를 쉽고 빠르게 검색할 수 있다.

영업관리.MDB의 **고객** 테이블에는 10개 정도의 레코드가 입력되어 있다. 그러나 정보 검색과 관련한 쿼리 실습을 위해서는 가능하면 많은 데이터가 입력되어 있어야 한다. 실제 업무 상황에서는 적어도 수백 혹은 수천 개의 레코드가 입력되어 있을 수 있으므로 이를 염두에 두고 실습해야한다. 불과 10개 정도의 레코드만으로는 데이터베이스를 구현할 필요성을 전혀 느낄 수 없을지도 모른다.

다음의 [따라하기 7.1]을 참조하여 **고객** 테이블에 레코드를 추가로 입력한다. 쿼리를 이용한 정보 검색의 유용성을 확인하기 위해서는 가능하면 많은 데이터를 입력해 두는 것이 좋다.

따라하기 ━━━━━━━━ **7.1**

동작 　고객자료입력폼을 이용하여 〈그림 7.1〉의 레코드를 추가하거나 수정하여 입력한다.

고객 번호	상호명	성명	직위	광역시/도	구/시/군	동/번지	전화번호
113	석양이있는집	강석양	영업과장	울산광역시	중구	교동	664-1251
114	시가있는집	이시인	대표	강원도	동해시	괴란동	774-9090
115	고인돌	고석기	영업과장	광주광역시	광산구	고룡동	740-4646
116	추억이머무는곳	김추억	대표	충청남도	공주시	검상동	760-4949
117	겨울풍경	박풍경	판매과장	충청북도	단양군	가곡면	777-1212
118	가을나들이	이가을	판매과장	전라북도	장수군	괴남면	221-3311

〈그림 7.1〉 신규 고객 리스트

7.1 테이블의 필드와 레코드를 모두 표시하는 선택 쿼리

선택 쿼리는 액세스에서 사용되는 가장 일반적인 종류의 쿼리이다. 선택 쿼리는 사용자가 원하는 내용의 정보를 테이블에서 검색하여 표시할 수 있다. 선택 쿼리는 사용자가 원하는 다양한 형태로 만들 수 있지만, 가장 간단한 형태의 쿼리는 테이블에 들어있는 필드와 레코드를 모두 표시하는 쿼리이다. 예를 들어 *고객 테이블로의 모든 필드와 레코드를 모두 표시*하고자 한다면 이를 수행하는 선택 쿼리를 만들면 된다.

액세스에서 선택 쿼리를 만드는 방법은 **마법사를 사용하여 쿼리 만들기**와 **디자인 보기에서 새 쿼리 만들기** 방법이 있다. **디자인 보기에서 새 쿼리 만들기** 방법은 액세스 사용자가 사용자의 의도대로 쿼리를 자유롭게 편집하여 사용할 수 있다. **마법사를 사용하여 쿼리 만들기** 방법은 쿼리를 쉽게 만들 수 있지만 사용자가 의도하는 쿼리를 자유롭게 만들어 사용하기 어렵다. 따라서 이 절에서는 **디자인 보기에서 새 쿼리 만들기** 방법을 이용하여 쿼리를 만든다.

다음의 [따라하기 7.2]는 *고객 테이블의 필드와 레코드를 모두 표시*하는 쿼리를 만들고 이를 실행시키는 실습이다.

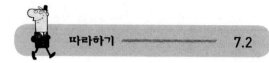

동작 1 만들기 리본 메뉴에서 쿼리 디자인을 클릭한다.

　◎ 〈그림 7.2〉와 같은 선택 쿼리 디자인 창이 열린다.

　◎ 테이블 표시 창의 테이블 표시 탭에는 고객 테이블이 있다.

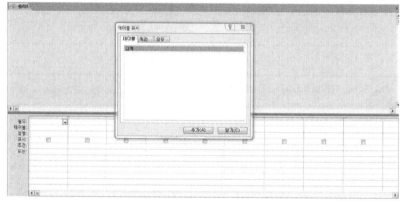

〈그림 7.2〉 선택 쿼리 디자인 창

동작 2 테이블 표시 창에서 **고객** 테이블을 선택하고 추가(A) 버튼을 클릭(또는
고객 테이블을 더블 클릭)한 후 테이블 표시 창을 닫는다.

　◎ 〈그림 7.3〉과 같이 선택 쿼리 디자인 창에 **고객** 테이블이 추가된다.

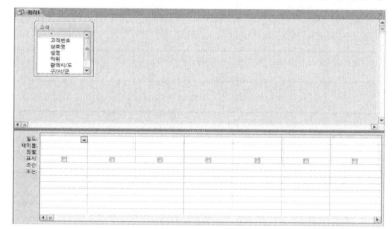

〈그림 7.3〉 고객 테이블이 추가된 선택 쿼리 디자인 창

동작 3 **고객** 테이블 아래에 있는 **필드:**의 **표시 버튼**(▼)을 클릭하여 표시된 필드에서 *을 클릭한다.

◎ 〈그림 7.4〉와 같이 **필드:**에는 **고객.***이 **테이블:**에는 **고객**이 표시된다.

◎ **고객.***은 **고객** 테이블의 모든 필드를 의미한다.

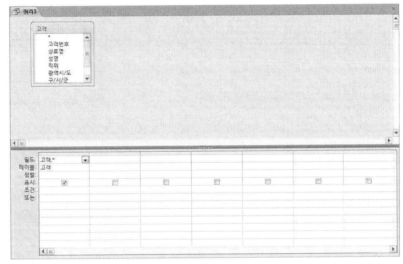

〈그림 7.4〉 **고객.*** 필드가 추가된 쿼리 디자인 창

동작 4 선택 쿼리 디자인 창의 **닫기** 버튼을 클릭한다.

◎ 디자인한 내용의 저장 여부를 묻는 창이 열린다.

동작 5 **예(Y)** 버튼을 클릭하고 **쿼리 이름(N)** 입력 난에 **전국거래처자료검색**을 입력하고 **확인** 버튼을 클릭한다.

◎ 쿼리 이름이 **전국거래처자료검색**으로 저장된다.

동작 6 **전국거래처자료검색** 쿼리를 선택하고 **열기(O)** 버튼을 클릭한다.

◎ 쿼리 실행 결과는 〈그림 7.5〉과 같다.

◎ **고객** 테이블의 필드와 레코드가 모두 표시된다.

◎ 레코드 수는 실습자의 상황에 따라 다소 차이가 있을 수 있다.

고객번호	상호명	성명	직위	광역시/도	구/시/군	동/번지	전화번호
103	내일로가는길	엄지영	대표	서울특별시	성동구	상왕십리동	709-1023
104	홀로있는뜰	김도환	영업과장	부산광역시	해운대구	좌동	303-2198
105	가버린내일	박천후	판매팀장	대구광역시	달서구	신당동	876-2143
106	잃어버린오늘	방재기	관리과장	대전광역시	유성구	송강동	443-1002
107	눈내리는밤	강후동	총무팀장	경상남도	진주시	상봉동	882-0808
108	이슬맺힌풍경	이방원	사원	전라남도	고흥군	대서면 송강리	554-2233
109	삶	정주해	총무이사	제주도	서귀포시	대포동	102-1212
110	아침햇살	심도일	영업팀장	경기도	고양시	일산구 가좌동	383-3383
111	추억만들기	하수상	대표	인천광역시	개양구	다남동	404-4404
112	해당화언덕	전기화	판매과장	서울특별시	동작구	노량진동	311-1122
113	석양이있는집	김석양	영업과장	울산광역시	중구	교동	664-1251
114	시가있는집	이시인	대표	강원도	동해시	괴란동	774-9090
115	고인돌	고석기	영업과장	광주광역시	광산구	고룡동	740-4646
116	추억이머무는곳	김추억	대표	충청남도	공주시	검상동	760-4949
117	겨울풍경	박풍경	판매과장	충청북도	단양군	가곡면	777-1212
118	가을 나들이	이가을	판매과장	전라북도	장수군	괴남면	221-3311

〈그림 7.5〉 **전국거래처자료검색** 쿼리 실행 창

동작 7 쿼리 실행 창을 닫는다.

7.2 조건에 맞는 레코드를 검색하는 선택 쿼리

테이블에서 필드 및 레코드를 모두 표시하려면 전국거래처자료검색 쿼리와 같이 간단하게 만들어 사용하면 된다. 그러나 데이터베이스에서 테이블에 데이터를 저장하는 이유는 사용자가 원하는 레코드만을 신속하게 검색하기 위해서이다. 예를 들어 **고객 테이블로부터** *서울특별시에서 영업하는 영업점의 상호명, 성명, 직위를 검색*하고자 한다면 서울특별시에 있는 레코드의 조건을 만족하는 선택 쿼리를 만들고 실행하면 된다.

다음의 [따라하기 7.3]은 *고객 테이블로부터 서울특별시에서 영업하는 영업점을 검색하여 상호명, 성명, 광역시/도 순서로 표시하는 쿼리*를 만들고 이를 실행시켜 원하는 정보를 검색하는 실습이다.

따라하기 ———————————— 7.3

동작 1 만들기 리본 메뉴에서 쿼리 디자인을 클릭한다.

◎ 선택 쿼리 디자인 창이 열리고 테이블 표시 창에는 고객 테이블이
있다.

동작 2 테이블 표시 창에서 **고객** 테이블을 추가하고 테이블 표시 창을 닫는다.

◎ 선택 쿼리 디자인 창에 **고객** 테이블이 추가된다.

동작 3 **고객** 테이블 아래에 있는 필드:의 표시 버튼(▾)을 클릭하여 표시된 필드
에서 **상호명**을 클릭한다.

◎ 〈그림 7.6〉과 같이 **필드:**에는 **상호명**이 **테이블:**에는 **고객**이 표시된다.
◎ **고객** 테이블의 **상호명** 필드임을 의미한다.

〈그림 7.6〉 **상호명** 필드가 추가된 쿼리 디자인 창

Help!!

필드 추가의 다른 방법
1) **고객** 테이블의 **상호명** 필드를 아래의 **필드:** 자리로 끌어다 놓는 방법
2) **고객** 테이블에서 **상호명** 필드를 더블 클릭하는 방법

동작 4 동일한 방법으로 추가된 **상호명** 우측의 비어 있는 필드 입력 부분에 **성명** 필드를 추가한다.

◎ **고객** 테이블의 **성명** 필드가 추가된다.

동작 5 동일한 방법으로 추가된 **성명**의 우측 필드 입력 부분에 **광역시/도** 필드를 추가한다.

◎ **고객** 테이블의 **광역시/도** 필드가 추가된다.

동작 6 광역시/도 필드 아래의 조건: 입력 부분에 "**서울특별시**"를 입력(인용부호를 포함)한다.

◎ 표시될 필드와 검색할 조건이 모두 입력된 결과는 〈그림 7.7〉과 같다.
◎ *고객 테이블로부터 서울특별시에서 영업하는 영업점을 검색하여 상호명, 성명, 광역시/도 순서로 표시하는 의미다.*

필드:	상호명	성명	광역시/도				
테이블:	고객	고객	고객				
정렬:							
표시:	☑	☑	☑	☐	☐	☐	☐
조건:			"서울특별시"				
또는:							

〈그림 7.7〉 필드와 조건이 입력된 쿼리 디자인 창

Help!!

비교 연산자 =의 의미

연산자 =는 특정 필드의 조건이 완전히 일치하는 것을 검색하고자 할 경우에 사용한다. 만약 =을 생략하여 〈그림 7.7〉과 같이 "**서울특별시**"를 입력하면 = "**서울특별시**"와 동일한 조건 식으로 간주되어 **광역시/도**가 **서울특별시**인 레코드를 검색하는 조건 식이 된다.

<p><strong>동작 7</strong>   선택 쿼리 디자인 창의 <span>닫기</span> 버튼을 클릭한다.</p>

◎ 디자인한 내용의 저장 여부를 묻는 창이 열린다.

<p><strong>동작 8</strong>   예(Y) 버튼을 클릭하고 쿼리 이름(N) 입력 난에 <strong>서울시내에있는거래처검색</strong>을 입력하고 확인 버튼을 클릭한다.</p>

◎ 쿼리 이름이 **서울시내에있는거래처검색**으로 저장된다.

<p><strong>동작 9</strong>   서울시내에있는거래처검색 쿼리를 선택하고 열기(O) 버튼을 클릭한다.</p>

◎ 쿼리 실행 결과는 〈그림 7.8〉과 같다.
◎ *서울특별시에서 영업하는 영업점의 상호명, 성명, 광역시/도가 검색*된다.

상호명	성명	광역시/도
내일로가는길	엄지영	서울특별시
해당화언덕	전기화	서울특별시

〈그림 7.8〉 **서울시내에있는거래처검색** 쿼리 실행 창

<p><strong>동작 10</strong>   쿼리 실행 창을 닫는다.</p>

7.3 선택 쿼리에서 특정 필드 표시하지 않기

선택 쿼리를 만들 때 나타내고 싶지 않은 필드는 필드를 추가하지 않으면 된다. 그러나 표시는 원하지 않지만 조건과 관련하여 반드시 필드를 추가해야 할 경우가 있다. 예를 들어 **서울시내에있는거래처검색** 쿼리의 **광역시/도** 필드는 특정한 조건을 부여하는 필드로 반드시 필요하다. 그러나 **광역시/도** 필드는 조건과 관련한 필드로 실행시 내용은 모두 동일하므로 해당 필드의 내용을 표시하지 않아도 된다. 이런 경우 조건 부여를 위해 쿼리에 필드는 추가해야 하지만 쿼리를 실행하면 그 내용이 표시되지 않도록 해야한다.

다음의 [따라하기 7.4]은 **서울시내에있는거래처검색** 쿼리를 수정하여 **광역시/도** 필드
는 표시되지 않도록 하는 실습이다.

따라하기 ──────── 7.4

동작 1 　**서울시내에있는거래처검색** 쿼리에서 우측 버튼을 클릭하여 열린 팝업 메
뉴에서 디자인 보기(D)를 클릭한다.

◎ **서울시내에있는거래처검색** 쿼리 디자인 창이 열린다.

동작 2 　**광역시/도** 필드 아래의 표시:의 **체크(☑)**를 클릭하여 **체크**를 없앤다.

◎ **광역시/도** 필드의 **표시:**의 **체크**가 없어진다.
◎ 쿼리를 실행하면 **표시:**의 **체크**가 있는 필드는 내용이 표시된다.
◎ 쿼리를 실행하면 **표시:**의 **체크**가 없는 필드는 내용이 표시되지 않는다.

동작 3 　디자인 창의 닫기 버튼을 클릭하고 변경한 내용을 저장한다.

◎ 변경된 **서울시내에있는거래처검색** 쿼리가 저장된다.

동작 4 　**서울시내에있는거래처검색** 쿼리를 선택하고 열기(O) 버튼을 클릭하여 실
행한다.

◎ 〈그림 7.9〉와 같이 실행된 쿼리에는 **광역시/도** 필드가 표시되지 않
는다.

상호명	성명
내일로가는길	엄지영
해당화언덕	전기화
*	

〈그림 7.9〉 **광역시/도** 필드가 표시되지 않는 쿼리 실행 창

동작 5 　쿼리 실행 창을 닫는다.

7.4 선택 쿼리에 필드 추가하기

선택 쿼리에 표시하고자 하는 필드가 표시되지 않았다면 검색된 내용은 사용자가 원하는 정보가 되지 않을 수 있다. 예를 들어 〈그림 7.9〉와 같은 검색 결과는 *서울 시내에 존재하는 거래처*는 쉽게 알 수 있지만 상세한 위치 정보와 전화번호 등은 알 수가 없다. 따라서 데이터베이스 사용자는 보다 자세한 정보 획득을 위해서 이와 관련한 필드를 추가할 필요가 있다.

다음의 [따라하기 7.5]는 **서울시내에있는거래처검색** 쿼리에 **구/시/군**, **동/번지**, **전화번호** 필드를 추가하는 실습이다.

따라하기 ———— **7.5**

동작 1 **서울시내에있는거래처검색** 쿼리에서 우측 버튼을 클릭하여 열린 팝업 메뉴에서 **디자인 보기(D)**를 클릭한다.

동작 2 **광역시/도** 필드 우측의 비어 있는 필드에서 **표시 버튼(▼)**을 클릭하여 **구/시/군** 필드를 클릭하여 추가한다.

◎ **고객** 테이블의 **구/시/군** 필드가 추가된다.

동작 3 동일한 방법으로 **동/번지**, **전화번호** 필드를 차례로 추가한다.

◎ **고객** 테이블의 **동/번지**, **전화번호** 필드가 추가된다.

동작 4 디자인 창의 **닫기** 버튼을 클릭하고 변경한 내용을 저장한다.

◎ 변경된 **서울시내에있는거래처검색** 쿼리가 저장된다.

동작 5 서울시내에있는거래처검색 쿼리를 실행한다.

◎ 쿼리 실행 결과는 〈그림 7.10〉과 같다.

상호명	성명	구/시/군	전화번호	동/번지
내일로가는길	엄지영	성동구	709-1023	상왕십리동
해당화언덕	전기화	동작구	311-1122	노량진동

〈그림 7.10〉 필드 추가 후의 쿼리 실행 창

동작 6 쿼리 실행 창을 닫는다.

7.5   선택 쿼리의 필드 삭제하기

선택 쿼리에 불필요한 필드가 포함되어 있다면 해당 필드를 쿼리에서 삭제하면 된다. 예를 들어 〈그림 7.10〉의 검색 결과에서 **구/시/군** 필드가 불필요하다면 쿼리에서 삭제해야 한다.

다음의 [따라하기 7.6]은 **서울시내에있는거래처검색** 쿼리에서 **구/시/군** 필드를 삭제하는 실습이다.

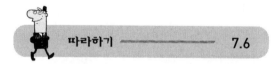

따라하기 ———— 7.6

동작 1 서울시내에있는거래처검색 쿼리에서 우측 버튼을 클릭하여 열린 팝업 메뉴에서 디자인 보기(D)를 클릭한다.

동작 2 구/시/군 필드 이름의 바로 위 회색 칸에 마우스 포인터를 이동시켜 마우스 포인터가 흰색 화살표에서 아래로 향하는 **굵은 흑색 화살표**로 바꿔면 클릭한다.

◎ **구/시/군** 필드가 모두 흑색으로 반전되어 선택된다.

동작 3 키보드에서 Delete 키를 친다.

◎ 선택된 **구/시/군** 필드가 삭제된다.

동작 4 디자인 창을 닫고 변경된 내용을 저장하고 서울시내에있는거래처검색 쿼리를 실행한다.

◎ 쿼리 실행 결과는 〈그림 7.11〉과 같다.

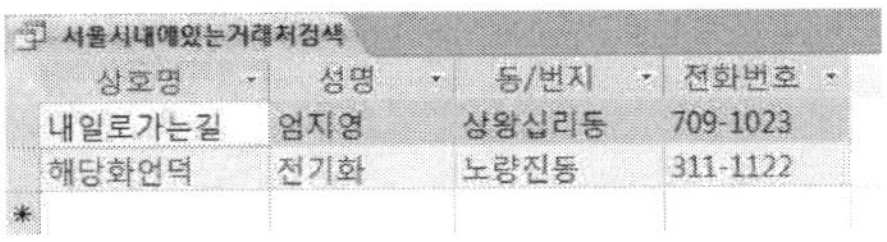

서울시내에있는거래처검색

상호명	성명	동/번지	전화번호
내일로가는길	엄지영	상왕십리동	709-1023
해당화언덕	전기화	노량진동	311-1122
*			

〈그림 7.11〉 구/시/군 필드 삭제 후의 쿼리 실행 창

동작 5 쿼리 실행 창을 닫는다.

7.6 선택 쿼리의 필드 표시 순서 변경

선택 쿼리에서 표시하고자 하는 필드의 순서를 변경해야 할 경우가 있다. 예를 들어 〈그림 7.11〉의 검색 결과에서 **상호명**, **성명** 필드 다음에 **전화번호**, **동번지** 필드 순서로 필드 내용을 표시하고자 한다면 필드의 표시 순서를 변경해야 한다.

다음의 [따라하기 7.7]은 **서울시내에있는거래처검색** 쿼리에서 **전화번호** 필드와 **동/번지** 필드의 위치를 바꾸는 실습이다.

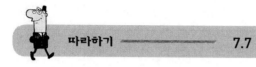

따라하기 —————————————— **7.7**

동작 1 서울시내에있는거래처검색 쿼리에서 우측 버튼을 클릭하여 열린 팝업 메뉴에서 디자인 보기(D)를 클릭한다.

동작 2 **전화번호** 필드 이름의 바로 위 회색 칸에 마우스 포인터를 이동시켜 마우스 포인터가 흰색 화살표에서 아래로 향하는 **굵은 흑색 화살표**로 바뀌면 클릭한다.

◎ **전화번호** 필드가 모두 흑색으로 반전되어 선택된다.

동작 3 흑색으로 반전된 **전화번호** 필드 이름의 바로 위 칸에 마우스 포인터를 이동 시켜 마우스 포인터가 **흰색 화살표**로 변하면 왼쪽 버튼을 누른 상태에서 **성명**과 **동/번지** 필드 사이에 **전화번호** 필드를 끌어다 놓는다.

◎ **전화번호** 필드가 **성명**과 **동/번지** 필드 사이에 이동된다.

동작 4 디자인 창을 닫고 변경된 내용을 저장하고 서울시내에있는거래처검색 쿼리를 실행한다.

◎ 쿼리 실행 결과는 〈그림 7.12〉와 같다.

상호명	성명	전화번호	동/번지
내일로가는길	엄지영	709-1023	상왕십리동
해당화언덕	전기화	311-1122	노량진동

〈그림 7.12〉 필드 위치 변경 후의 쿼리 실행 창

동작 5 쿼리 실행 창을 닫는다.

Help!!

필드 표시 순서 변경의 또 다른 방법

쿼리를 실행시킨 후 이동을 원하는 필드 이름에 마우스 포인터를 이동 시켜 마우스 포인터가 아래로 향하는 **굵은 흑색 화살표**로 바뀌면 클릭한다. 선택된 범위의 필드 이름에 마우스 포인터를 위치시켜 **흰색 화살표 상태**로 마우스 포인터가 바뀌면 필드를 클릭하여 원하는 위치에 끌어다 놓는다. 이 경우 쿼리 실행 창을 닫으면 디자인 변경 사항의 저장 여부를 묻는 경고 창이 열리는데 저장할 필요가 있다면 **예(Y)**를 클릭한다.

7.7   **필드 표시 너비 조절**

선택 쿼리를 실행시켰을 때 필드 표시 너비가 좁아 필드의 내용이 모두 표시되지 않거나 너비가 너무 넓어 보기에 좋지 않은 경우 필드의 너비를 조절해야 할 필요가 있다. 예를 들어 〈그림 7.12〉의 검색 결과에서 **상호명** 필드 표시 너비는 좀더 넓히고 **성명** 필드 너비는 약간 좁힐 필요가 있다.

다음의 [따라하기 7.8]은 **서울시내에있는거래처검색** 쿼리에서 **상호명** 필드와 **성명** 필드 의 표시 너비를 조절하는 실습이다.

따라하기 —————— 7.8

동작 1   **서울시내에있는거래처검색** 쿼리를 실행한다.

동작 2   마우스 포인터를 **상호명**과 **성명** 필드 이름 사이의 **구분 선**에 위치시키면 마우스 포인터 모양이 **십자 형태의 양방향 화살표**로 변한 상태에서 왼쪽 버튼을 누른 채로 우측으로 약간 끌어 필드 너비를 적절히 조절한다.

◎ **상호명** 필드 너비가 약간 넓게 조절된다.

동작 3 마우스 포인터를 **성명**과 **전화번호**의 필드 이름 사이의 **구분 선**에 위치시켜 마우스 포인터 모양이 **십자 형태의 양방향 화살표**로 변한 상태에서 왼쪽 버튼을 누른 채로 좌측으로 약간 끌어 필드 너비를 적절히 조절한다.

◎ **성명** 필드 너비가 약간 좁게 조절된다.

동작 4 서울시내에있는거래처검색 쿼리 실행 창을 닫는다.

◎ 변경한 내용의 저장 여부를 묻는 창이 열린다.

동작 5 예(Y)를 클릭한다.

◎ 변경한 쿼리의 내용이 저장된다.

동작 6 서울시내에있는거래처검색 쿼리를 다시 실행한다.

◎ 쿼리 실행 결과는 〈그림 7.13〉과 같다.

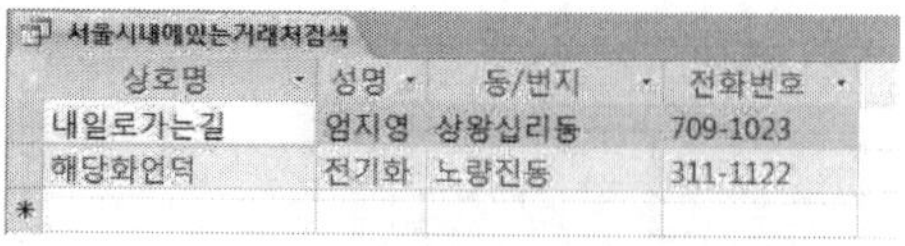

상호명	성명	동/번지	전화번호
내일로가는길	엄지영	상왕십리동	709-1023
해당화언덕	전기화	노량진동	311-1122
*			

〈그림 7.13〉 필드 너비 조절 후의 쿼리 실행 창

동작 7 쿼리 실행 창을 닫는다.

> ### Help!!
>
> **필드 표시 너비 조절의 또 다른 방법**
> 선택 쿼리 디자인 창에서 필드의 너비를 조절해도 결과는 동일하다. 디자인 창의 필드 이름 바로 위의 칸 구분 선에 마우스 포인터를 위치시켜 마우스 포인터 모양이 **십자 형태의 양방향 화살표**로 변한 상태에서 필드 너비를 조절하고 쿼리를 저장하면 된다.

7.8 검색 조건이 없는 선택 쿼리

선택 쿼리에서 검색할 조건이 없으면 쿼리에서 선택한 테이블의 모든 레코드가 표시된다. 예를 들어 **서울시내에있는거래처검색** 쿼리는 **광역시/도** 필드의 조건에 **서울특별시**를 입력하여 *서울특별시에 있는 거래처만을 검색*하는 쿼리이다. 만약 **광역시/도** 필드의 조건식 입력 부분에 **"서울특별시"** 라는 조건을 입력하지 않으면 **고객** 테이블에 있는 레코드가 모두 표시된다.

다음의 [따라하기 7.9]는 조건 없이 **상호명**, **직위**, **성명**, **전화번호**, **동/번지** 필드의 모든 내용을 표시하는 실습이다.

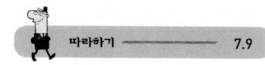

따라하기 ─────────── **7.9**

동작 1 **전국거래처검색쿼리**의 쿼리에서 우측 버튼을 클릭하여 열린 팝업 메뉴에서 **디자인 보기(D)**를 클릭한다.

◎ 선택 쿼리 디자인 창이 열리고 테이블 표시 창에는 고객 테이블이 있다.

동작 2 **고객** 테이블 아래에 있는 **필드:** 항목에 있는 **고객.***을 삭제한다.

동작 3 **상호명**, **직위**, **성명**, **전화번호**, **동/번지** 필드를 차례로 추가한다.

◎ **고객** 테이블의 **상호명**, **직위**, **성명**, **전화번호**, **동/번지** 필드가 추가된다.

동작 4 선택 쿼리 디자인 창의 **닫기** 버튼을 클릭하여 수정된 **전국거래처자료검색**을 입력하고 저장한다.

◎ **전국거래처자료검색**으로 쿼리가 저장된다.

동작 5 **전국거래처자료검색** 쿼리를 실행한다.

◎ 쿼리 실행 결과는 〈그림 7.14〉와 같다.

전국거래처자료검색

상호명	직위	성명	전화번호	동/번지
내일로가는길	대표	엄지영	709-1023	상왕십리동
홀로있는뜰	영업과장	김도환	303-2198	좌동
가버린내일	판매팀장	박천후	876-2143	신당동
잃어버린오늘	관리과장	방재기	443-1002	송강동
눈내리는밤	총무팀장	강후동	882-0808	상봉동
이슬맺힌풍경	사원	이방원	554-2233	대서면 송강리
삶	총무이사	정주해	102-1212	대포동
아침햇살	영업팀장	심도일	383-3383	일산구 가좌동
추억만들기	대표	하수상	404-4404	다남동
해당화언덕	판매과장	전기화	311-1122	노량진동
석양이있는집	영업과장	김석양	664-1251	교동
시가있는집	대표	이시인	774-9090	괴란동
고인돌	영업과장	고석기	740-4646	고릉동
추억이머무는곳	대표	김추억	760-4949	검상동
겨울풍경	판매과장	박풍경	777-1212	가곡면
가을나들이	판매과장	이가을	221-3311	괴남면
*				

〈그림 7.14〉 **전국거래처자료검색** 쿼리의 실행 창

동작 6 쿼리 실행 창을 닫는다.

7.9 선택 쿼리에서 레코드를 정렬하여 표시하기

선택 쿼리에서 많은 레코드를 일정한 기준에 따라 정렬하여 표시해야할 경우가 있다. 예를 들어 앞서 실습한 선택 쿼리의 레코드는 특별한 기준 없이 입력한 순서대로 표시된다. 레코드 정렬은 데이터베이스 사용자가 거래처의 **상호명**을 가나다순으로 오름차순 정렬하여 표시하거나 거래처의 담당자 **성명**을 기준으로 오름차순 정렬하여 표시하고자 하는 경우에 해당한다. 또 필요에 따라서는 실적이 높은 것에서부터 낮은 것으로 내림차순 정렬하여 표시할 수 있다. 데이터베이스에서 데이터의 정렬은 데이터를 분류하여 계산하거나 데이터를 분석하는데 활용된다.

다음의 [따라하기 7.10]은 **전국거래처자료검색** 쿼리를 수정하여 **상호명**이 오름차순 정렬되어 표시되도록 하는 실습이다.

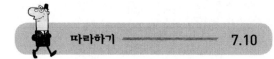

따라하기 ━━━━━━━━━ 7.10

동작 1 전국거래처자료검색 쿼리를 선택하고 디자인 보기(D)를 클릭하여 디자인 창을 연다.

동작 2 **상호명** 필드 아래의 정렬: 입력 부분을 클릭하고 **정렬:** 부분의 표시 버튼 (▼)을 클릭한다.

◎ 목록상자에 〈그림 7.15〉와 같이 **상호명** 필드에 **오름차순**, **내림차순**, **(정렬안함)**이 표시된다.

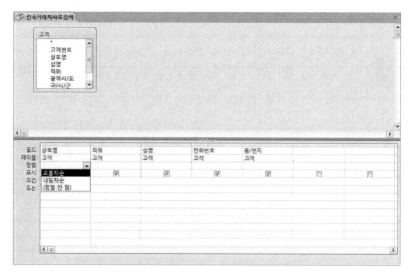

〈그림 7.15〉 **상호명** 필드의 정렬 옵션 선택 목록

동작 3 오름차순을 선택한다.

◎ **상호명**의 **정렬:** 부분에 **오름차순**이 입력된다.

동작 4 변경된 전국거래처자료검색 쿼리를 저장하고 실행한다.

◎ 쿼리 실행 결과는 〈그림 7.16〉과 같이 **상호명**이 가나다순으로 **오름차순** 정렬되어 표시된다.

상호명	직위	성명	전화번호	동/번지
가버린내일	판매팀장	박천후	876-2143	신당동
가을나들이	판매과장	이가을	221-3311	괴남면
겨울풍경	판매과장	박풍경	777-1212	가곡면
고인돌	영업과장	고석기	740-4646	고룡동
내일로가는길	대표	엄지영	709-1023	상왕십리동
눈내리는밤	총무팀장	강추동	882-0808	상봉동
삶	총무이사	정주해	102-1212	대포동
석양이있는집	영업과장	김석양	664-1251	교동
시가있는집	대표	이시인	774-9090	괴란동
아침햇살	영업팀장	심도일	383-3383	일산구 가좌동
이슬맺힌풍경	사원	이방원	554-2233	대서면 송강리
잃어버린오늘	관리과장	방재기	443-1002	송강동
추억만들기	대표	하수상	404-4404	다남동
추억이머무는곳	대표	김추억	760-4949	검상동
해당화언덕	판매과장	전기화	311-1122	노량진동
홀로있는뜰	영업과장	김도환	303-2198	좌동

〈그림 7.16〉 **상호명**이 오름차순으로 정렬된 결과

동작 5 쿼리 실행 창을 닫는다.

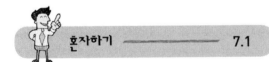

혼자하기 7.1

성명, **상호명**, **직위**, **전화번호**, **동번지** 순으로 필드를 표시하되 **직위(오름차순)**, **상호명(오름차순)** 정렬되도록 하라. 쿼리 이름은 **혼자하기7_1**로 저장한다.

7.10 와일드카드를 사용한 선택 쿼리

선택 쿼리에서 문자열에 **like** 연산자와 와일드카드를 조합하면 문자열이 부분적으로 일치하는 다양한 정보를 데이터베이스로부터 검색해 낼 수 있다. 예를 들어 **고객** 테이블에서 상호명에 **추억**이라는 단어로 시작되는 상호명의 레코드만을 검색해 낼 수도 있고 **성명**의 성이 **박**씨인 판매과장을 검색해 낼 수도 있다.

다음의 [따라하기 7.11]은 **전국거래처자료검색** 쿼리를 수정하여 **상호명**에 **추억**이라는 단어로 시작되는 **상호명**의 레코드를 **상호명 오름차순**으로 검색하는 실습이다.

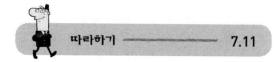

따라하기 ———— 7.11

동작 1 전국거래처자료검색 쿼리를 선택하고 디자인 보기(D)를 클릭하여 디자인 창을 연다.

◎ **상호명** 아래의 **정렬:**에는 **오름차순**이 입력되어 있다.

동작 2 **상호명** 필드 아래의 조건: 입력 부분에 다음의 조건 식을 입력한다.

like "추억*"

◎ **like** 연산자는 유사한 종류의 값을 가진 데이터를 검색할 때 사용한다.
◎ * 와일드카드는 글자의 개수에 관계없음을 나타낸다.
◎ 조건 식은 **추억**으로 시작하고 **추억** 뒤의 나머지 문자는 아무거나 관계없음을 의미한다.

동작 3 전국거래처자료검색 쿼리를 저장하고 실행한다.

◎ 쿼리 실행 결과는 〈그림 7.17〉과 같다.

◎ **상호명**이 **추억**으로 시작하는 레코드만 검색되어 오름차순 정렬되어 있다.

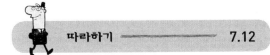

상호명	직위	성명	전화번호	동/번지
추억만들기	대표	하수상	404-4404	다남동
추억이머무는곳	대표	김추억	760-4949	검상동

〈그림 7.17〉 **상호명**이 **추억**으로 시작하는 레코드가 검색된 결과

동작 4 쿼리 실행 창을 닫는다.

다음의 [따라하기 7.12]는 **전국거래처자료검색** 쿼리를 수정하여 **상호명**에 **내일**이라는 단어가 포함되어 있는 **상호명**의 레코드를 정렬 기준 없이 검색하는 실습이다.

따라하기 7.12

동작 1 전국거래처자료검색 쿼리를 선택하고 디자인 보기(D)를 클릭하여 디자인 창을 연다.

동작 2 **상호명** 필드 아래의 **조건:** 입력 부분에 다음 조건 식으로 수정하여 입력한다.

　　　　like "*내일*"

◎ 조건 식은 **상호명**에 **내일**이 포함된 레코드의 검색을 의미한다.

동작 3 **상호명** 필드 아래의 정렬: 입력 부분에서 표시 버튼(▾)을 클릭하고 (정렬 안함)을 선택한다.

◎ **상호명**의 정렬 기준을 두지 않는다.

동작 4 　**전국거래처자료검색** 쿼리를 저장하고 실행한다.

◎ 쿼리 실행 결과는 〈그림 7.18〉와 같다.

◎ **상호명**에 **내일**이 포함된 레코드가 정렬 없이 표시된다.

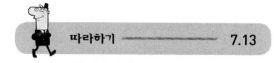

전국거래처자료검색				
상호명	직위	성명	전화번호	동/번지
내일로가는길	대표	엄지영	709-1023	상왕십리동
가버린내일	판매팀장	박천후	876-2143	신당동
*				

〈그림 7.18〉 **상호명**에 **내일**이 포함된 레코드가 검색된 결과

동작 5 　쿼리 실행 창을 닫는다.

다음의 [따라하기 7.13]은 **전국거래처자료검색** 쿼리를 수정하여 **상호명**이 한 글자로 되어 있는 레코드를 검색해 내는 실습이다.

따라하기 ——————— **7.13**

동작 1 　**전국거래처자료검색** 쿼리의 디자인 상태에서 상호명 필드의 조건 식으로 다음 식을 수정하여 입력한다.

　　　　like "?"

◎ **?** 와일드카드는 한 문자를 의미한다.

◎ 조건 식은 **상호명**이 한 문자인 레코드의 검색을 의미한다.

동작 2 　**전국거래처자료검색** 쿼리를 저장하고 실행한다.

◎ 쿼리 실행 결과는 〈그림 7.19〉와 같다.

◎ **상호명**이 한 문자인 레코드가 검색된다.

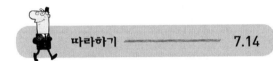

〈그림 7.19〉 **상호명**이 한 문자로 된 레코드가 검색된 결과

동작 3 쿼리 실행 창을 닫는다.

다음의 [따라하기 7.14]는 **전국거래처자료검색** 쿼리를 수정하여 **전화번호**의 세 번째 숫자가 **4**인 레코드를 검색해 내는 실습이다.

따라하기 ——— **7.14**

동작 1 **전국거래처자료검색** 쿼리의 디자인 상태에서 **상호명** 필드의 조건식을 지운다.

◎ **전화번호** 필드와 관련이 있으므로 **상호명** 필드의 조건식을 지운다.

동작 2 **전화번호** 필드의 조건 식으로 다음 식을 입력한다.

  like "##4*"

◎ # 와일드카드는 숫자 한자리를 의미한다.
◎ 조건 식은 **전화번호**의 세 번째 문자가 **4**이고 뒤의 나머지 문자는 아무거나 관계없음을 의미한다.

동작 3 **전국거래처자료검색** 쿼리를 저장하고 실행한다.

◎ 쿼리 실행 결과는 〈그림 7.20〉과 같다.
◎ **전화번호**의 세 번째 숫자가 **4**인 레코드가 검색된다.

전국거래처자료검색				
상호명	직위	성명	전화번호	동/번지
이슬맺힌풍경	사원	이방원	554-2233	대서면 송강리
추억만들기	대표	하수상	404-4404	다남동
석양이있는집	영업과장	김석양	664-1251	교동
시가있는집	대표	이시인	774-9090	괴란동
*				

〈그림 7.20〉 **전화번호**의 세 번째 숫자가 **4**인 레코드가 검색된 결과

동작 4 쿼리 실행 창을 닫는다.

7.11 논리 연산자를 사용한 선택 쿼리

선택 쿼리에서는 논리(AND, OR, NOT) 연산자를 사용하여 참(true)과 거짓(false)에 해당하는 레코드를 검색해 낼 수 있다. 예를 들어 **AND** 연산자를 사용하면 **직위**가 **대표**이면서 **성명**의 성이 **김**씨인 두 조건을 한꺼번에 만족하는 레코드를 검색할 수 있다. 그리고 **OR** 연산자를 사용하면 **상호명**에 **추억** 또는 **내일**이 포함된 레코드를 검색할 수 있다. 또한 **NOT** 연산자를 사용하면 **직위**가 **대표**가 아닌 모든 레코드를 검색해 낼 수 있다.

다음의 [따라하기 7.15]는 **전국거래처자료검색** 쿼리를 수정하여 **직위**가 **대표**이면서 **성명**의 성이 **김**씨인 레코드를 검색하는 실습이다.

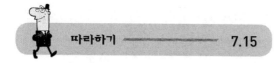

따라하기 ━━━━━ 7.15

동작 1 **전국거래처자료검색** 쿼리의 디자인 상태에서 **전화번호** 필드의 조건 식을 지운다.

◎ **직위**와 **성명** 필드가 관련되므로 **전화번호** 필드의 조건을 지운다.

동작 2 **직위** 필드의 조건 식으로 다음 식을 입력한다.

    ="대표"

◎ = 연산자는 **같다**는 의미를 가진 연산자로 생략될 수 있다.
◎ 조건 식은 **직위**가 **대표**인 것을 의미한다.

동작 3 **성명** 필드의 조건 식으로 다음 식을 입력한다.

    like "김*"

◎ 조건 식은 성명이 **김**으로 시작하고 나머지 문자는 아무거나 관계없음을 의미한다.

Help!!

2개 이상의 조건 식
조건 식을 2개 이상 조건 식 입력 난에 넣으면 두 개의 조건을 모두 만족(AND)하는 레코드를 검색한다. **직위와 성명**에 입력된 두 조건식을 합친 의미는 **직위**가 **대표**이고 **성명**이 **김**씨인 레코드를 검색하라는 의미가 된다.

동작 4 **전국거래처자료검색** 쿼리를 저장하고 실행한다.

◎ 쿼리 실행 결과는 〈그림 7.21〉와 같다.
◎ **직위**가 **대표**이고 **성**이 **김**씨인 레코드가 검색된다.

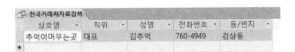

상호명	직위	성명	전화번호	동/번지
추억이머무는곳	대표	김추억	760-4949	검상동

〈그림 7.21〉 **직위**가 **대표**이고 **성**이 **김**씨인 레코드가 검색된 결과

동작 5 쿼리 실행 창을 닫는다.

다음의 [따라하기 7.16]은 **전국거래처자료검색** 쿼리를 수정하여 **상호명**에 **추억** 또는 **내일**이 포함된 레코드를 검색하는 실습이다.

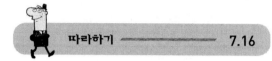

따라하기 ——————— **7.16**

동작 1 전국거래처자료검색 쿼리의 디자인 상태에서 **직위**와 **성명** 필드의 조건식을 지운다.

◎ **상호명** 필드와 관련이 있으므로 **직위**와 **성명** 필드의 조건 식은 지운다.

동작 2 **상호명** 필드의 조건 식으로 다음 식을 입력한다.

like "*추억*"

◎ 조건 식은 **상호명**에 **추억** 단어가 포함된 레코드의 검색을 의미한다.

동작 3 **상호명** 조건 입력 부분 아래의 또는: 입력 난에 다음 식을 입력한다.

like "*내일*"

◎ 조건 식은 **상호명**에 **내일** 단어가 포함된 레코드의 검색을 의미한다.
◎ 두 조건 식을 합치면 **상호명**에 **추억** 혹은 **내일**이 포함된 레코드를 검색하라는 의미가 된다.

Help!!

OR 조건의 입력
조건: 과 **또는:** 에 식을 각각 넣으면 두 조건 중 한 개라도 만족(OR)하는 레코드를 검색한다. 이 실습에서 **조건:** 과 **또는:** 의 두 조건 식을 합치면 **상호명**에 **추억** 혹은 **내일**이 포함된 레코드를 검색하라는 의미가 된다.

OR 조건 식의 다른 입력 방법
앞의 방법과 같이 **조건:** 과 **또는:** 입력 난에 조건 식을 각각 넣어도 된다. 그러나 **조건:** 입력 난에 **like "*추억*" or like "*내일*"** 의 식을 한 개로 입력해도 결과는 동일하다.

동작 4   **전국거래처자료검색** 쿼리를 저장하고 실행한다.

◎ 쿼리 실행 결과는 〈그림 7.22〉와 같다.
◎ **상호명**에 **추억** 혹은 **내일**이 포함된 레코드가 검색된다.

상호명	직위	성명	전화번호	동/번지
내일로가는길	대표	엄지영	709-1023	상왕십리동
가버린내일	판매팀장	박천후	876-2143	신당동
추억만들기	대표	하수상	404-4404	다남동
추억이머무는곳	대표	김추억	760-4949	검상동

〈그림 7.22〉 **상호명**에 **추억** 혹은 **내일**이 포함된 레코드가 검색된 결과

동작 5   쿼리 실행 창을 닫는다.

다음의 [따라하기 7.17]은 **전국거래처자료검색** 쿼리를 수정하여 **직위**가 **대표**가 아닌 모든 레코드를 검색해 내는 실습이다.

따라하기 ——————— 7.17

동작 1 **전국거래처자료검색** 쿼리의 디자인 상태에서 **상호명**에 입력되어 있는 식을 모두 지운다.

◎ **직위** 필드와 관련이 있으므로 **상호명** 필드의 조건식을 모두 지운다.

동작 2 **직위** 필드의 조건식으로 다음 식을 입력한다.

       not "대표"

◎ 조건 식은 **직위**가 **대표**가 아닌 모든 레코드의 검색을 의미한다.
◎ 논리 연산자 **not** 대신에 비교 연산자 〈〉를 사용해도 결과는 동일하다.

동작 3 **전국거래처자료검색** 쿼리를 저장하고 실행한다.

◎ 쿼리 실행 결과는 〈그림 7.23〉과 같다.
◎ **직위**가 **대표**가 아닌 모든 레코드가 검색된다.

상호명	직위	성명	전화번호	동/번지
홀로있는뜰	영업과장	김도환	303-2198	좌동
가버린내일	판매팀장	박천후	876-2143	신당동
잃어버린오늘	관리과장	방재기	443-1002	송강동
눈내리는밤	총무팀장	강후동	882-0808	상봉동
이슬맺힌풍경	사원	이방원	554-2233	대서면 송강리
삶	총무이사	정주해	102-1212	대포동
아침햇살	영업팀장	심도일	383-3383	일산구 가좌동
해당화언덕	판매과장	전기화	311-1122	노량진동
석양이있는집	영업과장	김석양	664-1251	교동
고인돌	영업과장	고석기	740-4646	고룡동
겨울풍경	판매과장	박풍경	777-1212	가곡면
가을나들이	판매과장	이가을	221-3311	과남면

〈그림 7.23〉 **직위**가 **대표**가 아닌 모든 레코드가 검색된 결과

동작 4 쿼리 실행 창을 닫는다.

액세스에서 사용되는 비교 연산자를 모두 요약하여 표기하면 〈그림 7.24〉와 같고 논리 연산자는 And, Or, Not 형태의 세 연산자가 있다.

연산자	의미	예	예의 설명
=	같은(생략가능)	= "서울특별시"	**서울특별시**와 같은
〈	보다 작은	〈90	**90**보다 적은(미만인)
〈=	보다 작거나 같은	〈=90	**90**보다 작거나 같은(이하인)
〉	보다 큰	〉90	**90**보다 큰(초과한)
〉=	보다 크거나 같은	〉=90	**90**보다 크거나 같은(이상인)
〈〉	와 같지 않은	〈〉 "부산광역시"	**부산광역시**가 아닌
between⋯and⋯	두 값의 사이	between 50 and 100	**50**과 **100**사이(경계 값 포함)
in(⋯)	⋯중의 특정값과 일치	in ("경기도", "제주도")	**경기도** 또는 **제주도**가 있으면
like	와일드 카드 사용	like "김*"	**김**으로 시작하는

〈그림 7.24〉 비교 연산자

● **[연습문제 1]** - 저장할 쿼리 이름 : **쿼리연습문제**

성명, **상호명**, **직위**, **전화번호**, **동번지** 순서로 필드를 표시하되 **직위**가 **오름차순** 정렬되어 표시되도록 하는 쿼리를 만들고 실행하라.

● **[연습문제 2]** - 저장할 쿼리 이름 : **쿼리연습문제**

쿼리연습문제 쿼리를 수정하여 **상호명**, **성명**, **직위**, **전화번호** 순서로 필드를 표시하되 **상호명**에 **풍경** 또는 **내일**이 포함된 **상호명**을 검색하여 **상호명**이 **오름차순** 정렬되어 표시하는 쿼리를 만들고 실행하라.

7.12	선택 쿼리에서 매개 변수의 사용

　　매개 변수를 이용하여 쿼리를 만들면 쿼리를 실행 할 때마다 매개 변수를 묻는 사용자 정의 대화 상자를 작성할 수 있다. 예를 들어 직위가 **영업과장**, **판매과장**, **관리과장**, **대표**인 레코드를 번갈아 검색하려면 필요시마다 **직위** 필드의 조건 식을 찾고자하는 내용에 따라 변경한 후 실행해야 한다. 이 경우 매개 변수를 사용하여 쿼리를 만들면 조건 식을 일일이 변경하지 않고도 원하는 자료를 검색할 수 있다.

　　다음의 [따라하기 7.18]은 **상호명**, **직위**, **성명**, **동/번지**, **전화번호** 필드를 표시하되 **직위** 필드에 매개 변수(**[검색하려는 직위를 입력하세요]**)를 사용한 쿼리 **직위에매개변수를사용한검색**를 만들어 저장하고 원하는 **직위** 레코드를 검색하는 실습이다.

따라하기 ———————— **7.18**

동작 1 **만들기** 리본 메뉴에서 **쿼리 디자인**을 클릭하여 새 쿼리 디자인 창을 열고 **고객** 테이블을 추가하고 **테이블 표시** 창을 닫는다.

동작 2 **고객** 테이블의 **상호명**, **직위**, **성명**, **동/번지**, **전화번호** 필드를 차례로 추가한다.

동작 3 **직위** 필드 아래의 **조건:** 입력 부분에 **[검색하려는 직위를 입력하세요]**를 입력한다.

　　◎ 대괄호([])로 묶은 내용은 매개 변수임을 나타낸다.
　　◎ 매개 변수가 어떤 역할을 하는지는 쿼리 실행을 통해 이해하도록 한다.

동작 4 선택 쿼리 디자인 창을 닫고 **쿼리 이름(N)** 입력 난에 **직위에매개변수를사용한검색**을 입력하고 저장한다.

◎ 쿼리가 **직위에매개변수를사용한검색**으로 저장된다.

동작 5 직위에매개변수를사용한검색 쿼리를 선택하고 **열기(O)** 버튼을 클릭한다.

◎ 쿼리 실행하면 〈그림 7.25〉와 같은 매개 변수 입력 창이 열린다.

〈그림 7.25〉 직위 매개 변수 값 입력 창

동작 6 **매개 변수 값 입력** 창의 텍스트 상자에 **영업과장**을 입력하고 **확인** 버튼을 클릭한다.

◎ **직위**의 매개 변수 값으로 **영업과장**인 레코드가 검색된 결과는 〈그림 7.26〉과 같다.

직위에매개변수를사용한검색			
상호명	직위	동/번지	전화번호
홀로있는뜰	영업과장	좌동	303-2198
석양이있는집	영업과장	교동	664-1251
고인돌	영업과장	고룡동	740-4646

〈그림 7.26〉 **직위**의 매개 변수 값이 **영업과장**인 레코드 검색 결과

동작 7 쿼리 실행 창을 닫는다.

동작 8 다시 직위에매개변수를사용한검색 쿼리를 실행한 후 매개 변수 값으로 **판매과장**을 입력하고 **확인** 버튼을 클릭한다.

◎ **직위**의 매개 변수 값이 **판매과장**인 레코드가 검색된다.

동작 9 쿼리 실행 창을 닫고 다시 직위에매개변수를사용한검색 쿼리를 실행한 후 매개 변수 값으로 **관리과장**을 입력하고 **확인** 버튼을 클릭한다.

◎ **직위**의 매개 변수 값이 **관리과장**인 레코드가 검색된다.

동작 10 쿼리 실행 창을 닫고 직위에매개변수를사용한검색 쿼리를 실행한 후 매개 변수 값으로 **대표**를 입력하고 **확인** 버튼을 클릭한다.

◎ **직위**의 매개 변수 값이 **대표**인 레코드가 검색된다.

동작 11 쿼리 실행 창을 닫는다.

다음의 [따라하기 7.19]는 **상호명**, **직위**, **성명**, **동/번지**, **전화번호** 필드를 표시하되 **상호명** 에 내일, **풍경**, **추억** 등 사용자가 찾고자하는 단어가 들어있는 레코드를 매개 변수([찾을 문자를 입력하십시오])를 통해 검색하는 쿼리 **상호명에매개변수를사용한검색**를 만들어 원하는 레코드를 검색하는 실습이다.

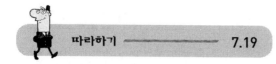

따라하기 ──────── 7.19

동작 1 만들기 리본 메뉴에서 쿼리 디자인을 클릭하여 새 쿼리 디자인 창을 열고 **고객** 테이블을 추가하고 테이블 표시 창을 닫는다.

동작 2 **고객** 테이블의 **상호명**, **직위**, **성명**, **구/시/군**, **동/번지** 필드를 차례로 추가한다.

동작 3 **상호명** 필드 아래의 조건: 입력 부분에 다음 내용을 입력한다.

like "*" & [찾을 문자를 입력하십시오] & "*"

◎ 대괄호([])로 묶은 내용은 매개 변수임을 나타낸다.

◎ & 기호는 문자와 문자를 연결하는 연산자이다.

◎ 매개 변수 **[찾을 문자를 입력하십시오]**와 **like** 연산자와 와일드 카드 *를 사용하여 **상호명**에 원하는 매개 변수 문자가 있는 레코드를 검색한다는 의미가 된다.

동작 4 만들어진 쿼리를 **상호명에매개변수를사용한검색**으로 저장한다.

동작 5 상호명에매개변수를사용한검색 쿼리를 실행한다.

◎ 매개 변수 값 입력 창이 열린다.

동작 6 매개 변수 값으로 **내일**을 입력하고 확인 버튼을 클릭한다.

◎ 〈그림 7.27〉과 같이 **상호명**에 매개 변수 값 **내일**이 포함된 레코드가 모두 검색된다.

상호명	직위	성명	구/시/군	동/번지
내일로가는길	대표	염지영	성동구	상왕십리동
가버린내일	판매팀장	박천후	달서구	신당동
*				

〈그림 7.27〉 **상호명**에 **내일**이 포함된 레코드가 검색된 결과

동작 7 쿼리 실행 창을 닫고 다시 상호명에매개변수를사용한검색 쿼리를 실행한 후 매개 변수 값으로 **추억**을 입력하고 확인 버튼을 클릭한다.

◎ **상호명**에 매개 변수 값 **추억**이 포함된 레코드가 모두 검색된다.

동작 8 쿼리 실행 창을 닫고 다시 상호명에매개변수를사용한검색 쿼리를 실행한 후 매개 변수 값으로 **풍경**을 입력하고 확인 버튼을 클릭한다.

◎ **상호명**에 매개 변수 값 **풍경**이 포함된 레코드가 모두 검색된다.

동작 9 상호명에매개변수를사용한검색 쿼리를 실행한 후 매개 변수 값으로 **집**을 입력하여 검색하라.

◎ **상호명**에 매개 변수 값 **집**이 포함된 레코드가 모두 검색된다.

Help!!

매개 변수의 편리성
매개 변수를 사용하면 쿼리를 수정하지 않고도 사용자가 원하는 다양한 조건의 레코드를 검색할 수 있다. 액세스 쿼리에서 매개 변수는 대괄호(ⅼ)로 묶인 내용이 모두 하나의 변수로 취급된다.

혼자하기 —————— 7.2

상호명의 세 번째 문자가 **이** 또는 **돌**인 레코드를 검색하여 **상호명**(오름차순)으로 표시하되 **상호명**, **성명**, **전화번호**, **광역시/도**, **동/번지** 순으로 표시하라. 쿼리 이름은 **혼자하기6_2**로 한다.

7.13 선택 쿼리에 폼의 활용

선택 쿼리로 검색된 정보는 사용자가 임의적으로 데이터를 입력하거나 수정 또는 삭제할 수 없도록 해야 하며 검색된 정보는 사용자가 손쉽게 볼 수 있도록 하는 것이 좋다. 이렇게 하려면 선택 쿼리의 결과를 폼에 표시하도록 하면 된다.

사 례 고수준씨는 선택 쿼리를 활용하면 다양한 고객의 정보를 신속하게 검색할 수 있다는 것을 알게 되었다. 정보의 검색은 관련 부서 혹은 고수준씨 자신도 필요한 때마다 수시로 해야할 필요가 있다. 이 경우 한 가지 문제점이 발생한다. 정보를 검색한 사용자는 오로지 정보를 검색해서 볼 권한만 가져야 한다. 만약 데이터를 활용할 목적으로 정보를 검색한 사용자가 임의적으로 검색한 데이터의 내용을 수정한다면 이는 큰 혼란을 야기하게 될 것이기 때문이다. 예를 들어 은행에 금융거래를 하는 고객이 인터넷을 통해 자신의 잔액을 확인하기 위해 검색한 데이터를 임의로 조작한다고 가정하면 심각한 문제가 발생할 수 있음을 알 수 있다.

다음의 [따라하기 7.20]은 **상호명에매개변수를사용한검색** 쿼리를 수정하여 레코드의 필드를 모두 표시하는 선택 쿼리로 만드는 실습이고, [따라하기 7.21]은 이 쿼리를 폼에 연결하여 폼에서 레코드의 입력, 수정, 삭제를 할 수 없도록 속성을 지정하는 실습이다.

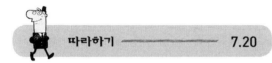

동작 1 **상호명에매개변수를사용한검색** 쿼리의 디자인 상태에서 **상호명**을 제외한 **직위**, **성명**, **구/시/군**, **동/번지** 필드를 삭제한다.

◎ **상호명**에는 검색에 필요한 매개 변수를 이용한 조건(like "*" & [찾을 문자를 입력하십시오] & "*")이 입력되어 있다.

동작 2 **상호명**의 필드 우측에 **고객** 테이블의 **고객.***을 추가한다.

◎ **고객.***은 **고객** 테이블에 있는 모든 필드를 표시한다.

동작 3 **상호명** 필드 아래의 표시:의 **체크(☑)**를 클릭하여 **체크**를 없앤다.

◎ **상호명** 필드의 표시 여부를 나타내는 **체크** 표시가 없어진다.

Help!!

상호명은 모든 필드를 의미하는 **고객.***에 중복되어 표시되므로 조건으로 사용되는 상호명 필드는 중복 표시를 피하기 위해 표시를 하지 않는다. 이런 방법은 실무에서 필드가 조건 식의 표시를 위해 필요하지만 내용을 표시해서는 안 될 경우에 중요하게 쓰인다.

동작 4 **상호명에매개변수를사용한검색** 쿼리를 저장하고 실행한다.

동작 5 매개 변수 값으로 **추억**을 입력하고 **확인** 버튼을 클릭한다.

◎ **상호명**에 **추억**이 있는 레코드의 모든 필드가 표시된다.

다음의 [따라하기 7.21]은 수정된 **상호명에매개변수를사용한검색** 쿼리를 폼에 연결하여 **상호명에매개변수를사용한검색폼**을 만든 후 **내일**이 들어있는 **상호명**을 검색하는 실습이다.

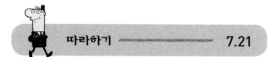

따라하기 ———————— 7.21

동작 1 **만들기** 리본의 폼 그룹에서 **폼 마법사**를 더블 클릭한다.

◎ **폼 마법사** 창이 열린다.

동작 2 테이블/쿼리 콤보 상자에서 **쿼리:상호명에매개변수를사용한검색**을 선택한다.

◎ 쿼리가 선택되고 아래의 사용할 수 있는 필드 목록상자에 **상호명에매개변수를사용한검색** 쿼리의 모든 필드가 표시된다.

동작 3 사용할 수 있는 필드(A)에서 모두 선택 버튼(>>)을 클릭한다.

◎ **선택한 필드(S)** 영역으로 모든 필드가 옮겨진다.

◎ 지금까지의 실습 결과는 〈그림 7.28〉과 같다.

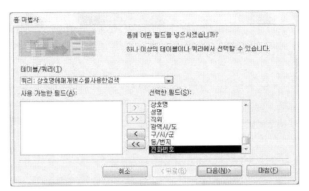

〈그림 7.28〉 **상호명에매개변수를사용한검색** 쿼리의 모든 필드가 선택된 결과

동작 4 다음(N) 버튼을 클릭한다.

◎ 폼 모양을 선택하는 창이 열린다.

동작 5 (A)열 형식(C)를 선택하고 다음(N) 버튼을 클릭한다.

◎ 유형 선택 창이 열린다.

동작 6 폼에 어떤 제목을 지정하시겠습니까? 라고 묻는 텍스트 상자에 **상호명에매개변수를사용한검색폼**을 입력한다.

◎ 폼 제목으로 상호명에매개변수를사용한검색폼이 입력된다.

동작 7 ⦿ 폼 정보를 보거나 입력(O) 을 선택한후 마침(F) 버튼을 클릭한다.

◎ 매개 변수 값의 입력을 요구하는 창이 열린다.

동작 8 텍스트 상자에 **내일**을 입력하고 확인 버튼을 클릭한다.

◎ **레코드의 1/2**은 **내일**이 포함된 2개의 레코드 중 첫 번째 레코드가 검색되었음을 의미한다.

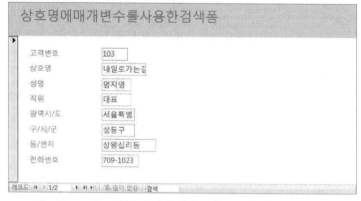

〈그림 7.29〉 완성된 **상호명에매개변수를사용한검색폼**

동작 9 다음 레코드 이동 버튼(▶)을 클릭한다.

◎ **상호명**에 **내일**이 포함된 **가버린 내일**의 레코드 내용이 표시된다.

동작 10 다음 레코드 이동 버튼(▶)을 클릭한다.

◎ 텍스트 상자가 모두 공란으로 표시되고 새로운 레코드의 입력을 요구한다.

Help!!

문제점 발생

상호명에매개변수를사용한검색폼에서는 데이터를 입력하거나 수정하거나 삭제할 수 없어야 하는데도 새로운 입력을 대기한다. 이 문제를 해결하려면 폼 속성에서 이 문제를 해결하려면 폼 속성에서 이와 관련한 속성을 변경해야 한다.

동작 11 이전 레코드 이동 버튼(◀)을 클릭한다.

◎ **내일**이 포함된 첫 번째 레코드로 이동한다.

동작 12 **상호명에매개변수를사용한검색폼**을 닫는다.

다음 [따라하기 7.22]는 **상호명에매개변수를사용한검색폼**의 디자인 창에서 레코드의
입력, 수정, 삭제를 할 수 없도록 속성을 지정하고 창의 크기를 조러하는 실습이다.

따라하기 ━━━━━━ **7.22**

동작 1 **상호명에매개변수를사용한검색폼**을 선택하고 디자인 보기(D)를 클릭한다.

◎ 폼 디자인 창이 열린다.

동작 2 디자인 창의 눈금자 좌측에 있는 폼 전체 선택 버튼(■)에서 우측 버튼
을 클릭하고 팝업 메뉴에서 속성을 클릭한 후 데이터 탭을 선택한다.

◎ 〈그림 7.30〉과 같이 데이터와 관련한 속성을 지정할 수 있는 창이
열린다.
◎ **편집 가능**과 **삭제 가능**, **추가 가능**이 **예**로 되어 있다.
◎ **편집 가능**은 데이터 수정, **삭제 가능**은 데이터 삭제, **추가 가능**은 데이
터 입력과 관련된다.

<그림 7.30> 데이터와 관련한 속성을 지정할 수 있는 창

동작 3 **편집 가능**과 **삭제 가능**, **추가 가능**을 모두 **아니오**로 변경하고 **기타** 탭을 선택하여 **팝업**에서 **예**로 바꾸고 폼을 저장한다.

◎ 데이터의 입력, 수정, 삭제 추가 기능을 사용할 수 없도록 한다.
◎ 기타 탭의 팝업을 예로 인해 폼의 크기가 사용자가 의도한 크기로 조절된다.

동작 4 **상호명에매개변수를사용한검색폼**을 저장한 후 폼을 실행하여 매개 변수 값으로 **내일**을 입력하고 확인 버튼을 클릭한다.

◎ <그림 7.31>과 같이 **상호명**에 **내일**이 포함된 레코드가 검색된다.
◎ 팝업이 예로 지정되어 검색된 창의 크기가 창의 디자인에서 지정한 크기로 열린다.
◎ 데이터 입력 버튼(▶*)을 사용할 수 없다.

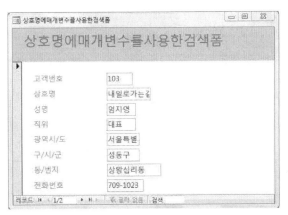

〈그림 7.31〉 삽입, 삭제, 수정 기능이 없고 창의 크기를 조절 가능한 폼

동작 5 다음 레코드 이동 버튼(▶)을 클릭한다.

◎ **상호명**에 **내일**이 포함된 **가버린 내일**의 레코드 내용이 표시된다.

◎ 더 이상 진행할 레코드가 없으므로 다음 레코드 이동 버튼(▶)을 사용할 수 없다.

동작 6 **상호명에매개변수를사용한검색폼**에 표시된 내용을 수정해 보고, 삭제를 시도해 본다.

◎ 내용이 수정되지 않고, 삭제할 수도 없다.

동작 7 **상호명에매개변수를사용한검색폼**을 닫는다.

동작 8 **상호명에매개변수를사용한검색폼**의 디자인을 수정하여 〈그림 7.32〉와 같이 만들고, **최대화 최소화 단추**, **레코드 탐색기**, **구분 선** 등의 속성을 변경하여 저장한 후 실행하라.

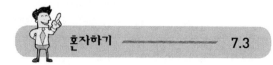

〈그림 7.32〉 **상호명에매개변수를사용한검색폼**의 디자인 변경

동작 9 **상호명에매개변수를사용한검색폼**을 닫는다.

Help!!

만약 찾고자하는 **상호명**을 하나도 찾지 못하면 검색 폼에는 데이터가 전혀 표시되지 않는다. 즉, 폼에 데이터가 표시되지 않으면 찾고자 하는 레코드가 없음을 의미한다.

혼자하기 —————— **7.3**

직위가 **대표**인 레코드를 **성명**(오름차순)으로 **상호명, 직위, 성명, 광역시/도, 구/시/군, 전화번호**순으로 표시하는 **직위가대표인고객검색쿼리**을 만들어 목록상자에 표시하는 **직위가대표인고객검색폼**을 〈그림 7.33〉과 같이 작성하라. 단 속성은 아래와 같이 변경한다.

1) **직위가대표인고객검색폼**의 속성에서 팝업은 예로 설정하고 탐색단추는 아니오, 레코드 선택기는 아니오로 설정한다.
2) 목록상자의 열 이름은 예로 설정하여 열 머리글이 표시되도록 한다.
3) **직위가대표인고객검색폼**의 디자인은 〈그림 7.33〉과 같이 한다.

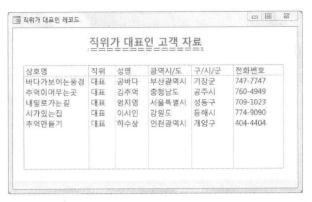

〈그림 7.33〉 **직위가대표인고객검색폼**의 실행 결과

종합 연습문제

□ □ 산악회에서는 회원관리업무를 전산화하려고 한다. 〈그림 7.34〉의 입력자료를 **[처리조건1]**을 참조하여 〈그림 7.35〉과 같은 **회원자료입력폼**을 만들어 입력하고, **[처리조건2]**를 참조하여 〈그림 7.36〉과 같은 **성명에매개변수를이용한검색폼**을 작성하고 실행하라. 또한 [처리조건3]을 참조하여 〈그림 7.37〉과 같은 **신장이175이상인 회원검색폼**을 작성하고 실행하라.

※ **[처리조건1]**과 **회원자료입력폼**은 5장에서 **연습문제** 파일로 만들어 저장하였다. 만약 이 파일이 있다면 이를 이용하여 **[처리조건2]**를 실습하고 그렇지 않다면 모두를 실습하기 바란다.

[처리조건1]

1) 데이터베이스명은 **연습문제**로 한다.

2) 테이블 명은 **산악회원**으로 한다.

3) 폼 명은 **회원자료입력폼**으로 한다.

4) 테이블의 데이터 입력은 만들어진 **회원자료입력폼**을 이용해 입력한다.

가. 입력 자료(data)

[산악회원 관리자료]

회원번호	소 속	성 명	전화번호	생년월일	혈액형	신장
1001	COEX	오리온	2553-6672	90/02/18	A	170
2001	COMA	가리비	8897-2213	89/09/09	AB	167
1002	COEX	나른해	2236-6659	92/02/28	O	178
1003	COMA	얼씨구	6656-6621	89/07/09	B	176
2002	RISTE	주을래	4569-2013	87/05/06	A	180
1004	RISTE	가지마	5265-2653	88/03/06	AB	179
1005	RISTE	절씨구	1145-6523	90/11/12	B	178
2003	COMA	화구라	8879-2156	91/12/01	A	176
1006	COMA	하수상	2136-0213	90/07/07	O	175
2004	COEX	이동극	6521-0021	91/06/06	O	170
2005	COEX	허사수	9546-2115	91/01/02	A	165
2006	COMA	고두기	4125-3202	89/02/01	A	169
2007	RISTE	허설해	9859-6215	90/09/30	AB	172

〈그림 7.34〉

나. 입력 화면(screen)

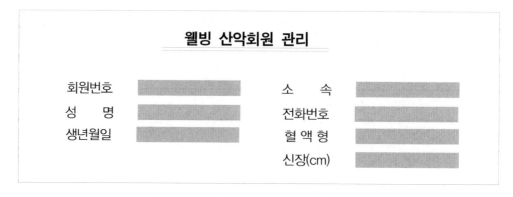

〈그림 7.35〉 회원자료입력폼의 디자인

[처리조건2]

1) 쿼리명은 **성명에매개변수를이용한검색**으로 한다.

　매개 변수는 **[검색하려는 성명을 입력하세요]**로 한다.

2) 폼 명은 **성명에매개변수를이용한검색폼**으로 한다.

3) 레코드 입력, 수정, 삭제가 허용되지 않도록 속성을 수정한다.

4) **성명에매개변수를이용한검색폼**의 디자인은 〈그림 7.35〉와 같이 한다.

웰빙 산악회원 검색

회원번호		소 속	
성 명		전화번호	
생년월일		혈 액 형	
		신장(cm)	

〈그림 7.36〉 **성명에매개변수를이용한검색폼**의 디자인

Help!!

회원자료입력폼은 레코드의 입력, 수정, 삭제가 허용되어야 하지만, **성명에매개변수를이용한 검색폼**으로 검색된 레코드는 입력, 수정, 삭제가 허용되지 않아야 한다. 이렇게 입력과 검색을 분리하여 폼을 작성하는 이유는 입력 폼과 검색 폼은 그 용도가 다르기 때문이다. 입력 폼은 데이터를 입력할 수 있어야 하지만, 검색 폼은 데이터를 검색만 할 뿐 데이터의 입력 및 수정, 삭제와는 무관해야 한다. 만약 검색 폼을 이용하는 사용자가 레코드의 내용을 임의로 입력 및 수정, 삭제한다고 가정해 보라. 이는 심각한 문제를 일으킬 것이다.

[처리조건3]

1) 쿼리명은 **신장이175이상인회원검색**으로 하고 표시되는 필드는 **회원번호, 소속, 성명, 생년월일, 혈액형, 신장**으로 하되 조건은 <u>신장</u>이 175이상인 자료를 검색하도록 한다.

2) 폼 명은 **신장이175이상인회원검색폼**으로 한다.

3) 쿼리의 내용은 〈그림 7.36〉과 같이 **목록 상자**를 이용해 나타낸다.

4) **팝업**은 예로 설정하고 **탐색단추**는 아니오 설정하고 **레코드 선택기**는 아니오로 설정한다.

5) 목록상자의 열 이름은 예로 설정하여 열 머리글이 표시되도록 한다.

6) **신장이175이상인회원검색폼**의 디자인은 〈그림 7.36〉과 같이 한다.

〈그림 7.37〉 **신장이175이상인회원검색폼**의 실행 결과

7.15   보건의료 연습문제

> □ □ 병원에서는 환자진료접수업무를 전산화하려고 한다. 〈그림 5.38A〉와 〈그림 5.38B〉의 입력자료를 **[처리조건1]**을 참조하여 〈그림 7.39〉과 같은 **HK메디컬진료등록폼**을 만들어 입력하고, [처리조건2]를 참조하여 〈그림 7.39〉과 동일한 디자인으로 **수진자매개변수검색폼**을 작성하고 실행하라.

※ **[처리조건1]**의 **진료등록** 테이블과 **HK메디컬진료등록폼**은 5장의 **보건의료 연습문제**에서 **HK메디컬진료관리.accdb** 파일로 만들어 저장하였다. 만약 이 파일이 있다면 이를 이용하여 **[처리조건2]**를 실습하고 그렇지 않다면 **[처리조건1]**부터 실습한다.

[처리조건1]

1) 데이터베이스 명은 **HK메디컬진료관리**로 한다.

2) 테이블 명은 **진료등록**으로 한다.

3) 폼 명은 **HK메디컬진료등록폼**으로 한다.

4) 테이블의 데이터 입력은 만들어진 **HK메디컬진료등록폼**을 이용해 입력한다.

가. 입력 자료(data)

[진료등록 자료]

	인적정보						보험정보
차트번호	수진자명	주민번호1	가입자명	주민번호2	보험유형	관계	사업체번호
HKM0024	이상구	810123-122****	이상구	810123-112****	국민건강보험	본인	40001722
HKM0025	김동구	110506-133****	김말선	840203-234****	국민건강보험	자녀	50001822
HKM0026	박사랑	991124-277****	박미동	800809-159****	국민건강보험	자녀	70003422
HKM0027	이구라	010306-189****	이삼둥	790504-142****	국민건강보험	자녀	41002730
HKM0028	공삼순	970404-247****	하수상	801113-155****	국민건강보험	처	42556300
HKM0029	이사가	980507-154****	이가자	850707-147****	국민건강보험	자녀	47802360
HKM0030	감수공	860428-167****	감돌민	860428-188****	국민건강보험	본인	55440360
HKM0031	이말순	070709-221****	이순구	830313-254****	국민건강보험	처	11005566
HKM0032	황방자	080820-292****	황신수	830217-112****	국민건강보험	차	44668900
HKM0033	삼철근	841118-172****	삼미랑	841118-213****	국민건강보험	본인	20005306
HKM0034	사천근	100307-199****	사만근	800810-112****	국민건강보험	자녀	21000800
HKM0035	홍구삼	570707-152****	–	–	일반	본인	–
HKM0036	신수주	510903-292****	신둘선	750920-232****	국민건강보험	부모	45000404

〈그림 7.38A〉

보험정보		가타정보				
보험증번호	취득일자	최초내원일	진료실	주소	전화번호	휴대폰번호
5520674002	16/03/01	19/02/11	제1진료실	부산광역시 해운대구	051-111-1234	010-4455-5555
6655447702	15/04/01	19/02/12	제1진료실	경상남도 통영시	055-333-2222	010-1111-1111
9988778900	17/03/02	19/02/13	제2진료실	경상남도 진주시	055-221-2311	010-2222-2222
3322114450	10/04/01	19/02/22	제2진료실	부산광역시 사상구	051-362-4545	010-3333-3333
6655448897	11/05/01	19/02/23	제3진료실	경상남도 산청군	055-444-8897	010-1122-8888
2589974123	12/05/01	19/03/05	제1진료실	대구광역시 달서구	052-998-9987	010-4444-4444
3332254111	12/06/01	19/03/07	제1진료실	부산광역시 동래구	051-555-6655	010-5555-5555
2200144784	10/07/02	19/03/09	제2진료실	부산광역시 동래구	051-889-5959	010-6666-6666
3652010001	08/09/02	19/03/12	제2진료실	경상남도 산청군	055-000-0000	010-4455-9980
3385956540	07/10/03	19/04/13	제3진료실	경상남도 거제시	055-598-7764	010-7788-0099
5784203000	11/07/04	19/04/20	제1진료실	경상남도 함안군	055-404-4454	010-9988-0707
–	–	19/04/24	제1진료실	부산광역시 사상구	051-777-7777	010-6600-6666
1113254440	09/09/03	19/04/25	제2진료실	부산광역시 해운대구	051-412-1212	010-7070-7070

〈그림 7.38B〉

나. 입력 화면(screen)

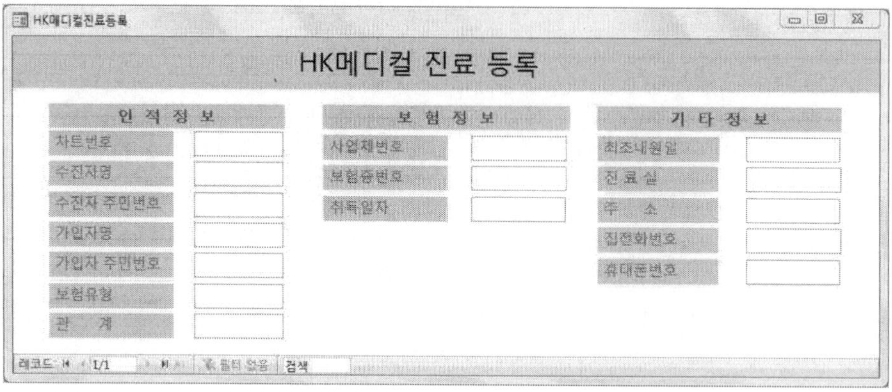

〈그림 7.39〉 HK메디컬진료등록폼 디자인

[처리조건2]

1) 쿼리명은 **수진자매개변수검색**으로 한다.

   매개 변수는 **[검색하려는 수진자 성명을 입력하세요]**로 한다.

2) 폼 명은 **수진자매개변수검색폼**으로 한다.

3) 레코드 입력, 수정, 삭제가 허용되지 않도록 속성을 수정한다.

4) **수진자매개변수검색폼**의 디자인은 〈그림 7.39〉와 같이 한다.

   폼의 속성에서 **캡션**은 **HK메디컬진료검색**으로 한다.

[처리조건3]

1) **진료등록** 테이블에서 **차트번호, 수진자명, 보험유형, 최초내원일, 진료실, 휴대폰번호** 순서로 표시하는 **수진자진료등록자료검색** 쿼리를 작성하되 조건은 **보험유형**이 국민건강보험인 자료를 **차트번호**(오름차순) 순으로 표시하는 **수진자진료등록자료검색폼**을 작성 하라.

2) 쿼리의 내용은 〈그림 7.40〉과 같이 **목록 상자**를 이용해 나타낸다.

3) **팝업**은 예로 설정하고 **탐색단추**는 아니오 설정하고 **레코드 선택기**는 아니오로 설정한다.

4) **목록상자의 열 이름**은 예로 설정하여 열 머리글이 표시되도록 한다.

5) **수진자진료등록자료검색폼**의 디자인은 〈그림 7.40〉과 같이 한다.

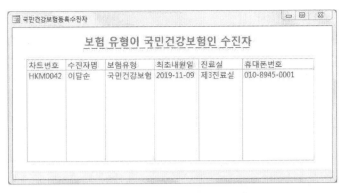

〈그림 7.40〉 **수진자진료등록자료검색폼** 디자인 형식

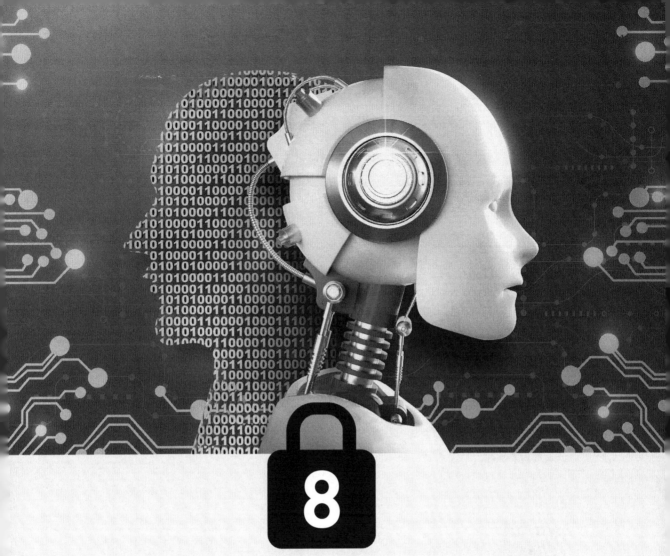

8

보고서 작성

액세스 보고서 작성 기능은 데이터베이스로부터 검색된 정보를 인쇄된 형식으로 나타내기에 적합하다. 사용자 혹은 기업의 업무 형태에 따라 보고서의 크기와 모양을 마음대로 조절할 수 있다. 보고서 작성에 이용되는 원본 데이터는 기본 테이블과 쿼리이다.

(사례) 고수준씨는 **영업관리.MDB** 파일을 이용하여 고객 관리를 위해 다양한 작업을 하였다. 먼저, 고수준씨는 고객의 데이터를 저장할 수 있는 **고객** 테이블을 만들고 레코드를 편리하게 입력할 수 있도록 레코드 입력 폼을 만들어 수많은 고객 자료를 입력하였다. 다음에 고수준씨는 고객의 자료가 저장된 **고객** 테이블로부터 원하는 정보를 검색하기 위해 쿼리를 만들고 이를 레코드 검색 폼을 만들어 표시하도록 하였다. 고수준씨는 고객의 증가와 함께 검색 및 분석해야 하는 정보의 양도 증가하게 되었다. 따라서 그는 이와 관련한 정보를 서류 형태로 보관할 수 있도록 보고서의 필요성을 느끼게 되어 **고객** 테이블 혹은 이와 연관된 쿼리를 이용하여 보고서를 만들고자 한다.

8.1 테이블을 사용한 액세스 보고서 만들기와 보고서의 이해

보고서 작성 방법은 응용 프로그램 개발 도구에 따라 조금씩 다를 수 있다. 쿼리 또는 테이블과 관련된 보고서를 만들기 위해서는 액세스에서 제공하는 보고서 만들기 기능을 사용하면 손쉽게 보고서를 만들 수 있다. 액세스에서는 **보고서 마법사**와 **보고서 디자인** 등 도구를 활용하여 다양한 형태의 보고서를 작성할 수 있다.

다음 [따라하기 8.1]은 원본 데이터로 **고객** 테이블을 사용하고 **보고서 마법사**를 사용하여 〈그림 8.1〉과 같은 형식의 보고서를 만드는 실습이다.

〈그림 8.1〉의 보고서 형식은 보고서 제목으로 **고객자료보고서**가 표시되고 **상호명**, **성명**, **광역시/도**, **구/시/군**, **동/번지** 필드순으로 **고객** 테이블의 모든 레코드들이 **상호명** 필드의 오름차순으로 표시된다. 이 실습을 통해 액세스에서 기본적으로 제공되는 보고서 작성 방법을 익히고 보고서의 필요성을 이해한다.

고객자료보고서

상호명	성명	광역시도	구/시/군	동/번지
XXXXX	XXX	XXXXX	XXXXX	XXXXX
·	·	·	·	·
·	·	·	·	·
·	·	·	·	·

〈그림 8.1〉 보고서 형식

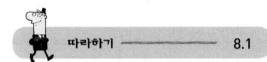

따라하기 ——————— 8.1

동작 1 만들기 리본 메뉴를 선택한다.

◎ 만들기와 관련된 리본 메뉴가 표시된다.

동작 2 보고서 그룹에 있는 보고서 마법사를 클릭한다.

◎ 〈그림 8.2〉와 같은 보고서 마법사 창이 열린다.

◎ **테이블/쿼리**에는 **테이블:고객**이 선택되어 있다.

◎ **사용할 수 있는 필드(A):**에는 **고객** 테이블의 필드가 모두 표시되어있다.

〈그림 8.2〉 보고서 마법사 창

동작 3 사용할 수 있는 필드(A):에서 **상호명**을 선택하고 필드 선택(>) 버튼을 클릭한다.

◎ **상호명**이 **선택한 필드(S):** 영역으로 이동된다.

Help!!

필드 선택 방법

필드 선택에는 4가지 버튼을 사용한다. 필드 선택(>) 버튼은 좌측의 필드를 한 개씩 선택한다. 모든 필드 선택(>>) 버튼은 좌측의 필드를 모두 선택한다. 필드 취소(<) 버튼은 우측에 선택되어 있는 필드를 좌측으로 보내 선택을 취소한다. 모든 필드 취소(<<) 버튼은 우측에 선택된 필드를 모두 좌측으로 보내 선택을 취소한다.

동작 4 동일한 방법으로 사용할 수 있는 필드(A):에서 **성명**, **광역시/도**, **구/시/군**, **동/번지** 필드를 차례로 선택한다.

◎ **상호명**, **성명**, **광역시/도**, **구/시/군**, **동/번지** 필드가 차례로 **우측의 선택한 필드(S):** 영역으로 이동된다.

동작 5 다음(N)〉 버튼을 클릭한다.

◎ 〈그림 8.3〉과 같이 그룹 수준 지정할 수 있는 보고서 마법사 창이 열린다.

◎ 좌측 목록 상자에는 앞서 선택한 필드가 차례로 나열되어 있다.

◎ 그룹 지정은 〈그림 8.1〉의 보고서 형식에 없으므로 지정하지 않는다.

〈그림 8.3〉 그룹 수준 지정 창

동작 6 다음(N)〉 버튼을 클릭한다.

◎ 〈그림 8.4〉와 같이 정렬 순서를 지정할 수 있는 보고서 마법사 창이
열린다.

◎ 필드를 최대 4개까지 사용하여 레코드를 사용할 수 있다.

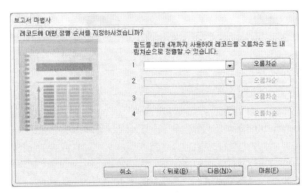

〈그림 8.4〉 레코드 정렬 순서 지정 창

동작 7 첫 번째 콤보 상자의 **목록 표시** (▼)버튼을 클릭한다.

◎ **(없음)**과 이동시킨 5개의 필드가 표시된다.

동작 8　표시된 목록에서 **상호명**을 선택한다.

◎ 첫 번째 콤보 상자에 **상호명**이 입력된다.
◎ 우측의 정렬 순서는 오름차순으로 디폴트 되어 있다.
◎ 이것은 **상호명** 오름차순 정렬을 의미한다.

> **Help!!**
>
> **정렬 순서**
> 필드 선택 항목의 우측에 오름차순 표시 버튼이 있다. 이 버튼을 클릭하면 내림차순 표시 버튼
> 으로 바뀐다. 즉 이 버튼은 한번 클릭할 때마다 오름차순과 내림차순으로 바뀌게 된다.

동작 9　다음(N)〉 버튼을 클릭한다.

◎ 〈그림 8.5〉와 같이 보고서 모양과 관련된 마법사 창이 열린다.
◎ 모양과 용지 방향 등을 설정할 수 있다.
◎ 모양은 가장 일반적인 형태의 **탭**으로 디폴트 되어 있다.

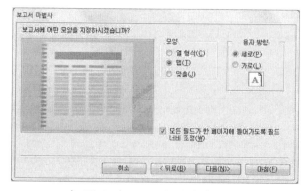

〈그림 8.5〉 보고서 모양 지정 창

동작 10 다음(N)〉 버튼을 클릭한다.

◎ 〈그림 8.6〉과 같이 보고서 제목 입력과 관련된 창이 열린다.

◎ **보고서 미리 보기** 혹은 보고서 **디자인 수정 모드**를 지정할 수 있다.

◎ 이 부분은 **보고서 미리 보기**로 디폴트 되어 있다.

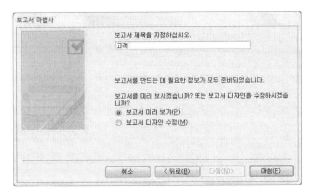

〈그림 8.6〉 보고서 제목 지정 창

동작 11 〈그림 8.7〉과 같이 보고서 제목으로 **고객자료보고서**를 입력한다.

◎ 보고서 제목은 **고객자료보고서**가 된다.

◎ 저장되는 보고서 이름도 **고객자료보고서**가 된다.

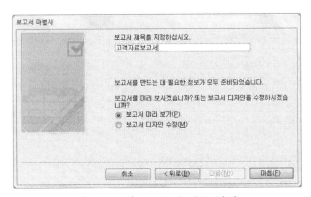

〈그림 8.7〉 보고서 제목 입력

동작 12 마침(F) 버튼을 클릭한다.

◎ 〈그림 8.8〉과 같은 보고서 양식이 완성되어 미리 보기로 화면에 표시된다.

◎ **고객** 테이블에 저장되어 있는 모든 레코드가 표시된다.

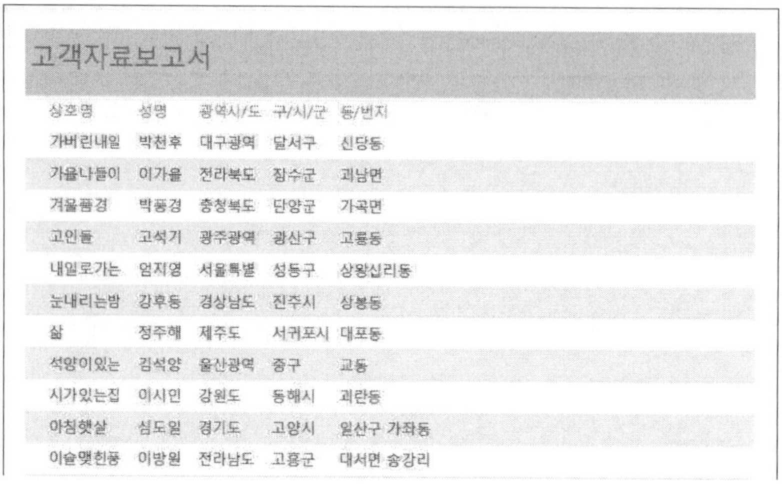

고객자료보고서				
상호명	성명	광역시/도	구/시/군	동/번지
가버린내일	박천후	대구광역	달서구	신당동
가을나들이	이가율	전라북도	장수군	괴남면
겨울풍경	박풍경	충청북도	단양군	가곡면
고인돌	고석기	광주광역	광산구	고룡동
내일로가는	엄지영	서울특별	성동구	상왕십리동
눈내리는밤	강후동	경상남도	진주시	상봉동
삶	정주해	제주도	서귀포시	대포동
석양이있는	김석양	울산광역	중구	교동
시가있는집	이시인	강원도	동해시	괴란동
아침햇살	심도일	경기도	고양시	일산구 가좌동
이슬맺힌풍	이방원	전라남도	고흥군	대서면 송강리

〈그림 8.8〉 완성된 고객자료보고서

Help!!

보고서 미리 보기

보고서 미리 보기에서는 보고서를 확대 혹은 축소시켜 볼 수 있는 기능이 제공된다. 또한 인쇄 페이지를 한 페이지 혹은 두 페이지, 여러 페이지 형태로 볼 수 있는 기능도 있다.

동작 13 **고객자료보고서**의 닫기 버튼을 클릭한다.

◎ 만들어진 보고서의 이름이 **고객자료보고서**로 저장되어 있다.

8.2 보고서 수정

보고서 마법사로 만든 보고서를 수정하면 사용자가 원하는 보고서 형태로 자유롭게 만들 수 있다. 현장 직무에 맞는 보고서를 잘 만들려면 디자인 변경을 통해 보고서의 형태를 여러 가지로 변경시켜 보아야 한다.

다음의 [따라하기 8.2]는 만들어진 **고객자료보고서**를 〈그림 8.9〉와 같은 보고서로 수정하는 실습이다. 앞서 작성한 보고서와 비교하여 변경되는 내용은 다음과 같다.

1) 보고서 머리글의 보고서 제목이 **고객자료보고서**에서 **(주)고조선 거래처 보고서**로 변경되고 글꼴의 크기가 **27**에서 **18**로 변경된다. 또 제목의 위치가 오른쪽으로 약간 이동된다.
2) 페이지 머리글의 **성명** 필드 레이블이 **담당자**로 변경된다.
3) 페이지 머리글의 **광역시/도**, **구/시/군**, **동/번지** 필드 레이블이 **주 소**로 변경되고 위치가 적절히 이동된다.
4) 본문의 **광역시/도**, **구/시/군**, **동/번지** 필드가 오른쪽으로 약간 이동된다.

(주)고조선 고객자료보고서

상호명	담당자	주 소		
XXXXX	XXX	XXXXX	XXXXX	XXXXX
·	·	·	·	·
·	·	·	·	·
·	·	·	·	·

〈그림 8.9〉 수정될 보고서 형식

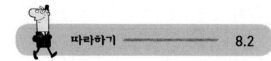

동작 1 보고서 개체의 고객자료보고서에서 우측 버튼을 클릭하고 디자인 보기(D)
를 클릭한다.

◎ 〈그림 8.10〉과 같이 **고객자료보고서**의 디자인 수정 창이 열린다.

◎ 맨 앞에 있는 작은 창은 보고서에 사용 가능한 필드 목록을 나타낸다.

◎ 보고서 머리글 부분에는 전체 보고서의 처음에 표시될 내용이 놓인다.

◎ 페이지 머리글 부분에는 매 페이지 위 부분에 표시될 내용이 놓인다.

◎ 본문에는 반복되어 표시되는 필드가 놓인다.

◎ 페이지 바닥글 부분에는 매 페이지 아래 부분에 표시될 내용이 놓인다.

◎ 보고서 바닥글 부분에는 전체 보고서의 마지막에 표시될 내용이 놓
인다.

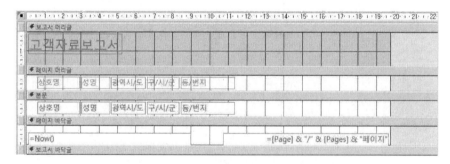

〈그림 8.10〉 **고객자료보고서**의 디자인 수정 창

동작 2 새롭게 추가할 필드가 없으므로 디자인 수정 창 우측의 필드 목록 창을
닫는다.

◎ 필드 목록 창을 표시하려면 상단에 있는 기존 필드 추가 버튼을 클릭
한다.

동작 3 보고서머리글 부분에서 **고객자료보고서**가 들어 있는 레이블에서 우측 버튼을 클릭하고 속성 - 기타 탭을 차례로 클릭한다.

◎ **고객자료보고서** 레이블이 선택되어 조절점이 표시된다.
◎ 속성 창의 이름 표시 난에 **Label??**의 개체 이름이 표시되어 있다.
◎ **Label??**에서 **??**는 액세스에서 자동으로 부여한 번호이다.

동작 4 홈 리본을 클릭하여 텍스트 서식 그룹 메뉴에서 글꼴 크기를 **18**로 변경한다.

◎ **고객자료보고서**의 글꼴 크기가 **18**로 변경 된다.

동작 5 선택된 레이블의 조절점 안 **고객자료보고서**를 클릭한다.

◎ 조절점이 없어지고 **고객자료보고서** 내용에 커서가 표시된다.

동작 6 **고객자료보고서**를 지우고 **(주)고조선 거래처 보고서**를 입력한다.

◎ **고객자료보고서**가 **(주)고조선 거래처 보고서**로 변경된다.

동작 7 레이블의 경계선을 클릭하여 조절점이 표시되면 레이블의 조절점을 이용하여 레이블의 크기를 적절히 조절하고 텍스트 서식 그룹 메뉴의 가운데 맞춤을 클릭한다.

◎ 레이블의 제목이 가운데 맞춤된다.

동작 8 조절점이 있는 레이블에 마우스 포인터를 이동시켜 마우스 포인터의 모양이 상하좌우 이동 모양으로 변경되면 레이블의 위치를 보고서 머리글의 중앙으로 드래그 한다.

〈그림 8.11〉 레이블 크기 조절 및 이동

Help!!

속성 변경의 다른 방법
해당 레이블에서 우측 버튼을 클릭하고 속성을 클릭하여 속성을 변경하면 된다. 속성 창에서
는 도구 모음에서 제공하는 것 이외의 많은 속성을 변경할 수 있다.

동작 9 페이지머리글 부분에서 **성명**이 들어 있는 레이블을 클릭한다.

◎ **성명** 레이블이 선택되고 조절점이 나타난다.
◎ 개체 이름 표시 난에 **성명_Label**의 개체 이름이 표시된다.

동작 10 선택된 **성명_Label** 레이블의 조절점 안 **성명**을 클릭한다.

◎ 조절점이 없어지고 **성명** 내용에 커서가 표시된다.

동작 11 **성명**을 지우고 **담당자**를 입력하고 페이지 머리글의 바탕을 클릭한다.

◎ **성명_Label**의 내용이 **성명**에서 **담당자**로 변경되고 조절점이 없어진다.

동작 12 동일한 방법으로 페이지머리글 부분의 **광역시/도**를 **주 소**로 변경한다.

◎ 개체 이름 표시 난에 **광역시/도_Label**의 내용이 **주 소**로 변경된다.

페이지 머리글

페이지 머리글은 주로 인쇄될 페이지의 머리 부분에 표시될 필드 제목을 표시하는 데 사용된다. 레이블을 선택했을 때 개체 이름 표시 난에 표시되는 이름은 **레이블의 이름**이고 조절점 내에 표시된 것은 **레이블의 내용**이다. 레이블의 내용은 스트링(문자열)으로 공백, 특수 문자 등을 포함할 수 있다. 그러나 레이블의 이름을 변경할 경우에는 액세스의 이름 생성 규칙에 따라야 한다.

동작 13 페이지머리글 부분에서 **구/시/군**이 들어 있는 레이블을 선택하고 키보드에서 Delete 키를 친다.

◎ **구/시/군**이 들어 있는 레이블이 삭제된다.

동작 14 동일한 방법으로 페이지머리글 부분에서 **동/번지**가 들어 있는 레이블을 삭제한다.

◎ **동/번지**가 들어 있는 레이블이 삭제된다.

동작 15 페이지머리글 부분에서 **주 소**가 들어 있는 레이블을 선택하여 우측으로 적당히 옮긴다.

◎ 레이블의 위치가 오른쪽으로 적절히 이동된다.

동작 16 키보드의 Shift 키를 누른 상태에서 **광역시/도**, **구/시/군**, **동/번지** 필드를 차례로 클릭한다.

◎ 컨트롤 원본이 **광역시/도**, **구/시/군**, **동/번지** 필드인 텍스트 상자가 차례로 선택된다.
◎ 보고서 실행하면 본문에 있는 텍스트 상자에는 레코드의 내용이 반복적으로 표시된다.

본문

본문은 반복하여 표시될 레코드와 관련된다. 본문에 놓인 **상호명**, **성명**, **광역시/도**, **구/시/군**, **동/번지** 텍스트 상자 **고객** 테이블의 필드와 각각 연결되어 있다. 따라서 보고서를 실행하면 본문의 텍스트 상자에는 **고객** 테이블에 입력된 내용이 반복적으로 표시된다.

동작 17 선택된 세 개의 텍스트 상자를 우측으로 적당히 끌어 놓고 본문의 바탕을 클릭한다.

◎ 주소에 해당하는 **광역시/도**, **구/시/군**, **동/번지** 텍스트 상자가 한꺼번에 우측으로 이동된다.

◎ 완료된 결과는 〈그림 8.12〉와 같다.

◎ 페이지 바닥글 텍스트 상자의 **=Now()** 수식은 시스템 환경에 설정된 날짜를 페이지 바닥에 표시한다.

◎ 페이지 바닥글 텍스트 상자의 **="" & [Page] & " / " & [Pages]** 수식은 **현재 페이지/전체 페이지**를 페이지 바닥에 나타낸다.

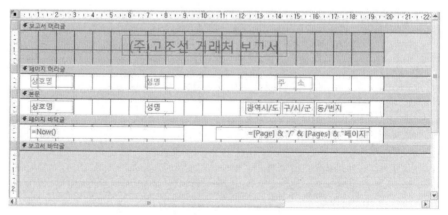

〈그림 8.12〉 **고객자료보고서**의 디자인 수정 완료 창

> **페이지 바닥글의 수식**
> 액세스 화면의 미리 보기 창에는 현재 **고객** 테이블에 입력되어 있는 모든 레코드가
> 표시되고 보고서 하단에는 페이지 바닥글로 **현재 날짜**와 **페이지/전체 페이지**가 표시
> 되어 있다. 수식 **=Now()**는 시스템의 현재 날짜를 구하는 **Now** 함수를 사용한 수식
> 이고, 수식 **="" & [Page] & " / " & [Pages]**는 현재 페이지를 나타내는 **[Page]**와
> 전체 페이지를 나타내는 **[Pages]**와 문자를 결합하는 연산자 **&**를 이용하여 만든 수
> 식이다.

동작 18 보고서 디자인 편집 창의 닫기 버튼을 클릭하고 저장한다.

◎ **고객자료보고서**의 수정된 디자인 내용이 저장된다.

동작 19 고객자료보고서를 실행한다.

◎ 〈그림 8.13〉과 같이 수정된 **고객자료보고서**가 미리 보기 창에 표시
된다.

◎ 미리 보기 창의 보고서 페이지 하단에는 날짜와 페이지가 표시되어
있다.

(주)고조선 거래처 보고서			
상호명	성명	주 소	
가버린내일	박천후	대구광역시 달서구	신당동
가을나들이	이가을	전라북도 장수군	괴남면
겨울품경	박동경	충청북도 단양군	가곡면
고인돌	고석기	광주광역시 광산구	고룡동
내일로가는길	엄지영	서울특별시 성동구	상왕십리동
눈내리는밤	강후동	경상남도 진주시	상봉동
삶	정주해	제주도 서귀포시	대포동
석양이있는집	김석양	울산광역시 중구	교동
시가있는집	이시인	강원도 동해시	괴란동

〈그림 8.13〉 수정된 **고객자료보고서**

8.3 　쿼리를 사용한 액세스 보고서 만들기

　　액세스의 보고서 작성에 이용되는 원본 데이터는 기본 테이블과 쿼리이다. 기본 테이블을 이용하여 보고서를 작성하면 해당 테이블의 모든 레코드를 대상으로 보고서를 작성하게 된다. 만약 테이블에서 쿼리를 이용하여 검색된 데이터를 원본 데이터로 사용하여 보고서 작성하면 검색된 데이터만을 대상으로 하여 보고서를 작성하게 된다. 예를 들어 **서울특별시 에 있는 거래처의 레코드만을 대상으로 한 보고서**를 만들 수 있다. 이렇게 하려면, 먼저 서울특별시에 있는 거래처를 검색해내는 쿼리를 먼저 만들고 이 쿼리를 이용하여 보고서를 만들면 된다.

　　다음 [따라하기 8.3]은 **서울특별시에있는거래처검색** 쿼리로 **서울특별시** 내에 있는 거래처의 **상호명**, **직위**, **성명**, **전화번호**, **구/시/군**, **동/번지**를 검색해 내는 쿼리를 만드는 실습이다.

따라하기 ━━━━━━━━━━ **8.3**

　동작 1　쿼리 편집 창에서 **고객** 테이블의 **상호명**, **직위**, **성명**, **전화번호**, **광역시/도**, **구/시/군**, **동/번지** 필드를 차례로 추가하고 **광역시/도** 필드의 조건: 입력 부분에 **서울특별시**를 입력한다.

　동작 2　**광역시/도** 필드가 표시되지 않도록 표시:의 체크를 없앤다.

　　◎ **광역시/도** 필드는 조건 식으로만 이용되고 내용은 표시되지 않아도 되기 때문에 표시:의 체코를 없앤다.

　동작 3　**서울특별시에있는거래처검색**으로 작성된 쿼리를 저장하고 실행한다.

　　◎ 실행 결과는 〈그림 8.14〉와 같이 **서울특별시**에 있는 거래처만 검색된다.

상호명	직위	성명	전화번호	구/시/군	동/번지
내일로가는길	대표	엄지영	709-1023	성동구	상왕십리동
해당화언덕	판매과장	전기화	311-1122	동작구	노량진동

〈그림 8.14〉 **서울특별시에있는거래처검색** 쿼리 실행 창

동작 4 쿼리 실행 창을 닫는다.

다음 [따라하기 8.4]는 만들어진 **서울특별시에있는거래처검색** 쿼리를 사용하여 〈그림 8.15〉와 같은 모양으로 **상호명**이 오름차순 정렬된 **서울특별시에있는거래처보고서**를 만드는 실습이다.

서울특별시에있는거래처보고서

상호명	성명	직위	전화번호	구/시/군	동/번지
XXXXX	XXX	XX	XXXX-XXXX	XXXXX	XXXXX
•	•	•	•	•	•
•	•	•	•	•	•
•	•	•	•	•	•

〈그림 8.15〉 **서울특별시에있는거래처보고서** 형식

따라하기 8.4

동작 1 **만들기** 리본 메뉴를 선택하여 고서 그룹에 있는 **보고서 마법사**를 클릭한다.

◎ 보고서 마법사 창이 열린다.

동작 2 **테이블/쿼리** 선택 콤보 상자의 **목록 표시** 버튼(▼)을 클릭한다.

◎ 테이블 및 쿼리 이름의 목록이 표시된다.

동작 3 목록에서 쿼리: 서울특별시에있는거래처검색을 선택한다.

◎ **사용할 수 있는 필드(A):**에 선택된 쿼리의 모든 필드가 표시된다.

동작 4 사용할 수 있는 필드(A):영역의 **모든 필드를 선택**하는 버튼(>>)을 클릭한다.

◎ 모든 필드가 우측의 **선택한 필드(S):** 영역으로 이동된다.

동작 5 다음(N)〉 버튼을 클릭한다.

◎ 그룹 필드를 지정할 수 있는 보고서 마법사 창이 열린다.

동작 6 다음(N)〉 버튼을 클릭한다.

◎ 정렬 순서를 지정할 수 있는 보고서 마법사 창이 열린다.

동작 7 첫 번째 콤보 상자의 **목록 표시** 버튼을 클릭하고 표시된 목록에서 **상호명**을 오름차순 정렬되도록 지정한다.

◎ 보고서 출력시 레코드가 **상호명** 순으로 오름차순 정렬되어 표시된다.

동작 8 다음(N)〉 버튼을 클릭한다.

◎ 보고서 모양과 관련된 마법사 창이 열린다.

동작 9 다음(N)〉 버튼을 클릭한다.

◎ 보고서 유형을 지정할 수 있는 마법사 창이 열린다.

동작 10 다음(N)〉 버튼을 클릭한다.

◎ 보고서 제목 입력과 관련된 창이 열린다.

동작 11 보고서 제목으로 **서울특별시에있는거래처보고서**를 입력한다.

◎ 보고서 제목은 **서울특별시에있는거래처보고서**가 된다.
◎ 저장되는 보고서 이름도 **서울특별시에있는거래처보고서**가 된다.

동작 12 마침(F) 버튼을 클릭한다.

◎ 〈그림 8.16〉과 같은 보고서가 완성되어 미리 보기로 화면에 표시된다.
◎ **서울특별시에있는거래처검색** 쿼리에서 검색되는 레코드가 보고서에 표시된다.

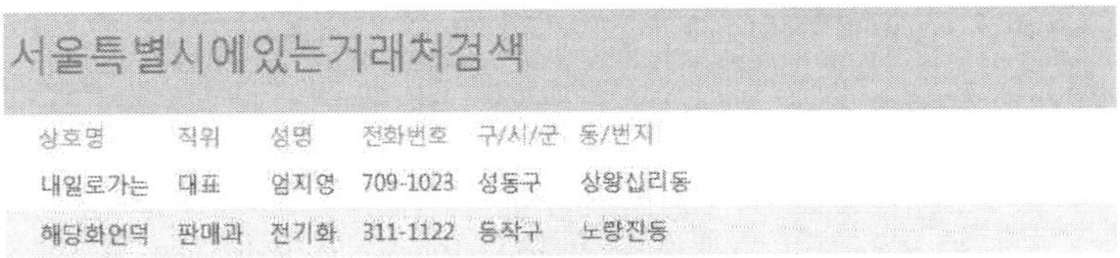

서울특별시에있는거래처검색					
상호명	직위	성명	전화번호	구/시/군	동/번지
내일로가는	대표	엄지영	709-1023	성동구	상왕십리동
해당화언덕	판매과	전기화	311-1122	동작구	노량진동

〈그림 8.16〉 완성된 **서울특별시에있는거래처보고서**

동작 13 **서울특별시에있는거래처보고서**의 닫기 버튼을 클릭한다.

◎ 만들어진 보고서의 이름이 **서울특별시에있는거래처보고서**로 저장되어 있다.

다음의 [따라하기 8.5]는 만들어진 **서울특별시에있는거래처보고서**를 〈그림 8.17〉과 같은 모양으로 수정하는 실습이다. 앞서 작성한 보고서와 비교하여 변경되는 내용은 다음과 같다.

1) 보고서 머리글의 보고서 제목 **서울특별시에있는거래처보고서**를 **서울특별시 소재 (주)고조선 거래처**로 변경하고 글꼴 크기를 **27**에서 **18**로 변경한다. 또 제목의 위치를 보고서의 중앙으로 적절히 이동시킨다.

2) 페이지 머리글의 **성명** 필드 레이블을 **담당자**로 변경한다.

3) 페이지 머리글의 **구/시/군**, **동/번지** 필드 레이블을 **소 재 지**로 변경하고 위치를 적절히 이동시킨다.

4) 본문의 **전화번호**, **구/시/군**, **동/번지** 필드의 간격을 적절히 맞춘다.

서울특별시 소재 (주)고조선 거래처

상호명	담당자	직위	전화번호	소 재 지	
XXXXX	XXX	XX	XXXX-XXXX	XXXXX	XXXXX
·	·	·	·	·	·
·	·	·	·	·	·
·	·	·	·	·	·

〈그림 8.17〉 수정될 **서울특별시에있는거래처보고서** 형식

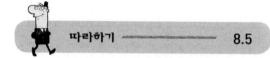

따라하기 ———— 8.5

동작 1 서울특별시에있는거래처보고서에서 우측 버튼을 클릭하여 디자인 보기(D) 를 클릭한다.

◎ **서울특별시에있는거래처보고서**의 디자인 수정 창이 열린다.

동작 2 〈그림 8.17〉과 변경해야 할 내용을 참조하여 보고서 머리글, 페이지 머리글, 본문, 페이지 바닥글에 있는 컨트롤의 크기, 위치, 내용 등을 적절히 수정한다.

◎ 디자인이 완료된 보고서 창은 〈그림 8.18〉과 같다.

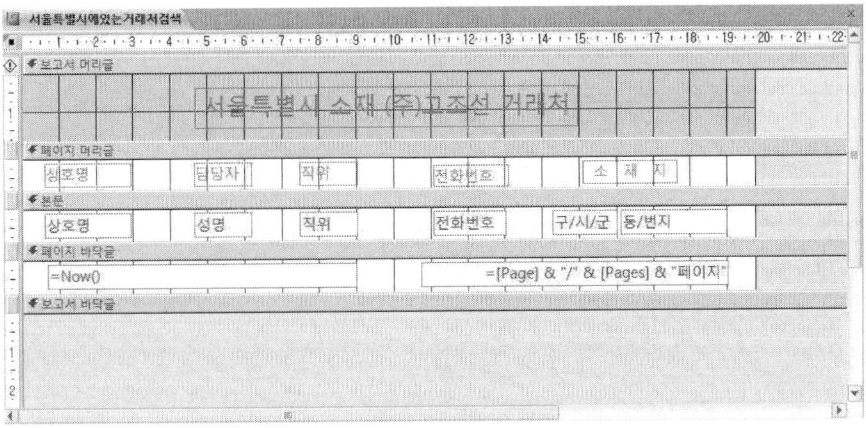

〈그림 8.18〉 수정이 완료된 보고서 디자인 창

동작 3 변경된 내용을 저장하고 실행한다.

◎ 〈그림 8.19〉와 같이 완성된 보고서가 미리 보기로 화면에 표시된다.

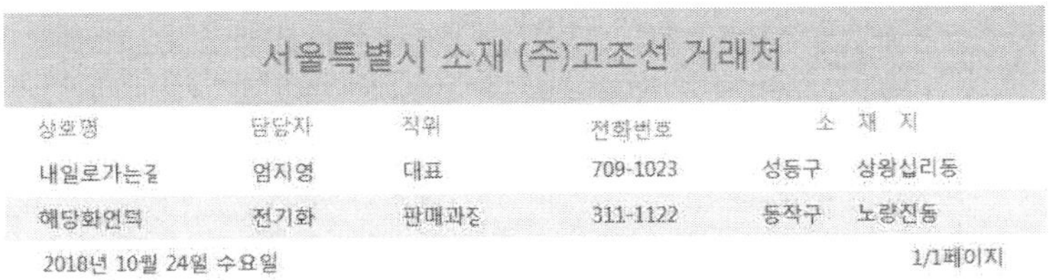

〈그림 8.19〉 수정될 **서울특별시에있는거래처보고서** 모양

Help!!

그룹별 소계 및 통계치

일반적으로 사용되는 보고서는 테이블을 직접 사용하기보다는 보고서에 필요한 정보를 검색하는 쿼리를 먼저 만들고 이 쿼리를 이용하여 만든다. 또한 보고서에는 그룹별 소계 및 통계치 등 다양하고 유용한 정보를 추가하여 나타낼 수 있다. 그룹별 소계 및 통계치 등과 관련한 내용은 이와 관련한 부분에서 다룬다.

[연습문제]

※ 다음 지시에 따라 보고서를 만드시오.

1) 쿼리 이름 : **보고서연습문제용**

매개변수 **[검색할 광역시/도 명을 입력하세요]**를 이용하여 원하는 **광역시/도**를 검색하여 **고객번호**, **상호명**, **성명**, **직위**, **전화번호**, **광역시/도**, **구/시/군**, **동/번지** 필드를 표시하는 쿼리를 작성한다.

2) 보고서 이름 : **보고서연습문제**

보고서연습문제용 쿼리를 이용하여 다음 〈그림 8.20〉과 같은 모양의 보고서를 만들고 실행시켜 매개 변수에 검색을 원하는 **광역시/도** 명을 입력시켜 검색된 레코드가 미리 보기로 출력되는지를 확인하시오.

특정 지역 거래처 검색 보고서

고객번호	상호명	담당자	직위	광역시도	구/시/군	동/번지
XXXX	XXXXX	XXX	XX	XXXXX	XXXXX	XXXXX
·	·	·	·	·	·	·
·	·	·	·	·	·	·
·	·	·	·	·	·	·

〈그림 8.20〉 보고서연습문제 보고서 형식

8.4   종합 연습문제

산악회원이 저장되어 있는 **연습문제** 파일의 산악회원 테이블을 이용하여 〈그림 8.21〉과 같은 형식의 보고서를 만들어 **산악회원자료보고서**이라는 이름으로 저장하시오(만약 **연습문제** 파일이 없다면 **6장의 종합 연습문제**를 참조하여 파일을 만든 후에 실습한다).

[처리조건]

1) **작성일자**에는 현재 날짜가 **YY.MM.DD** 형식으로 표시되게 한다.
   ※ 작성일자는 텍스트 상자에 현재 날짜를 구하는 **=Now()** 함수를 입력하고 텍스트 상자의 속성에서 형식을 **yy.mm.dd**로 지정하면 된다.
2) **소속**을 선 순위로 하며, 같은 **소속** 내에서는 **성명**의 오름차순으로 정렬한다.
3) 제목은 적당한 크기로 확대 표기한다.
4) 데이터의 정렬 형식은 중앙정렬을 원칙으로 하며, 열과 간격, 자릿수 등은 일정하게 맞추어 통일성을 기하여야 한다.

웰빙산악회 회원관리 대장

작성일자 : YY.MM.DD

회원번호	소속	성명	생년월일	전화번호	혈액형	신장(cm)
XXXX	XXX	XXX	XX/XX/XX	XXXX-XXXX	X	XX
·	·	·	·	·	·	·
·	·	·	·	·	·	·
·	·	·	·	·	·	·

〈그림 8.21〉 **산악회원자료보고서** 형식

8.5 보건의료 연습문제

진료등록이 저장되어 있는 **HK메디컬진료관리.accdb** 파일의 진료등록 테이블을 이용하여 〈그림 8.22〉과 같은 형식의 보고서를 만들어 **진료등록자료보고서**이라는 이름으로 저장하시오(만약 **HK메디컬진료관리.accdb** 파일이 없다면 **5장**의 **보건의료 연습문제**를 참조하여 파일을 작성한 후에 실습한다).

[처리조건]

1) **작성일자**에는 현재 날짜가 **YY.MM.DD** 형식으로 표시되게 한다.

※ 작성일자는 텍스트 상자에 현재 날짜를 구하는 **=Now()** 함수를 입력하고 텍스트 상자의 속성에서 형식을 **yy.mm.dd**로 지정한다.

2) **보험유형**을 선 순위로 오름차순 정렬하며, 같은 보험유형 내에서는 **최초내원일**의 오름차순으로 정렬한다.

3) 제목은 적당한 크기로 확대 표기한다.

4) 데이터의 정렬 형식은 중앙정렬을 원칙으로 하며, 열과 간격, 자릿수 등은 일정하게 맞추어 통일성을 기하여야 한다.

HK메디컬 진료 등록자 현황

작성일자 : YY.MM.DD

차트번호	수진자명	가입자명	보험유형	관계	취득일자	최초내원일	진료실
XXXXXXX	XXX	XXX	XXXXXX	XX	XX/XX/XX	XX/XX/XX	XXXXX
·	·	·	·	·	·	·	·
·	·	·	·	·	·	·	·
·	·	·	·	·	·	·	·

〈그림 8.22〉 진료등록자료보고서 형식

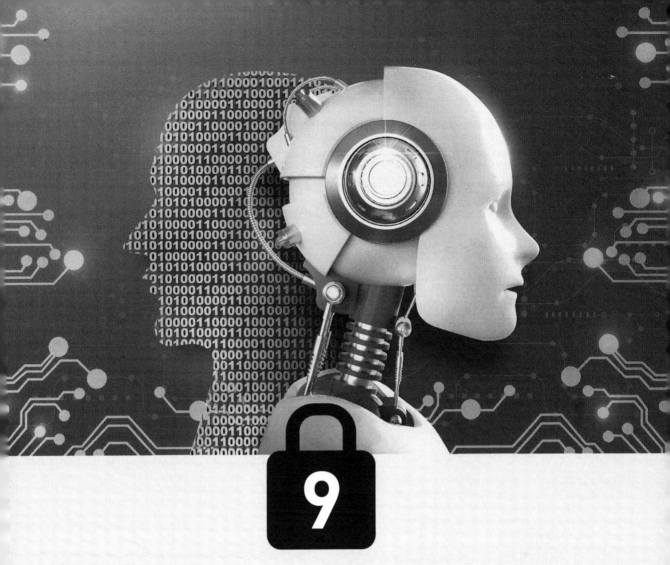

9

사용자 정의 폼 작성

사용자 정의 폼은 다양한 컨트롤을 사용하여 사용자의 업무 형태에 맞도록 편리성을 높인 폼을 말한다. 사용자 중심으로 폼을 직접 디자인하여 폼을 작성하면 액세스에서 제공되는 다양한 컨트롤 도구를 사용할 수 있고 VBA 언어를 이용하여 업무 처리에 필요한 프로그래밍을 할 수 있다.

(사 례) 고수준씨는 **고객** 테이블에 데이터 입력을 할 수 있는 **고객자료입력폼**을 사용해 본 결과 데이터 입력에 일관성을 유지하는데 문제가 있다는 것을 알게 되었다. 예를 들어 데이터를 입력하는 담당자가 **직위**, **광역시/도**, **구/시/군** 필드에 해당하는 데이터를 넣을 때 **직위**인 경우 **대표** 혹은 **대 표**로 입력하는 오류를 범할 수 있다. **광역시/도**인 경우 **부산광역시** 혹은 **부산 광역시**로 **구/시/군**인 경우 **동작구** 혹은 **동작 구**로 입력할 수 있다. 이와 같은 경우, 사람이 인식하기에는 동일한 데이터이지만 컴퓨터에서는 서로 다른 데이터로 처리될 수 있다. 따라서 고수준씨는 이러한 문제를 해결하고 액세스에서 제공하는 다양한 도구를 사용하여 보다 세련되고 사용자가 편리하게 사용할 수 있는 사용자 정의 폼 **고객자료입력폼II**를 작성하기로 한다.

9.1 사용자 정의 폼의 이해

사용자 정의 폼은 사용자가 편리하게 사용할 수 있도록 사용자 중심으로 디자인된 폼을 말한다. 액세스에서 제공하는 폼 마법사을 이용하면 폼은 쉽게 만들 수 있지만 사용자가 원하는 형식의 폼으로 자유롭게 만들기 어렵다. 특히 액세스에서 제공되는 콤보 상자, 목록 상자, 옵션 단추, 확인란, 탭 컨트롤 등 다양한 도구의 사용이 어렵다. 사용자 정의 폼을 통해 폼을 직접 디자인하면 액세스에서 제공되는 다양한 도구뿐만 아니라 폼에 특수한 동작을 일으키는 VBA 언어를 이용하여 사용자가 원하는 처리를 할 수 있도록 프로그래밍 할 수 있다.

〈그림 9.1〉은 고객 자료의 입력을 위한 **고객자료입력폼II**의 디자인 형식으로 관련된 세부적인 처리 내용은 다음과 같다.

1) **고객번호, 전화번호**는 입력마스크를 사용하여 데이터를 입력한다.
2) **직위, 광역시/도, 시/군/군**의 데이터 입력은 콤보 상자를 이용한다.
3) 폼의 **비고**는 **직위**에 따라 다음의 조건대로 표시되도록 하고 탭 이동 및 데이터 입력을 할 수 없도록 한다.

    조건 : 담당자의 **직위**가 **대표**이면 **최대 6%까지 할인 가능**으로 표시하고,
    담당자의 **직위**가 **영업과장**이면 **최대 5%까지 할인 가능**으로 표시하고,
    나머지는 **할인율 없음**으로 표시되게 한다.

4) 아래 동작을 일으키는 **처음, 이전, 다음, 마지막, 신규등록, 닫기** 단추(버튼)를 추가하고 탐색 단추를 사용할 수 없도록 한다.

    처음 : 처음 레코드로 이동한다.
    이전 : 이전 레코드로 이동한다.
    다음 : 다음 레코드로 이동한다.
    마지막 : 마지막 레코드로 이동한다.
    신규등록 : 새로운 데이터를 입력한다.
    닫기 : **고객자료입력폼II**의 창을 닫는다.

5) 폼의 **레코드 수** 우측 텍스트 상자에는 입력된 고객의 전체 레코드 수가 **자동으로 표시**되도록 하고 탭 이동 및 데이터 입력을 할 수 없도록 한다.
6) **전화번호** 데이터를 입력하거나 수정한 후 **Tab** 키를 이용해 탭을 이동시키면 **고객번호** 텍스트 상자로 탭이 이동하도록 한다.

<그림 9.1> **고객자료입력폼II**의 디자인 형식

9.2 　디자인 보기에서 새 폼 만들기

액세스에서 폼을 만드는 방법은 **마법사를 사용하여 새 폼 만들기**와 **디자인 보기에서 새 폼 만들기**의 두 가지 방법이 있다. 앞서 학습한 마법사를 사용하여 새 폼 만들기는 테이블 혹은 쿼리와 관련된 폼을 자동으로 쉽게 만들 수 있지만 액세스에서 제공되는 콤보 상자, 목록 상자, 옵션 단추, 확인란, 탭 컨트롤 등 다양한 도구의 사용이 어렵다. 물론, 먼저 마법사를 이용하여 폼을 만든 후 이를 수정하여 원하는 컨트롤을 추가하여 만들 수도 있지만 보다 편리한 사용자 중심의 폼을 자유롭게 만들려면 디자인 보기에서 폼을 직접 디자인하여 만들어야 한다.

다음 [따라하기 9.1]은 **디자인 보기에서 새 폼 만들기** 방법을 사용하여 〈그림 9.1〉와 같은 형식으로 텍스트 상자를 추가하여 **고객자료입력폼II**의 기본 폼을 만들어 실행하는 실습이다.

따라하기 ——————————— 9.1

동작 1 **만들기** 리본 메뉴의 폼 그룹에서 **폼 디자인**을 클릭한다.

◎ 〈그림 9.2〉와 같은 폼 디자인 창이 열린다.
◎ 디자인 창에는 기본적으로 본문만 표시되어 있다.

〈그림 9.2〉 폼 디자인 창

동작 2 〈그림 9.3〉을 참조하여 **본문**의 우측 끝 선에 마우스 포인터를 옮겨 마우스 포인터의 모양이 좌우 조절 포인터로 바뀐 상태에서 좌측 버튼을 누른 채로 우측으로 끌어 본문의 크기를 조절한다.

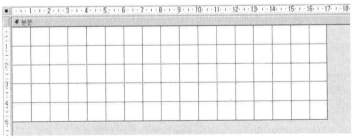

〈그림 9.3〉 본문의 크기 조절

동작 3 폼 전체 선택(▣) 버튼에서 우측 버튼을 클릭하여 디자인 창의 우측에
표시된 속성 창에서 다음 속성을 변경한다.

팝업 : 예
레코드 선택기 : 아니오
최소화 최대화 단추 : 아니오

동작 4 **디자인** 리본 메뉴의 **머리글/바닥글** 그룹에 있는 **제목**을 클릭한다.

◎ 본문 위 폼 머리글이 나타나고 임시 제목이 있는 레이블이 표시된다.
◎ 본문 아래에는 폼 바닥글 부분이 나타난다.

동작 5 레이블 컨트롤에 표시된 임시 제목을 지우고 〈그림 9.4〉를 참조하여
(주)고조선 고객 자료 입력을 입력한 후, **글꼴 크기**를 18(18 ▼)로 조절
하고 **가운데 맞춤**(▤)한다.

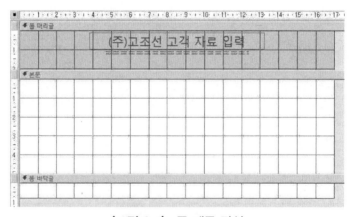

〈그림 9.4〉 폼 제목 작성

Help!!

폼 머리글의 제목 컨트롤 이동 : 제목 컨트롤의 위치를 변경하려면 표시된 폼 제목의 레이아웃을 해제해야 한다. 레이아웃을 해제 하려면 레이블 컨트롤에서 우측 버튼을 클릭하여 표시된 메뉴에서 **레이아웃 해제**를 클릭한다. 레이아웃이 해제되면 레이블 컨트롤의 위치를 변경할 수 있다.

동작 6 도구상자에서 **선**(◝) 도구를 선택하여 〈그림 9.4〉를 참조하여 제목 아래에 적당한 크기로 삽입한 후, **선** 속성의 테두리 스타일의 목록표시 버튼(▾)을 클릭하여 표시된 선 종류 중에서 **파선**을 선택한다. 동일한 방법을 **파선**을 한 개 더 추가한다.

동작 7 컨트롤에서 **자세히** 버튼을 클릭하여 **컨트롤 마법사 사용**이 선택(▨)되어 있으면 **클릭**하여 컨트롤 마법사의 사용이 되지 않도록 한다.

◎ **컨트롤 마법사 사용**이 선택되어 있으면 컨트롤 도구를 추가할 때마다 컨트롤 마법사 창이 열린다.
◎ 본문에 컨트롤 도구를 추가할 때 **컨트롤 마법사 사용**은 사용하지 않을 것이므로 선택되지 않는 상태(▨)로 한다.

동작 8 도구상자에서 **텍스트 상자**(ꮐꮖ)를 선택하여 〈그림 9.5〉와 같이 적당한 크기로 본문 영역에 삽입한다.

◎ 텍스트 상자가 레이블과 함께 삽입된다.
◎ 레이블의 캡션은 Text?:으로 액세스에서 자동으로 부여되고, **?**의 숫자는 사용자에 따라 다를 수 있다.

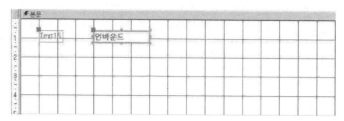

〈그림 9.5〉 텍스트 상자가 삽입된 디자인 창

동작 9 레이블의 문자를 클릭한 후 캡션 **Text1**을 지우고 **고객번호**를 입력한다.

동작 10 동일한 방법으로 **상호명**, **담당자** 텍스트 상자를 〈그림 9.6〉과 같이 적당한 크기로 삽입하고 레이블의 캡션을 수정한다.

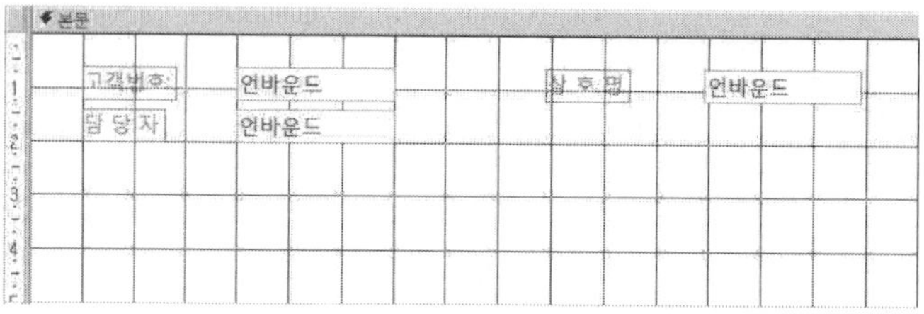

〈그림 9.6〉 **고객번호, 상호명, 담당자** 텍스트 상자 삽입

동작 11 도구상자에서 **콤보 상자**(▤)를 선택하여 〈그림 9.7〉과 같이 적당한 크기로 삽입한다.

◎ 콤보 상자가 레이블과 함께 삽입된다.

◎ 레이블의 캡션은 **Combo?**으로 액세스에서 자동으로 부여되고, **?**의 숫자는 사용자에 따라 다를 수 있다.

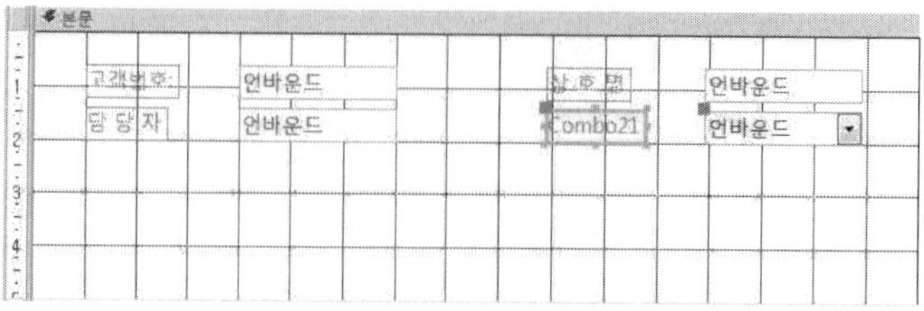

〈그림 9.7〉 콤보 상자가 입력된 디자인 창

동작 12 콤보 상자 레이블의 문자를 클릭한 후 캡션 **Combo?**를 지우고 **직 위**를 입력한다.

동작 13 〈그림 9.8〉을 참조하여 **광역시/도**, **구/시/군** 콤보 상자를 삽입한다.

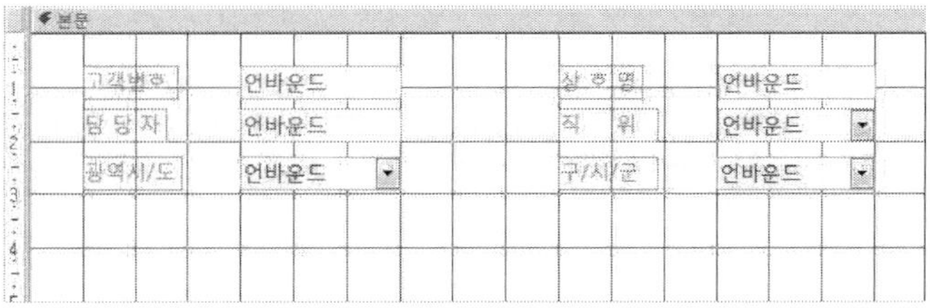

〈그림 9.7〉 **직위**, **광역시/도**, **구/시/군** 콤보 상자 삽입

동작 14 〈그림 9.9〉를 참조하여 **동/번지**, **전화번호**, **비고** 텍스트 상자를 삽입하고 **본문**의 하단 끝 선에 마우스 포인터를 옮겨 마우스 포인터의 모양이 상하 조절 포인터로 바뀐 상태에서 좌측 버튼을 누른 채로 끌어 **본문**의 크기를 조절한다. 동일한 방법으로 **폼 바닥글** 크기를 조절한다.

〈그림 9.9〉 **동/번지**, **전화번호**, **비고** 텍스트 상자 삽입

동작 15 디자인 창을 닫고 저장할 폼 이름으로 **고객자료입력폼II**를 입력한 후 저장한다.

동작 16 **고객자료입력폼II**를 실행한다.

◎ 〈그림 9.10〉과 같은 **고객자료입력폼II**가 열린다.
◎ 현재의 **고객자료입력폼II**는 폼의 형태만 만들어진 상태로 **고객** 테이블과 바인딩 되지 않은 상태로 폼에 데이터가 표시되지 않는다.

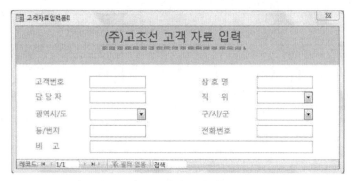

〈그림 9.10〉 **고객자료입력폼II** 실행 창

동작 17 키보드에서 **탭(Tab) 키**를 쳐서 입력 커서가 순서대로 정확하게 이동되는지를 확인한다.

◎ 만약 커서가 순서대로 이동하지 않으면 디자인 창으로 들어가 각 컨트롤의 탭 인덱스를 수정해야 한다.

동작 18 임의의 내용으로 고객의 자료를 입력한다.

◎ 현재의 **고객자료입력폼II**은 고객 테이블과 바인딩 되지 않은 상태이므로 데이터를 입력해도 **고객** 테이블에는 데이터가 입력되지 않는다.

동작 19 **고객자료입력폼II**를 닫는다.

9.3 입력마스크의 사용

입력마스크 기능을 사용하면 데이터를 입력 오류를 방지할 수 있을 뿐만 아니라 데이터 입력을 편하게 할 수 있다. 예를 들어 전화번호를 입력하는 경우 입력마스크 기능을 설정해 두면 숫자 이외의 다른 문자는 입력되지 않도록 할 수 있으므로 데이터 입력의 정확도를 높일 수 있고, 전화번호가 앞자리 3자리와 하이픈(-)뒤에 숫자 4자리인 경우 하이픈을 치지 않아도 하이픈이 입력되도록 할 수 있으므로 데이터 입력이 편해진다.

입력마스크를 만드는 방법은 마법사를 이용하는 방법과 직접 정의하는 방법의 두 가지가 있다. 마법사를 이용하는 방법은 폼 혹은 보고서 마법사와 마찬가지로 액세스에서 자동으로 입력마스크를 작성해주는 방법으로 현장에서 많이 사용되는 입력마스크를 중심으로 간편하게 만들 수 있다. 입력마스크 직접 정의 방법은 액세스에서 제공해주는 것이 아닌 입력 폼에 데이터 형태에 맞는 입력마스크를 직접 정의하여 작성하는 방법으로 마법사에 비해 다소 어렵다.

입력마스크 직접 정의

실제 업무 상황에서는 사용자가 자신의 업무 형태에 맞는 데이터를 입력할 수 있도록 입력마스크를 설정해야 하는 경우가 많이 발생하므로 입력마스크 직접 정의 방법을 실습한다. 직접 정의 방법을 사용할 수 있으면 추가적인 설명 없이도 마법사 사용 방법은 쉽게 익힐 수 있다.

다음 [따라하기 9.2]는 **고객자료입력폼Ⅱ**의 **고객번호**를 숫자 3자리만 허용하도록 입력마스크를 설정하고 데이터 입력을 통해 입력마스크의 개념과 용도를 이해하는 실습이다.

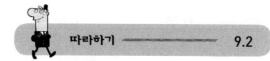

따라하기 ——————— **9.2**

동작 1 **고객자료입력폼II**를 선택하고 디자인 보기(D)를 클릭 한다.

◎ **고객자료입력폼II**의 폼 디자인 창이 열린다.

동작 2 **고객번호**의 텍스트 상자에서 **우측 버튼**을 클릭하고 속성(P)을 클릭한 후
데이터 탭을 클릭한다.

◎ 〈그림 9.11〉과 같은 **고객번호** 텍스트 상자의 데이터 속성 창이 열린다.

〈그림 9.11〉 **고객번호** 텍스트 상자의 데이터 속성 창

동작 3 속성 창의 입력마스크 텍스트 상자에 입력마스크 **999;0;_**를 입력한다.

◎ 다음은 입력마스크 **999;0;_**의 설명이다.

ⅰ) 입력마스크는 크게 세 부분으로 나누면 세미콜론(;)으로 구분한다.

ⅱ) 첫 번째 부분의 **999**에서 **9**는 숫자나 공백만을 입력할 수 있음을 나타내므로
숫자나 공백이외의 문자를 입력하면 경고음이 나오고 데이터는 입력되지 않
는다. 따라서 **999**는 세 개의 숫자나 공백만 허용된다.

ⅲ) 두 번째 부분의 **0**은 하이픈(-) 혹은 슬래시(/) 등의 서식 문자를 입력마스크에
포함한 경우 이 문자의 저장 여부를 지정하는데 **0**은 서식 문자를 저장하고 **1**
은 저장하지 않는다. 따라서 **999**에는 서식 문자가 없으므로 **0**과 **1**의 차이가

없다.

iv) 세 번째 부분은 마스크 문자 자리 위치에 어떤 문자로 표시할 것인지를 표시한다. 실무에서는 주로 언더 바(_)가 많이 사용된다. 만약 #을 표시하면 문자 입력 자리에 #이 표시된다.

Help!!

언더 바와 빼기 연산자
언더 바(_)와 빼기 기호(_)는 그 용도가 다르다. 빼기 기호(-)는 주로 계산의 빼기 연사자로 이용되며 언더 바(_)는 입력마스크 혹은 필드 이름 정의에 주로 사용되므로 혼동하지 않도록 세심한 주의가 필요하다. 언더 바(-)는 키보드에서 Shift와 함께 빼기 기호를 치면 된다.

동작 4 **고객자료입력폼II**를 저장한 후 실행하고 **고객번호** 텍스트 상자에서 숫자 **1**을 입력한다.

◎ **1__**와 같이 **1**이 입력되고 입력되지 않은 두 개의 자리수가 표시된다.

동작 5 알파벳 **A**를 입력한다.

◎ 경고음이 울리고 **A**가 입력되지 않는다.

동작 6 **234**를 입력한다.

◎ 둘째 자리에는 2가 입력되고 셋째 자리에는 3이입력되고 4는 경고음을 울리며 입력되지 않는다.

동작 7 **고객자료입력폼II**를 닫는다.

Help!!

입력한 **고객번호 123**은 어떻게 될까? 아직 테이블과 폼이 바인딩 되지 않았기 때문에 입력
한 데이터 **123**은 **고객** 테이블에 저장되지 않는다.

다음 [따라하기 9.3]은 **고객자료입력폼II**의 **전화번호**를 **723-9090**과 같이 앞자리 3자
리와 번호 4자리를 하이픈(-)으로 구분하여 입력하도록 입력마스크를 설정하고 확인
하는 실습이다.

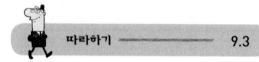

따라하기 ————— 9.3

동작 1 **고객자료입력폼II**을 선택하고 **디자인(D)** 버튼을 클릭한다.

◎ **고객자료입력폼II**의 폼 디자인 창이 열린다.

동작 2 **전화번호**의 텍스트 상자에서 **우측 버튼**을 클릭하고 **속성(P)**을 클릭한 후
데이터 탭을 클릭하고 속성 창의 **입력마스크** 텍스트 상자에 입력마스크
999w-9999;0;_를 입력한다.

◎ 다음은 입력마스크 **999w-9999;0;_**의 설명이다.

i) 첫 번째 부분의 **999w-9999**에서 **9**는 숫자나 공백만을 입력할 수 있음을 나타
내고 **w-**는 원화표시(**w**) 바로 뒤의 한 문자인 하이픈(-)이 서식 문자임을 나
타낸다.

ii) 두 번째 부분의 **0**은 원화표시(**w**) 바로 뒤의 문자 하이픈(-)을 포함하여 전화
번호로 저장한다. 만약 1로 하면 하이픈(-)은 저장되지 않고 숫자만 저장된다.

iii) 언더 바(_)는 데이터를 입력할 때 마스크 문자 위치에 어떤 문자로 자리 위치
를 표시할 것인지를 표시한다. 실무에서는 주로 언더 바(_)가 많이 사용된다.

iv) 세 번째 부분에서 마스크 문자 자리 위치의 표시 문자로 언더 바(_)가 표시된다.

Help!!

만약 전화번호가 **(###)####-####**과 같이 지역번호가 포함되고 서식 기호도 같이 저장되게 하려면 전화번호의 길이는 **14**로 하고 입력마스크는 **₩(999₩)9999₩-9999;0;#**로 설정하면 된다.

동작 3 **고객자료입력폼II**를 저장한 후 실행하고 **전화번호** 텍스트 상자에서 숫자 **7**을 입력한다.

◎ **7__-___**와 같이 **7**이 입력되고 입력되지 않은 숫자의 자리에는 언더 바(_)가 나타나고 서식 문자 하이픈(-)이 표시된다.

동작 4 **239090**을 차례로 입력한다.

◎ **723-9090**이 표시된다.

동작 5 **고객자료입력폼II**를 닫는다.

◎ **전화번호 723-9090**은 테이블과 폼이 바인딩 되지 않았으므로 **고객** 테이블에 저장되지 않는다.

9.4 콤보 상자에 데이터 목록 표시

콤보 상자는 빈번하고 일관성있게 입력해야하는 데이터를 편리하게 입력할 수 있도록 도와 주는 컨트롤 이다. 예를 들어 **직위**를 입력해야하는 경우 데이터를 입력하는 사람에 따라서 **부장** 혹은 **부 장**이라고 입력할 수도 있다. 이렇게 입력하면 사람이 보기에는 동일한 데이터로 보이지만 컴퓨터의 데이터로서는 완전히 다른 데이터가 된다. 콤보 상자를 이용하면 데이터를 입력하는 사람에 관계없이 동일한 규격의 데이터를 쉽게 입력할 수 있다.

콤보 상자는 입력하려는 데이터 목록을 지정해 주어야 한다. 데이터 목록을 지정하는 방법은 테이블 혹은 쿼리를 바인딩 하여 지정하는 방법, 목록을 직접 값으로 입력하여 만드는 방법, 필드를 목록으로 지장하는 방법이 있다. 많이 사용되는 방법은 데이터 테이블 혹은 쿼리를 바인딩 하는 방법이지만 이것은 테이블간의 관계 설정이 우선되어야 하므로 이와 관련된 부분에서 다룬다. 따라서 이 절에서는 목록을 직접 값으로 입력하여 만드는 방법으로 콤보 상자의 목록을 지정한다.

다음 [따라하기 9.4]는 **고객자료입력폼II**의 **직위** 콤보 상자에 **대표**, **영업과장**, **판매팀장**, **관리과장**, **총무팀장**, **사원**, **총무이사**, **영업팀장**, **판매과장**의 목록을 바인딩 하고 확인하는 실습이다.

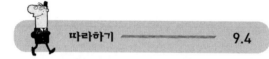

따라하기 ———————— 9.4

동작 1 **고객자료입력폼II**를 선택하고 디자인 보기(D) 버튼을 클릭한다.

◎ **고객자료입력폼II**의 폼 디자인 창이 열린다.

동작 2 **직위**의 콤보 상자에서 **우측 버튼**을 클릭하고 속성(P)을 클릭한 후 데이터 탭을 클릭한다.

◎ 〈그림 9.12〉와 같은 **직위** 콤보 상자의 데이터 탭 속성 창이 열린다.

〈그림 9.12〉 **직위** 콤보 상자 테이터 속성 창

동작 3 **행 원본 형식**의 우측 텍스트 상자에서 목록표시 버튼(▾)을 클릭한다.

　◎ **테이블/쿼리**, **값 목록**, **필드 목록**이 표시된다.

　i) **테이블/쿼리**는 테이블 혹은 쿼리로 목록을 지정한다.
　ii) **값 목록**은 목록을 직접 입력하여 만든다.
　iii) **필드 목록**은 특정 필드를 목록으로 지정한다.

동작 4 **값 목록**을 선택한다.

동작 5 **목록 값만 허용**의 우측 텍스트 상자에서 목록표시 버튼(▾)을 클릭하고 **예**를 선택한다.

　◎ 목록 값만 허용하도록 **예**를 선택하면 목록에 들어있는 내용만 입력할 수 있다.

동작 6 **행 원본**의 우측 텍스트 상자에 다음 내용을 입력한다.

대표; 영업과장; 판매팀장; 관리과장; 총무팀장; 사원; 총무이사; 영업팀장; 판매과장

동작 7 기본 값의 우측 텍스트 상자에 **사원**을 입력한다.

◎ 입력된 기본 값은 문자이므로 자동적으로 인용부호("")가 붙는다.
◎ 기본 **값**은 폼 실행시 콤보 상자에 자동 표시되는 값을 표시한다.

동작 8 **직위** 콤보 상자의 속성 창을 닫고 **고객자료입력폼II**을 저장한다.

동작 9 콤보 상자의 속성 창을 닫은 후 **고객자료입력폼II**을 저장하고 실행한다.

◎ **직위** 콤보 상자에 **사원**이 기본 값으로 표시되어 있다.

동작 10 **직위** 콤보 상자의 목록표시 버튼(▼)을 클릭한다.

◎ **직위** 콤보 상자의 목록이 표시된다.

동작 11 **직위** 콤보 상자의 목록에서 **영업과장**을 선택한다.

◎ 콤보 상자의 값으로 **영업과장**이 표시된다.

동작 12 **고객자료입력폼II**를 닫는다.

Help!!

고객자료입력폼II 폼은 **고객** 테이블과 바인딩 되지 않은 상태이므로 폼에서 입력한 어떤 데이터도 **고객** 테이블의 데이터로 저장되지 않음을 상기하기 바란다.

[문제 1]

　　고객자료입력폼II의 **광역시/도** 콤보 상자에 다음과 같이 속성을 지정하고 폼을 실행시켜 그 결과를 확인하라.

　　행 원본 형식 : 값 목록
　　목록 값만 허용 : 예
　　행 원본 : 서울특별시, 부산광역시, 경기도, 대구광역시, 대전광역시, 인천광역시, 광주광역시, 울산광역시, 경상남도, 경상북도, 전라남도, 전라북도, 강원도, 제주도, 충청북도, 충청남도
　　기본 값 : 서울특별시

[문제 2]

　　고객자료입력폼II의 **구/시/군** 콤보 상자에 다음과 같이 속성을 지정하고 폼을 실행시켜 그 결과를 확인하라.

　　행 원본 형식 : 값 목록
　　목록 값만 허용 : 아니오
　　행 원본 : 성동구, 해운대구, 달성구, 유성구, 진주시, 고흥군, 서귀포시, 고양시, 개양구, 동작구
　　기본 값 : 동작구

Help!!

생각해 볼까요?
시/군/구 콤보 상자는 **광역시/도** 콤보 상자의 선택에 따라 선택된 광역시 혹은 도의 **구/시/군**만이 표시되면 편리할 것이다. 이렇게 하려면 이와 관련된 추가적인 테이블이 필요하고 테이블간의 관계 설정, 쿼리가 필요하다.

9.5 텍스트 상자의 수식 입력

텍스트 상자를 이용하여 다른 텍스트 상자에 수식을 입력할 수 있다. 예를 들어 **단가**와 **수량** 텍스트 상자가 있는 폼에서 **단가**와 **수량**을 입력하면 **금액**이 자동 계산되도록 하려면 **금액** 텍스트 상자에 수식 **=단가*수량**을 입력하면 된다. 이와 같이 텍스트 상자에 수식을 사용하면 데이터의 중복 저장없이 사용자 중심의 다양한 정보를 편리하게 화면에 표시할 수 있다.

수식에는 연산자 이외에 다양한 함수를 사용하여 수식을 구성할 수 있다. 예를 들어 단순한 계산을 수행하는 가(+), 감(-), 승(*), 제(/), 제곱(^) 등의 산술 연산자, ⟩=, =, ⟨=, ⟨⟩, between 등의 비교 연산자, and, or, not 등의 논리 연산자 외에 많은 연산자가 있고, iif, choose 등의 조건 처리 함수, right, left, mid와 같은 문자 함수, now, year, month, dat 등 날짜/시간 함수, 재무 함수, 입/출력 관련 함수, 수학 함수, 오류 처리 함수 외에 수많은 함수가 있어 사용자가 원하는 다양한 형태의 수식을 만들어 사용할 수 있다.

수식 입력 방법은 수식이 짧은 경우에는 텍스트 상자에서 직접 수식을 입력하는 것이 편리하다. 하지만 입력하려는 수식이 긴 경우에는 표현식 작성기를 이용하여 수식을 입력하는 것이 편리한다.

다음 [따라하기 9.5]는 **고객자료입력폼II**의 비고 텍스트 상자에 고객의 **직위**가 **대표**이면 **최대 6%까지 할인 가능**으로, **직위**가 **영업과장**이면 **최대 5%까지 할인 가능**으로, 나머지는 **할인율 없음**으로 자동 표시되게 하는 조건 함수(iif)를 이용한 수식을 입력하고 이를 확인하는 실습이다.

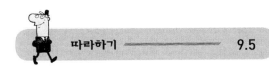

따라하기 ———————— 9.5

동작 1 **고객자료입력폼II**를 선택하고 디자인 보기(D) 버튼을 클릭하고 디자인 창의 **직위** 콤보 상자에서 **우측 버튼**을 클릭하고 속성(P)을 클릭한 후 기타탭을 클릭한다.

◎ 〈그림 9.13〉과 같은 **직위** 콤보 상자의 기타 속성 창이 열린다.

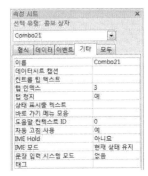

〈그림 9.13〉 **직위** 콤보 상자의 기타 속성 창

동작 2 **직위** 콤보 상자의 기타 속성 창에서 **이름** 텍스트 상자의 Combo??를지우고 **폼직위**를 입력한다.

Help!!

폼에 추가한 컨트롤은 모두 고유의 이름을 갖고 있다. 만약 작성자가 이름을 부여하지 않으면 액세스가 자동으로 이름을 부여하게 되는데 이는 폼 작성자에 따라 다를 수 있다. 그러나실무에서 폼을 작성할 경우에는 각 컨트롤에 폼 작성자가 구분하기 쉬운 이름을 부여한다. **이름을 지을 때는 테이블에 있는 이름과 구분되고 기억하기 쉽도록 일관성을 유지**하는 것이좋다. 이 책에서는 **폼에 있는 컨트롤이라는 의미**로 **폼직위, 폼비고** 등과 같이 각 컨트롤 앞에폼이라는 접두어를 붙여 이름을 짓는다. 물론 이름은 폼 작성자가 임의로 지어도 상관없다.

동작 3 **비고** 텍스트 상자에서 **우측 버튼**을 클릭하고 속성(P)을 클릭한 후 데이터 탭을 클릭한다.

◎ **비고** 텍스트 상자의 데이터 속성 창이 열린다.

동작 4 **비고** 텍스트 상자의 데이터 속성 창에서 컨트롤 원본의 우측 텍스트 상자를 클릭한 후 우측에 생긴 **작성기(⋯)** 버튼을 클릭한다.

◎ 〈그림 9.14〉와 같은 표현식 작성기 창이 열린다.
◎ 표현식 작성기의 하단에는 기본적으로 제공되는 각종 연산자, 함수를 이용할 수 있는 버튼과 함수 및 연산자 목록이 표시되어 있다.

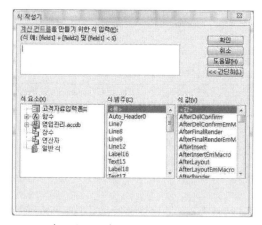

〈그림 9.14〉 표현식 작성기 창

동작 5 표현식 작성기 창의 상단에 있는 넓은 수식 텍스트 상자를 클릭하고 다음의 수식을 입력하고 확인 버튼을 클릭한다.

=iif(폼직위="대표", "최대 6%까지 할인 가능", iif(폼직위="영업과장", "최대 5%까지 할인 가능", "할인율 없음"))

Help!!

조건 처리 함수 iif의 기본 구조는 **=iif(조건, 참, 거짓)**이다. 조건은 산술 연산자, 비교 연산자, 논리 연산자를 모두 사용하여 구성할 수 있다. 만약 조건이 참이면 참에 해당하는 내용을 거짓이면 거짓에 해당하는 내용을 실행한다. 상기의 내용을 풀어보면 <u>만약 **폼직위**가 "대표"이면 "최대 6%까지 할인 가능"을 실행하고 아니고 만약 **폼직위**가 "영업과장"이면, "최대 5%까지 할인 가능"을 실행하고 아니면 "할인율 없음"을 실행한다는 의미가 된다.</u> 여기서 **폼직위**는 앞서 부여한 직위 콤보상자의 컨트롤 이름이고 문자는 시작과 끝에 모두 인용부호를 붙인다.

동작 6 **고객자료입력폼II**를 저장하고 실행한다.

◎ **직위** 콤보 상자에는 기본 값으로 **사원**이 입력되어 있으므로 **비고** 텍스트 상자에는 **할인율 없음**이 자동 표시된다.

동작 7 **직위** 콤보 상자에서 **영업과장**을 선택한다.

◎ 직위가 **영업과장**이 선택었으므로 **비고** 텍스트 상자에는 **최대 5%까지 할인 가능**이 자동 표시된다.

동작 8 **직위** 콤보 상자에서 **대표**를 선택한다.

◎ **대표**가 선택되었으므로 **비고** 텍스트 상자에는 **최대 6%까지 할인 가능**이 자동 표시된다.

동작 9 **직위** 콤보 상자에서 **총무이사**를 선택한다.

◎ **총무이사**가 선택되었으므로 **비고** 텍스트 상자에는 **할인율 없음**이 자동 표시된다.

동작 10 **고객자료입력폼II**를 닫는다.

<table>
<tr><td>9.6</td><td>폼과 테이블의 바인딩</td></tr>
</table>

고객자료입력폼II 폼은 **고객** 테이블과 바인딩 되지 않은 상태이므로 폼에서 입력한
어떤 데이터도 **고객** 테이블의 데이터로 저장되지 않는다. 따라서 폼에서 입력한 데
이터가 테이블에 저장되기 위해서는 이와 관련한 조치를 취해야 한다. 또한 폼에 있
는 **비고** 텍스트 상자는 **직위**에 따라 처리되어야 할 값이 자동 입력되므로 사용자가
임의로 변경할 수 없도록 해야 한다.

다음 [따라하기 9.6]은 **고객자료입력폼II**에서 **비고** 텍스트 상자를 제외한 컨트롤 도
구를 **고객** 테이블의 해당 필드에 바인딩 하고 **비고** 텍스트 상자의 <u>**사용**</u> 속성과 <u>**잠금**</u>
속성을 변경하는 실습이다.

따라하기 ————————— 9.6

동작 1 **고객자료입력폼II**를 선택하고 디자인 보기(D) 버튼을 클릭한다.

◎ **고객자료입력폼II**의 디자인 창이 열린다.

동작 2 디자인 창에서 폼 전체 선택 버튼(■)에서 우측 버튼을 클릭한 후 속성
을 클릭하고 데이터 탭을 클릭한다.

◎ **고객자료입력폼II**의 전체 폼과 관련한 데이터 속성 지정 창이 열린다.

동작 3 레코드 원본 텍스트 상자의 목록표시 버튼(▼)을 클릭한 후 목록에서 **고
객**을 선택한다.

◎ **고객자료입력폼II**과 **고객** 테이블이 바인딩 되고 **고객** 테이블의 필드
목록 창이 열린다.

> **Help!!**
>
> 폼 전체 속성에서 레코드 원본으로 **고객** 테이블을 선택하면 **고객자료입력폼II**와 **고객** 테이블이 바인딩 된다. 이것은 폼과 테이블이 각각 분리된 상태에서 두 개체가 바인딩 되는 작업으로 매우 중요한 의미를 갖는다.

동작 4 **고객번호**의 텍스트 상자에서 우측 버튼을 클릭한 후 속성을 클릭하고 데이터 탭을 클릭한다.

◎ **고객번호**의 텍스트 상자와 관련한 데이터 속성 지정 창이 열린다.

동작 5 컨트롤 원본 텍스트 상자의 목록표시 버튼(▼)을 클릭한 후 목록에서 **고객번호**를 선택한다.

◎ 폼의 **고객번호** 텍스트 상자와 **고객** 테이블의 **고객번호** 필드가 바인딩 된다.

동작 6 속성 창을 닫는다.

◎ 폼의 **고객번호** 텍스트 상자에 있는 값이 **고객** 테이블의 **고객번호**로 표시된다.

동작 7 동일한 방법으로 폼의 **상호명**에는 테이블의 **상호명**을 폼의 **담당자**에는 테이블의 **성명**으로 컨트롤 원본을 지정한다.

> **Help!!**
>
> **고객** 테이블에는 **담당자**라는 필드가 없다. **고객** 테이블의 **성명**은 **담당자**의 성명이라는 의미로 필드를 만들었으므로 **성명**을 레코드 원본으로 지정하면 된다.

동작 8 동일한 방법으로 **직위**, **광역시/도**, **구/시/군**, **동/번지**, **전화번호**의 레코드 원본을 각각 지정한다.

> **Help!!**
>
> **고객** 테이블에 저장되어야 할 데이터의 필드가 모든 바인딩 되었다. **비고** 텍스트 상자는 저장될 데이터가 아니고 표시만 되어야 하기 때문에 필드와 바인딩 을 하지 않는다.

동작 9 수식이 있는 **비고** 텍스트 상자에서 우측 버튼을 클릭한 후 속성을 클릭하고 데이터 탭을 클릭한다.

◎ **비고**의 텍스트 상자와 관련한 데이터 속성 지정 창이 열린다.

동작 10 사용 텍스트 상자의 목록표시 버튼(▾)을 클릭한 후 **아니오**를 선택하고 잠금 텍스트 상자의 목록표시 버튼(▾)을 클릭한 후 **예**를 선택한다.

◎ 사용 속성을 **아니오**로 지정하면 텍스트 상자를 사용하지 않는다.
◎ 잠금 속성을 **예**로 지정하면 텍스트 상자의 내용을 입력하거나 수정할 수 없다.

동작 11 **고객자료입력폼II**를 저장하고 실행한다.

◎ 폼에는 **고객번호**가 **103**인 첫 번째 레코드의 내용이 표시된다.

Help!!

고객자료입력폼II와 **고객** 테이블이 바인딩 되었으므로 폼에서 신규로 입력하는 데이터는 **고객** 테이블의 레코드로 추가되어 입력되고, 이미 입력된 데이터는 수정되어 입력되므로 데이터 입력에 신중해야 한다.

동작 12 탐색 버튼에서 다음 버튼(▶)을 클릭한다.

◎ 폼에는 **고객번호**가 **104**인 두 번째 레코드의 내용이 표시된다.

동작 13 탐색 버튼에서 새 레코드 입력 버튼(▶*)을 클릭한다.

◎ 새로운 레코드를 입력할 수 있도록 콤보 상자 및 **비고**를 제외한 모든 텍스트 상자가 공백으로 표시된다.

동작 14 **고객자료입력폼II** 창에서 다음 데이터를 신규로 입력한다.

119, 황토로만든집, 이황토, 영업과장, 경상남도, 진주시, 평거동, 1150번지, 777-9009

Help!!

마지막 필드의 내용을 입력하면?

마지막 항목인 **전화번호**를 폼에서 입력하면 레코드가 저장되고 커서는 **비고**로 이동하지 않고 새로운 레코드를 입력할 수 있도록 콤보 상자 및 **비고**를 제외한 텍스트 상자가 공백으로 표시된다. 만약 폼에서 입력중인 필드의 입력을 취소하려면 **Esc**키를 치면 되고, 레코드의 내용을 저장하지 않으려면 콤보 상자 및 **비고**를 제외한 모든 텍스트 상자가 공백일 때 닫기 버튼을 클릭한다.

동작 15 **고객자료입력폼II** 창을 닫는다.

<table>
<tr><td>9.7</td><td>명령 단추(버튼)의 삽입</td></tr>
</table>

완성된 **고객자료입력폼II**에서 탐색 버튼을 이용하면 레코드간의 이동을 쉽게할 수 있고 신규 레코드를 입력할 수 있다. 이 탐색 버튼의 기능을 〈그림 9.15〉와 같은 명령 버튼으로 대체하면 폼을 사용하는 사용자에게 보다 친숙하게 폼을 사용하게 할 수 있다.

| 처음 | 이전 | 다음 | 마지막 | 레코드 수: ■ | 신규등록 | 닫기 |

〈그림 9.15〉 **고객자료입력폼II**의 디자인 형식

다음 [따라하기 9.7]은 **고객자료입력폼II**에서 **처음** 레코드로 이동하는 버튼을 만들어 실행하는 실습이다.

Help!!

명령 버튼을 만들어 사용하려면 실습에 신중을 기해야 한다. 버튼을 신규로 만들어 삽입하면 이와 관련된 코드가 자동으로 생성되는데 한번 생성된 코드는 버튼을 삭제해도 함께 지워지지 않는다. 지금까지의 학습 내용에서 매크로 및 VBA코드와 관련한 내용은 다루지 않았으므로 다음의 [따라하기 9.7]은 신중하게 실습하기 바란다. 또한 교재의 내용에서 단추와 버튼을 동일한 의미로 사용됨을 참조하기 바란다.

따라하기 ━━━━━━ 9.7

동작 1 **고객자료입력폼II** 디자인 창의 폼 전체 선택 버튼(■)에서 우측 버튼을 클릭한 후 **속성**을 클릭하고 **형식** 탭을 클릭한다.

◎ **고객자료입력폼II**의 전체 폼과 관련한 형식 속성 지정 창이 열린다.

동작 2 **탐색 단추** 텍스트 상자의 목록표시 버튼(▼)을 클릭한 후 목록에서 **아니오**를 선택하고 속성 창을 닫는다.

◎ **고객자료입력폼II**과 탐색 단추를 사용하지 않도록 한다.

동작 3 〈그림 9.16〉을 참조하여 **본문**의 크기를 아래로 끌어 크기를 적절히 조절한다.

◎ **고객자료입력폼II**의 크기가 명령 버튼이 삽입될 정도로 조절된다.

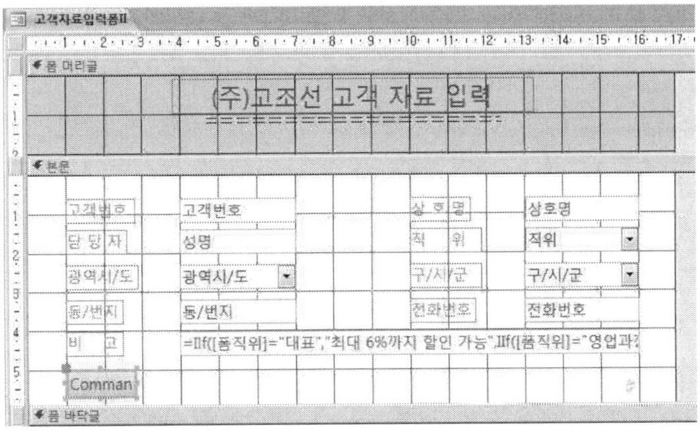

〈그림 9.16〉 본문의 크기 조절과 명령 버튼의 추가

동작 4 도구상자에서 **컨트롤 마법사**를 클릭하여 선택된 상태(⊹）가 되도록 한다.

◎ 본문에 명령 단추를 삽입할 때 **컨트롤 마법사** 기능을 사용해야 하므로 **컨트롤 법사**가 선택된 상태(⊹）여야 한다.
◎ **컨트롤 마법사**가 선택되어 있으면 컨트롤 도구를 추가할 때마다 마법사 기능의 사용 여부를 묻는다.

동작 5 도구상자에서 명령 단추(▭)를 클릭하고 〈그림 9.16〉을 참조하여 적당한 크기로 명령 단추를 삽입한다.

◎ 〈그림 9.17〉과 같은 명령 단추 마법사의 매크로 함수 선택 창이 열린다.

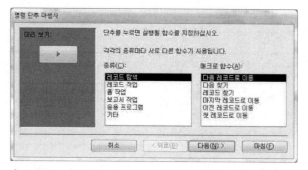

〈그림 9.17〉 명령 단추 마법사의 매크로 함수 선택 창

동작 6 **종류:**에서 **레코드 탐색**을 선택하고 **매크로 함수(A):**에서 **첫 레코드로 이동**
을 선택한 후 **다음(N)>**를 클릭한다.

◎ 〈그림 9.18〉과 같은 명령 단추 마법사의 단추 모양 선택 창이 열린다.

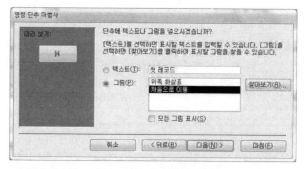

〈그림 9.18〉 명령 단추 마법사의 단추 모양 선택 창

동작 7 **문자열:**의 라디오 버튼(◉)을 선택(◉)하고 문자열 텍스트 상자의 **첫 레
코드**를 지우고 **처음**을 입력한 후 **다음(N)>**를 클릭한다.

◎ 〈그림 9.19〉와 같은 명령 단추 마법사의 단추 이름 입력 창이 열린다.
◎ 명령 단추 모양의 **미리 보기:**에는 **처음**이 입력되어 있다.
◎ **Command??**의 숫자는 작성자에 따라 다를 수 있다.

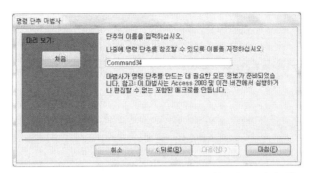

〈그림 9.19〉 명령 단추 마법사의 단추 이름 입력 창

Help!!

단추 이름이란?
앞서 입력한 **처음**은 단순하게 버튼에 표시되는 문자열이다. 단추 이름은 현재 만들어지는 단추에 붙여지는 이름으로 폼 작성자가 기억하기 쉽고 알기 쉽도록 부여하면 된다. 버튼의 이름은 코드를 작성할 때 매우 중요하게 사용되므로 잘 기억해 두어야 한다.

동작 8 이름 텍스트 상자의 **Command??**를 지우고 단추 이름으로 **처음단추**를 입력한 후 **마침(F)**를 클릭한다.

◎ 단추 이름이 **처음단추**로 결정된다.
◎ 명령 단추 마법사 창이 닫히고 **레코드를 처음으로 이동시키는 단추**가 만들어 진다.

동작 9 처음단추의 크기를 적절히 조절한 후 **고객자료입력폼II**의 디자인 창을 닫고 폼을 저장한다.

◎ 완성된 **고객자료입력폼II**가 저장된다.

동작 10 **고객자료입력폼II**를 실행하고 키보드의 **PgDn 키**를 세 번 친다.

◎ PgDn 키를 한번 칠 때마다 다음 레코드로 진행한다.

동작 11 **고객자료입력폼II**의 **처음** 버튼을 클릭한다.

◎ **고객** 테이블의 처음 레코드로 이동하는지 확인한다.

Help!!

만약 처음 버튼이 제대로 작동하지 않으면?

처음 버튼을 클릭했을 때 에러가 발생하거나 제대로 작동되지 않는다면 앞서 실습한 과정에서 실수를 했을 가능성이 높다. 매크로 함수 및 VBA코드를 해독할 수 있다면 직접 수정할 수 있겠지만 이 방법은 쉬운 방법이 아니다. 따라서 처음단추가 정상적으로 작동하지 않는다면 폼 디자인 상태에서 처음 버튼을 삭제하고 다시 만든다.

[문제 1]

고객자료입력폼II에 이전, 다음, 마지막 명령 단추를 아래의 내용을 참조하여 〈그림 9.20〉과 같이 만든 후 실행시켜 레코드를 이동시켜 보라.

이전 명령 단추 - 종류: **레코드 탐색**

　　　　　　　　　매크로 함수: **이전 레코드로 이동**

　　　　　　　　　문자열: **이전**

　　　　　　　　　단추 이름 : **이전단추**

다음 명령 단추 - 종류: **레코드 탐색**

　　　　　　　　　매크로 함수: **다음 레코드로 이동**

　　　　　　　　　문자열: **다음**

　　　　　　　　　단추 이름 : **다음단추**

마지막 명령 단추 - 종류: **레코드 탐색**

　　　　　　　　　매크로 함수: **마지막 레코드로 이동**

　　　　　　　　　문자열: **마지막**

　　　　　　　　　단추 이름 : **마지막단추**

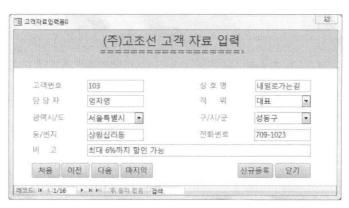

〈그림 9.20〉 명령 단추를 삽입한 **고객자료입력폼II**

[문제 2]

고객자료입력폼II에 신규등록 명령 단추를 아래의 내용을 참조하여 〈그림 9.20〉과 같이 만든 후 실행시켜 다음 레코드를 입력하라.

120, 노을을보면서, 방노을, 대표, 부산광역시, 해운대구, 우동, 777번지, 888-0088

종류: **레코드 작업**
매크로 함수: **새 레코드 추가**
문자열: **신규등록**
단추 이름 : **신규등록단추**

[문제 3]

고객자료입력폼II에 닫기 명령 단추를 아래의 내용을 참조하여 〈그림 9.20〉과 같이 만든 후 실행시켜 확인하라.

종류: **폼 작업**
매크로 함수: **폼 닫기**
문자열: **닫기**
단추 이름 : **닫기단추**

<table>
<tr><td>9.8</td><td>레코드 수 표시하기</td></tr>
</table>

사용자를 위해 테이블에 입력되어 있는 전체 레코드의 수 또는 현재 레코드 위치를 폼에 표시하면 폼 사용자는 보다 쉽게 테이블과 관련한 내용을 파악할 수 있다. 예를 들어 **고객** 테이블에 바인딩 되어 있는 **고객자료입력폼II**에는 전체 레코드수가 표시되어 있지 않아 테이블에 입력된 레코드 수를 파악할 수 없다.

다음 [따라하기 9.8]은 **고객자료입력폼II**에서 전체 레코드수를 표시하는 텍스트 상자를 만드는 실습이다.

따라하기 ──────── 9.8

동작 1 **고객자료입력폼II**의 디자인 창에서 도구모음의 **컨트롤 마법사** 기능은 사용하지 않을 것이므로 선택되지 않는 상태(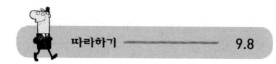)가 되도록 한다.

동작 2 〈그림 9.21〉을 참조하여 **고객자료입력폼II**에 텍스트 상자 컨트롤을 만들고 레이블의 캡션에는 **레코드 수:**를 입력하고 레이블과 텍스트 상자의 크기를 적절히 조절한다.

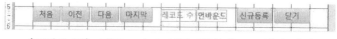

〈그림 9.21〉 레코드 수 표시를 위한 텍스트 상자 삽입

동작 3 **레코드 수** 텍스트 상자에서 **우측 버튼**을 클릭하고 속성(P)을 클릭한 후 데이터 탭을 클릭한다.

◎ **레코드 수** 텍스트 상자의 데이터 속성 창이 열린다.

동작 4 텍스트 상자의 데이터 속성 창에서 컨트롤 원본의 우측 텍스트 상자를 클릭한 후 우측에 생긴 **작성기**(⋯) 버튼을 클릭한다.

◎ 표현식 작성기 창이 열린다.

동작 5 표현식 작성기 창의 수식 입력 부분에 다음 수식을 입력한 후 **확인** 버튼을 클릭한다.

=count(*)

◎ 이 함수식을 사용하면 컨트롤 원본으로 사용하는 테이블 혹은 쿼리의 레코드 수를 모두 셀 수 있다.

동작 6 텍스트 상자의 데이터 속성 창에서 **사용**을 **아니오**로, **잠금**을 **예**로 설정한다.

◎ 레코드 수는 화면에 표시만 할 것이므로 사용과 잠금 속성을 변경한다.

동작 7 **고객자료입력폼II**를 저장하고 실행한다.

◎ 레코드 수에는 **고객** 테이블의 레코드 수가 표시된다.

9.9 AfterUpdate 이벤트의 사용

특정 텍스트 상자에서 데이터를 입력하거나 변경한 후 다른 특정한 텍스트 상자로 탭이 자동 이동하도록 이벤트를 발생시키려면 AfterUpdate 이벤트를 사용하면 된다. 예를 들어 **고객자료입력폼II**에서 신규 레코드를 입력할 때 필드의 마지막 값 **전화번호**를 입력하면 데이터 입력을 위한 커서는 **고객번호** 텍스트 상자로 이동하기를 원하지만 **전화번호** 텍스트 상자의 다음 탭 인덱스에 해당하는 **이전** 명령 버튼으로 탭이 이동한다. 만약 사용자가 입력해야 할 데이터가 많다면 **전화번호**를 입력한 후 마우스를 사용하지 않고 다음 데이터 입력을 위해 탭이 **고객번호** 텍스트 상자로 이동하는 것이 편리하다.

다음 [따라하기 9.9]는 **고객자료입력폼II**의 마지막 텍스트 상자 **전화번호**의 다음 탭의 위치를 확인하는 실습이다.

동작 1 **고객자료입력폼II**를 실행하고 **전화번호** 텍스트 상자를 클릭하고 데이터를 **709-1011**로 수정한다.

◎ 데이터 입력을 위한 커서가 **전화번호** 텍스트 상자에 위치하고 있다.

동작 2 키보드에서 **Tab** 키를 친다.

◎ 탭이 **처음** 명령 버튼으로 이동한다.

Help!!

실무에서는 마지막 텍스트 상자에서 데이터 입력을 입력하면 탭은 처음 텍스트 상자인 고객번호 텍스트 상자로 이동해야 데이터를 보다 신속하게 입력할 수 있다.

다음 [따라하기 9.10]은 **고객자료입력폼II**의 마지막 텍스트 상자 **전화번호**에서 데이터를 입력하거나 수정할 때 탭이 **고객번호** 텍스트 상자로 이동하도록 하는 실습이다.

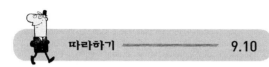

따라하기 ──────── 9.10

동작 1 **고객자료입력폼II**의 디자인 창의 **전화번호** 속성 창에서 **기타** 탭을 클릭한다.

◎ **전화번호** 텍스트 상자의 기타 속성 창이 열린다.

동작 2 이름 텍스트 상자에서 액세스에서 임의 부여한 이름을 지우고 **폼전화번호**를 입력한다.

◎ **전화번호** 텍스트 상자의 이름이 **폼전화번호**이 된다.
◎ 폼에 있는 전화번호라는 의미로 임의로 부여한 이름이다.

동작 3 동일한 방법으로 **고객번호** 텍스트 상자의 이름을 **폼고객번호**로 변경한다.

◎ **고객번호** 텍스트 상자의 이름이 **폼고객번호**가 된다.

동작 4 **폼전화번호** 텍스트 상자에서 우측 비튼을 클릭하여 속성 창을 열고 이벤트 탭을 클릭한다.

◎ 〈그림 9.22〉와 같은 **폼전화번호**의 이벤트 속성 창이 열린다.

〈그림 9.22〉 **폼전화번호** 이벤트 속성 창

동작 5　AfterUpdate 텍스트 상자 우측의 작성기 버튼(▥)을 클릭하고 **코드 작성기**를 선택한 후 **확인** 버튼을 클릭한다.

◎ 다음과 같은 **폼전화번호_AfterUpdate** 이벤트의 코드 입력 창이 열린다.

```
Private Sub 폼전화번호_AfterUpdate()

End Sub
```

동작 6　다음과 같이 **폼고객번호.Setfocus**를 입력한다.

```
Private Sub 전화번호입력란_AfterUpdate()
    고객번호입력란.Setfocus
End Sub
```

◎ 이 코드는 **폼전화번호** 텍스트 상자의 다음 탭으로 **폼고객번호** 텍스트 상자를 지정하는 코드이다.

Help!!

액세스에서 코드를 이해하려면 어느 정도 Visual Basic 언어와 함께 VBA 프로그래밍에 관해 알아야 한다. 이 절에서는 특정 텍스트 상자(**폼전화번호**)에서 이동을 원하는 텍스트 상자(**폼고객번호**)로 탭을 이동시키는 방법에 관한 코드만 간략히 알아두도록 한다.

다음 [따라하기 9.11]은 **고객자료입력폼II**의 마지막 텍스트 상자 **전화번호**의 다음 탭이 **고객번호** 텍스트 상자로 이동하는지를 확인하는 실습이다.

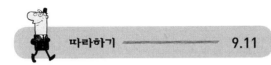

따라하기 　　　　　　 9.11

동작 1 **고객자료입력폼II**를 실행하고 **전화번호** 텍스트 상자를 클릭한 후 데이터를 **709-1023**으로 수정한다.

◎ **전화번호** 텍스트 상자의 데이터가 709-1023으로 수정된다.

동작 2 키보드에서 **Tab** 키를 친다.

◎ **전화번호** 텍스트 상자의 데이터가 수정되었으므로 탭이 **고객번호** 텍스트 상자로 이동한다.

Help!!

전화번호를 입력하면 신규 레코드의 자동 입력이 되도록 하려면?
대량의 데이터를 입력할 때 사용자는 마우스를 사용하지 않고 전화번호를 입력하고 탭 키를 누르면 신규 레코드를 입력할 수 있도록 폼이 실행되고 탭이 고객번호에 위치하면 편리하다. 이를 위해 **폼전화번호_AfterUpdate** 이벤트의 코드 입력 창에서 **고객번호입력란.Setfocus** 앞 줄에 **DoCmd.GotoRecord,,acNewRec**를 입력한다.

9.10 　　　　　　　　　 종합 연습문제

네모건강원 회원의 회원관리업무의 처리를 위한 사용자 정의 폼 **회원자료입력폼**을 아래의 처리조건으로 〈그림 9.24〉와 같이 완성하고 데이터를 입력하라.

[처리조건]

1) 데이터베이스 명은 **네모헬스**로 한다.

2) 테이블 명은 **헬스회원**으로 하고 〈그림 9.23〉을 참조하여 작성한다.

3) 폼 명은 **회원자료입력폼**으로 한다.

4) 테이블의 데이터 입력은 만들어진 〈그림 9.24〉 **회원자료입력폼**을 이용해 입력한다.

가. 입력 자료(data)

[헬스회원]

회원번호	소 속	성 명	전화번호	생년월일	혈액형	신장	체중
1001	COEX	오리온	2553-6672	90/02/18	A	170	60
2001	COMA	가리비	8897-2213	89/09/09	AB	167	75
1002	COEX	나른해	2236-6659	92/02/28	O	178	80
1003	COMA	얼씨구	6656-6621	89/07/09	B	176	66
2002	RISTE	주을래	4569-2013	87/05/06	A	180	55
1004	RISTE	가지마	5265-2653	88/03/06	AB	179	50
1005	RISTE	절씨구	1145-6523	90/11/12	B	178	67
2003	COMA	화구라	8879-2156	91/12/01	A	176	89
1006	COMA	하수상	2136-0213	90/07/07	O	175	76
2004	COEX	이동극	6521-0021	91/06/06	O	170	59
2005	COEX	허사수	9546-2115	91/01/02	A	165	47
2006	COMA	고두기	4125-3202	89/02/01	A	169	60
2007	RISTE	허설해	9859-6215	90/09/31	AB	172	65

〈그림 9.23〉

나. 입력/검색 화면(screen)

[처리조건]

※ 〈그림 9.24〉와 같은 **회원자료입력폼**을 작성하고 컨트롤의 이름은 필요시 작성자가 적절히 부여한다.

1) **회원번호**, **전화번호**, **생년월일**은 입력마스크를 사용하여 데이터를 입력한다.

2) **소속**, **혈액형**의 데이터 입력은 콤보 상자를 이용한다.

3) 폼의 **비고**는 **신장**과 **체중**에 따라 다음의 조건대로 표시되도록 하고 탭 이동 및 데이터 입력을 할 수 없도록 한다.

[조건] **체중**이 **(신장-체중)*0.9+10**의 값보다 크면 **과체중이므로 관리가 요구됨**으로 **체중**이 **(신장-체중)*0.9-10**의 값보다 적으면 **저체중이므로 관리가 요구됨**으로 나머지는 **정상으로 상태가 좋습니다**로 표시되게 한다.

4) 아래 동작을 일으키는 **처음**, **이전**, **다음**, **마지막**, **신규등록**, **닫기** 단추(버튼)를 추가하고 탐색 단추를 사용할 수 없도록 한다.

    처음 : 처음 레코드로 이동한다.

    이전 : 이전 레코드로 이동한다.

    다음 : 다음 레코드로 이동한다.

    마지막 : 마지막 레코드로 이동한다.

    신규등록 : 새로운 데이터를 입력한다.

    닫기 : **고객자료입력폼Ⅱ**의 창을 닫는다.

5) 폼의 **레코드 수** 우측 텍스트 상자에는 입력된 고객의 전체 레코드 수가 **표시**되도록 하고 탭 이동 및 데이터 입력을 할 수 없도록 한다.

6) **체중** 데이터를 입력하거나 수정한 후 **Tab** 키를 이용해 탭을 이동시키면 **회원번호** 텍스트 상자로 탭이 이동하도록 한다.

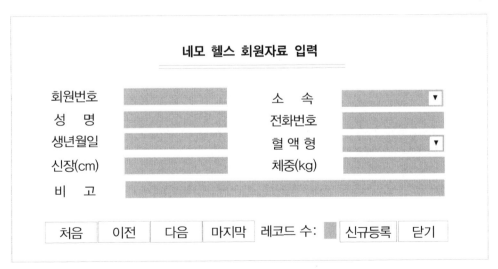

〈그림 9.24〉 회원자료입력폼의 디자인

9.11	보건의료 연습문제

> HK메디컬의 진료등록 업무의 처리를 위한 사용자 정의 폼 **HK메디컬진료관리폼**을 아래의 처리조건으로 〈그림 9.26〉과 같이 완성하고 데이터를 추가 입력하라.

[처리조건]

1) 데이터베이스는 **HK메디컬진료관리**를 사용한다.
2) **진료등록** 테이블에 추가될 데이터는 〈그림 9.25A〉〈그림 9.25B〉와 같다.
3) 폼 명은 **HK메디컬진료관리폼**으로 한다.
4) 진료등록 테이블의 데이터 입력은 만들어진 〈그림 9.26〉 **HK메디컬진료관리폼**을 이용해 입력한다.

가. 입력 자료(data)

[진료등록 자료]

인적정보							보험정보
차트번호	수진자명	주민번호1	가입자명	주민번호2	보험유형	관계	사업체번호
HKM0037	나미인	850113-242****	나미인	850113-242****	국민건강보험	본인	40001722
HKM0038	구달서	010226-133****	구서방	840203-234****	국민건강보험	자녀	50001822
HKM0039	성춘향	021214-276****	박미동	800809-159****	국민건강보험	자녀	70003422
HKM0040	심청이	050526-259****	이삼동	790504-142****	국민건강보험	자녀	41002730
HKM0041	뺑덕이	781204-244****	–	–	일반	본인	42556300

〈그림 9.25A〉

보험정보		가타정보				
보험증번호	취득일자	최초내원일	진료실	주소	전화번호	휴대폰번호
5521424002	12/05/06	19/03/05	제2진료실	부산광역시 동래구	051-777-1234	010-4455-5555
6653667702	13/05/06	19/03/06	제1진료실	경상남도 거제시	055-909-2222	010-1122-1122
9987958900	11/06/02	19/03/07	제3진료실	경상남도 통영시	055-877-2311	010-5555-5555
4452114450	10/06/01	19/03/07	제1진료실	부산광역시 해운대구	051-622-4545	010-2277-5566
3455448897	11/06/01	19/03/07	제2진료실	경상남도 진주시	055-244-8897	010-3366-8778

〈그림 9.25B〉

나. 입력/검색 화면(screen)

[처리조건]

※ 〈그림 9.26〉과 같은 **HK메디컬진료관리폼**을 작성하고 컨트롤의 이름은 필요시 작성자가 적절히 부여한다.

1) **차트번호, 주민번호1, 주민번호, 사업체번호, 보험증번호, 취득일자, 최초내원일, 전화번호, 휴대폰번호**는 입력마스크를 사용하여 데이터를 입력한다.

2) **보험유형, 관계, 진료실**의 데이터 입력은 콤보 상자를 이용한다.

3) 폼의 **비고**는 **가입자명**에 따라 다음의 조건대로 표시되도록 하고 탭 이동 및 데이터 입력을 할 수 없도록 속성을 변경한다.

   [조건] 가입자명이 공백이 아니면 **보험 처리**로 아니면 **일반 처리**로 처리한다.

4) 아래 동작을 일으키는 **처음, 이전, 다음, 마지막, 신규등록, 닫기** 단추(버튼)를 추가하고 탐색 단추를 사용할 수 없도록 한다.

   처음 : 처음 레코드로 이동한다.

   이전 : 이전 레코드로 이동한다.

   다음 : 다음 레코드로 이동한다.

   마지막 : 마지막 레코드로 이동한다.

   신규등록 : 새로운 데이터를 입력한다.

   닫기 : **HK메디컬진료관리폼**의 창을 닫는다.

5) 폼의 **레코드 수** 우측 텍스트 상자에는 입력된 진료등록자의 전체 레코드 수가 **표시**되도록 하고 탭 이동 및 데이터 입력을 할 수 없도록 한다.

6) **휴대폰번호** 데이터를 입력하거나 수정한 후 **Tab** 키를 이용해 탭을 이동시키면 **차트번호** 텍스트 상자로 탭이 이동하도록 한다.

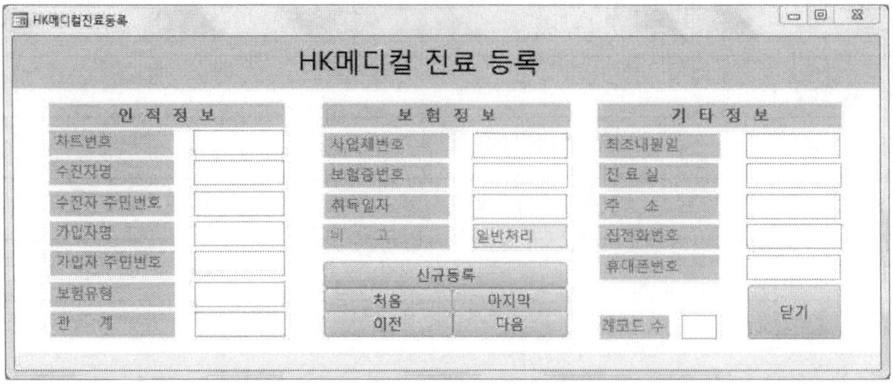

〈그림 9.26〉 HK메디컬진료관리폼의 디자인

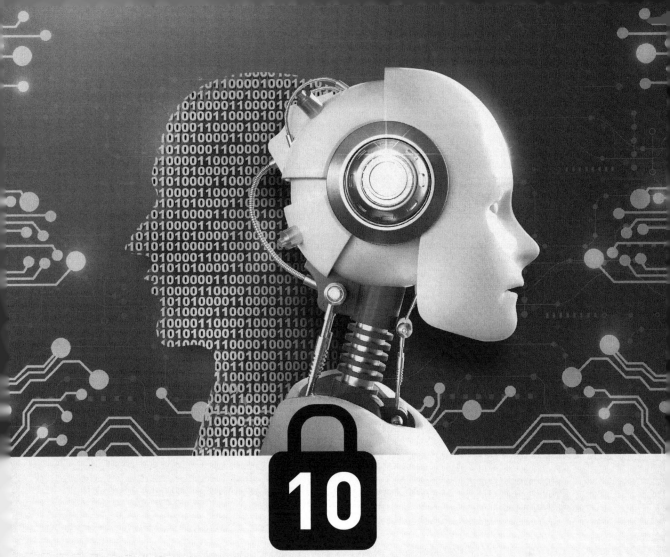

테이블간 관계 설정

관계형 DBMS의 가장 강력한 기능 중의 하나가 테이블간의 관계를 정의할 수 있는 기능이다. 두 테이블 사이에 공통적으로 가지고 있는 필드(기본 키와 외래 키)를 이용하여 관계를 설정하면 중복 데이터의 발생을 줄일 수 있고 레코드 관리를 효율적으로 할 수 있다. 기준이 되는 테이블에서 변경 사항이 생기면 관련된 테이블의 해당 레코드도 자동으로 수정 되어 항상 최신의 데이터를 유지할 수 있다.

사 례 고조선 기업의 사장인 고수준씨는 **영업관리.MDB**에 **고객** 테이블을 만들어 고객의 자료를 수집하여 저장하고 필요한 정보를 검색하여 고객 관리에 이용하였다. 그러나 **고객** 테이블 만으로는 기업에서 요구하는 다양한 형태의 정보 관리를 하기가 어렵다는 것을 알게 되었다. 따라서 고수준씨는 **고객** 테이블에서 관리되고 있는 고객의 주문 및 거래 내역을 처리할 수 있는 테이블의 필요성을 느끼게 되어 이를 구현하고자 한다.

10.1   고객-주문 시스템의 데이터베이스 모델링

논리적 데이터베이스 모델링에서 테이블과 테이블 사이에는 관계가 성립할 수 있다. 예를 들어 **영업관리.MDB**에서 **고객** 테이블 1개만으로는 관계의 정의가 불필요하다. 그러나 **상품** 테이블이 추가로 만들어지면 **고객** 테이블과 **상품** 테이블 사이에는 **판매**라는 관계가 성립된다.

또한 두 테이블간에는 주체가 되는 부모(parent) 테이블과 종속되는 자식(child) 테이블이 존재한다. 이것은 두 테이블간의 관계를 정의해 보면 알 수 있다. 예를 들어 **고객**과 **상품** 테이블에서 관계는 '<u>**고객은 상품을 주문한다**</u>', '<u>**상품은 고객에게 주문되어진다**</u>'라는 양방향의 관계가 있다. 이 두 가지의 표현에서 전자는 능동형 표현이고 후자는 수동형 표현이다. 두 개의 테이블에서 주체를 결정할 때는 능동형 표현을 이용하여 결정한다. 능동형 표현인 '<u>**고객은 상품을 주문한다**</u>'라는 표현에서 두 테이블간의 주체(부모)는 **고객** 테이블이 된다.

그리고 두 개의 테이블에서 주체 구분이 모호한 경우가 있을 수 있다. 이 경우에는 어떤 테이블의 데이터가 먼저 정의되어야 하느냐에 따라 주체가 결정된다. 예를 들어 **판매** 테이블과 **상품** 테이블에서는 위와 같은 방법으로 주체를 결정하기가 어렵다. 이 경우는 먼저 **상품**이 정의되어야만 해당 **상품**을 **판매**할 수 있으므로 **상품** 테이블이 주체가 되는 부모 테이블이 된다.

가. 고객-주문 시스템의 업무 개요

고조선씨는 영업관리.MDB에 있는 **고객** 테이블에 **주문** 테이블을 추가로 만들어 관계를 설정하고 고객의 주문과 관련한 데이터를 체계적으로 관리하고자 한다. 이를 위한 고객-주문 시스템의 업무 개요를 요약하면 다음과 같다.

1) 거래처에 대한 상호명, 담당자, 직위, 주소, 전화번호 등의 거래처정보를 관리한다.
2) 제품에 대한 제품명, 판매가, 단위, 제조회사 등의 제품정보를 관리한다.
3) 거래처는 매일 여러 제품을 한꺼번에 필요한 수량만큼 주문할 수 있다.
4) 거래처의 주문 내역을 상세하게 관리할 수 있다.
5) 주문한 거래처의 입금여부, 배송여부, 주문취소 등 주문상태를 관리한다.
6) 사용자가 사용하기 쉽도록 해당 테이블 및 쿼리와 관련한 폼을 만든다.
7) 거래처와 **도시별** 제품 주문에 관한 각종 보고서를 작성한다.

나. 고객-주문 시스템의 ER-Diagram

고조선 기업의 고수준씨 입장에서 고객은 거래처이다. 따라서 고수준씨는 이미 만들어져 있는 **고객** 테이블을 거래처로 간주하고 주문을 위한 업무 개요를 바탕으로 ER-Digagram을 완성하면 〈그림 10.1〉과 같다.

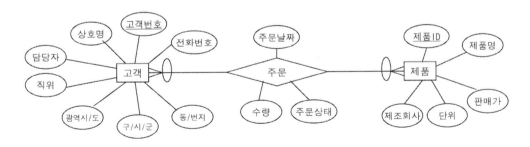

〈그림 10.1〉 고객-주문 ER-Diagram

다. 고객-주문 시스템의 논리적 데이터베이스 모델링

개념적 DB 모델링 단계에서 정의된 ER-Diagram을 매핑 룰을 적용해서 관계형 데이터베이스의 정규화 이론에 입각한 스키마를 설계하고 논리적 데이터베이스 모델링 결과를 ER-Win으로 표현하면 〈그림 10.2〉와 같다.

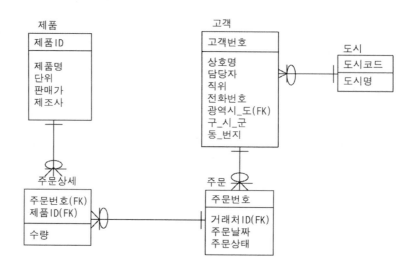

〈그림 10.2〉 고객-주문의 논리적 DB 모델링 결과

라. 고객-주문 시스템의 물리적 데이터베이스 모델링

고객-주문 시스템의 논리적 DB 모델링 결과와 실제 데이터베이스에 저장될 데이터 형식 및 크기를 고려한 물리적 데이터베이스 모델링의 결과는 〈그림 10.3〉과 같다. 물리적 데이터베이스 모델링의 결과물은 DBMS를 사용한 실제 데이터베이스 구현에 활용된다. 인덱스, 트리거, 역정규화, 커서와 관련한 내용은 아래와 같다.

1) 인덱스: 액세스에서는 기본 키를 지정하면 자동적으로 인덱스가 생성되므로 인덱스는 따로 고려하지 않는다.
2) 트리거: 현재 구현하려는 데이터베이스에서는 트리거를 고려하지 않는다.
3) 역정규화: 논리적 DB 모델링 결과로는 역정규화의 필요성이 없으므로 고려하지 않는다.
4) 커서: 레코드 단위의 문제 해결을 하지 않으므로 고려하지 않는다.

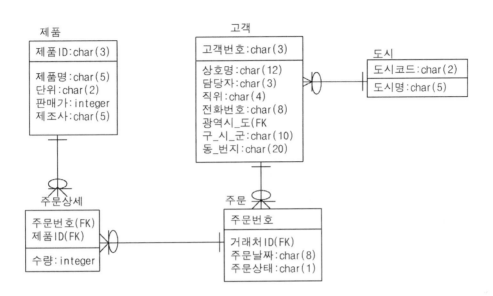

〈그림 10.3〉 고객-주문의 물리적 DB 모델링 결과

10.2 기본 키와 외래 키의 이해

물리적 데이베이스의 모델링 결과인 〈그림 10.3〉을 참조하여 테이블과 테이블간의 연결을 살펴보면 부모 테이블의 기본 키(PK)는 자식 테이블의 외래 키(FK)에서 참조되므로서 연결이 설정된다.

기본 키(primary key)는 테이블에서 각 레코드를 고유하게 식별하는 키이다. 예를 들어 어느 한 개의 테이블에 **주민등록번호** 필드가 있다면 이것은 유일한 레코드를 구분하는 좋은 기본 키가 될 수 있다. 그러나 **성명** 필드는 동일한 이름을 가진 사람이 존재할 수 있으므로 기본 키가 될 수 없다. 이와 같은 경우 **성명** 필드와 **출신학교** 필드를 조합해 유일 레코드를 구분하도록 하여 기본 키로 사용할 수 있다. 이와 같이 두 개 이상의 필드를 조합하여 키로 사용하는 경우를 복합 키라고 한다.

외래 키(foreign key)는 한 개의 테이블만으로 구성된 데이터베이스에서는 존재하지 않는다. 그러나 부모와 자식의 관계가 성립하는 두 개의 테이블에서 자식 테이블에는 먼저 정의된 부모 테이블의 레코드를 참조하는 필드가 존재한다. 이 필드를 외래 키라고 한다. 예를 들면 **영업관리.MDB**의 **고객** 테이블에서 **고객번호** 필드는 **고객** 테이블의 기본 키가 된다. 만약 어느 **고객**에게 상품을 주문 받은 경우 **주문** 테이블을 만들고 해당 **고객**이 주문한 내용을 **주문** 테이블에 저장하면 된다. 이 두 개의 테이블에서 **고객** 테이블은 부모 테이블이 되고 **주문** 테이블은 자식 테이블이 된다. **주문** 테이블에는 **고객**의 주문 내용을 저장할 수 있다. 이 경우 **주문** 테이블에는 부모 테이블의 기본 키인 **고객번호**만으로 해당 고객을 나타낼 수 있다. 이와 같이 자식 테이블에 부모 테이블의 유일 레코드를 식별하는 필드를 포함하는 경우 이를 외래 키라고 한다. 즉 부모 테이블의 유일 레코드(기본 키)를 자식 테이블에서 참조한다면 자식 테이블에 있는 이 필드를 외래 키라 한다.

10.3 단순한 고객-주문 시스템의 데이터베이스 모델링

고조선 기업의 고수준씨는 앞서 만든 〈그림 10.3〉과 같은 모델링 결과를 가지고 시스템을 구현하기가 쉽지 않다는 것을 알게 된다. 시스템의 구조가 다소 복잡하기 때문에 **고객**과 **주문** 두 개의 테이블 만으로 시스템을 구현하기로 한다.

따라서 테이블간의 관계 설정과 관련한 내용을 보다 쉽게 이해하기 위해 〈그림 10.4〉와 같이 **고객-주문** 시스템을 두 개의 테이블만으로 단순화시켜 논리적 DB 모델을 만들고 실습을 통해 시스템을 구현한다. 그러나 **고객-주문** 시스템을 두 개의 테이블만으로 모델링하면 다음과 같은 문제가 발생한다. 이 문제를 해결하려면 〈그림 10.3〉에서 만들어진 모델링 결과를 활용하여 시스템을 구현한다.

1) **주문** 테이블에 동일 상품명이 추가될 때마다 **단가**, **제조회사** 등의 정보가 **주문** 테이블에 중복되어 저장된다.
2) **녹차**의 **단가**와 **제조회사**가 주문 내용에 따라 다를 수 있으므로 무결성 제약 조건을 위반하게 된다.

주문 테이블에서 특정 레코드를 인식하려면 **주문날짜+고객번호+상품명+제조회사**를 기본 키로 사용해야 한다. 이 경우 식별자(기본 키)가 너무 길어 인위적으로 추가하는 키를 대리 키 혹은 인공 키라고 한다. 만약 주문 테이블에서 대리 키를 추가하고자 한다면 **주문번호**를 일련번호 형식으로 만들면 된다. 대리키 생성은 역정규화 작업에서 한다.

고객

컬럼명	고객번호	상호명	성명	직위	광역시/도	구/시/군	동/번지	전화번호
키형태	PK							
견본 데이터	103	내일로가는길	엄지영	대표	서울특별시	성동구	상왕십리동	709-1073
	104	홀로있는뜰	김도환	영업과장	부산광역시	해운대구	좌동	303-2198

주문

컬럼명	주문날짜	고객번호	상품명	수량	단가	입금여부	배송여부	제조회사
키형태	PK	PK.FK	PK					PK
견본 데이터	2007-07-12	103	녹차	40	23800	Yes	Yes	상계제다
	2007-07-12	104	유자차	20	12900	Yes	Yes	남도유자
	2007-08-08	103	녹차	25	23800	Yes	Yes	상계제다
	2007-08-13	103	녹차	34	33900	Yes	No	보성제다

〈그림 10.4〉 고객 테이블과 주문 테이블만을 이용한 논리적 DB 모델

고객 테이블의 기본 키는 **고객번호**이고 **주문** 테이블의 기본 키는 **주문번호**이다. 이 두 개의 테이블에서 두 테이블간의 관계는 **고객** 테이블의 기본 키인 **고객번호**와 **주문** 테이블의 외래 키인 **고객번호**로 관계(relation)가 정의된다. **주문** 테이블에서 **103** 고객은 세 번에 걸쳐 **녹차, 감잎차, 생강차**를 주문(1:N의 관계)하는데 이들 레코드를 구분하기 위해서는 대리 키인 **주문번호**를 추가하여 사용한다. 이렇게 하면 **상호명**이 **내일로가는길**의 **엄지영 대표**가 어떤 내용으로 주문하였는지를 쉽게 알 수 있다. 〈그림 10.4〉는 논리적 데이터베이스 모델링에서 '반복되는 그룹 속성을 제거한 뒤 기본 테이블의 기본 키를 추가해 새로운 테이블을 생성하고 기본의 테이블과 1:N의 관계를 형성한다'라는 제 1 정규화 이론을 반영한 것이다. 〈그림 10.4〉를 ER-Win으로 도시하면 〈그림 10.5〉와 같다. 대리 키인 **주문번호**가 기본 키로 사용되므로 **제조회사**는 **주문** 테이블에 포함되지 않는다.

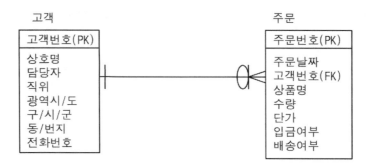

〈그림 10.5〉 ER−Win으로 표현한 **고객-주문**의 논리적 DB 모델

> 본 교재는 〈그림 10.5〉의 DB 모델을 기준으로 실습한다. 그 이유는 다수의 테이블을 복잡하게 다루기보다는 2개의 테이블로 단순화 시켜 시스템을 구현하면 전체적인 맥락을 쉽게 이해 할 수 있기 때문이다. 두 테이블간의 관계를 설정하고 활용할수 있으면 그 이상의 테이블로 쉽게 확대할 수 있다.

10.4 두 테이블간의 관계 설정

두 개의 테이블간에 관계를 설정하려면 부모와 자식의 관계가 있는 두 개의 테이블이 있어야 하고 부모 테이블에는 기본 키가 자식 테이블에는 외래 키가 있어야 한다. **영업관리.MDB**에는 이미 부모 테이블에 해당하는 **고객** 테이블이 만들어져 있지만 **고객번호**가 기본 키로 지정되어 있지 않다.

고객과 **주문** 테이블간에 〈그림 10.6〉과 같은 관계를 설정하려면 자식 테이블에 해당하는 **주문** 테이블 생성하고 **고객** 테이블의 **고객번호**를 기본 키로 지정해야 한다.

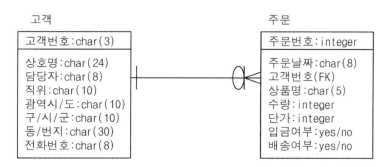

고객	
고객번호:char(3)	
상호명:char(24)	
담당자:char(8)	
직위:char(10)	
광역시/도:char(10)	
구/시/군:char(10)	
동/번지:char(30)	
전화번호:char(8)	

〈그림 10.6〉 ER-Win으로 표현한 **고객-주문**의 물리적 DB 모델

다음 [따라하기 10.1]은 **영업관리.MDB**에 〈그림 10.6〉을 참조하여 **주문** 테이블을 생성하는 실습이다.

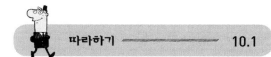

따라하기 ———— 10.1

동작 1 **영업관리.MDB**의 만들기 리본 메뉴의 테이블 그룹에서 테이블 디자인 도구를 클릭한다.

◎ 새 테이블 디자인 창이 열린다.

동작 2 다음 내용을 내용을 참조하여 **주문** 테이블을 생성한다.

◎ **주문** 테이블의 **고객번호**는 **외래 키(FK)**이다.

필드이름	데이터 형식	필드 크기	형식
주문번호	일련번호	정수(Long)	
주문날짜	텍스트	8	
고객번호	텍스트	3	
상품명	텍스트	5	
수량	숫자	정수(Long)	
단가	숫자	정수(Long)	
입금여부	예/아니오		Yes/No
배송여부	예/아니오		Yes/No

〈그림 10.7〉 **주문** 테이블 구조

동작 3 **주문번호** 필드로 마우스 포인터를 옮기고 **우측 버튼**을 클릭한다.

◎ 팝업 메뉴가 열린다.

동작 4 메뉴에서 기본 키(K)를 클릭한다.

◎ **주문번호** 필드 좌측에 기본 키임을 나타내는 열쇠 모양의 아이콘
(🔑)이 표시된다.

Help!!

기본 키 지정의 다른 방법
테이블 디자인 모드에서 기본 키를 지정할 필드를 선택하고 도구 모음의 기본 키를 지정할
필드를 선택하고 도구 모음의 기본 키(🔑) 아이콘을 클릭한다.

동작 5 테이블 디자인 창을 닫고 테이블 이름을 **주문**으로 저장한다.

◎ **주문** 테이블이 만들어진다.

다음 [따라하기 10.2]는 **영업관리.MDB**에서 **고객** 테이블의 **고객번호**를 기본 키로 지
정하는 실습이다.

따라하기 ━━━━━ 10.2

동작 1 고객 테이블에서 우측 버튼을 클릭하고 디자인 보기(D)를 클릭한다.

◎ **고객** 테이블의 구조를 디자인 할 수 있는 창이 열린다.

동작 2 **고객번호** 필드를 기본 키로 지정한다.

◎ **고객번호** 필드 좌측에 기본 키임을 나타내는 열쇠 모양의 아이콘
(🔑)이 표시된다.

동작 3 디자인 창을 닫고 변경된 **고객** 테이블을 저장한다.

10.5 무결성 제약조건과 관계 정의

테이블에 기본 키를 정의하거나 두 개의 테이블을 연결하기 위해 외래 키를 사용하는 경우에는 무결성 제약조건이 뒤따른다. 무결성 제약조건(integrity constraint)은 테이블에 입력되는 데이터의 기본 키, 외래 키와 관련이 있는데 개체 무결성 제약조건과 참조 무결성 제약조건이 있다.

개체 무결성 제약조건(entity integrity constraint)은 한 개의 테이블에서 기본 키로 지정된 필드의 값은 널(null)이어서는 안 되고 유일해야 한다는 것이다. 널(null)은 공백과는 구분되는 **빈 문자열**을 의미한다. 예를 들어 **고객** 테이블에서 **고객번호**를 입력하지 않고 고객의 정보를 입력한다면 해당 고객은 다른 테이블에서 참조될 수 없다. 이는 학생이 **학번**을 부여받지 않거나 대한민국에 태어난 사람이 **주민등록번호**를 부여받지 않는 것과 같다. 만약 대한민국 사람으로 태어나 **주민등록번호**를 부여받지 않았다면 이는 존재하지 않는 사람으로 취급된다. 또 동일한 **주민등록번호**가 두 사람에게 부여되면 어떻게 되겠는가? 따라서 **고객** 테이블의 **고객번호**는 기본 키이므로 다른 필드와 달리 반드시 입력되어야 하고 중복된 값을 가져서도 안 된다.

액세스에서는 필드 값을 반드시 입력하고 널(null)을 허용하고 싶지 않은 경우 테이블 디자인 창에서 이를 지정할 수 있다.

다음 [따라하기 10.3]은 **고객** 테이블의 기본 키인 **고객번호** 필드에 널(null)이 아닌 필드 값을 반드시 입력하도록 테이블 구조를 수정하는 실습이다.

따라하기 —————— 10.3

동작 1 고객 테이블을 디자인 보기(D)로 한다.

◎ **고객** 테이블 디자인 디자인 창이 열린다.

동작 2 **고객번호** 필드를 선택한다.

◎ 화면 하단에 필드 속성의 기본 정보가 표시된다.

동작 3 하단의 필드 속성에서 필수 항목을 **예**로 바꾼다.

◎ **필수**의 **예**는 반드시 입력해야 함을 나타낸다.

동작 4 하단의 필드 속성에서 빈 문자열 허용 항목을 **아니오**로 한다.

◎ **빈 문자열 허용**의 **아니오**는 널(null) 값을 허용하지 않음을 나타낸다.

동작 5 디자인 창을 닫고 변경된 내용을 저장한다.

Help!!

주문 테이블의 기본 키
주문 테이블의 기본 키는 데이터 형식이 **일련번호**로 지정되어 있다. **일련번호**는 액세스가 자동으로 부여하는 번호로 반드시 입력되므로 개체 무결성 제약조건을 위반하지 않는다.

참조 무결성 제약조건(entity integrity constraint)은 테이블과 테이블간의 참조에 대한 일관성을 유지하기 위한 제약조건으로 참조하는 테이블의 외래 키 값은 참조되는 테이블의 기본 키 값에 반드시 존재해야 한다. 예를 들어 **고객** 테이블에 **고객번호**가 **989**인 데이터가 없는데 **주문** 테이블의 **고객번호**에 **989**를 입력하면 안 된다. 이는 존재하지도 않는 고객을 입력하는 상황으로 참조 무결성 제약조건을 위반한 것이다. 실제로 데이터베이스에 데이터를 입력할 때 이와 유사한 오류는 많이 발생할 수 있다. 따라서 DBMS에서는 참조 무결성 제약조건을 발생시키지 않도록 지원하고 있다.

액세스에서는 테이블간의 <u>**관계 정의를 통해 참조 무결성 제약조건을 위반하지 않도록 지정**</u>할 수 있다. 이와 같이 테이블 사이의 관계를 정의하는 과정을 통상 조인(join) 작업이라고 한다.

다음 [따라하기 10.4]는 **고객**과 **주문** 테이블의 관계를 정의하여 데이터를 입력할 때 참조 무결성 제약조건을 위반하지 않도록 하고 관계를 정의하고 이를 확인하는 실습이다.

동작 1 **영업관리.MDB**를 열고 데이터베이스 도구 리본 메뉴에서 관계를 클릭한다.

◎ 관계를 정의할 수 있는 창이 열린다.

동작 2 관계 창에서 **우측 버튼**을 클릭하고 팝업 메뉴에서 테이블 표시(T)를 클릭한다.

◎ 테이블 표시 창이 열린다.

동작 3 표시된 테이블에서 고객 테이블을 선택하고 추가(A) 버튼을 클릭한다.

◎ 관계 창에 **고객** 테이블이 추가된다.

동작 4 표시된 테이블에서 주문 테이블을 선택하고 추가(A) 버튼을 클릭한다.

◎ 관계 창에 **주문** 테이블이 추가된다.

동작 5 닫기(C) 버튼을 클릭하여 테이블 표시 창을 닫는다.

◎ 〈그림 10.8〉과 같이 두 개의 테이블이 표시된다.

〈그림 10.8〉 테이블 추가 결과

동작 6 고객 테이블의 고객번호에서 **좌측 버튼**을 누른 채 주문 테이블의 고객번호로 끌어다 놓는다.

◎ **고객** 테이블의 기본 키를 **주문** 테이블의 외래 키로 연결한다.
◎ 〈그림 10.9〉와 같은 관계 편집 창이 열린다.

〈그림 10.9〉 관계 편집 창

동작 7 항상 참조 무결성 유지(E)를 클릭한다.

◎ **항상 참조 무결성 유지**에 체크가 표시된다.

◎ **항상 참조 무결성 유지**에 체크하지 않으면 참조 무결성 제약조건의 위반을 확인하지 않는다.

◎ **관련 필드 모두 업데이트**는 관련 필드 데이터 수정과 관련이 있다.

◎ **관련 레코드 모두 삭제**는 관련 레코드 삭제와 관련이 있다.

동작 8 만들기(C) 버튼을 클릭한다.

◎ 〈그림 10.10〉과 같이 **고객**과 **주문** 테이블 사이에 1:N(∞)의 관계가 정의된다.

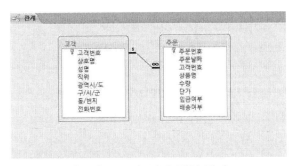

〈그림 10.10〉 관계 정의 결과

동작 9 관계 편집 창의 닫기 버튼을 클릭하고 관계 형식을 저장한다.

◎ **고객**과 **주문** 테이블 사이에 1:N(∞)의 관계 정의 내용이 저장된다.

> **Help!!**
>
> **주문** 테이블에 데이터를 입력할 때 **고객** 테이블에 없는 **고객번호**를 입력하면 참조 무결성 제약 조건을 어긴 결과가 되어 화면에는 오류 입력을 나타내는 메시지 창이 열린다.

10.6	관계 삭제

두 개의 테이블 사이에 관계가 설정되면 두 테이블의 구조는 수정할 수 없고, 어느 한 쪽의 테이블도 없앨 수 없다. 만약 불가피하게 테이블의 구조를 수정해야 한다면 설정된 관계를 삭제한 후 구조를 수정해야 한다.

다음 [따라하기 10.5]는 **고객-주문** 테이블간에 설정되어 있는 관계를 삭제하는 실습이다.

따라하기 ———————— **10.5**

동작 1 **영업관리.MDB**를 열고 데이터베이스 도구 리본 메뉴에서 관계를 클릭한다.

◎ 관계가 설정된 **고객-주문** 테이블이 표시된다.

동작 2 관계 연결선에 마우스 포인터를 옮기고 우측 버튼을 클릭한다.

◎ 삭제 및 관계 편집과 관련한 팝업 메뉴가 나타난다.

동작 3 관계 설정 팝업 메뉴에서 **삭제**를 클릭한다.

◎ 두 테이블간의 관계가 삭제된다.
◎ 두 테이블간에 관계가 삭제되면 두 테이블의 구조를 수정하거나 테이블을 삭제할 수 있다.

Help!!

만약 관계 설정 창에 있는 테이블을 삭제하고자 한다면 해당 테이블에서 우측 버튼을 클릭한 후 팝업 메뉴의 삭제를 클릭하면 된다.

동작 4 관계 설정 창을 닫고 관계 형식을 저장한다.

다음 [따라하기 10.6]은 **고객-주문** 테이블간에 관계를 다시 설정하는 실습이다.

따라하기 ———— 10.

동작 1 **영업관리.MDB**를 열고 데이터베이스 도구 리본 메뉴에서 관계를 클릭한다.

◎ 관계를 정의할 수 있는 창이 열리고 관계가 설정되지 않은 **고객**과 **주문** 테이블이 표시된다.

동작 2 **고객** 테이블의 고객번호에서 **좌측 버튼**을 누른 채 주문 테이블의 고객번호로 끌어다 놓는다.

◎ **고객** 테이블의 기본 키를 **주문** 테이블의 외래 키로 연결한다.
◎ 관계 편집 창이 열린다.

동작 3 관계 편집 창에서 항상 참조 무결성 유지(E)를 클릭한다.

◎ **항상 참조 무결성 유지**에 체크가 표시된다.

동작 4 만들기(C) 버튼을 클릭한다.

◎ **고객**과 **주문** 테이블 사이에 1:N(∞)의 관계가 정의된다.

동작 5 관계 편집 창의 닫기 버튼을 클릭하고 관계 형식을 저장한다.

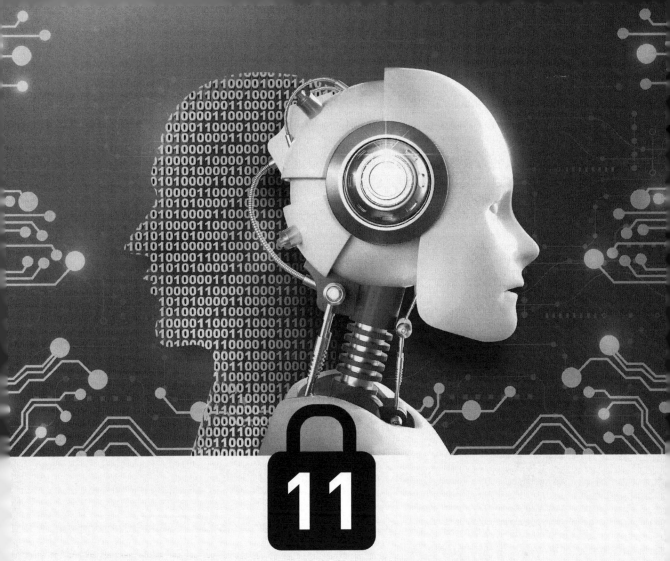

하위 폼을 가진 폼 작성하기

테이블 간 관계가 설정되어 있으면 부모 테이블을 기본 폼으로 자식 테이블을 하위 폼으로 하여 1:N 관계의 데이터를 쉽게 관리할 수 있다. 데이터시트 형식의 하위폼을 통해 레코드의 흐름이나 변화 등을 한눈에 파악 할수 있고 새로운 데이터를 입력하거나 수정, 삭제 등의 작업을 할 수 있다.

(사 례) 고수준씨는 **영업관리.MDB** 파일에서 고객 관리를 위한 각종 자료를 저장하는 **고객** 테이블과 고객이 주문한 상품을 관리할 수 있는 **주문** 테이블을 만들어 고객 관리와 주문 관리를 보다 편리하게 할 수 있도록 두 테이블의 관계를 설정하였다.
고수준씨는 관계가 설정된 두 개의 테이블의 데이터를 입력하거나 수정 및 삭제할 때 무결성을 위반하지 않고 고객의 주문 데이터를 보다 편리하게 관리할 수 있는 폼을 작성하기로 한다.

11.1   기본 폼과 하위 폼

부모 테이블과 자식 테이블에 기초하여 폼을 만들려면 두 개의 테이블간에는 반드시 일대다 관계가 정의되어 있어야 한다. 일대다 관계를 가지는 두 테이블의 데이터를 포함하는 폼을 만들고자 한다면 **부모 테이블은 기본 폼**으로 **자식 테이블은 하위 폼**으로 만들면 된다.

액세스는 두 개의 테이블 사이에 정의된 관계를 사용하여 두 테이블에 공존하는 공통 필드를 통해 두 테이블을 자동적으로 결합한다. 예를 들어 **고객**과 **주문** 테이블 간의 관계는 〈그림 11.1〉과 같이 **고객** 테이블의 기본 키인 **고객번호**와 **주문** 테이블의 외래 키인 **고객번호**를 통해 일대다 관계로 설정되어 결합되어 있다. 두 테이블의 관계에서 부모 테이블은 **고객** 테이블이 되고 자식 테이블은 **주문** 테이블이 된다. 이 두 개의 테이블을 동시에 관리할 수 있는 폼을 만들려면 기본 폼은 **고객** 테이블로 하위 폼은 **주문** 테이블로 만들면 된다.

〈그림 11.1〉 부모–자식 테이블간의 관계

데이터의 입력: 테이블에 데이터를 입력할 때 테이블에서 직접 데이터를 입력하거나 수정하는 것은 상당한 위험을 일으킬 수 있으므로 조심해야 한다. 테이블에 데이터를 입력하려면 이와 관련한 폼을 작성하여 데이터를 입력하는 것이 안전하다.

11.2 폼 마법사를 사용하여 기본 폼 만들기

폼 마법사를 사용하면 테이블 혹은 쿼리와 관련한 폼을 손쉽게 만들 수 있다. 폼을 만드는 방법은 여러 가지가 있으므로 어떤 방법을 사용하느냐하는 것은 사용자의 취향에 따라 달라진다.

다음의 [따라하기 11.1]은 부모 테이블인 **고객** 테이블의 기본 폼으로 **고객주문기본폼**을 작성하는 실습이다.

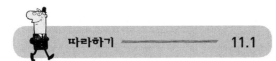

따라하기 —————— 11.1

동작 1 만들기 리본 메뉴의 **폼** 그룹에서 **폼 마법사**를 클릭한다.

◎ 〈그림 11.2〉와 같은 폼 마법사 창이 열린다.

◎ 테이블/쿼리는 **테이블: 고객**이 선택되어 있다.

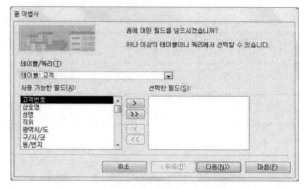

〈그림 11.2〉 폼 마법사 창

동작 2 필드 선택을 위해 모든 필드 선택 버튼(**>>**)을 클릭한다.

◎ **사용할 수 있는 필드(A):**의 모든 필드가 **선택한 필드(S):**로 이동한다.

동작 3 **다음(N)〉** 버튼을 클릭한다.

◎ 폼 형식을 지정할 수 있는 창이 열린다.

동작 4 폼 형식으로 ◉ **열 형식(C)**를 선택하고 **다음(N)〉** 버튼을 클릭한다.

◎ 폼 유형을 지정할 수 있는 창이 열린다.

동작 5 폼 이름으로 **고객주문기본폼**을 입력한다.

◎ 폼의 이름이 고객주문기본폼으로 지정된다.

동작 6 폼의 디자인 여부를 묻는 질문에 ◉ **폼 디자인 수정(M)**을 선택한 후 **마침(F)** 버튼을 클릭한다.

◎ 고객주문기본폼의 디자인 창이 열린다.

동작 7 폼의 전체 지정 버튼에서 우측 버튼을 클릭하고 폼 시트에서 **기타** 탭의 **팝업**을 **예**로 변경한다.

◎ 고객주문기본폼을 실행하면 팝업 형태로 대화 창이 열린다.

동작 8 폼을 저장하고 **고객주문기본폼**을 실행한다.

◎ 〈그림 11.3〉과 같은 **고객주문기본폼**이 실행된다.

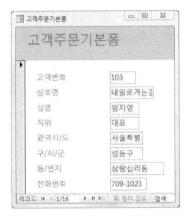

〈그림 11.3〉 완성된 **고객주문기본폼**

동작 9 **고객주문기본폼**을 닫는다.

11.3	기본 폼의 수정

폼 마법사로 만들어진 기본 폼을 수정하면 컨트롤을 추가하거나 삭제하여 사용자가 원하는 형태의 폼으로 만들 수 있고 하위 폼을 추가할 수 있다.

다음의 [따라하기 11.2]는 기본 폼으로 만든 **고객주문기본폼**을 수정하여 하위 폼을 삽입할 수 있도록 기본 폼에 있는 컨트롤을 재배치하고 폼의 속성을 변경하는 실습이다.

동작 1 고객주문기본폼에서 우측 버튼을 클릭하여 디자인 보기(D)를 클릭한다.

◎ 〈그림 11.4〉와 같은 폼 디자인 창이 열린다.

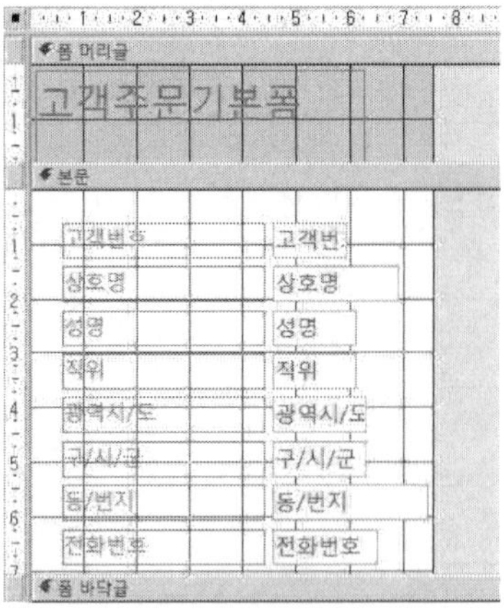

〈그림 11.4〉 **고객주문기본폼** 디자인 창

동작 2 〈그림 11.5〉와 같이 **고객주문기본폼**의 크기를 조절한다.

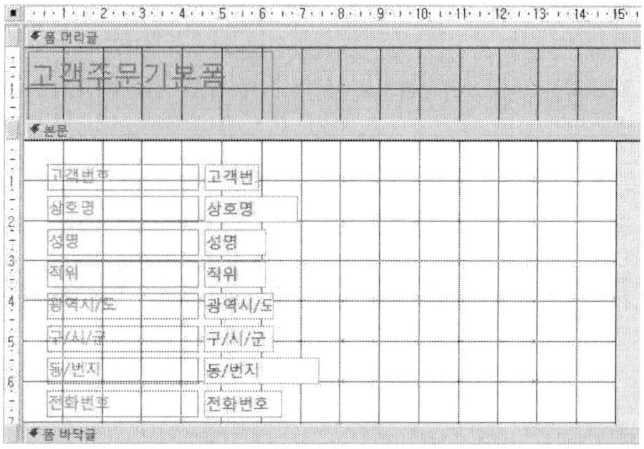

〈그림 11.5〉 **고객주문기본폼**의 폼 크기 조절

동작 3 〈그림 11.6〉과 같이 **고객주문기본폼**의 컨트롤을 재배치하고 컨트롤의 크기를 조절한다.

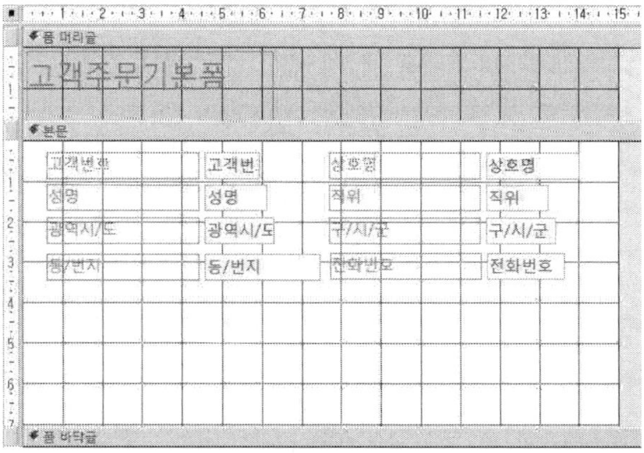

〈그림 11.6〉 **고객주문기본폼**의 컨트롤 재배치

동작 4 고객주문기본폼:폼 창 제목 아래에 있는 전체 폼 선택 버튼(■)에 마우스 포인터를 옮기고 우측 버튼을 클릭한다.

◎ **고객주문기본폼**의 속성 창이 열린다.
◎ 형식 탭이 선택되어 있다.

동작 5 캡션의 우측에 있는 **고객**을 클릭하고 **고객주문자료관리**로 수정하여 입력한다.

　◎ 캡션은 폼의 제목을 변경하는 속성이다.

　◎ 폼 실행시 기본 폼의 창 제목이 **고객주문자료관리**로 표시된다.

동작 6 폼 머리글의 **고객주문기본폼**을 **고객주문자료관리**로 수정하고 위치를 적절히 변경하고 최소화 최대화 단추에서 표시 안함을 선택한다.

　◎ 폼 머리글의 제목이 **고객주문자료관리**로 변경된다.

　◎ 폼 실행시 최소화 최대화 단추를 표시하지 않는다.

동작 7 속성 창을 닫고 **고객주문기본폼** 디자인 창을 닫은 후 변경된 내용을 저장한다.

　◎ 수정된 **고객주문기본폼**이 저장된다.

동작 8 고객주문기본폼을 선택하고 열기(O)를 클릭한다.

　◎ 〈그림 11.19〉와 같이 수정된 **고객주문기본폼**이 열린다.

　◎ 잘못된 부분이 있으면 디자인 창에서 다시 수정한다.

　◎ 전체 레코드 수는 실습자에 따라 다를 수 있다.

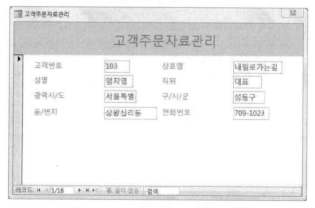

〈그림 11.7〉 **고객주문기본폼** 실행 창

동작 9 **고객주문기본폼** 실행 창을 닫는다.

11.4 하위 폼의 추가

기본 폼에는 하위 폼 컨트롤을 사용하여 손쉽게 하위 폼을 추가할 수 있다. 기본 폼에 하위 폼을 추가하려면 반드시 부모 테이블과 자식 테이블사이에 일대다 관계가 설정되어 있어야 한다.

다음의 [따라하기 11.3]은 기본 폼으로 만든 **고객주문기본폼**을 수정하여 하위 폼을 삽입하는 실습이다.

따라하기 —————— 11.3

동작 1 고객주문기본폼의 디자인 보기(D) 상태에서 디자인 리본 메뉴의 **컨트롤 마법사** 를 선택된 상태(🖾)가 되도록 한다.

◎ 컨트롤 마법사가 보이지 않으면 컨트롤 그룹 메뉴의 자세히 버튼을 클릭하면 컨트롤 마법사를 볼 수 있다.
◎ 컨트롤 마법사가 작동 상태로 된다.

동작 2 컨트롤 그룹 메뉴에서 하위 폼/하위 보고서(🖾) 컨트롤 작성 도구를 클릭하고 폼에서 마우스 좌측 버튼을 누른 채 끌어 〈그림 11.8〉과 같이 하위 폼 컨트롤을 삽입한다.

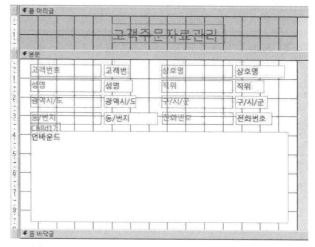

〈그림 11.8〉 하위 폼/하위 보고서 컨트롤의 삽입

◎ 하위 폼이 삽입되면 〈그림 11.9〉와 같은 하위 폼 마법사 창이 열린다.

◎ 만약 하위 폼의 크기가 적절하지 않으면 하위 폼을 완성한 후에 조절한다.

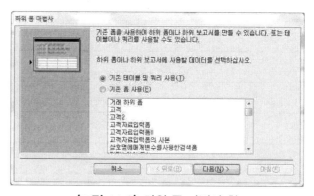

〈그림 11.9〉 하위 폼 마법사 창

동작 3 **주문** 테이블과 관련된 하위 폼을 만들어야 하므로 ◉ **기존 테이블 및 쿼리 사용(T)**를 선택(선택으로 디폴트 되어 있음)하고 **다음(N)>** 버튼을 클릭한다.

◎ 테이블/쿼리 및 필드 선택 창이 열린다.

동작 4 테이블/쿼리 콤보 상자에서 **테이블: 주문**을 선택하고 〈그림 11.10〉와 같이 **사용할 수 있는 필드:**에서 **고객번호** 필드를 제외한 **주문** 테이블의 필드를 모두 선택한다.

◎ 테이블과 필드가 선택된 결과는 〈그림 11.10〉과 같다.

◎ **주문** 테이블의 외래 키인 **고객번호**는 **고객** 테이블의 **고객번호**와 동일하므로 선택하지 않는다.

◎ 폼을 실행하여 하위 폼에서 데이터를 입력하면 **주문** 테이블의 **고객번호**에 기본 폼의 **고객번호**가 자동으로 입력된다.

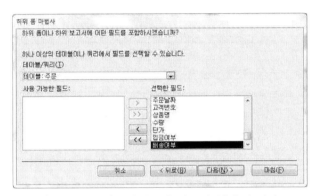

〈**그림 11.10**〉 테이블과 필드가 선택된 결과

동작 5 **다음(N)〉** 버튼을 클릭한다.

◎ 〈그림 11.11〉과 같이 기본 폼과 하위 폼을 연결 방법을 지정하는 창이 열린다.

◎ **목록에서 선택**은 아래의 목록 상자에서 연결 방법을 선택한다.

◎ **직접지정**은 관련된 필드의 연결을 직접 할 수 있다.

◎ 목록에는 **고객번호**로 관계가 설정된 것을 사용하는 경우와 **없음**이 있다.

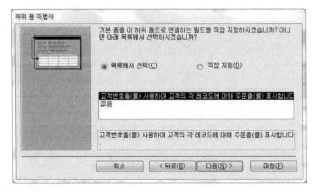

〈그림 11.11〉 기본 폼과 하위 폼의 연결 설정 창

동작 6 ● 목록에서 선택을 지정하고 아래의 목록에서 고객번호을(를)....을 선택하고 다음(N)〉 버튼을 클릭한다.

◎ **고객**과 **주문** 테이블간 **고객번호**로 연결된 관계를 사용한다는 의미임.
◎ 하위 폼 이름을 입력할 수 있는 창이 열린다.

동작 7 하위 폼 이름으로 **고객주문하위폼**을 입력하고 마침(F) 버튼을 클릭한다.

◎ **고객주문기본폼**에 **고객주문하위폼**이 삽입된다.

동작 8 〈그림 11.12〉를 참조하여 하위 폼의 크기를 적절히 조절한다.

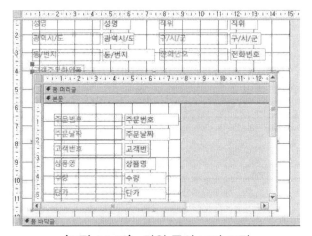

〈그림 11.12〉 하위 폼의 크기 조절

동작 9 하위 폼의 제목인 고객주문하위폼을 **주문자료**로 수정한다.

◎ 하위 폼의 제목이 **주문자료**로 수정된다.

동작 10 **고객주문기본폼**의 디자인 창을 닫고 수정된 폼을 모두 저장한다.

◎ **고객주문기본폼**과 **고객주문하위폼**이 분리되어 저장된다.
◎ **고객주문기본폼**을 실행하면 **고객주문하위폼**이 포함되어 실행된다.
◎ **고객주문하위폼**을 실행하면 **고객주문하위폼**만 실행된다.

동작 11 고객주문기본폼을 선택하고 열기(O) 버튼을 클릭한다.

◎ 〈그림 11.13〉과 같이 **고객주문기본폼**에 **고객주문하위폼**이 포함되어 열린다.
◎ 하위 폼에는 주문자료가 입력되어 있지 않다.
◎ 하위 폼 **고객주문하위폼**에 표시된 주문 자료는 기본 폼의 표시된 고객 **103** 고객번호의 주문 자료를 말한다.
◎ 기본 폼과 하위 폼의 탐색 버튼이 각각 있다.
◎ 기본 폼의 전체 레코드와 하위 폼의 전체 레코드가 표시되어 있다.
◎ 하위 폼의 고객번호는 기본 폼에 있는 고객번호가 자동으로 표시된다.

〈그림 11.13〉 **고객주문기본폼** 실행 창

동작 12 **고객주문기본폼**을 닫는다.

11.5 하위 폼의 신규 데이터 입력

기본 폼(고객주문기본폼)에 표시된 특정 레코드의 주문 내용은 하위 폼에서 입력할 수 있다. 입력된 레코드는 주문 테이블의 해당 필드에 자동으로 저장된다.

다음의 [따라하기 11.4]는 **고객주문기본폼**을 이용하여 고객의 주문 자료를 입력하는 실습이다.

따라하기 ———— 11.4

동작 1 고객주문기본폼을 선택하고 열기(O) 버튼을 클릭한다.

◎ **고객주문기본폼**의 실행 창이 열린다.
◎ 기본 폼에는 **고객번호**가 **103**인 레코드가 표시된다.

동작 2 **고객번호**가 **103**인 레코드의 주문 내용을 하위 폼에서 입력한다.

103 → 19-07-12   녹차   40   23890   Yes   Yes

Help!!

데이터 입력시 유의점

날짜 데이터를 입력하면 일련번호가 자동 부여된다. 항목간의 이동은 Tab 키를 사용하고 Yes는 공백 키를 사용하여 해당 난에 체크 표시를 한다. 입력된 데이터를 취소하려면 Esc키를 이용한다. 데이터 입력을 취소하게 되면 데이터는 취소되지만 일련번호는 자동적으로 증가하므로 되돌려지지 않는다.

동작 3 기본 폼의 다음 레코드 이동 버튼(▶)을 이용하여 **고객번호**가 **104**인 레코드로 이동한다.

◎ 기본 폼에 104인 레코드가 표시된다.
◎ 하위 폼에는 주문 자료가 표시되어 있지 않다.

동작 4 **고객번호**가 **104**인 레코드의 주문 내용을 하위 폼에서 입력한다.

104 → 19-07-12   유자차   20   12900   Yes   Yes

동작 5 동일한 방법으로 해당 고객을 찾아 아래의 주문 내용을 차례로 입력한다.

103 →	19-07-14	감잎차	15	32180	Yes	Yes
103 →	19-07-15	생강차	17	14570	Yes	No
104 →	19-07-15	홍차	18	35400	Yes	Yes
105 →	19-07-15	매실차	19	23450	Yes	No
106 →	19-07-16	인삼차	25	24760	No	No
107 →	19-07-17	홍차	43	35400	Yes	Yes
108 →	19-07-18	녹차	69	23890	Yes	Yes
109 →	19-07-19	감잎차	75	32180	Yes	Yes
106 →	19-07-20	생강차	30	14570	Yes	No
107 →	19-07-21	모과차	18	15290	No	No
104 →	19-07-22	인삼차	19	24760	Yes	Yes

동작 6 **고객주문기본폼**을 닫는다.

고객주문기본폼을 통해 데이터를 모두 입력하고 **주문** 테이블을 확인하면 〈그림 11.14〉와 같이 외래 키인 **고객번호** 필드에는 자동으로 **고객** 테이블의 **고객번호**가 입력되어 있다. **주문번호**는 일련번호로 자동 부여되므로 데이터의 실습자의 입력 상황에 따라 차이가 있을 수 있다.

주문번호 ·	주문날짜 ·	고객번호 ·	상품명 ·	수량 ·	단가 ·	입금여부 ·	배송여부 ·
1	2019-07-12	103	녹차	40	23890	☑	☑
2	2019-07-12	104	유자차	20	12900	☑	☑
3	2019-07-14	103	감잎차	15	32180	☑	☑
4	2019-07-15	103	생강차	17	14570	☑	☐
5	2019-07-15	104	홍차	18	35400	☑	☑
6	2019-07-15	105	매실차	19	23450	☑	☐
7	2019-07-16	106	인삼차	25	24760	☐	☐
8	2019-07-17	107	홍차	43	35400	☑	☑
9	2019-07-18	108	녹차	69	23890	☑	☑
10	2019-07-19	109	감잎차	75	32180	☑	☑
11	2019-07-20	106	생강차	30	14570	☑	☐
14	2019-07-21	107	모과차	18	15290	☐	☐
15	2019-07-22	104	인삼차	19	24760	☑	☑

〈그림 11.14〉 **주문** 테이블의 데이터

Help!!

일련번호는 데이터를 입력을 시도하면 자동으로 1씩 증가하게 되므로 데이터 입력을 취소해도 일련번호는 자동 증가한다. **주문번호**의 일련번호는 고유 레코드를 나타내는 역할을 하기 때문에 차례로 부여되지 않아도 문제가 되지 않는다.

11.6 기본 폼과 하위 폼의 레코드 이동

하위 폼이 포함된 기본 폼을 사용하면 기본 폼(부모 테이블)에 표시 레코드와 관련된 레코드가 하위 폼(자식 테이블)에 자동으로 표시된다. 예를 들어 기본 폼에 **고객번호**가 **103**인 레코드의 내용이 표시되면 하위 폼에는 103 레코드의 주문 자료가 표시된다. 기본 폼에는 부모 테이블의 레코드를 이동시킬 수 있는 탐색 버튼이 있고 하위 폼에는 자식 테이블의 레코드를 이동시킬 수 있는 탐색 버튼이 있다.

다음의 [따라하기 11.5]는 레코드 이동을 통해 **고객**의 주문 내역을 조회하는 실습
이다.

따라하기 ————— **11.5**

동작 1 고객주문기본폼을 실행한다.

　◎ **고객주문기본폼**이 열린다.
　◎ 기본 폼에는 **고객번호**가 103인 레코드의 자료가 표시된다.
　◎ 하위 폼에는 **103** 레코드의 주문 자료가 표시된다.

동작 2 **고객주문기본폼**의 다음 레코드 이동 버튼(▶)을 클릭한다.

　◎ 기본 폼의 **고객번호**가 **104**로 바뀌고 관련 고객 자료가 표시된다.
　◎ 하위 폼에는 **104** 레코드의 주문 자료가 표시된다.

동작 3 **고객주문기본폼**의 마지막 레코드 이동 버튼(▶▮)을 클릭한다.

　◎ 기본 폼에는 마지막으로 입력된 고객의 레코드가 표시된다.
　◎ 하위 폼에는 관련 레코드의 주문 자료가 표시된다.
　◎ 주문 자료가 없으면 표시되는 레코드가 없다.

동작 4 **고객주문기본폼**의 처음 레코드 이동 버튼(▮◀)을 클릭한다.

　◎ 기본 폼에는 **고객** 테이블의 첫 번째 레코드가 표시된다.
　◎ 하위 폼에는 관련 레코드의 주문 자료가 표시된다.
　◎ 하위 폼의 레코드 포인터(▶)는 **주문번호**가 **1**인 레코드에 위치한다.

동작 5 하위 폼의 다음 레코드 이동 버튼(▶)을 클릭한다.

◎ 하위 폼에서 레코드 포인터가 다음 레코드로 이동한다.

동작 6 하위 폼의 마지막 레코드 이동 버튼(▶▮)을 클릭한다.

◎ 하위 폼에서 레코드 포인터가 하위 폼의 마지막 레코드로 이동한다.

동작 7 하위 폼의 처음 레코드 이동 버튼(▮◀)을 클릭한다.

◎ 하위 폼에서 레코드 포인터가 하위 폼의 처음 레코드로 이동한다.

동작 8 **고객주문기본폼**을 닫는다.

11.7 하위 폼의 열 너비 조절

하위 폼은 기본적으로 데이터시트 형식으로 데이터를 표시하거나 입력할 수 있게 되어 있다. 그러나 하위 폼의 데이터시트 형식은 탭 형식으로 만들어 사용할 수도 있지만 데이터시트 형식이 일반적으로 사용된다. 하위 폼의 데이터시트 형식의 필드 너비는 사용자가 임의로 조절하여 사용할 수 있다.

다음의 [따라하기 11.6]은 **고객주문기본폼**에서 하위 폼의 열 너비를 적당히 조절하는 실습이다.

따라하기 ——————— **11.6**

동작 1 **고객주문기본폼**을 실행한다.

◎ **고객주문기본폼**이 열리고 **고객** 테이블의 첫 번째 레코드가 표시된다.

동작 2 하위 폼에서 **주문번호**와 **주문날짜** 필드 제목 경계선에 마우스 포인터를 옮긴다.

◎ 마우스 포인터가 흰 화살표 모양에서 열 너비를 조절할 수 있는 마우스 포인터로 모양이 바뀐다.

Help!!

마우스 포인터의 모양
액세스에서 마우스 포인터의 모양은 매우 중요하다. 마우스 포인터의 모양에 따라 마우스 버튼의 동작이 달라진다. 예를 들어 폼에서 폼의 가로 크기를 조절하려면 마우스 포인터가 ↔ 모양으로 바뀐 상태에서 마우스를 끈다. 세로 크기를 조절할 때는 마우스 포인터의 모양이 ↕로 바뀐다.

동작 3 열 너비 조절 포인터에서 마우스의 좌측 버튼을 누른 채 좌측으로 약간 끌어 **주문번호** 필드의 너비를 줄인다.

◎ **주문번호** 필드의 너비가 약간 줄어든다.

동작 4 〈그림 11.15〉와 같이 하위 폼의 열 너비를 적당히 조절한다.

〈그림 11.15〉 하위 폼 열 너비 조절

동작 5 **고객주문기본폼**을 닫는다.

11.8 기본 폼과 하위 폼에서 레코드 추가하기

하위 폼이 포함된 기본 폼을 사용하면 기본 폼(부모 테이블)에서는 고객 테이블에 신규로 등록할 레코드를 추가하거나 수정할 수 있고 하위 폼(자식 테이블)에서는 기본 폼에 표시된 레코드와 관련된 주문 레코드를 추가하거나 수정할 수 있다. 예를 들어 신규 고객이 발생했을 경우 기본 폼에서 신규 고객을 등록하고 신규 고객의 주문 내역을 하위 폼에서 바로 입력할 수 있다. 또한 이미 입력되어 있는 자료를 수정할 수도 있다.

다음의 [따라하기 11.7]은 기본 폼으로 만든 **고객주문기본폼**을 사용하여 **고객번호**가 **106**인 레코드의 **주문** 자료를 추가하는 실습이다.

따라하기 ———————— **11.7**

동작 1 폼 개체에서 고객주문기본폼을 연다.

◎ 기본 폼에 **103** 고객이 표시되어 있다.

동작 2 **고객주문기본폼**의 다음 레코드 이동 버튼(▶)을 클릭하여 **106** 고객의 자료를 표시한다.

◎ **106** 고객의 레코드 표시는 〈그림 11.16〉과 같다.
◎ 하위 폼에는 **106** 레코드의 주문 자료가 표시된다.

〈그림 11.16〉 106 고객의 주문자료 표시

동작 3 **고객주문기본폼**의 하위 폼의 새 레코드 입력 버튼(▶*)을 클릭한다.

◎ 새 레코드 입력을 위해 레코드 포인터가 이동한다.

동작 4 키보드에서 **Tab** 키를 친다.

◎ 커서가 **주문날짜** 필드로 이동한다.

Help!!

또 다른 레코드 입력 방법
하위 폼에서 마우스 포인터를 **주문날짜**에 이동시키고 클릭해도 결과는 동일하다. 레코드가 많은 경우에는 새 레코드 입력 버튼이 유용하지만 사용자가 편한 방법을 사용하면 된다.

동작 5 **주문날짜**를 **19-07-19**로 입력한다.

◎ **주문번호**에 일련번호가 자동 입력되고 **주문날짜**가 입력된다.

동작 6 키보드에서 **Tab** 키를 치고 다음 내용을 차례로 입력한다.

인삼차　　22　　24760　　Yes　　No

◎ 입력이 완료된 결과는 〈그림 11.17〉과 같다.

〈그림 11.17〉 106 레코드의 주문 자료 추가

Help!!

레코드 입력의 취소

〈그림 11.17〉의 그림에서 보면 레코드가 입력 중일 때는 해당 레코드에 레코드 편집 표시기 (✏)가 있다. 이 표시기가 있을 때 키보드의 **Esc** 키를 치면 표시기가 있는 레코드의 입력이 취소된다. 액세스는 레코드 입력을 취소하고 데이터를 다시 입력하면 일련번호를 자동으로 1 증가시킨다. 자동 부여된 일련번호는 수정이 되지 않으므로 그대로 두기 바란다.

동작 7 **고객주문기본폼**을 닫는다.

고객주문기본폼을 이용하면 **고객** 테이블에 없는 신규 고객을 등록하고 주문 내역을 쉽게 입력할 수 있다. 기본 폼에서 입력한 등록 고객은 **고객** 테이블에 저장되고 하위 폼에서 입력한 주문 내용은 **주문** 테이블에 분리되어 저장된다.

Help!!

만약 액세스 사용자가 직접 테이블을 열어 데이터를 입력하면 데이터 입력에 혼돈을 가져올 수 있고 테이블의 내용을 직접 수정 삭제할 수 있으므로 데이터 관리에 큰 문제를 드러내게 된다. 따라서 테이블의 데이터에 접근하고자 하면 반드시 관련 폼을 통해 접근하도록 하는 것이 안전하다.

다음의 [따라하기 11.8]은 **고객주문기본폼**을 사용하여 신규 고객을 등록하고 주문 내역을 입력하는 실습이다.

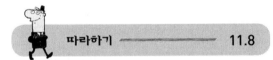

따라하기 11.8

동작 1 폼 개체에서 고객주문기본폼을 연다.

동작 2 **고객주문기본폼**의 마지막 레코드 이동 버튼(▶┃)을 클릭하여 마지막 레코드의 **고객번호**를 확인한다.

◎ 기본 폼에 **고객** 테이블의 마지막 레코드가 표시된다.
◎ 마지막 레코드의 **고객번호**는 실습자에 따라 다를 수 있다.

동작 3 기본 폼의 새 레코드 입력 버튼(▶*)을 클릭한다.

◎ 〈그림 11.18〉과 같이 신규 레코드를 입력할 수 있도록 텍스트 상자
가 비워진다.

◎ 커서는 기본 폼의 **고객번호** 텍스트 상자에 표시된다.

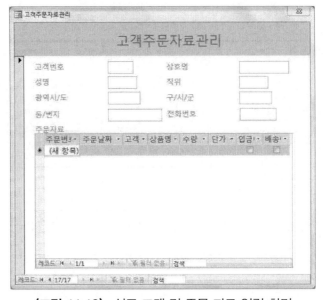

〈**그림 11.18**〉 신규 고객 및 주문 자료 입력 화면

동작 4 **고객번호** 텍스트 상자에 마지막 고객의 다음 **고객번호**를 입력하고 **Tab**
키를 친다.

◎ **상호명** 텍스트 상자로 커서가 이동한다.

동작 5 다음 내용을 차례로 입력한다.

바다가보이는풍경, 공바다, 대표, 부산광역시, 기장군, 일광면, 747-7747

동작 6 하위 폼에서 고객의 다음 주문 내역 2개를 입력한다(**주문번호**는 자동 입력됨).

> 19-07-25, 홍차,   24, 35400, Yes, Yes
> 19-07-25, 생강차, 21, 14570, Yes, No

동작 7 **고객주문기본폼**을 닫는다.

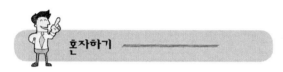

혼자하기

동작 1 **고객주문기본폼**을 이용하여 **바다가보이는풍경**의 레코드 내용과 주문내역을 확인하라.

동작 2 **고객주문기본폼**을 이용하여 마지막으로 등록된 고객의 다음 **고객번호**로 아래의 신규 고객을 등록하고 주문내역을 입력하라.

송이가익는집, 이송이, 영업과장, 대구광역시, 달서구, 신당동, 202-6044

> 19-07-26, 매실차, 24, 23450, Yes, Yes
> 19-07-26, 유자차, 21, 12900, No, No
> 19-07-26, 녹차,   22, 23890, Yes, No

 기본 폼과 하위 폼을 이용하여 데이터를 입력한 결과는 〈그림 11.19〉, 〈그림 11.20〉과 같다. 〈그림 11.19〉는 **고객** 테이블의 내용을 표시한 것으로 **고객번호**에 표시된 자식 테이블 데이터 표시 버튼(⊞)은 이 테이블이 부모 테이블임을 의미한다. 또한 부모 테이블의 ⊞ 버튼은 자식 테이블의 내용을 표시하는데 사용된다. 〈그림 11.20〉은 주문 테이블의 내용을 표시한 것으로 주문번호 좌측에 ⊞ 버튼이 없으므로 자식 테이블에 해당한다.

현장 실무에서 테이블에 직접 접근하는 것은 매우 위험하다. 그러므로 이와 관련한 실습은 하지 않는다. 고객과 주문 테이블의 내용은 교재의 내용을 참조하기 바란다. 물론 사용자에 따라 입력된 내용은 교재의 내용과 다소 다를 수 있다. 또 현장 실무에서는 고객 1명이 여러 번에 걸쳐 주문할 수 있기 때문에 고객 테이블의 레코드 수보다 주문 테이블의 레코드 수가 월등히 많다. 이것이 테이블간의 관계 설정이 필요한 기본적 이유이다.

고객번호	상호명	성명	직위	광역시/도	구/시/군	동/번지	전화번호
103	내일로가는길	엄지영	대표	서울특별시	성동구	상왕십리동	709-1023
104	홀로있는뜰	김도환	영업과장	부산광역시	해운대구	좌동	303-2198
105	가버린내일	박천후	판매팀장	대구광역시	달서구	신당동	876-2143
106	잃어버린오늘	방재기	관리과장	대전광역시	유성구	송강동	443-1002
107	눈내리는밤	강후동	총무팀장	경상남도	진주시	상봉동	882-0808
108	이슬맺힌풍경	이방원	사원	전라남도	고흥군	대서면 송강리	554-2233
109	삶	정주해	총무이사	제주도	서귀포시	대포동	102-1212
110	아침햇살	심도일	영업팀장	경기도	고양시	일산구 가좌동	383-3383
111	추억만들기	하수상	대표	인천광역시	개양구	다남동	404-4404
112	해당화언덕	전기화	판매과장	서울특별시	동작구	노량진동	311-1122
113	석양이있는집	김석양	영업과장	울산광역시	중구	교동	664-1251
114	시가있는집	이시인	대표	강원도	동해시	괴란동	774-9090
115	고인돌	고석기	영업과장	광주광역시	광산구	고룡동	740-4646
116	추억이머무는곳	김추억	대표	충청남도	공주시	검상동	760-4949
117	겨울풍경	박풍경	판매과장	충청북도	단양군	가곡면	777-1212
118	가을나들이	이가을	판매과장	전라북도	장수군	괴남면	221-3311
119	바다가보이는풍경	공바다	대표	부산광역시	기장군	일광면	747-7747
120	송이가익는집	이송이	영업과장	대구광역시	달서구	신당동	202-6044

〈그림 11.19〉 **고객** 테이블의 데이터

주문번호	주문날짜	고객번호	상품명	수량	단가	입금여부	배송여부
1	2019-07-12	103	녹차	40	23890	✓	✓
2	2019-07-12	104	유자차	20	12900	✓	✓
3	2019-07-14	103	감잎차	15	32180	✓	✓
4	2019-07-15	103	생강차	17	14570	✓	☐
5	2019-07-15	104	홍차	18	35400	✓	✓
6	2019-07-15	105	매실차	19	23450	✓	☐
7	2019-07-16	106	인삼차	25	24760	☐	☐
8	2019-07-17	107	홍차	43	35400	✓	✓
9	2019-07-18	108	녹차	69	23890	✓	✓
10	2019-07-19	109	감잎차	75	32180	✓	✓
11	2019-07-20	106	생강차	30	14570	✓	☐
14	2019-07-21	107	모과차	18	15290	☐	☐
15	2019-07-22	104	인삼차	19	24760	✓	☐
16	2019-07-19	106	인삼차	22	24760	✓	☐
17	2019-07-25	119	홍차	24	35400	✓	✓
18	2019-07-25	119	생강차	21	14570	✓	☐
19	2019-07-26	120	매실차	24	23450	✓	✓
20	2019-07-26	120	유자차	21	12900	☐	☐
21	2019-07-26	120	녹차	22	23890	✓	☐

〈그림 11.20〉 **주문** 테이블의 데이터

〈그림 11.21〉은 부모 테이블인 **고객**에서 데이터 표시 버튼(⊞)을 클릭하여 **103**과 **104**, **106** 레코드의 자식 테이블인 **주문** 테이블의 데이터를 각각 표시한 것이다.

고객번호	상호명	성명	직위	광역시/도	구/시/군	동/번지	전화번호
⊟ 103	내일로가는길	엄지영	대표	서울특별시	성동구	상왕십리동	709-1023

주문번호	주문날짜	상품명	수량	단가	입금여부	배송여부	추가하려면
1	2019-07-12	녹차	40	23890		☑	
3	2019-07-14	감잎차	15	32180	☑	☑	
4	2019-07-15	생강차	17	14570	☑	☐	
＊	(새 항목)					☐	

⊟ 104	돌로있는뜰	김도환	영업과장	부산광역시	해운대구	좌동	303-2198

주문번호	주문날짜	상품명	수량	단가	입금여부	배송여부	추가하려면
2	2019-07-12	유자차	20	12900	☑	☑	
5	2019-07-15	홍차	18	35400	☑	☑	
15	2019-07-22	인삼차	19	24760	☑	☑	
＊	(새 항목)				☐	☐	

⊞ 105	가버린내일	박천후	판매팀장	대구광역시	달서구	신당동	876-2143
⊟ 106	잊어버린오늘	빵재기	관리과장	대전광역시	유성구	송강동	443-1002

주문번호	주문날짜	상품명	수량	단가	입금여부	배송여부	추가하려면
7	2019-07-16	인삼차	25	24760	☐	☐	
11	2019-07-20	생강차	30	14570	☑	☐	
16	2019-07-19	인삼차	22	24760	☑	☐	
＊	(새 항목)				☐	☐	

⊞ 107	눈내리는밤	강후동	총무팀장	경상남도	진주시	상봉동	882-0808
⊞ 108	이슬맺힌풍경	이방원	사원	전라남도	고흥군	대서면 송강리	554-2233
⊞ 109	삶	정주해	총무이사	제주도	서귀포시	대포동	102-1212

〈**그림 11.21**〉 **고객** 테이블에서 **주문** 테이블의 데이터 표시

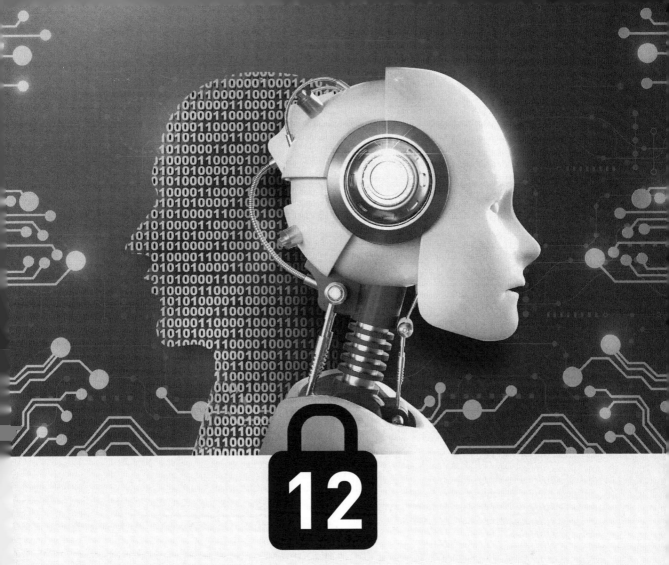

하위 폼이 포함된 사용자 정의 폼 작성

하위 폼이 포함된 사용자 정의 폼은 기본 폼 뿐 아니라 하위 폼에서도 텍스트 상자에 입력된 값에 따라 사용자가 원하는 계산식을 이용하여 여러 가지 조건의 다양한 계산을 수행할 수 있다. 사용자 중심으로 폼을 직접 디자인하여 폼을 작성하면 액세스에서 제공되는 다양한 컨트롤 도구를 사용할 수 있고 VBA 언어를 이용하여 액세스에서 제공하지 않는 업무 처리를 위해 다양한 형태의 프로그래밍을 할 수 있다.

(사 례) 고수준씨는 관계가 설정된 **고객** 테이블과 **주문** 테이블에 데이터를 입력할 수 있는 **고객주문기본폼**을 사용해 본 결과 기본 폼의 데이터 입력에 일관성을 유지하기가 어렵다는 것을 알게 되었다. 따라서 **고객주문기본폼II**를 만들어 **직위**, **광역시/도**, **구/시/군**의 데이터는 콤보 상자를 사용하여 입력하고 **고객번호**, **전화번호**는 입력 마스크를 사용하여 데이터를 입력하고자 한다. 또한 **비고** 텍스트 상자에는 조건 처리가 가능하도록 하고 기본 폼의 레코드를 이동시키는 명령 버튼을 만들어 사용의 편리성을 높이고자 한다. 그리고 **고객주문기본폼II**에 하위 폼을 삽입하여 〈그림 12.1〉형태의 사용자 정의 폼을 만들고자 한다.

> ### Help!!
>
> 기본 폼의 형태는 8장의 사용자 정의폼 **고객자료입력폼II**와 동일한 방법으로 작성한다. 이 장에서는 8장의 내용을 복습하는 기분으로 가볍게 하기 바란다. 만약 부분적으로 생략되거나 이해되지 않는 부분은 8장의 내용을 참조하면 문제를 해결할 수 있다. 12장은 가급적 설명은 생략하고 **따라하기** 중심으로 기술한다.

[처리조건]

1) **고객번호**, **전화번호**는 입력마스크를 사용하여 데이터를 입력한다.
2) **직위**, **광역시/도**, **시/군/군**의 데이터 입력은 콤보 상자를 이용한다.
3) 폼의 **비고**는 **직위**에 따라 다음의 조건대로 표시되도록 하고 탭 이동 및 데이터 입력을 할 수 없도록 한다.

[조건] 담당자의 **직위**가 **대표**이면 **최대 6%까지 할인 가능**으로 표시하고, **담당자**의 **직위**가 **영업과장**이면 **최대 5%까지 할인 가능**으로 표시하고, 나머지는

할인율 없음으로 표시되게 한다.

4) **처음**, **이전**, **다음**, **마지막**, **신규등록**, **닫기** 단추(버튼)를 추가하고 탐색 단추를 사용할 수 없도록 한다.

5) 폼의 **레코드 수** 우측 텍스트 상자에는 입력된 고객의 전체 레코드 수가 **자동으로 표시**되도록 하고 탭 이동 및 데이터 입력을 할 수 없도록 한다.

6) **전화번호** 데이터를 입력하거나 수정한 후 **Tab** 키를 이용해 탭을 이동시키면 **고객번호** 텍스트 상자로 탭이 이동하도록 한다.

7) 하위 폼의 이름은 **고객주문하위폼II**로 저장한다.

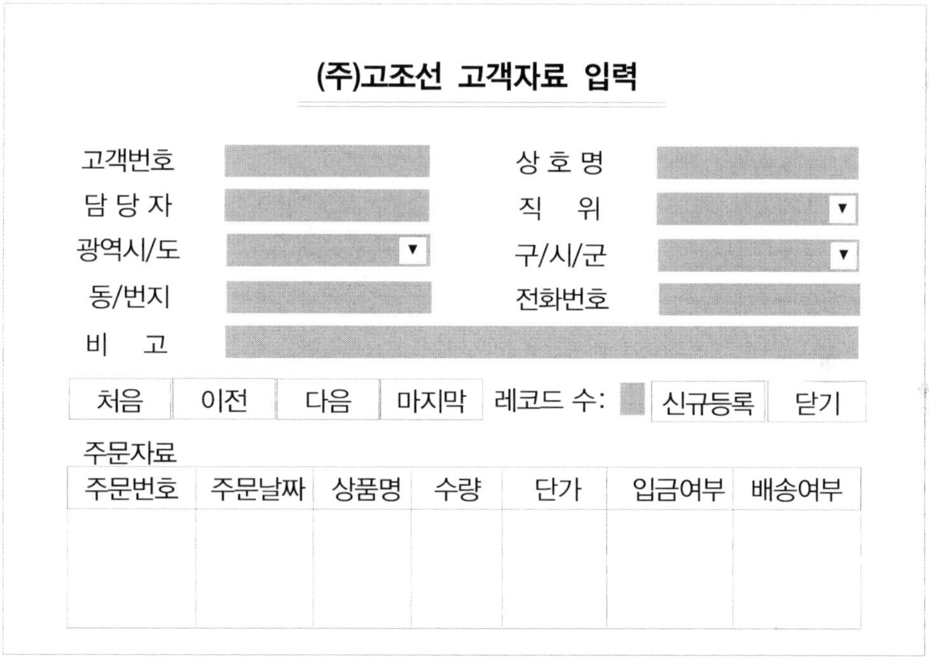

〈그림 12.1〉 **고객주문기본폼II**의 디자인 형식

12.1 본문에 제목 레이블 삽입

다음 [따라하기 12.1]은 새 폼 만들기로 고객주문기본폼II를 만들기 위해 제목 레이블을 삽입하는 실습이다.

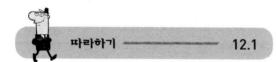

동작 1 만들기 리본 메뉴의 폼 그룹에서 폼 디자인을 클릭하여 열린 폼 디자인 창에서 〈그림 12.2〉를 참조하여 본문의 크기를 조절한다.

동작 2 디자인 리본 메뉴의 제목을 클릭하여 표시된 폼 머리글에 〈그림 12.2〉를 참조하여 **(주)고조선 고객 주문 자료 관리**를 입력하고 글꼴 크기를 **18**로 조절하여 가운데 맞춤하고 제목 레이블 아래에 두 개의 파선을 추가한다.

〈그림 12.2〉 폼 머리글에 제목 레이블 삽입

동작 3 폼 전체 속성 창을 열고 아래의 내용으로 속성을 변경한다.

레코드 선택기 : 아니오
구분 선 :아니오
최소화 최대화 단추 : 아니오
팝업 : 예

12.2 텍스트 상자와 콤보 상자 삽입

다음 [따라하기 12.2]는 본문에 텍스트 상자와 콤보 상자 컨트롤을 삽입하는 실습이다.

따라하기 ━━━━━━━ **12.2**

동작 1 디자인 리본 메뉴의 **컨트롤**에서 **컨트롤 마법사 사용(W)**을 클릭하여 마법사 사용이 되지 않도록 한다.

동작 2 도구상자에서 〈그림 12.3〉과 같이 **텍스트 상자**(개비) 컨트롤과 **콤보 상자**(📑) 컨트롤을 삽입하고 레이블의 캡션과 텍스트 상자, 콤보 상자의 크기를 조절한다.

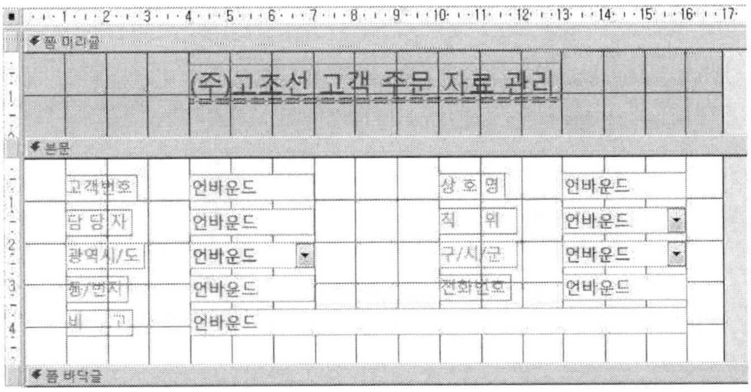

〈그림 12.3〉 텍스트 상자, 콤보 상자의 삽입

동작 3 디자인 창을 닫고 저장할 폼 이름으로 **고객주문기본폼II**를 입력한 후 저장한다.

동작 4 **고객주문기본폼II**를 실행하여 〈그림 12.4〉와 같은 실행 창이 열리는 것을 확인하고 다른 부분이 있으면 수정한다.

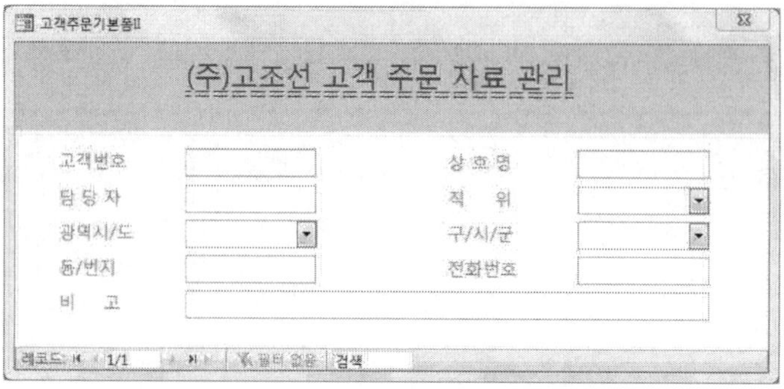

〈그림 12.4〉 **고객주문기본폼II**의 실행 창

동작 5 키보드에서 **탭(Tab) 키**를 쳐서 입력 커서가 순서대로 정확하게 이동되는지를 확인한다. 만약 커서가 순서대로 이동하지 않으면 디자인 창으로 들어가 각 컨트롤의 탭 인덱스를 수정한다.

동작 6 **고객주문기본폼II**를 닫는다.

12.3   입력마스크 설정

다음 [따라하기 12.3]은 **고객주문기본폼II**에서 **고객번호**는 숫자 3자리, **전화번호**는 하이픈(-)을 포함하여 8자리 숫자 형식만 입력되도록 입력마스크를 설정하는 실습이다.

따라하기 ━━━━━━━━━━ 12.3

동작 1 **고객주문기본폼II**의 디자인 창에서 **고객번호** 텍스트 상자의 속성 창을 열고 입력마스크 텍스트 상자에 **999;0;_**로 입력한다.

동작 2 **전화번호**의 텍스트 상자에서 속성 창을 열고 입력마스크 텍스트 상자에 입력마스크 **999₩-9999;0;_**를 입력한다.

동작 3 **고객주문기본폼II**를 저장한 후 실행하고 입력마스크가 정상적으로 설정되었는지를 확인한다.

동작 4 **고객주문기본폼II**를 닫고 저장한다.

| 12.4 | 콤보 상자와 데이터 목록 설정 |

다음 [따라하기 12.4]는 **고객주문기본폼II**의 **직위**, **광역시/도**, **시/군/구**에 데이터 목록을 설정하는 실습이다.

따라하기 ———————— 12.4

동작 1 **고객주문기본폼II**의 디자인 창을 열고 **직위** 텍스트 상자의 속성 창에서 행 원본 유형은 **값 목록**으로 행 원본으로는 아래의 내용을 입력하고 **목록 값만 허용**은 **예**를, **기본 값**은 **사원**을 입력한다.

> 대표; 영업과장; 판매팀장; 관리과장; 총무팀장; 사원; 총무이사; 영업팀장; 판매과장

동작 2 아래의 내용을 참조하여 **광역시/도**의 콤보 상자 목록을 설정한다.

> 행 원본 형식 : 값 목록
> 목록 값만 허용 : 예
> 행 원본 : 서울특별시, 부산광역시, 경기도, 대구광역시, 대전광역시, 인천광역시, 광주광역시, 울산광역시, 경상남도, 경상북도, 전라남도, 전라북도, 강원도, 제주도, 충청북도, 충청남도
> 기본 값 : 경상남도

동작 3 아래의 내용을 참조하여 **시/군/구** 콤보 상자 목록을 설정한다.

> 행 원본 형식 : 값 목록
> 목록 값만 허용 : 아니오
> 행 원본 : 성동구, 해운대구, 달성구, 유성구, 진주시, 고흥군, 서귀포시, 고양시, 개양구, 동작구
> 기본 값 : 동작구

동작 4 **고객주문기본폼II**를 저장하고 실행하고 콤보 상자의 목록을 확인한다.

12.5 텍스트 상자의 조건식 설정

다음 [따라하기 12.5]는 **고객주문기본폼II**의 **비고** 텍스트 상자에 고객의 **직위**가 **대표**이면 **최대 6%까지 할인 가능**으로, **직위**가 **영업과장**이면 **최대 5%까지 할인 가능**으로, 나머지는 **할인율 없음**으로 자동 표시되게 하는 조건 함수(iif)를 이용한 수식을 설정하고 이를 확인하는 실습이다.

따라하기 ━━━━━━ 12.5

동작 1 **고객주문기본폼II**의 디자인 창을 열고 **직위** 콤보 상자의 속성 창을 열어 콤보 상자의 **이름**을 **폼직위**로 수정한다.

동작 2 **비고** 텍스트 상자의 속성 창을 열고 컨트롤 원본의 **작성기(⋯)**를 이용하여 다음 식을 입력한다.

> =iif([폼직위]="대표", "최대 6%까지 할인 가능", iif([폼직위]="영업과장", "최대 5%까지 할인 가능", "할인율 없음"))

동작 3 **고객주문기본폼II**를 저장하고 실행하고 **직위** 콤보 상자의 목록을 선택하여 **비고**의 내용을 확인한다.

12.6 폼과 테이블의 바운딩

바운딩(bounding)은 폼의 컨트롤과 테이블을 연결시키는 작업이다. 사용자 정의 폼을 만드는 폼 디자인은 액세스에서 포함된 VBA(Visual Basic for Applicaions) 환경이지만 테이블의 디자인/실행 환경은 액세스의 DBMS 환경이다. 따라서 폼과 테이블은 사용 목적과 방법이 다른 두 가지 환경에서 만들어졌으므로 폼 디자인의 텍스트 상자 및 콤보 상자에는 언바운딩으로 표시되어 있고 실행 시 테이블의 데이터가 폼에 표시되지 않는다. 그러므로 테이블(고객)의 데이터를 폼(고객자료입력II)에 연동하여 표시하려면 바운딩의 과정을 거쳐야 한다.

다음 [따라하기 12.6]은 **고객주문기본II**에서 **비고** 텍스트 상자를 제외한 컨트롤 도구를 **고객** 테이블의 해당 필드에 바운딩(bounding)하고 **비고** 텍스트 상자의 <u>사용</u> 속성과 <u>잠금</u> 속성을 변경하는 실습이다.

동작 1 **고객주문기본폼II**의 디자인 창을 열고 폼 전체 속성 창의 데이터 탭에서 레코드 원본으로 **고객**을 선택한다.

동작 2 **고객번호**의 텍스트 상자의 속성에서 레코드 원본의 목록에서 **고객번호**를 선택한다.

동작 3 동일한 방법으로 담당자 텍스트 상자의 레코드 원본은 목록에서 **성명**을 선택한다.

동작 4 동일한 방법으로 **상호명**, **직위**, **광역시/도**, **구/시/군**, **동/번지**, **전화번호**의 레코드 원본을 각각 설정한다.

동작 5 **비고** 텍스트 상자의 속성 창을 열어 사용은 **아니오**로 잠금은 **예**로 설정한다.

동작 6 **고객주문기본폼II**를 저장하고 실행하고 기본 폼에 **고객** 테이블의 첫 번째 레코드가 표시되는지를 확인한다.

12.7 명령 단추(버튼)의 삽입

다음 [따라하기 12.7]은 〈그림 12.5〉와 같이 **고객주문기본폼II**에 레코드 이동과 관련한 명령 버튼을 만들어 실행하는 실습이다.

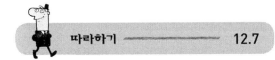

〈**그림 12.5**〉 명령 단추를 삽입한 **고객주문기본폼II**

따라하기 ────────── 12.7

동작 1 **고객주문기본폼II**의 디자인 보기 창을 열고 〈그림 12.5〉를 참조하여 명령 단추를 삽입할 수 있도록 본문의 크기를 적절히 조절한 후 컨트롤 그룹의 **컨트롤 마법사 사용**( )이 사용 가능한 상태인지를 확인한다.

동작 2 컨트롤 그룹에서 명령 단추( )를 클릭하고 〈그림 12.5〉의 **처음** 버튼 크기와 동일한 크기로 삽입한 후, **종류:**는 **레코드 탐색**, **매크로 함수:**는 **첫 레코드로 이동**을 선택한 후 **다음(N)〉**를 클릭한다.

동작 3 **문자열:**의 라디오 버튼 선택( )하고 문자열로 **처음**을 입력한 후 **다음(N)〉**를 클릭하여 단추 이름으로 **처음단추**를 입력한 후 **마침(F)〉**를 클릭한다.

동작 4 동일한 방법으로 이전, 다음, 마지막, 신규등록, 닫기 명령 단추를 아래의 내용을 참조하여 〈그림 12.5〉와 같은 폼으로 작성한다.

이전 명령 단추 　　- 종류: **레코드 탐색**
　　　　　　　　　　매크로 함수: **이전 레코드로 이동**
　　　　　　　　　　문자열: **이전**
　　　　　　　　　　단추 이름 : **이전단추**

다음 명령 단추 　　- 종류: **레코드 탐색**
　　　　　　　　　　매크로 함수: **다음 레코드로 이동**
　　　　　　　　　　문자열: **다음**
　　　　　　　　　　단추 이름 : **다음단추**

마지막 명령 단추 　- 종류: **레코드 탐색**
　　　　　　　　　　매크로 함수: **마지막 레코드로 이동**
　　　　　　　　　　문자열: **마지막**
　　　　　　　　　　단추 이름 : **마지막단추**

신규등록 명령 단추 - 종류: **레코드 작업**
　　　　　　　　　　매크로 함수: **새 레코드 추가**
　　　　　　　　　　문자열: **신규등록**
　　　　　　　　　　단추 이름 : **신규등록단추**

닫기 명령 단추 　　- 종류: **폼 작업**
　　　　　　　　　　매크로 함수: **폼 닫기**
　　　　　　　　　　문자열: **닫기**
　　　　　　　　　　단추 이름 : **닫기단추**

동작 5 **고객주문기본폼II** 디자인 창을 연 후 폼 전체 속성 창을 열어 탐색 단추를 **아니오**로 선택한다.

Help!!

탐색 단추를 **아니오**로 설정하면 폼의 하단에 표시되는 레코드 탐색 단추를 더 이상 사용할 수 없게 된다. 처음, 이전, 다음, 마지막 등의 단추가 만들어졌으므로 레코드 탐색 단추의 사용을 아니오로 설정하는 것이다. 그러나 사용자의 필요에 따라 표시하거나 표시하지 않을 수 있다.

동작 6 **고객주문기본폼II**을 실행하고 레코드를 이동시켜 결과를 확인한다.

12.8 레코드 수 표시하기

다음 [따라하기 12.8]은 **고객주문기본폼II**에서 전체 레코드수를 표시하는 텍스트 상자를 만드는 실습이다.

따라하기 ———— 12.8

동작 1 **고객주문기본폼II**의 디자인 창에서 컨트롤 그룹의 **컨트롤 마법사 사용** ( )이 사용 가능하지 않도록 한다.

동작 2 〈그림 12.6〉을 참조하여 텍스트 상자 컨트롤을 만들고 레이블의 캡션에는 **레코드 수:**를 입력하고 레이블과 텍스트 상자의 크기를 적절히 조절한 후, 레코드 수 텍스트 상자의 속성 창을 열어 **컨트롤 원본**으로 **=count(*)**을 입력한다.

| 처음 | 이전 | 다음 | 마지막 | 레코드 수 | 언바... | 신규등록 | 닫기 |

〈그림 12.6〉 레코드 수 표시를 위한 텍스트 상자 삽입

동작 3 레코드 수 텍스트 상자의 데이터 속성 창에서 사용을 **아니오**로, 잠금을 **예**로 설정한다.

동작 4 **고객주문기본폼II**를 저장한 후 실행하고 결과를 확인한다.

12.9   AfterUpdate 이벤트의 사용

다음 [따라하기 12.9]는 **고객주문기본폼II**의 마지막 텍스트 상자 **전화번호**에서 데이터를 입력하거나 수정할 때 탭이 **고객번호** 텍스트 상자로 이동하도록 하는 실습이다.

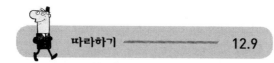

따라하기 12.9

동작 1 **고객주문기본폼II**의 디자인 보기에서 **전화번호** 텍스트 상자의 이름을 **폼 전화번호**로 수정한다.

동작 2 동일한 방법으로 **고객번호** 텍스트 상자의 이름을 **폼고객번호**로 변경하고 한다.

동작 3 **전화번호** 텍스트 상자의 속성 창을 열어 **이벤트**의 AfterUpdate 입력란 우측에 있는 작성기 버튼(⋯)을 클릭하고 **코드 작성기**를 선택하여 다음의 코드를 입력한다.

```
Private Sub 폼전화번호_AfterUpdate()
        폼고객번호.Setfocus
End Sub
```

동작 4 **고객주문기본폼II**를 저장한 후 실행하고 결과를 확인한다.

Help!!

대량의 데이터를 입력할 때는 전화번호 텍스트 상자에서 데이터를 입력하면 바로 신규 등록
이 될 수 있도록 고객번호 텍스트 상자로 커서가 바로 이동하면 편리하다. 마지막 항목 데이
터인 전화번호를 입력하면 자동으로 신규 등록이 되도록 하려면 **고객번호.Setfocus** 코드 대
신에 **DoCmd.GoToRecord,,acNewRec**를 넣는다.

12.10 하위 폼의 삽입

다음의 [따라하기 12.10]은 기본 폼으로 만든 **고객주문기본폼II**를 수정하여 하위 폼
을 삽입하는 실습이다.

따라하기 ———— 12.10

동작 1 **고객주문기본폼II**의 디자인 보기에서 컨트롤 그룹의 **컨트롤 마법사 사용**
( )이 사용 가능하도록 하고 〈그림 12.7〉을 참조하여 본문의 크기를
아래로 끌어 하위 폼을 삽입할 수 있는 공간을 만든다.

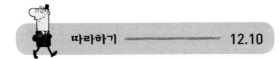

〈그림 12.7〉 **기본주문기본폼II**에 하위 폼의 삽입

동작 2 컨트롤 도구 상자에서 하위 폼/하위 보고서(🖿) 컨트롤 작성 도구를 클릭하고 폼에서 마우스 좌측 버튼을 누른 채 끌어 〈그림 12.7〉과 같이 하위 폼 컨트롤을 삽입하면 하위 폼 마법사 창이 열린다.

동작 3 하위 폼 마법사 창에서 ⦿ 기존 테이블 및 쿼리 사용(T)를 선택(선택으로 디폴트 되어 있음)하고 다음(N)〉 버튼을 클릭하면 테이블/쿼리 및 필드 선택 창이 열린다.

동작 4 테이블/쿼리 및 필드 선택 창에서 테이블/쿼리 콤보 상자의 **테이블: 주문**을 선택한 후 **주문** 테이블의 필드를 모두 선택하고 다음(N)〉 버튼을 클릭하면 기본 폼과 하위 폼을 연결을 방법을 선택하는 창이 열린다.

동작 5 ⦿ 목록에서 선택을 지정하고 아래의 목록에서 고객번호을(를)....을 선택하고 다음(N)〉 버튼을 클릭하면 하위 폼 이름 입력 창이 열린다.

동작 6 하위 폼 이름으로 **고객주문하위폼II**를 입력하고 마침(F) 버튼을 클릭하고 하위 폼의 크기를 적절히 조절한다.

동작 7 하위 폼의 제목인 고객주문하위폼II로 마우스 포인터를 이동시켜 클릭한 후 **주문자료**로 제목을 수정한다.

동작 8 〈그림 12.7〉을 참조하여 **고객주문기본폼II**의 하위 폼의 크기를 적절히 조절하고 수정된 폼을 모두 저장한다.

동작 9 **고객주문기본폼II**을 실행하여 **신규등록**을 제외한 레코드 이동 버튼을 클릭하여 결과를 확인한다.

동작 10 〈그림 12.8〉을 참조하여 하위 폼의 열 너비를 적절히 조절하고 **고객번호**에서 우측 버튼을 클릭하여 표시된 메뉴에서 **필드 숨기기**를 한다.

〈그림 12.8〉 고객주문기본폼II

동작 1 **고객주문기본폼II**를 이용하여 **송이가익는집**의 레코드 내용과 주문내역을 확인하라.

동작 2 **고객주문기본폼II**를 이용하여 아래의 신규 고객을 등록하고 주문내역을 입력하라.

121, 숭어가뛰는집, 저숭어, 대표, 부산광역시, 해운대구, 우동, 454-3409
19-07-27, 매실차, 19, 23450, Yes, No
19-07-27, 녹차,　33, 23890, Yes, Yes

12.11 종합 연습문제

네모헬스 회원의 건강식품의 주문 처리를 위한 사용자 정의 폼 **회원주문기본폼**을 아래의 처리조건으로 〈그림 12.11〉과 같이 완성하고 이를 이용하여 회원의 주문 내용을 입력하라.

[처리조건]

1) 데이터베이스 명은 **네모헬스**로 한다.

2) 〈그림 12.10〉의 테이블 명은 **헬스회원**, 〈그림 12.11〉의 테이블 명은 **주문**으로 하고 테이블 내용을 참조하여 테이블 구조를 결정한다.

    ※ 8장의 종합 연습문제 파일(**네모헬스.MDB**)이 있으면 이를 활용해도 무방하다.

    ※ 두 테이블간의 ER-Win 모델은 〈그림 12.9〉를 참조한다.

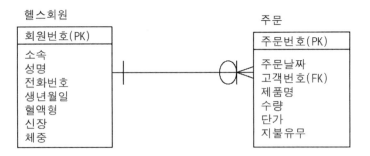

〈**그림 12.9**〉 ER-Win으로 표현한 **헬스회원-주문 모델**

3) 기본 폼 명은 **회원주문기본폼**으로 하고, 하위 폼 명은 **회원주문하위폼**으로 저장한다.

4) 테이블의 데이터 입력은 만들어진 **회원주문기본폼**을 이용해 입력한다.

가. 입력 자료(data)

[헬스회원]

회원번호	소 속	성 명	전화번호	생년월일	혈액형	신장	체중
1001	COEX	오리온	2553-6672	90/02/18	A	170	60
2001	COMA	가리비	8897-2213	89/09/09	AB	167	75
1002	COEX	나른해	2236-6659	92/02/28	O	178	80
1003	COMA	얼씨구	6656-6621	89/07/09	B	176	66
2002	RISTE	주을래	4569-2013	87/05/06	A	180	55
1004	RISTE	가지마	5265-2653	88/03/06	AB	179	50
1005	RISTE	절씨구	1145-6523	90/11/12	B	178	67
2003	COMA	화구라	8879-2156	91/12/01	A	176	89
1006	COMA	하수상	2136-0213	90/07/07	O	175	76
2004	COEX	이동극	6521-0021	91/06/06	O	170	59
2005	COEX	허사수	9546-2115	91/01/02	A	165	47
2006	COMA	고두기	4125-3202	89/02/01	A	169	60
2007	RISTE	허설해	9859-6215	90/09/31	AB	172	65

〈그림 12.10〉

[주문]

주문번호	주문날짜	고객번호	제품명	수량	단가	지불유무
일련번호	19-09-01	1001	ST1007	2	34500	Yes
	19-09-01	1001	RR5600	1	12300	No
	19-09-02	1003	RT5470	3	23400	Yes
	19-09-03	1004	EW2345	4	12400	Yes
	19-09-03	1005	GR6788	2	23450	No
	19-09-04	1006	ST1007	1	34500	Yes
	19-09-04	2001	RR5600	2	12300	No
	19-09-06	2002	KJ4738	2	12430	Yes
	19-09-07	2003	GE2323	1	23490	Yes
	19-09-08	2004	SW1235	1	21430	Yes
	19-09-09	2005	SH3209	2	21100	Yes
	19-09-10	2006	KJ4738	3	12430	No
	19-09-11	2007	TT1290	4	23120	Yes
	19-09-12	2007	SE5560	3	24130	Yes

〈그림 12.11〉

나. 입력/검색 화면(screen)

[처리조건]

※ 컨트롤의 이름은 필요시 작성자가 적절히 부여한다.

1) **회원번호**, **전화번호**, **생년월일**은 입력마스크를 사용하여 데이터를 입력한다.

2) **소속**, **혈액형**의 데이터 입력은 콤보 상자를 이용한다.

3) 폼의 **비고**는 **신장**과 **체중**에 따라 다음의 조건대로 표시되도록 하고 탭 이동 및 데이터 입력을 할 수 없도록 한다.

　　[조건] 체중이 **(신장-체중)*0.9+10**의 값보다 크면 **과체중이므로 관리가 요구됨**으로
　　　　　체중이 **(신장-체중)*0.9-10**의 값보다 적으면 **저체중이므로 관리가 요구됨**으
　　　　　로 나머지는 **정상으로 상태가 좋습니다**로 표시되게 한다.

4) 아래 동작을 일으키는 **처음**, **이전**, **다음**, **마지막**, **신규등록**, **닫기** 단추(버튼)를 추가하고 탐색 단추를 사용할 수 없도록 한다.

　　처음 : 처음 레코드로 이동한다.
　　이전 : 이전 레코드로 이동한다.
　　다음 : 다음 레코드로 이동한다.
　　마지막 : 마지막 레코드로 이동한다.
　　신규등록 : 새로운 데이터를 입력한다.
　　닫기 : **회원주문기본폼**의 창을 닫는다.

5) 폼의 **레코드 수** 우측 텍스트 상자에는 입력된 고객의 전체 레코드 수가 **자동으로 표시**되도록 하고 탭 이동 및 데이터 입력을 할 수 없도록 한다.

6) **체중** 데이터를 입력하거나 수정한 후 **Tab** 키를 이용해 탭을 이동시키면 **회원번호** 텍스트 상자로 탭이 이동하도록 한다.

네모 헬스 회원자료 입력

회원번호		소 속	▼
성 명		전화번호	
생년월일		혈 액 형	▼
신장(cm)		체중(kg)	
비 고			

| 처음 | 이전 | 다음 | 마지막 | 레코드 수: | 신규등록 | 닫기 |

주문자료

주문번호	주문날짜	제품명	수량	단가	지불여부

〈그림 12.12〉 **회원주문기본폼**의 디자인 형태

12.12 보건의료 연습문제

HK메디컬의 진료등록 업무의 처리를 위한 사용자 정의 폼 **HK메디컬진료관리기본폼**과 **HK메디컬진료관리하위폼**을 아래의 처리조건으로 〈그림 12.16〉과 같이 완성하고 이를 이용하여 〈그림 12.14A〉와 〈그림 12.14B〉의 진료등록 데이터를 입력하고 등록자의 〈그림 12.15〉 진료 내용을 하위 폼을 이용해 입력하라.

[처리조건]

1) 데이터베이스는 **HK메디컬진료관리.accdb**를 활용한다.

2) 〈그림 12.14〉의 테이블 명은 진료등록이다. 새로 만드는 〈그림 12.15〉의 테이블 명은 **진료**로 하고 테이블 내용을 참조하여 테이블 구조를 결정한다.

※ 8장의 종합 연습문제 파일(**HK메디컬진료관리.accdb**)을 사용하여 **HK메디컬진료관리기본폼**을 작성한다.

※ 두 테이블간의 관계는 〈그림 12.13〉과 같이 한다.

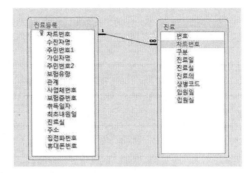

〈그림 12.13〉 관계를 설정한 **진료등록-진료** 모델

3) 기본 폼 명은 **HK메디컬진료관리기본폼**으로 하고, 하위 폼 명은 **HK메디컬진료관리하위폼**으로 저장한다.

4) 테이블의 데이터 입력은 만들어진 **HK메디컬진료관리기본폼**과 **HK메디컬진료관리하위폼**을 이용해 입력한다.

가. 입력 자료(data)

[진료등록 자료]

인적정보							보험정보
차트번호	수진자명	주민번호1	가입자명	주민번호2	보험유형	관계	사업체번호
HKM0042	이달순	831214-219****	이달순	831214-219****	국민건강보험	본인	80001601
HKM0043	김막달	011017-133****	구서방	840203-117****	국민건강보험	자녀	80006402
HKM0044	박호랑	061914-176****	박랑이	820717-159****	국민건강보험	자녀	80007703

〈그림 12.14A〉

보험정보		가타정보				
보험증번호	취득일자	최초내원일	진료실	주소	전화번호	휴대폰번호
5901424055	10/07/07	19/11/09	제3진료실	경상남도 진주시	055-202-1234	010-8945-0001
6363667745	13/07/15	19/11/10	제1진료실	경상남도 사천시	055-606-2222	010-2268-2211
9777958973	14/08/22	19/11/12	제2진료실	부산광역시 해운대구	051-707-2311	010-2214-3366

〈그림 12.14B〉

[진료 자료]

번호	차트번호	구분	진료일	진료실	진료의	상병코드	입원일	입원실
일련번호	HKM0042	초진	19-11-09	제3진료실	김명의	E1478	-	-
	HKM0043	초진	19-11-10	제1진료실	허준희	N083	-	-
	HKM0044	초진	19-11-12	제2진료실	박하타	C241	-	-
	HKM0042	재진	19-11-10	제3진료실	김명의	E1478	19-11-10	A10104
	HKM0043	응급	19-11-13	제1진료실	허준희	N083	19-11-15	B11305
	HKM0044	응급	19-11-13	제2진료실	박하타	C241	19-11-15	A10106
	HKM0042	재진	19-11-11	제3진료실	이명의	E1478	19-11-11	A10104
	HKM0043	재진	19-11-16	제1진료실	허준희	N083	19-11-16	B11305
	HKM0044	재진	19-11-17	제2진료실	박하타	C241	19-11-16	A10106

〈그림 12.15〉

나. 입력/검색 화면(screen)

[처리조건]

※ 컨트롤의 이름은 필요시 작성자가 적절히 부여한다.

1) **차트번호, 주민번호1, 주민번호, 사업체번호, 보험증번호, 취득일자, 최초내원일, 전화번호, 휴대폰번호**는 입력마스크를 사용하여 데이터를 입력한다.

2) **보험유형, 관계, 진료실**의 데이터 입력은 콤보 상자를 이용한다.

3) 폼의 **비고**는 **가입자명**에 따라 다음의 조건대로 표시되도록 하고 탭 이동 및 데이터 입력을 할 수 없도록 속성을 변경한다.
   [조건] 가입자명이 공백이 아니면 **보험 처리**로 아니면 **일반 처리**로 처리한다.

4) 아래 동작을 일으키는 **처음, 이전, 다음, 마지막, 신규등록, 닫기** 단추(버튼)를 추가하고 탐색 단추를 사용할 수 없도록 한다.

   처음 : 처음 레코드로 이동한다.

   이전 : 이전 레코드로 이동한다.

   다음 : 다음 레코드로 이동한다.

   마지막 : 마지막 레코드로 이동한다.

   신규등록 : 새로운 데이터를 입력한다.

   닫기 : **HK메디컬진료관리기본폼**의 창을 닫는다.

5) 폼의 **레코드 수** 우측 텍스트 상자에는 입력된 진료등록자의 전체 레코드 수가 **표시**되도록 한다.

6) 하위 폼은 아래와 같이 처리한다.
   ① **구분**(초진, 재진, 응급)과 **진료실**(제1진료실, 제2진료실, 제3진료실)은 콤보 상자로 처리하고 **구분**의 <u>기본 값</u>은 응급, 진료실의 <u>기본 값</u>은 제1진료실로 처리한다.
   ② **번호**와 **차트번호**는 자동 입력되므로 탭 정지하지 않는다.
   ③ **진료일**, **상병코드**, **입원일**, **입원실**은 입력마스크로 입력하도록 처리한다.
   ④ 하위 폼의 행 너비를 적절히 조절한다.

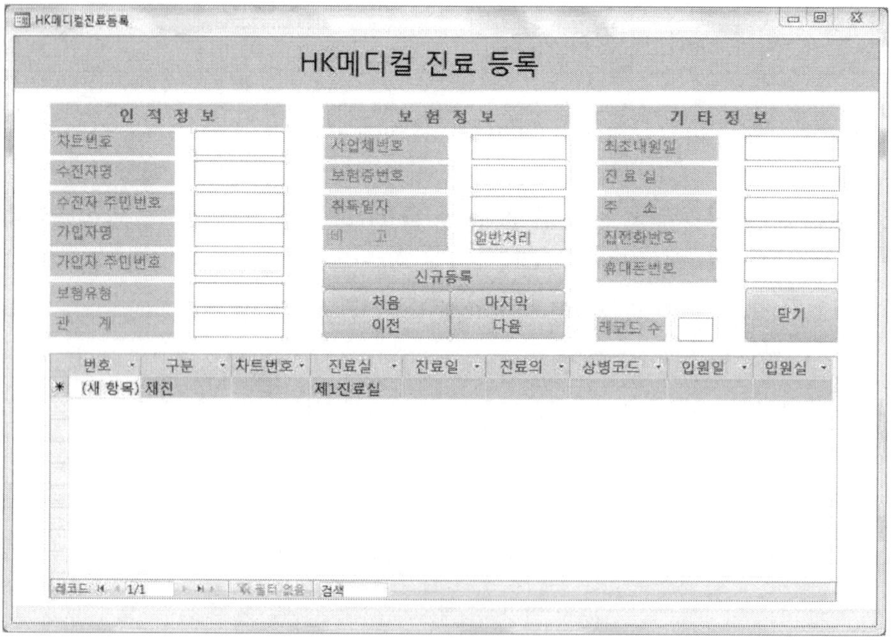

〈그림 12.16〉 HK메디컬진료관리기본폼의 디자인 형태

13

테이블 조인을 이용한 선택 쿼리

조인(join)이란 두 개 이상의 테이블을 합성하여 유용한 정보를 추출하는 연산을 말한다. 관계가 없는 테이블 사이의 조인도 가능하기는 하지만 대부분의 경우 관계가 설정된 테이블 간에 조인을 수행하고 이를 통해 통합적인 정보를 제공한다. 조인에는 내부 조인, 크로스 조인, 외부 조인, 자체 조인 등 여러 가지가 있다. 내부 조인(inner join)은 각 테이블에서 비교 연산자에 의한 조인 조건을 만족하는 행들만 조인 테이블에 포함시켜주는 조인으로 대부분의 조인은 이에 해당한다. 크로스 조인(cross join)은 두 테이블을 서로 곱하는 개념의 연산으로 일명 카티션 곱(Cartesian product)라 한다. 외부 조인(outer join)은 조인 조건을 만족하지 않는 행까지 결과 집합에 포함시켜 돌려주는 특수한 조인으로 집계 등에 종종 사용된다. 자체 조인(self join)은 자기 자신의 테이블과 하는 조인으로 흔하지는 않지만 같은 테이블의 서로 관련이 있는 행들을 조합해서 추출할 필요가 있을 때 종종 사용된다.

(사 례) 고조선 기업의 사장인 고수준씨는 **영업관리.MDB**에 추가로 **주문** 테이블을 만들어 고객의 주문 자료를 수집하여 저장하고 입금여부 및 배송여부 등 다양한 정보를 기업 관리에 활용하고자 한다. 따라서 고수준씨는 **고객**과 **주문** 두 개의 테이블에 저장된 데이터의 조인 연산을 수행하는 쿼리로 금액 계산, 기간별 매출 금액, 지역별 매출자료 분석 등 다양한 정보를 산출하려고 한다.

13.1 두 테이블의 조인과 선택 쿼리 만들기

관계형 DBMS의 가장 강력한 기능중의 하나가 테이블간의 관계를 정의하고 조인(join) 할 수 있는 기능이다. 조인된 두 개의 테이블은 액세스 선택 쿼리를 통해 강력한 정보를 만들어 낼 수 있다. 예를 들어 **고객** 테이블에는 고객 정보만 저장되어 있고 **주문** 테이블에는 **고객번호**를 외래 키(FK)로 고객의 주문 내역이 저장되어 있다. 그러나 두 개의 테이블 관계를 이용하면 **고객** 테이블의 **상호명**과 **주문**의 **주문날짜**, **수량**, **단가** 필드를 한꺼번에 표시할 수 있다.

다음 [따라하기 13.1]은 **고객** 테이블의 **상호명**과 **주문**의 **주문날짜**, **수량**, **단가** 필드를 모두 표시하는 쿼리를 만드는 실습이다.

따라하기 ——————— 13.1

동작 1 **영업관리.accdb**의 쿼리 개체에서 만들기 리본 메뉴에서 쿼리 디자인을
클릭한다.

◎ 선택 쿼리 디자인 창이 열린다.

동작 2 테이블 표시 창에서 고객 테이블과 주문 테이블을 추가한다.

◎ 선택 쿼리 디자인 창에 **고객** 필드과 **주문** 테이블이 추가된다.

동작 3 테이블 표시 창의 닫기 버튼을 클릭한다.

동작 4 하단의 필드 영역에 고객 테이블의 **상호명** 필드를 추가한다.

◎ **필드:** 에는 **상호명**이 **테이블:** 에는 **고객**이 표시된다.

동작 5 하단의 필드 영역에 주문 테이블의 **주문날짜**, **상품명**, **수량**, **단가** 필드를
차례로 추가한다.

◎ 선택 쿼리 디자인 결과는 〈그림 13.1〉과 같다.
◎ 쿼리2는 임시로 부여된 쿼리 이름으로 사용자에 따라 다를 수 있다.

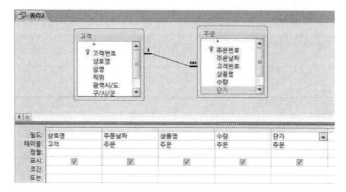

〈그림 13.1〉 선택 쿼리 디자인 결과

동작 6 **상호명** 필드 아래의 **정렬:** 입력 부분을 **오름 차순**으로 한다.

◎ **상호명**의 **정렬:** 부분에 **오름차순**이 입력된다.

동작 7 선택 쿼리 디자인 창을 닫고 **쿼리 이름(N)** 텍스트 상자에 임시 쿼리 이름을 **주문자료검색**으로 수정하고 저장한다.

◎ 선택 쿼리가 **주문자료검색**으로 저장된다.

동작 8 **주문자료검색** 쿼리를 실행한다.

◎ 실행된 **주문자료검색** 쿼리는 〈그림 13.2〉와 같다.
◎ 레코드가 **상호명** 오름차순으로 정렬되어 있다.
◎ **고객**과 **주문** 테이블의 필드가 마치 한 개의 테이블인 것처럼 표시된다.
◎ **주문** 테이블에 없는 고객은 표시되지 않는다.
◎ 레코드의 개수나 내용은 사용자에 따라 다를 수 있다.

주문자료검색

상호명	주문날짜	상품명	수량	단가
가버린내일	2019-07-15	매실차	19	23450
내일로가는길	2019-07-14	감잎차	15	32180
내일로가는길	2019-07-12	녹차	40	23890
내일로가는길	2019-07-15	생강차	17	14570
눈내리는밤	2019-07-17	홍차	43	35400
눈내리는밤	2019-07-21	모과차	18	15290
바다가보이는풍경	2019-07-25	생강차	21	14570
바다가보이는풍경	2019-07-25	홍차	24	35400
삶	2019-07-19	감잎차	75	32180
송이가익는집	2019-07-26	유자차	21	12900
송이가익는집	2019-07-26	매실차	24	23450
송이가익는집	2019-07-26	녹차	22	23890
이슬맺힌풍경	2019-07-18	녹차	69	23890
잃어버린오늘	2019-07-16	인삼차	25	24760
잃어버린오늘	2019-07-19	인삼차	22	24760
잃어버린오늘	2019-07-20	생강차	30	14570
홀로있는뜰	2019-07-22	인삼차	19	24760
홀로있는뜰	2019-07-15	홍차	18	35400
홀로있는뜰	2019-07-12	유자차	20	12900
*				

〈그림 13.2〉 **주문자료검색** 쿼리 실행 결과

동작 9 **주문자료검색** 쿼리 실행 창을 닫는다.

13.2 계산 필드의 추가

〈그림 13.2〉의 결과에 부가 가치세 10%를 반영한 **금액** 필드를 추가하여 표시하려면 **금액** 계산 필드를 추가하면 된다. **금액** 계산 필드는 단가 * 수량에 부가 가치세 10%를 반영하여 계산하면 된다. 그러나 **금액**의 십원 단위 미만은 반올림되어 절사되게 하려면 INT 함수를 이용한다. INT 함수는 정수(integer)라는 의미의 함수로 소수점이 포함된 실수의 소수점 이하를 절사하여 원시 값보다 적은 정수로 만드는 함수이다. 예를 들어 109.8인 값에 INT함수를 적용하면 109가 된다. 금액의 1원 단위를 반올림하여 절사하려면 아래의 수식을 사용하면 된다.

```
금액 : 수량 * 단가 * 1.1
금액 : int( 수량 * 단가 * 1.1 / 10 + 0.5 ) * 10
```

다음 [따라하기 13.2]는 **주문자료검색** 쿼리를 수정하여 계산 필드인 **금액**을 INT 함수를 이용한 수식으로 계산하고 **금액**의 표시 형식을 통화(₩)로 지정하는 실습이다.

따라하기 ————————————— **13.2**

동작 1 쿼리 개체에서 주문자료검색 쿼리를 선택하고 디자인 보기(D)를 실행한다.

◎ **주문자료검색** 디자인 창이 열린다.

동작 2 하단의 **단가** 필드 우측 영역에 다음 내용을 추가하여 입력한다.

금액 : int([수량] * [단가] * 1.1 / 10 + 0.5) * 10

◎ 대괄호는 테이블에 정의되어 있는 필드임을 나타낸다.
◎ 콜론(:) 좌측의 **금액**은 계산 필드의 필드명이 된다.
◎ 콜론(:) 우측은 관련된 수식을 기술한다.
◎ 테이블 표시 난에는 아무 것도 표시되지 않는다.

Help!!

식 작성기의 사용
계산 필드에 식을 입력하는 방법은 필드 영역에 식을 직접 입력하는 방법과 식 작성기를 이용하여 입력하는 방법이 있다. 식 작성기를 이용하려면 계산 필드를 입력할 위치에서 우측 버튼을 클릭한 후 팝업 메뉴에서 작성(B)...을 클릭하거나 도구 모음에서 작성(⚒) 도구를 클릭한다.

동작 3 **금액** 계산 필드에 마우스 포인터를 옮기고 **우측 버튼**을 클릭하고 팝업 메뉴에서 속성을 클릭한다.

◎ 〈그림 13.3〉과 같은 필드 속성 창이 열린다.

〈**그림 13.3**〉 필드 속성 창

동작 4 필드 속성 창에서 형식.......의 텍스트 상자를 클릭하고 목록 표시 버튼(
 ▼)을 클릭한다.

◎ 형식에서 선택할 수 있는 목록이 표시된다.

동작 5 형식 선택 목록에서 **통화**를 선택한다.

◎ **금액** 계산 필드의 표시 형식이 **통화**로 지정된다.

동작 6 수정된 **주문자료검색** 쿼리를 저장하고 실행한다.

◎ 〈그림 13.4〉와 같이 **금액** 필드에 금액이 계산되어 있다.
◎ **금액** 필드에 통화(₩) 형식이 표시되어 있다.

상호명	주문날짜	상품명	수량	단가	금액
가버린내일	2019-07-15	매실차	19	23450	₩490,110
내일로가는길	2019-07-14	감잎차	15	32180	₩530,970
내일로가는길	2019-07-12	녹차	40	23890	₩1,051,160
내일로가는길	2019-07-15	생강차	17	14570	₩272,460
눈내리는밤	2019-07-17	홍차	43	35400	₩1,674,420
눈내리는밤	2019-07-21	모과차	18	15290	₩302,740
바다가보이는풍경	2019-07-25	생강차	21	14570	₩336,570
바다가보이는풍경	2019-07-25	홍차	24	35400	₩934,560
삼	2019-07-19	감잎차	75	32180	₩2,654,850
송이가익는집	2019-07-26	유자차	21	12900	₩297,990
송이가익는집	2019-07-26	매실차	24	23450	₩619,080
송이가익는집	2019-07-26	녹차	22	23890	₩578,140
이슬맺힌풍경	2019-07-18	녹차	69	23890	₩1,813,250
잃어버린오늘	2019-07-16	인삼차	25	24760	₩680,900
잃어버린오늘	2019-07-19	인삼차	22	24760	₩599,190
잃어버린오늘	2019-07-20	생강차	30	14570	₩480,810
홀로있는뜰	2019-07-22	인삼차	19	24760	₩517,480
홀로있는뜰	2019-07-15	홍차	18	35400	₩700,920
홀로있는뜰	2019-07-12	유자차	20	12900	₩283,800

〈**그림 13.4**〉 **금액** 계산 필드가 추가된 쿼리 실행 결과

동작 7 **주문자료검색** 쿼리를 실행 창을 닫는다.

다음 [따라하기 13.3]은 **주문자료검색** 쿼리를 수정하여 주문한 내용의 금액을 입금하지 않은 레코드만을 검색하는 실습이다.

따라하기 ———— 13.3

동작 1 주문자료검색 쿼리를 선택하고 디자인 보기(D)를 실행한다.

◎ **주문자료검색** 디자인 창이 열린다.

동작 2 하단의 **금액** 필드의 우측 필드 영역에 주문 테이블의 **입금여부** 필드를 추가한다.

◎ **입금여부** 필드가 추가된다.

동작 3 추가된 **입금여부** 필드 아래의 조건: 텍스트 상자에 **No**를 입력한다.

◎ **입금여부** 필드의 조건 텍스트 상자에 **No**가 입력된다.

동작 4 수정된 쿼리를 저장하고 실행한다.

◎ 〈그림 13.5〉과 같이 입금하지 않은 고객의 자료가 표시된다.

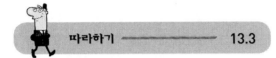

상호명	주문날짜	상품명	수량	단가	금액	입금여부
눈내리는밤	2019-07-21	모과차	18	15290	₩302,740	
송이가익는집	2019-07-26	유자차	21	12900	₩297,990	
잃어버린오늘	2019-07-16	인삼차	25	24760	₩680,900	
*						

〈그림 13.5〉 입금하지 않은 고객 검색 결과

동작 5 쿼리 실행 창을 닫는다.

혼자하기 ─────── 13.1

주문자료검색 쿼리를 수정하여 주문한 내용의 금액을 입금한 고객을 검색하라.

13.3 비교 연산자를 사용한 선택 쿼리

쿼리에서 비교 연산자를 이용하면 다양한 정보를 정확하고 빠르게 검색해 낼 수 있다. 비교 연산자에는 앞서 취급한 =, Like, 〈〉 연산자 이외에 〈, 〈=, 〉, 〉=등의 연산자가 있고 특정 범위의 값을 검색하는 Between...and 연산자가 있다. 예를 들어 계산 필드인 **금액**의 값이 500,000원 이상인 데이터를 검색하거나 일정 기간내의 레코드만을 검색해 낼 수도 있다.

다음 [따라하기 13.4]는 **주문자료검색** 쿼리를 수정하여 **금액**의 값이 500,000원 이상인 데이터를 검색하는 실습이다.

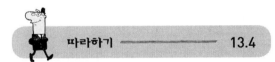

따라하기 ─────── 13.4

동작 1 **주문자료검색** 쿼리를 선택하고 **디자인 보기(D)**를 실행한다.

◎ **주문자료검색** 디자인 창이 열린다.

동작 2 **입금여부** 필드의 조건: 텍스트 상자에 있는 내용을 지운다.

◎ 검색하고자하는 내용이 **입금여부**와 무관하므로 **입금여부** 필드의 조건은 없어야 한다.

동작 3 **금액** 필드의 조건: 텍스트 상자에 〉=500000을 입력한다.

◎ **금액**이 500000원 이상인 거래처를 검색하는 조건 식이 된다.

동작 4 수정된 쿼리를 저장하고 실행한다.

◎ 〈그림 13.6〉과 같이 **금액**이 500000원 이상인 레코드가 검색된다.

상호명	주문날짜	상품명	수량	단가	금액	입금여부
내일로가는길	2019-07-14	감잎차	15	32180	₩530,970	☑
내일로가는길	2019-07-12	녹차	40	23890	₩1,051,160	☑
눈내리는밤	2019-07-17	홍차	43	35400	₩1,674,420	☑
바다가보이는풍경	2019-07-25	홍차	24	35400	₩934,560	☑
삶	2019-07-19	감잎차	75	32180	₩2,654,850	☑
송이가익는집	2019-07-26	녹차	22	23890	₩578,140	☑
송이가익는집	2019-07-26	매실차	24	23450	₩619,080	☑
이슬맺힌풍경	2019-07-18	녹차	69	23890	₩1,813,250	☑
잃어버린오늘	2019-07-19	인삼차	22	24760	₩599,190	☑
잃어버린오늘	2019-07-16	인삼차	25	24760	₩680,900	☐
홀로있는뜰	2019-07-22	인삼차	19	24760	₩517,480	☑
홀로있는뜰	2019-07-15	홍차	18	35400	₩700,920	☑

〈그림 13.6〉 **금액**이 500000원 이상인 레코드의 검색 결과

동작 5 쿼리 실행 창을 닫는다.

혼자하기 13.2

주문자료검색 쿼리를 수정하여 **금액**이 1000000원 이상인 레코드를 검색하라.

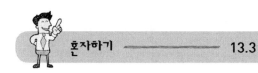

혼자하기 —————— 13.3

주문자료검색 쿼리를 수정하여 **금액**이 **700000**원 이상인 레코드를 입금한 레코드를 검색하라.

다음 [따라하기 13.5]는 **주문자료검색** 쿼리를 수정하여 **주문날짜**가 2007-07-15에서 2007-07-20까지인 레코드를 **주문날짜** 오름차순으로 검색하는 실습이다.

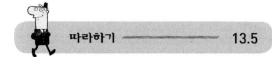

따라하기 —————— 13.5

동작 1 **주문자료검색** 쿼리를 선택하고 **디자인 보기(D)**를 실행한다.

동작 2 **금액** 필드의 **조건:** 텍스트 상자에 있는 내용을 지운다.

◎ 검색하고자하는 내용이 **주문날짜**와 관련이 있으므로 다른 필드의 조건은 모두 지운다.

동작 3 **주문날짜** 필드의 **조건:** 텍스트 상자에 **between 19-07-15 and 19-07-20**을 입력한다.

◎ **between**은 **and**와 결합하여 정해진 범위 내에 있는 레코드를 검색한다.

동작 4 **상호명** 필드의 **정렬:** 텍스트 상자를 **(정렬안함)**으로 변경한다.

◎ **상호명**은 정렬에 이용하지 않으므로 **(정렬안함)**으로 변경한다.

동작 5 **주문날짜** 필드의 정렬: 텍스트 상자를 **오름차순**으로 한다.

◎ **주문날짜**를 기준으로 오름차순 정렬하도록 지정된다.

동작 6 수정된 쿼리를 저장하고 실행한다.

◎ 〈그림 13.7〉과 같이 **주문날짜**가 **2019-07-15**에서 **2019-07-20**까지인 레코드가 오름차순으로 검색된다.

상호명	주문날짜	상품명	수량	단가	금액	입금여부
가버린내일	2019-07-15	매실차	19	23450	₩490,110	☑
폴로있는뜰	2019-07-15	홍차	18	35400	₩700,920	☑
내일로가는길	2019-07-15	생강차	17	14570	₩272,460	☑
잃어버린오늘	2019-07-16	인삼차	25	24760	₩680,900	☐
눈내리는밤	2019-07-17	총차	43	35400	₩1,674,420	☑
이슬맺힌풍경	2019-07-18	녹차	69	23890	₩1,813,250	☑
삶	2019-07-19	감잎차	75	32180	₩2,654,850	☑
잃어버린오늘	2019-07-19	인삼차	22	24760	₩599,190	☑
잃어버린오늘	2019-07-20	생강차	30	14570	₩480,810	☑
*						☐

〈그림 13.7〉 특정 기간의 주문날짜가 오름차순 검색된 결과

동작 7 쿼리 실행 창을 닫는다.

13.4 식 작성기의 사용

계산 필드를 만들 때 식 작성기를 사용하면 복잡한 형태의 수식을 쉽게 입력할 수 있다. 예를 들어 **금액** 필드 항목에서는 수식 전체를 볼 수 없지만 식 작성기를 이용하면 수식 전체를 볼 수 있다.

다음 [따라하기 13.6]은 **주문자료검색** 쿼리를 수정하여 식 작성기를 사용하여 **단가**의 75%를 **원가**로 계산하는 필드를 추가하고 **원가**의 내림차순으로 정렬하는 실습이다. **원가**의 십원 단위 미만은 반올림되어 절사되고 형식은 **통화**로 지정된다.

원가 : int(단가 * 0.75 / 10 + 0.5) * 10

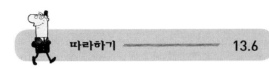

따라하기 13.6

동작 1 주문자료검색 쿼리를 선택하고 디자인 보기(D)를 실행한다.

동작 2 **주문날짜** 필드의 조건: 텍스트 상자에 있는 내용을 지우고 **주문날짜** 필드의 정렬: 텍스트 상자를 **(정렬안함)**으로 변경한다.

◎ **주문날짜**와 관련한 조건과 정렬이 없으므로 입력된 값을 지운다.

동작 3 **입금여부** 필드 우측의 필드 영역 마우스 포인터를 옮기고 **우측 버튼**을 클릭한 후 팝업 메뉴에서 작성(B)...을 클릭한다.

◎ 〈그림 13.8〉과 같은 식 작성기 창이 열린다.
◎ 식 작성기에서는 사용 가능한 필드와 연산자를 쉽게 활용할 수 있다.

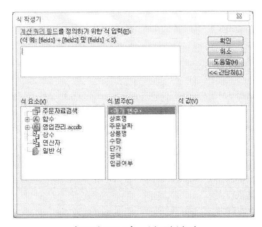

〈그림 13.8〉 식 작성기

동작 4 식 작성기의 **수식 입력 상자**에 다음 수식을 입력한다.

원가 : int([단가] * 0.75 / 10 + 0.5) * 10

◎ 수식 입력 상자에 수식이 입력된다.

동작 5 식 작성기의 확인 버튼을 클릭한다.

◎ **입금여부** 우측에 계산 필드 **원가**가 추가된다.

동작 6 계산 필드 **원가** 아래의 정렬:을 내림차순으로 지정한다.

◎ **원가**의 **내림차순**으로 레코드가 정렬된다.

동작 7 계산 필드 **원가**의 형식을 통화로 지정한다.

◎ **원가**의 표시 형식이 **통화**로 지정된다.

Help!!

기본 테이블 필드의 형식 지정

기본 테이블에 있는 필드의 형식 변경은 테이블 디자인에서 할 수 있다. 예를 들어 **주문** 테이블의 **단가** 필드의 형식을 **통화**로 지정하고 싶다면 **주문** 테이블 디자인 창에서 형식을 지정해야 한다.

동작 8 수정된 쿼리를 저장하고 실행한다.

◎ 실행된 결과는 〈그림 13.9〉와 같다.

◎ **원가**가 계산되어 표시되어 있다.

◎ **원가**가 큰 값에서 작은 값으로 내림차순 정렬되어 있다.

주문자료검색							
상호명 ▼	주문날짜 ▼	상품명 ▼	수량 ▼	단가 ▼	금액 ▼	입금여부 ▼	원가 ▼
홀로있는뜰	2019-07-15	홍차	18	35400	₩700,920	☑	₩26,550
바다가보이는풍경	2019-07-25	홍차	24	35400	₩934,560	☑	₩26,550
눈내리는밤	2019-07-17	홍차	43	35400	₩1,674,420	☑	₩26,550
삶	2019-07-19	감잎차	75	32180	₩2,654,850	☑	₩24,140
내일로가는길	2019-07-14	감잎차	15	32180	₩530,970	☑	₩24,140
잃어버린오늘	2019-07-16	인삼차	25	24760	₩680,920	☐	₩18,570
잃어버린오늘	2019-07-19	인삼차	22	24760	₩599,190	☑	₩18,570
홀로있는뜰	2019-07-22	인삼차	19	24760	₩517,480	☑	₩18,570
내일로가는길	2019-07-12	녹차	40	23890	₩1,051,160	☑	₩17,920
이슬맺힌풍경	2019-07-18	녹차	69	23890	₩1,813,250	☑	₩17,920
송이가익는집	2019-07-26	녹차	22	23890	₩578,140	☑	₩17,920
가버린내일	2019-07-15	매실차	19	23450	₩490,110	☑	₩17,590
송이가익는집	2019-07-26	매실차	24	23450	₩619,080	☑	₩17,590
눈내리는밤	2019-07-21	모과차	18	15290	₩302,740	☐	₩11,470
바다가보이는풍경	2019-07-25	생강차	21	14570	₩336,570	☑	₩10,930
내일로가는길	2019-07-15	생강차	17	14570	₩272,460	☑	₩10,930
잃어버린오늘	2019-07-20	생강차	30	14570	₩480,810	☑	₩10,930
송이가익는집	2019-07-26	유자차	21	12900	₩297,990	☐	₩9,680
홀로있는뜰	2019-07-12	유자차	20	12900	₩283,800	☑	₩9,680
*						☐	

〈그림 13.9〉 **원가**가 계산되고 **원가**의 내림차순 정렬 결과

동작 9 쿼리 실행 창을 닫는다.

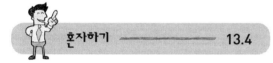

혼자하기 ———— 13.4

주문자료검색 쿼리를 수정하여 계산 필드 **이익금액**을 **원가** 필드 우측에 식 작성기를 사용하여 만들고 **이익금액**이 내림차순 정렬되도록 하되 형식은 **통화**로 지정하라.

이익금액 : ([단가] - int([단가] * 0.75 / 10 + 0.5) * 10) * [수량]

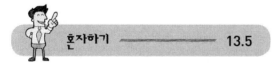

혼자하기 ———— 13.5

[혼자하기 13.3]에서 만든 **주문자료검색** 쿼리를 수정하여 **상호명** 앞에 **주문** 테이블의 **주문번호** 필드를 추가하여 **주문번호, 상호명, …, 이익금액** 순으로 레코드가 표시되도록 하라.

◎ **주문** 테이블의 **주문번호**를 **상호명** 필드 위에 끌어 놓으면 **주문번호** 필
드가 삽입된다.

◎ **이익금액** 계산 필드와 **주문번호** 필드가 추가된 결과는 〈그림 13.10〉
와 같다.

〈그림 13.10〉 **주문번호, 이익금액** 필드가 추가된 결과

13.5   집계 함수 사용 쿼리

집계 함수를 사용하면 **고객**과 **주문** 테이블을 이용해 거래처별 총금액, 평균금액,
최대금액, 최소금액, 거래횟수 등의 기본적인 통계 요약 쿼리를 작성할 수 있다. 빈
번하게 사용되는 집계 함수는 평균(avg), 개수(count), 최대값(max), 최소값(min), 총
계(sum) 등이 있다. 사용자가 원하는 필드의 그룹을 지정하고 특정 필드에 요약 함
수를 지정하면 적절한 연산이 그룹화 된 레코드의 필드 값에 적용된다.

다음 [따라하기 13.7]은 새로운 **주문자료통계** 쿼리를 작성하여 **고객** 테이블의 **상호
명**별 **금액, 이익금액**의 총계를 계산하여 **금액총계, 이익금총계**로 표시하고 형식을 통화
로 지정하는 실습이다. 레코드 단위의 **금액**과 **이익금액**은 다음 식으로 계산한다.

금액 : int(수량 * 단가 * 1.1 / 10 + 0.5) * 10

이익금액 : int(단가 * 0.25 / 10 + 0.5) * 10 * 수량

따라하기 ──────── **13.7**

동작 1 **영업관리.accdb**의 **쿼리** 개체에서 **만들기** 리본 메뉴에서 **쿼리 디자인**을 클릭한다.

◎ 선택 쿼리 디자인 창이 열린다.

동작 2 **테이블 표시** 창에서 **고객** 테이블과 **주문** 테이블을 추가한다.

◎ 선택 쿼리 디자인 창에 **고객**과 **주문** 테이블이 추가된다.

동작 3 하단의 첫 번째 필드 영역에 **거래처별:[상호명]**을 입력한다.

◎ 콜론(:) 좌측의 **거래처별**은 쿼리 실행시 표시될 필드 이름이다.
◎ 콜론(:) 우측의 **[상호명]**은 그룹으로 지정될 필드이다.

동작 4 두 번째 필드 영역에 **금액총계:sum(int([수량] * [단가] * 1.1 / 10 + 0.5) * 10)**을 입력한다.

◎ **sum**은 합계를 계산하는 함수이다.
◎ 콜론(:) 좌측의 **금액합계**는 쿼리 실행 시 표시될 필드 이름이다.
◎ 콜론(:) 우측의 식은 **금액**을 계산하는 식이다.

동작 5 세 번째 필드 영역에 **이익금총계:sum(int([단가] * 0.25 / 10 + 0.5) * 10 * [수량])**을 입력한다.

동작 6 **금액총계**와 **이익금총계**의 형식을 통화로 지정한다.

동작 7 **거래처별:[상호명]** 필드 하단의 **테이블** 필드 영역에 마우스 포인터를 옮기고 **우측 버튼**을 클릭한 후 팝업 메뉴에서 요약(L)을 클릭한다.

◎ 〈그림 13.11〉과 같이 **요약:**이 추가되고 모든 필드에 **묶는 방법**이 들어 있다.

◎ **거래처별:[상호명]** 필드 하단의 **테이블** 필드 영역에서 **우측 버튼**을 클릭한 후 팝업 메뉴에서 다시 요약(L)을 클릭하면 **요약:**이 없어진다.

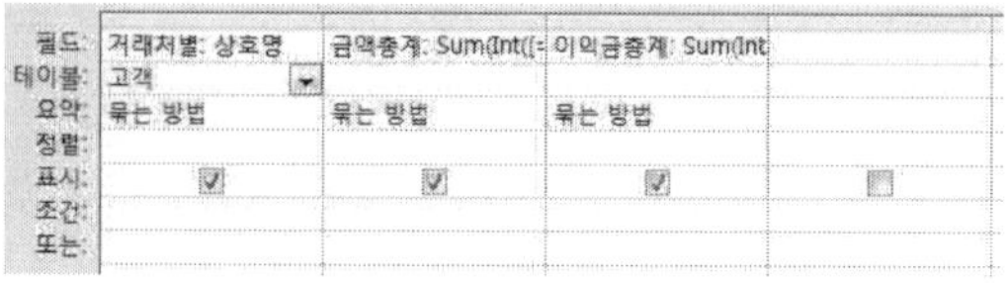

필드:	거래처별: 상호명	금액총계: Sum(Int([=	이익금총계: Sum(Int	
테이블:	고객			
요약:	묶는 방법	묶는 방법	묶는 방법	
정렬:				
표시:	✓	✓	✓	☐
조건:				
또는:				

〈그림 13.11〉 **요약:**이 추가된 창

Help!!

요약 함수 사용 항목을 추가하는 또 다른 방법
상단의 쿼리 디자인 리본 메뉴에서 요약(Σ) 도구를 클릭한다.

동작 8 **금액총계:** 필드의 **요약:**에서 **묶는 방법**을 클릭하여 표시된 **목록 표시**(▼) 버튼을 클릭한다.

◎ 〈그림 13.12〉와 같이 사용 가능한 요약 함수 목록이 표시된다.

〈그림 13.12〉 요약 함수 목록

동작 9 표시된 함수 목록에서 식을 선택한다.

◎ **금액총계:**의 **묶는 방법**이 **식**으로 변경된다.

Help!!

요약 함수를 사용하는 두 가지 방법
1) 예를 들어 **금액**과 같은 계산 필드에서 요약 함수(예:Sum)를 사용한 경우에는 **요약:**의 목록에서 **식**을 선택한다. 2) 만약 계산 필드에 요약 함수를 사용하지 않은 경우에는 요약을 원하는 **함수 이름**을 선택하면 된다. 두 가지 경우의 결과는 동일하다.

동작 10 동일한 방법으로 **이익금총계:** 필드의 요약:의 내용을 **식**으로 변경한다.

◎ **이익금총계:**의 **묶는 방법**이 **식**으로 변경된다.

동작 11 **금액총계:**와 **이익금총계:**의 필드 형식을 **통화**로 지정한다.

동작 12 선택 쿼리 디자인 창을 닫고 쿼리 이름(N) 텍스트 상자에 **주문자료통계**를 입력하고 저장한다.

◎ 선택 쿼리가 **주문자료통계**로 저장된다.

동작 13 **주문자료통계** 쿼리를 실행한다.

◎ 실행된 **주문자료검색** 쿼리는 〈그림 13.13〉과 같다.

◎ 거래처 **상호명** 별로 **금액총계**와 **이익금총계**가 계산된다.

◎ 계산 결과는 사용자의 레코드 수나 입력된 값에 따라 차이가 있을 수 있다.

거래처별	금액총계	이익금총계
가버린내일	₩490,110	₩111,340
내일로가는길	₩1,854,590	₩421,430
눈내리는밤	₩1,977,160	₩449,310
바다가보이는풍경	₩1,271,130	₩288,840
삶	₩2,654,850	₩603,750
송이가익는집	₩1,495,210	₩339,810
이슬맺힌풍경	₩1,813,250	₩411,930
잃어버린오늘	₩1,760,900	₩400,130
홀로있는돌	₩1,502,200	₩341,510

〈그림 13.13〉 **주문자료통계** 쿼리 실행

동작 14 **주문자료검색** 쿼리를 실행 창을 닫는다.

다음 [따라하기 13.8]은 **주문자료통계** 쿼리를 수정하여 **고객** 테이블의 **상호명**별 1회당 평균 거래 **금액** 및 **이익금액**을 계산하여 **1회당평균거래금액**, **1회당평균이익금액**으로 표시하는 실습이다. 형식은 변경하지 않는다.

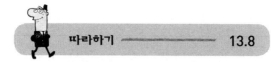

따라하기 ——————— 13.8

동작 1 **주문자료통계** 쿼리를 선택하고 **디자인 보기(D)**를 실행한다.

동작 2 두 번째 필드 영역을 **1회당평균거래금액: avg(int([수량] * [단가] * 1.1 / 10 + 0.5) * 10)**로 수정한다.

◎ **avg**은 평균(average)를 계산하는 함수이다.

동작 3 세 번째 필드 영역을 **1회당평균이익금액: avg(int(([단가] * 0.25 / 10 +
0.5) * 10) * [수량])**로 수정한다.

동작 4 **1회당평균이익금액:**과 **1회당평균이익금액:**의 필드 형식을 **통화**로 지정한다.

동작 5 수정된 쿼리를 저장하고 실행한다.

◎ **주문자료통계** 쿼리의 실행된 결과는 〈그림 13.14〉와 같다.
◎ 거래처 **상호명** 별로 **1회당평균이익금액**과 **1회당평균이익금액**이 계산된다.
◎ 계산 결과는 사용자의 레코드 수나 입력된 값에 따라 차이가 있을
수 있다.

거래처별	1회당평균거래	이익금총계
가버린내일	₩490,110	₩111,340
내일로가는길	₩618,197	₩421,430
눈내리는밤	₩988,580	₩449,310
바다가보이는풍경	₩635,565	₩288,840
삶	₩2,654,850	₩603,750
송이가익는집	₩498,403	₩339,810
이슬맺힌풍경	₩1,813,250	₩411,930
잃어버린오늘	₩586,967	₩400,130
홀로있는뜰	₩500,733	₩341,510

〈그림 13.14〉 평균 계산 함수의 적용 결과

동작 6 쿼리 실행 창을 닫는다.

다음 [따라하기 13.9]는 **주문자료통계** 쿼리를 수정하여 **고객** 테이블의 **상호명**별 거
래 회수를 계산하는 필드를 추가하고 **거래회수**로 표시하는 실습이다.

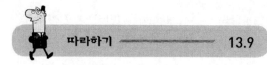

따라하기 ——— 13.9

동작 1 주문자료통계 쿼리를 선택하고 디자인 보기(D)를 실행한다.

동작 2 1회당평균이익금액 필드의 우측에 **거래회수:상호명**을 입력하고 요약: 목
록에서 **개수**를 선택한다.

◎ **개수**는 계산 함수 count를 적용한다.

Help!!

계산 함수의 직접 입력 방법
앞의 방법과 같이 필드에 **거래회수:count(상호명)**을 입력하고 Enter 키를 치면 필드에는 **거
래회수:상호명**이 자동으로 입력되고 **합계:**에는 **Count**가 자동으로 입력된다.

동작 3 수정된 쿼리를 저장하고 실행한다.

◎ 실행된 결과는 〈그림 13.15〉와 같다.
◎ 거래처 **상호명** 별로 **거래회수**가 계산된다.

거래처별	1회당평균거래	이익금총계	거래회수
가버린내일	₩490,110	₩111,340	1
내일로가는길	₩618,197	₩421,430	3
눈내리는밤	₩988,580	₩449,310	2
바다가보이는풍경	₩635,565	₩288,840	2
삶	₩2,654,850	₩603,750	1
송이가익는집	₩498,403	₩339,810	3
이슬맺힌풍경	₩1,813,250	₩411,930	1
잃어버린오늘	₩586,967	₩400,130	3
홀로있는뜰	₩500,733	₩341,510	3

〈그림 13.15〉 **거래회수**가 추가된 결과

동작 4 쿼리 실행 창을 닫는다.

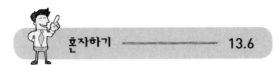

혼자하기 ———————— 13.6

주문자료통계 쿼리를 수정하여 **고객** 테이블의 **상호명**별 최대 거래 **금액** 및 **이익금액**을 산출하여 **최대거래금액**, **최대이익금액**으로 표시하라.

◎ 최대값을 계산하는 **max** 함수를 사용한다.

혼자하기 ———————— 13.7

주문자료통계 쿼리를 수정하여 **고객** 테이블의 **상호명**별 최소 거래 **금액** 및 **이익금액**을 산출하여 **최소거래금액**, **최소이익금액**으로 표시하라.

◎ 최소값을 계산하는 **min** 함수를 사용한다.

13.6 크로스탭 쿼리

크로스탭 쿼리를 사용하여 요약 데이터를 보다 읽기 쉽고 이해하기 쉽도록 재구성할 수 있다. 크로스탭 쿼리는 합계, 평균, 분산, 표준편차 등의 집계 함수를 계산한 다음, 데이터시트의 왼쪽 세로 방향과 위쪽 가로 방향에 두 종류로 결과를 그룹화하여 표시할 수 있다.

예를 들어 거래처별로 거래한 상품의 거래 횟수를 표시하려면 크로스탭으로 쉽게 처리할 수 있다. 거래처를 행 이름으로 상품명을 열 이름으로 설정하여 주문한 횟수를 계산하면 데이터시트에 행에는 거래처가 표시되고 열에는 상품명이 표시되어 해당하는 거래 횟수를 표시한다.

다음 [따라하기 13.9]는 **고객** 테이블과 **주문** 테이블을 이용하여 **상호명, 주문날짜, 상품명, 수량, 단가, 금액**을 표시하는 **거래처상품거래** 쿼리를 만든 다음 **상호명**을 행 이름으로 **상품명**을 열 이름으로 하여 거래 횟수를 계산하는 쿼리를 만들어 **거래처상품거래_CrossTab** 쿼리를 만드는 실습이다.

동작 1 **영업관리.accdb**의 쿼리 개체에서 만들기 리본 메뉴에서 쿼리 디자인을 클릭한다.

◎ 선택 쿼리 디자인 창이 열린다.

동작 2 테이블 표시 창에서 고객 테이블과 주문 테이블을 추가하고 **상호명, 주문날짜, 상품명, 수량, 단가, 금액:수량*단가** 필드를 차례로 추가하여 **거래처상품거래** 쿼리를 작성한다.

◎ 고객과 주문 테이블로 상호별 상품거래와 관련한 **거래처상품거래** 쿼리를 작성된다.

동작 3 **거래처상품거래** 쿼리를 실행하여 결과를 확인한다.

◎ **거래처상품거래** 쿼리의 실행 결과는 〈그림 13.16〉과 같다.

상호명	주문날짜	상품명	수량	단가	금액
내일로가는길	2019-07-12	녹차	40	23890	955600
내일로가는길	2019-07-14	감잎차	15	32180	482700
내일로가는길	2019-07-15	생강차	17	14570	247690
홀로있는뜰	2019-07-12	유자차	20	12900	258000
홀로있는뜰	2019-07-15	홍차	18	35400	637200
홀로있는뜰	2019-07-22	인삼차	19	24760	470440
가버린내일	2019-07-15	매실차	19	23450	445550
잃어버린오늘	2019-07-16	인삼차	25	24760	619000
잃어버린오늘	2019-07-20	생강차	30	14570	437100
잃어버린오늘	2019-07-19	인삼차	22	24760	544720
눈내리는밤	2019-07-17	홍차	43	35400	1522200
눈내리는밤	2019-07-21	모과차	18	15290	275220
이슬맺힌풍경	2019-07-18	녹차	69	23890	1648410
삶	2019-07-19	감잎차	75	32180	2413500
바다가보이는풍경	2019-07-25	홍차	24	35400	849600
바다가보이는풍경	2019-07-25	생강차	21	14570	305970
송이가익는집	2019-07-26	매실차	24	23450	562800
송이가익는집	2019-07-26	유자차	21	12900	270900
송이가익는집	2019-07-26	녹차	22	23890	525580

〈그림 13.16〉 **거래처상품거래** 쿼리 실행 결과

동작 4 **거래처상품거래** 쿼리를 닫고 만들기 리본 메뉴의 쿼리 마법사를 실행한다.

◎ 〈그림 13.17〉과 같은 새 쿼리 선택 창이 열린다.

〈그림 13.17〉 새 쿼리 선택 창

동작 5 새 쿼리 선택 창에서 **크로스탭 쿼리 마법사**를 선택하고 확인 버튼을 클릭한다.

◎ 〈그림 13.18〉과 같은 테이블 또는 쿼리를 선택할 수 있는 **크로스탭 쿼리 마법사** 창이 열린다.

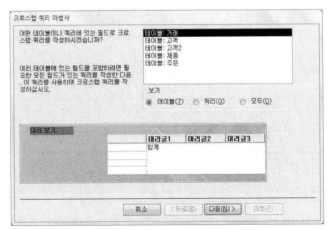

〈그림 13.18〉 **크로스탭 쿼리 마법사** 창

동작 6 **보기**에서 **쿼리(Q)**를 클릭하여 표시된 쿼리 목록에서 **거래처상품거래** 쿼리를 선택하고 **다음(N)〉** 버튼을 클릭한다.

◎ 〈그림 13.19〉와 같은 행 머리글 선택 **크로스탭 쿼리 마법사** 창이 열린다.

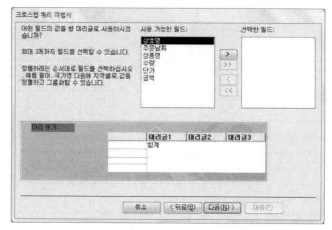

〈그림 13.19〉 **크로스탭 쿼리 마법사**의 행 머리글 선택 창

동작 7 **행 머리글**로 **상호명**을 선택하고 **다음(N)〉** 버튼을 클릭한다.

◎ 〈그림 13.20〉과 같은 열 머리글 선택 **크로스탭 쿼리 마법사** 창이 열린다.

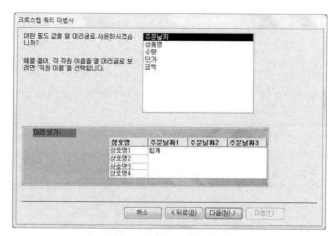

〈그림 13.20〉 **크로스탭 쿼리 마법사**의 열 머리글 선택 창

동작 8 열 **머리글**로 **상품명**을 선택한다.

◎ 〈그림 13.21〉과 같이 **미리 보기**에 **행 머리글**에는 상호명1, 상호명2, …가 표시되고, **열 머리글**에는 상품명1, 상품명2, …가 표시된다.

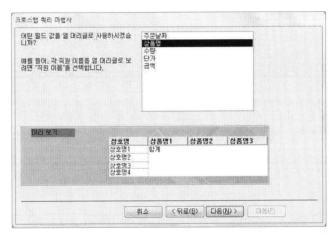

〈**그림 13.21**〉 행머리글과 열 머리글이 선택된 미리 보기 창

동작 9 다음(N) 버튼을 클릭한다.

◎ 〈그림 13.22〉과 같이 계산할 필드와 함수를 선택하는 창이 열린다.
◎ 현재 선택된 필드는 Min(주문날짜)로 표시되어 있다.

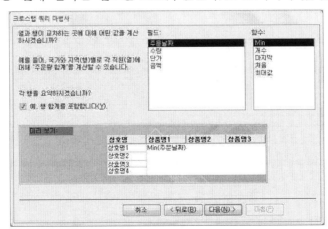

〈**그림 13.22**〉 계산할 필드와 함수 선택 창

동작 10 **함수**에서 **개수**를 선택하고 **다음(N)** 버튼을 클릭한다.

◎ 〈그림 13.23〉과 같이 크로스탭 쿼리 이름을 입력하는 창이 열린다.

◎ **거래처상품거래_Crosstab**이 임시 이름으로 부여되어 있다.

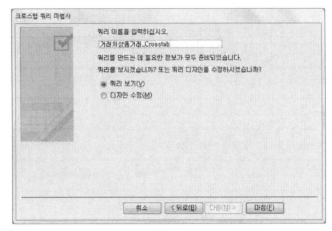

〈그림 13.23〉 쿼리 이름 입력 창

동작 11 **마침(F)** 버튼을 클릭한다.

◎ **거래처상품거래_Crosstab**이 저장되고 실행 결과는 〈그림 13.25〉와 같다.

◎ 실행 결과는 거래처별 상품의 주문 횟수(개수)를 표시하고 있다.

상호명	합계 주	감잎차	녹차	매실차	모과차	생강차	유자차	인삼차	홍차
가버린내일	1				1				
내일로가는길	3	1	1			1			
눈내리는밤	2					1			1
바다가보이는풍경	2					1			1
삶	1	1							
송이가익는집	3		1	1				1	
이슬맺힌풍경	1		1						
잃어버린오늘	3						1	2	
홀로있는들	3						1	1	1

〈그림 13.24〉 **거래처상품거래_Crosstab** 실행 결과

거래처상품거래 쿼리를 이용하여 **상호명**을 행 이름으로 **상품명**을 열 이름으로 하는 금액 총계(합계)를 계산하는 쿼리를 만들어 **거래처상품별거래집계_CrossTab** 쿼리를 작성하여 표시하라.

14

조인을 이용한 선택 쿼리의 폼 활용

정보 검색은 데이터의 입력, 수정, 삭제 권한과 달리 검색의 권한을 인위적으로 부여해야하는 경우도 있지만 권한을 부여하지 않고 누구나 접근할 수 있어야 하는 경우도 있다. 따라서 **다중이 이용하는 정보 검색이라면 검색 권한 외에 입력, 수정, 삭제 등과 관련한 어떤 권한도 주어져서는 안 된다**. 만약 데이터를 활용할 목적으로 정보를 검색한 사용자가 임의적으로 검색한 데이터의 내용을 수정한다면 이는 큰 혼란을 초래하게 된다. 예를 들어 은행의 금융관리시스템에 헤커가 인터넷을 통해 침입하여 특정 계좌의 예금을 인출한다고 가정해 보라. 심각한 문제가 아닐 수 없다. 그러므로 높은 보안이 요구되는 시스템의 관리를 위해서는 높은 수준의 보안이 가능한 DBMS를 사용해야 하며 시스템 개발자는 다양한 형태의 문제에 효율적으로 대응할 수 있는 여러 가지 기술적 부분들을 개발하고 문제가 드러날 가능성이 있는 부분은 끊임없이 보완해 나가야 한다.

(사 례) 고수준씨는 조인을 이용한 선택 쿼리를 활용하면 두 개의 테이블을 결합한 형태로 다양한 고객 정보를 얻을 수 있다는 것을 알게 되었다. 그러나 고수준씨는 정보를 검색하는 사용자에 따라 데이터 이용의 권한을 제한해야 한다는 사실을 알게 되었다. 고수준씨는 데이터의 입력·수정·삭제·검색 등의 권한을 가진 업무 담당자가 있을 수 있고 검색 권한만 부여받는 담당자 또는 고객이 있을 수 있음을 알게 되어 폼을 활용해 검색의 편리성을 높이고 사용자의 데이터 이용에 관한 권한을 제한하기로 한다.

Help!!

MS 오피스 패키지에 포함되어 있는 액세스는 소규모의 개인용 데이터베이스 혹은 보안성이 낮은 업무의 데이터베이스 활용에 활용하는 것이 바람직하다. 높은 수준의 보안성이 요구되거나 처리해야할 데이터가 많거나 인터넷의 데이터베이스 서버로 이용할 데이터베이스는 오라클, 인포믹스, MS-SQL 등의 상용 RDBMS를 구매하여 사용하는 것이 바람직하다.

현장 실무에서 개발된 응용 프로그램은 업무 개발자 또는 접근 권한을 가지지 않은 사용자가 직접 쿼리를 만들어서 사용하는 경우는 거의 없다. 정보 검색을 위해 작성된 쿼리는 사용자가 편리하게 사용할 수 있도록 폼과 결합되어 이용되고, 검색

폼을 통해 검색된 데이터는 폼 사용자가 임의로 데이터의 입력, 삭제, 수정 등과 관련한 작업을 할 수 없도록 해야 한다. 즉 데이터의 입력과 마찬가지로 정보의 검색 역시 폼을 통해 작업자가 직접 테이블에 접근하지 않도록 해야 한다.

14.1 두 개의 테이블이 조인된 쿼리의 폼 표시

데이터베이스에 만들어진 테이블 만으로는 사용자가 원하는 형태의 다양한 정보를 얻기가 어렵다. 따라서 두 개의 테이블에 각각 저장되어 있는 내용을 조인하여 하나의 레코드로 검색하는 선택 쿼리가 필요하다. 또 필요에 따라서는 계산식을 포함하는 필드를 쿼리에 만들어 다른 필드와 함께 화면에 표시할 필요도 있다. 예를 들어 〈그림 14.1〉과 같이 **고객**과 **주문** 테이블의 관계가 설정되어 있다하더라도 다음과 같은 형태의 폼을 만들려면 선택 쿼리에 **고객**과 **주문** 테이블의 해당 필드를 추가하고 테이블에 없는 금액 계산 필드를 쿼리에 추가하여 만든 후 폼을 작성한다. 그 이유는 고객 혹은 주문 테이블의 어느 한 테이블 만으로는 폼에 있는 필드를 모두 표시할 수 없기 때문이다.

〈그림 14.1〉 **상품주문내역조회폼** 디자인 형식

1) 금액 = 수량 * 단가
2) 표시되는 레코드는 상호명 오름차순, 주문날짜의 오름차순으로 표시되도록 한다.
3) 단가, 금액의 텍스트 상자는 통화로 지정한다.

4) 전체 폼의 속성은 아래와 같이 변경한다.

최소화 최대화 단추: 표시 안함

구분선: 아니오

레코드 선택기: 아니오

편집 가능: 아니오

삭제 가능: 아니오

추가 가능: 아니오

Help!!

〈그림 14.1〉과 같이 금액을 표시하는 방법은 1) 금액 필드가 포함된 쿼리를 만든 후 폼을 작성하는 방법이 있고, 2) 금액 필드를 포함하지 않은 쿼리를 만든 후 폼을 작성할 때 텍스트 상자에 계산식 또는 코드를 통해 계산하는 방법이 있다.

다음 [따라하기 14.1]은 **상품주문내역조회폼**에 이용될 **상품주문내역** 쿼리를 작성하는 실습이다.

따라하기 ──────── **14.1**

동작 1 영업관리.accdb의 만들기 리본 메뉴에서 쿼리 디자인을 클릭한다.

◎ 선택 쿼리 디자인 창이 열린다.

동작 2 테이블 표시 창에서 고객 테이블과 주문 테이블을 추가하고, 하단의 필드 텍스트 상자에 **상호명**, **담당자**, **주문번호**, **주문날짜**, **상품명**, **수량**, **단가** 필드를 차례로 추가하고 다음의 **금액** 계산 필드를 추가한다.

금액 : [수량] * [단가]

동작 3 **상호명**의 정렬: 부분을 **오름차순**으로 지정하고, **주문날짜**의 정렬: 부분을 **오름차순**으로 지정한다.

◎ **상호명**으로 오름차순 정렬된 후 **주문날짜**로 정렬된다.

동작 4 선택 쿼리 디자인 창을 닫고, **상품주문내역**으로 저장하여 실행한다.

◎ 〈그림 14.2〉와 같은 **상품주문내역** 쿼리가 열린다.

상호명	성명	주문번호	주문날짜	상품명	수량	단가	금액
가버린내일	박천후	6	2019-07-15	매실차	19	23450	445550
내일로가는길	엄지영	1	2019-07-12	녹차	40	23890	955600
내일로가는길	엄지영	3	2019-07-14	감잎차	15	32180	482700
내일로가는길	엄지영	4	2019-07-15	생강차	17	14570	247690
눈내리는밤	강후동	8	2019-07-17	홍차	43	35400	1522200
눈내리는밤	강후동	14	2019-07-21	모과차	18	15290	275220
바다가보이는풍경	공바다	18	2019-07-25	생강차	21	14570	305970
바다가보이는풍경	공바다	17	2019-07-25	홍차	24	35400	849600
삶	정주해	10	2019-07-19	감잎차	75	32180	2413500
송이가익는집	이송이	20	2019-07-26	유자차	21	12900	270900
송이가익는집	이송이	19	2019-07-26	매실차	24	23450	562800
송이가익는집	이송이	21	2019-07-26	녹차	22	23890	525580
이슬맺힌풍경	이방원	9	2019-07-18	녹차	69	23890	1648410
잃어버린오늘	방재기	7	2019-07-16	인삼차	25	24760	619000
잃어버린오늘	방재기	16	2019-07-19	인삼차	22	24760	544720
잃어버린오늘	방재기	11	2019-07-20	생강차	30	14570	437100
홀로있는뜰	김도환	2	2019-07-12	유자차	20	12900	258000
홀로있는뜰	김도환	5	2019-07-15	홍차	18	35400	637200
홀로있는뜰	김도환	15	2019-07-22	인삼차	19	24760	470440
*			(새 항목)				

〈그림 14.2〉 **상품주문내역** 쿼리 실행 결과

동작 5 **상품주문내역** 쿼리 실행 창을 닫는다.

다음 [따라하기 14.2]는 **상품주문내역조회폼**을 만들어 데이터 입력, 수정, 삭제가 되지 않도록 속성을 변경하고 폼과 관련된 기본 속성을 변경하는 실습이다.

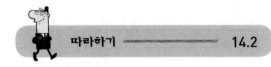

따라하기 ———————— 14.2

동작 1 만들기 리본 메뉴의 **폼** 그룹에서 **폼 마법사**를 클릭한다.

◎ **폼 마법사** 창이 열린다.

동작 2 테이블/쿼리 목록에서 **쿼리:상품주문내역**을 선택한 후 사용할 수 있는 필드(A)에서 모두 선택 버튼(>>)을 클릭한다.

◎ **상품주문내역** 쿼리의 모든 필드가 **선택한 필드(S)** 영역으로 옮겨진다.

동작 3 다음(N)〉 버튼을 클릭하고 폼 모양으로 **열 형식(C)**을 선택한다.

동작 4 다음(N) 버튼을 클릭하고 폼 제목(이름)으로 **상품주문내역조회폼**을 입력하고 ⦿ **폼 디자인 수정(M)**을 선택한 후 **마침(F)** 버튼을 클릭한다.

◎ 〈그림 14.3〉과 같은 폼 디자인 창이 열린다.

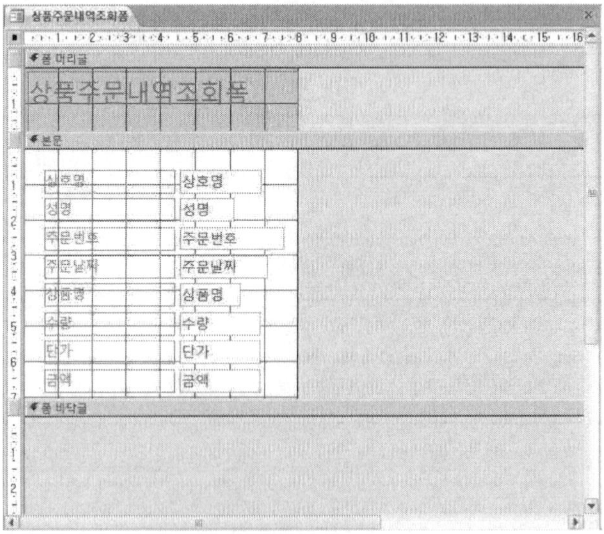

〈그림 14.3〉 폼 디자인 창

동작 5 〈그림 14.4〉를 참조하여 폼 머리글의 크기를 적절히 조절 후 제목(**상품 주문 내역 조회**, 크기 **16**, **굵게**로 지정) 레이블과 파선 2개를 삽입하고, 본문의 텍스트 상자의 레이블을 적절하게 수정한 후 컨트롤의 위치를 적절히 이동시킨다.

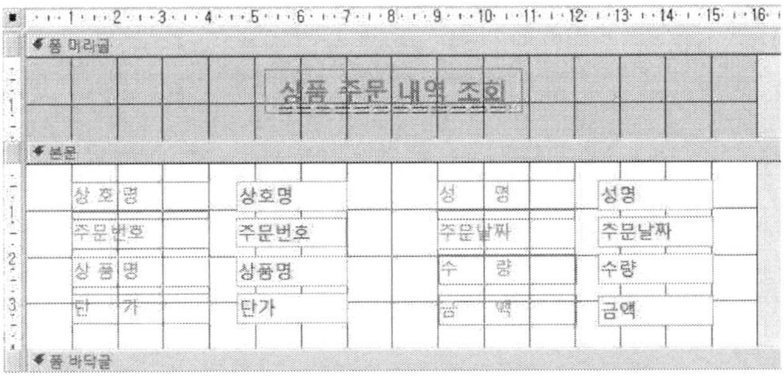

〈**그림 14.4**〉 상품주문내역조회폼의 수정 결과

동작 6 **단가**와 **금액**의 텍스트 상자 속성의 형식을 **통화**로 설정한다.

동작 7 폼 전체의 속성의 아래와 같이 설정한다.

> 최소화 최대화 단추: 표시 안함
> 구분선: 아니오
> 레코드 선택기: 아니오
> 팝업: 예
> 편집 가능: 아니오
> 삭제 가능: 아니오
> 추가 가능: 아니오

동작 8 수정된 폼을 저장한다.

다음 [따라하기 14.3]은 **상품주문내역조회폼**을 실행시켜 특정 레코드를 검색하는 실습이다.

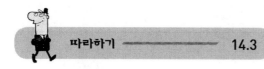

따라하기 ————— 14.3

동작 1 **상품주문내역조회폼**을 실행한다.

◎ 〈그림 14.5〉와 같은 **상품주문내역조회폼**이 열린다.

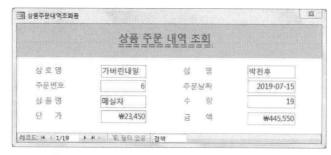

〈그림 14.5〉 **상품주문내역조회폼**의 실행 창

동작 2 **상품주문내역조회폼** 하단의 **검색** 텍스트 상자를 클릭한다.

동작 3 검색할 상호명으로 **눈내리는밤**을 입력한다.

◎ **눈내리는밤** 거래 내역 중 첫 번째 레코드가 검색되어 창에 표시된다.

Help!!

상품주문내역조회폼 완성된 폼의 레코드 검색 결과는 폼에서 제공하는 검색 기능을 이용한 것이다. **눈내리는밤**의 거래 내역이 여러 개이면 첫 번째 레코드만을 표시한다. 찾기 버튼은 단지 해당 레코드의 위치로 포인터를 이동시키는 것에 불과하므로 다음 레코드를 표시하려면 탐색 버튼의 다음 레코드 이동 버튼을 이용하여 검색해야 한다.

동작 4 **상품주문내역조회폼** 실행 창을 닫는다.

14.2 매개 변수를 이용한 레코드 검색

상품주문내역조회폼을 실행하여 특정 레코드를 검색하려면 폼 하단의 검색 기능을
이용하면 간단하기 검색할 수 있다. 또 다른 방법으로 쿼리에 매개 변수를 이용하면
특정 필드의 레코드를 쉽게 검색할 수 있다. 물론 VBA코드를 사용하여 보다 사용하
기 쉬운 형태의 검색 폼을 만들 수도 있다.

> **Help!!**
>
> 설명에서 다소 이해가 되지 않는 부분은 매개 변수를 이용하여 검색한 실습 결과를 비교하여
> 두 검색의 차이를 이해하도록 한다. 매개 변수를 이용하려면 쿼리를 수정하여 매개 변수를
> 추가하면 된다.

다음 [따라하기 14.4]는 **상품주문내역** 쿼리를 수정하여 매개 변수 **[검색하고자하는
상호명을 입력하세요]**를 이용하여 레코드를 검색하는 실습이다.

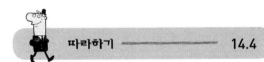

따라하기 ━━━━━━━━━━ 14.4

동작 1 **상품주문내역** 쿼리의 디자인 창을 열고 **상호명** 조건 텍스트 상자에 다음
의 매개 변수를 입력한다.

[검색하고자하는 상호명을 입력하세요]

동작 2 수정된 **상품주문내역** 쿼리를 저장한다.

동작 3 **상품주문내역조회폼**을 실행하고 〈그림 14.6〉과 같이 매개 변수 값 입력
창에서 찾고자하는 상호명 **눈내리는밤**을 입력한다.

〈그림 14.6〉 매개 변수 값 입력 창

동작 4 매개 변수 값 입력 창의 **확인** 버튼을 클릭한다.

◎ 〈그림 14.7〉과 같은 **고객주문조회폼**의 검색 창이 열린다.
◎ **눈내리는밤**이 검색된 전체 **레코스 수는 2로 표시**된다.
◎ 창에는 2개의 레코드 중 첫 번째 레코드가 표시된다.
◎ 현재 레코드는 1로 전체 2개중 중 첫 번째 레코드임을 나타낸다.

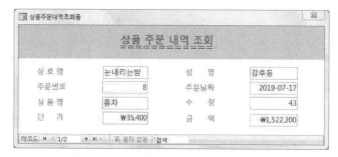

〈그림 14.7〉 **상품주문내역조회폼**의 검색 창

동작 5 두 번째 **눈내리는밤** 레코드를 보려면 다음 레코드 이동 버튼을 클릭한다.

◎ 현재 레코드는 2로 전체 2개중 중 두 번째 레코드임을 나타낸다.
◎ 창에는 2개의 레코드 중 두 번째 레코드가 표시된다.
◎ 다음 레코드가 없으므로 다음 레코드 이동 버튼은 사용할 수 없다.
◎ 이전 레코드 이동 버튼을 클릭하면 첫 번째 **눈내리는밤** 레코드로 이동할 수 있다.

동작 6 **상품주문내역조회폼**을 닫는다.

> **Help!!**
>
> 매개 변수를 이용한 쿼리를 이용하여 폼을 작성하면 사용자가 원하는 다양한 형태의 레코드를 편리하게 검색할 수 있으므로 실무에서 유용하게 사용할 수 있다.

14.3 하위 폼을 이용한 레코드 검색

고객-주문과 같은 형태의 관계 구조에서는 1명의 고객이 여러 번에 걸쳐 주문할 할 수 있으므로 **상품주문내역조회폼**과 같은 형태의 단일 폼으로는 적절한 정보를 표현하기 어렵다. 예를 들어 **상호명**이 **눈내리는밤**인 레코드를 검색한 경우 주문은 두 개의 레코드를 검색하게 된다. 따라서 매개 변수를 사용하여 검색된 상품 주문 내역 조회결과는 〈그림 14.8〉과 같이 고객의 정보는 기본 폼에 표시하고 주문 정보는 하위 폼에 표시한다. 이렇게 하면 사용자는 레코드 이동 버튼은 사용하지 않고도 특정 고객의 상품 주문 정보를 한눈에 파악할 수 있다.

상품 주문 내역 조회

고객번호		상 호 명	
담 당 자		직 위	
광역시/도		구/시/군	
동/번지		전화번호	

주문자료

주문번호	주문날짜	상품명	수량	단가	금액	입금여부

〈그림 14.8〉 하위 폼이 포함된 **상품주문내역조회기본폼** 디자인

[처리조건]

1) 쿼리 이름: **상품주문내역기본폼용**

   상호명의 매개 변수: [검색하려는 상호명을 입력하세요]

2) 쿼리 이름: **상품주문내역하위폼용**

   금액 = 수량 * 단가

   표시되는 레코드는 주문날짜의 오름차순으로 표시되도록 한다.

3) 기본 폼 이름: **상품주문내역기본폼**, 하위 폼 이름: **상품주문내역하위폼**

4) 단가, 금액의 텍스트 상자는 통화로 지정한다.

5) 기본 폼의 전체 속성은 아래와 같이 변경한다.

   최소화 최대화 단추: 표시 안함

   구분선: 아니오

   팝업: 예

   레코드 선택기: 아니오

   탐색 단추: 아니오

   편집 가능: 아니오

   삭제 가능: 아니오

   추가 가능: 아니오

6) 하위 폼의 속성은 아래와 같이 변경한다.

   레코드 선택기: 아니오

   탐색 단추: 아니오

   편집 가능: 아니오

   삭제 가능: 아니오

   추가 가능: 아니오

다음 [따라하기 14.5]는 **상품주문내역기본폼**을 만들기 위한 **상품주문내역기본폼용** 쿼리를 만드는 실습이다.

따라하기 —————— 14.5

동작 1 **영업관리.accdb**의 쿼리 개체에서 만들기 리본 메뉴에서 쿼리 디자인을 클릭한다.

동작 2 테이블 표시 창에서 고객 테이블을 추가하고, 하단의 필드 텍스트 상자에 **고객번호**, **상호명**, **성명**, **직위**, **광역시/도**, **구/시/군**, **동/번지**, **전화번호** 필드를 차례로 추가한다.

동작 3 **상호명**의 조건: 입력 부분에 아래의 매개 변수를 입력한다.

[검색하고자하는 상호명을 입력하세요]

동작 4 디자인된 선택 쿼리를 **상품주문내역기본폼용**으로 저장한다.

◎ **상품주문내역기본폼**에 사용될 쿼리가 만들어진다.

다음 [따라하기 14.6]은 **상품주문내역하위폼**을 만들기 위한 **상품주문내역하위폼용** 쿼리를 만드는 실습이다.

따라하기 —————— 14.6

동작 1 **영업관리.accdb**의 쿼리 개체에서 만들기 리본 메뉴에서 쿼리 디자인을 클릭한다.

동작 2 테이블 표시 창에서 주문 테이블을 추가하고, 하단의 필드 텍스트 상자에 **주문번호**, **주문날짜**, **고객번호**, **상품명**, **수량**, **단가** 필드를 차례로 추가하고 다음의 **금액** 계산 필드를 추가한 후 **입금여부** 필드를 추가한다.

금액 : [수량] * [단가]

동작 3 **주문날짜**의 정렬: 부분을 **오름차순**으로 지정한 후, **상품주문내역하위폼용**
으로 저장한다.

◎ **상품주문내역하위폼**에 사용될 쿼리가 만들어진다.

다음 [따라하기 14.7]은 **상품주문내역기본폼용** 쿼리를 이용하여 **상품주문내역기본폼**
을 만들고 처리 조건에 따라 속성을 변경하는 실습이다.

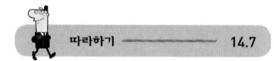

따라하기 ———————— **14.7**

동작 1 만들기 리본 메뉴의 폼 그룹에서 폼 마법사를 클릭한다.

◎ **폼 마법사** 창이 열린다.

동작 2 테이블/쿼리 목록에서 **쿼리:상품주문내역기본폼용**을 선택한 후 사용할 수
있는 필드(A)에서 모두 선택 버튼(>>)을 클릭한다.

◎ **상품주문내역기본폼용** 쿼리의 모든 필드가 **선택한 필드(S)** 영역으로
옮겨진다.

동작 3 다음(N)〉 버튼을 클릭하고 폼 모양으로 열 형식(C)을 선택한다.

동작 4 다음(N) 버튼을 클릭하고 폼 제목(이름)으로 **상품주문내역기본폼**을 입력
하고 ◉ 폼 디자인 수정(M)을 선택한 후 마침(F) 버튼을 클릭한다.

◎ **상품주문내역기본폼**의 폼 디자인 창이 열린다.

동작 5 〈그림 14.9〉를 참조하여 본문의 크기를 적절히 조절 후 **폼 머리글**에 폼 제목(**상품 주문 내역 조회**, 크기 **16**, **굵게**로 지정)으로 수정하고 파선 2 개를 삽입하고, 텍스트 상자 레이블을 수정한 후 컨트롤의 레이블과 위 치를 적절히 이동시킨다.

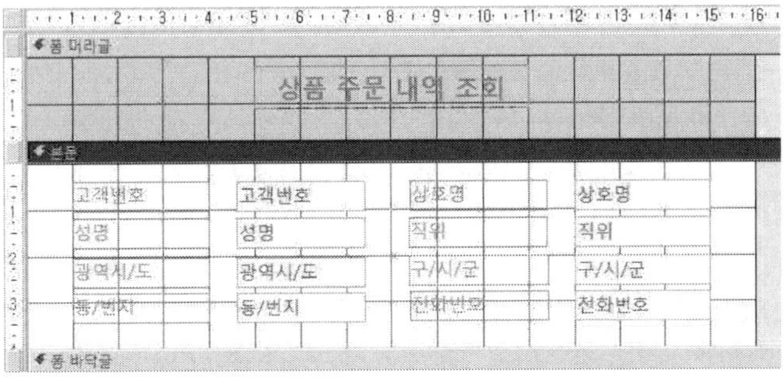

〈그림 14.9〉 폼 디자인이 수정된 **상품주문내역기본폼**

동작 6 폼 전체의 속성의 아래와 같이 설정한다.

최소화 최대화 단추: 표시 안함
구분선: 아니오
팝업: 예
레코드 선택기: 아니오
탐색 단추: 아니오
편집 가능: 아니오
삭제 가능: 아니오
추가 가능: 아니오

동작 7 수정된 폼을 저장하고 실행하여 **상품주문내역기본폼**에 문제가 없는지를 확인한다.

◎ **상품주문내역기본폼**의 문제가 있다면 디자인 창에서 수정한다.

다음 [따라하기 14.8]은 **상품주문내역기본폼**에 하위 폼을 만들고 처리 조건에 따라 속성을 변경하는 실습이다.

따라하기 ———————————— **14.8**

동작 1 **상품주문내역기본폼** 디자인 창의 **디자인** 리본 메뉴에서 **컨트롤** 그룹의 **자세히** 버튼을 클릭하여 **컨트롤 마법사 사용**을 선택된 상태(⬚)인지 확인한다.

◎ 컨트롤 마법사 사용이 가능하도록 한다.

동작 2 본문 아래의 폼 바닥글 크기를 아래로 끌어 크기를 조절하고 도구 모음의 컨트롤 도구 상자에서 **하위 폼/하위 보고서**(▦) 컨트롤 도구를 선택하여 적당한 크기로 기본 폼의 하단에 삽입한다.

◎ 하위 폼 마법사의 **기본 테이블 및 쿼리 사용** 혹은 **기본 폼** 선택 창이 열린다.

동작 3 ◉ **기존 테이블 및 쿼리 사용**(T)를 선택하고 **다음(N)〉** 버튼을 클릭한다.

◎ 테이블/쿼리 및 필드 선택 창이 열린다.

동작 4 테이블/쿼리 목록에서 **쿼리: 상품주문내역하위폼용**를 선택하고 **사용 가능한 필드:**에서 필드를 **모두 선택**(〉〉)하고 **다음(N)〉** 버튼을 클릭한다.

◎ **상품주문내역하위폼용** 필드가 모두 선택된다.
◎ 연결 방법 선택 창이 열린다.

동작 5 ● 목록에서 선택을 클릭한 후 아래의 목록에서 고객번호을(를)....을 선택하고 다음(N)〉 버튼을 클릭한다.

◎ 기본 폼과 하위 폼이 **고객번호**로 연결된다.
◎ 하위 폼 이름을 입력하는 창이 열린다.

동작 6 하위 폼 이름으로 **상품주문내역하위폼**을 입력하고 마침(F) 버튼을 클릭한다.

◎ **고객주문기본폼**에 **고객주문하위폼**이 삽입되어 완성된다.

동작 7 〈그림 14.10〉을 참조하여 하위 폼의 크기를 적절히 조절한 후 하위 폼의 레이블을 **주문내역**으로 바꾸고, 하위 폼의 크기를 조절한다.

◎ 하위 폼의 크기에 따라 실행 시 폼에 표시되는 필드의 수가 다르다.

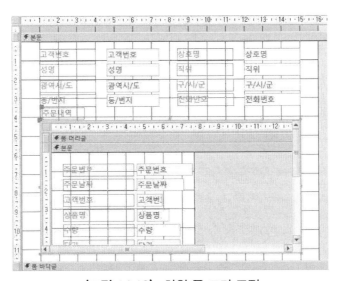

〈그림 14.10〉 하위 폼 크기 조절

동작 8 하위 폼 전체 속성을 아래와 같이 변경한다.

> 레코드 선택기: 아니오
> 탐색 단추: 아니오
> 편집 가능: 아니오
> 삭제 가능: 아니오
> 추가 가능: 아니오

동작 9 하위 폼의 **단가**, **금액**의 형식 속성을 통화로 지정한다.

동작 10 **상품주문내역기본폼**의 디자인 창을 닫고 수정된 폼을 모두 저장한다.

◎ **상품주문내역기본폼**과 **상품주문내역하위폼**이 분리되어 저장된다.

동작 11 **상품주문내역기본폼**을 실행하고 매개 변수 값 입력 창에서 **눈내리는밤**을 입력하여 레코드를 검색한 후, **고객번호** 필드 이름에서 우측 버튼을 클릭하여 표시된 메뉴의 필드 숨기기를 클릭하고 〈그림 14.11〉과 같이 하위 폼의 열 너비를 적절히 조절한다.

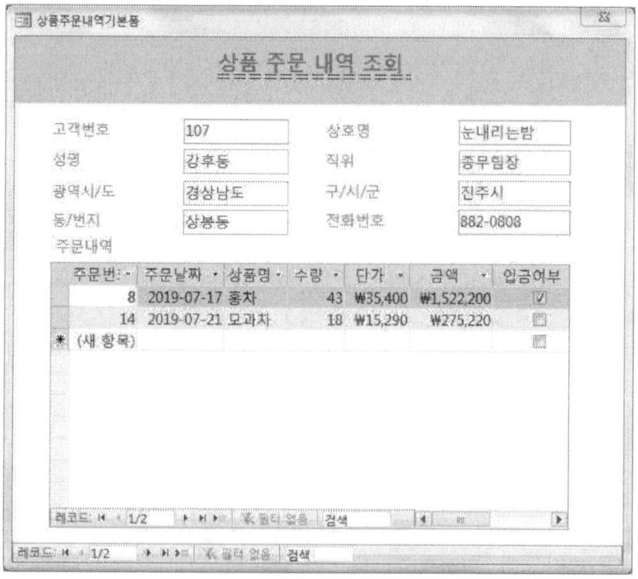

〈그림 14.11〉 싱품주문내역기본폼 실행 창

동작 12 **상품주문내역기본폼**을 닫는다.

다음 [따라하기 14.9]는 **상품주문내역기본폼**을 실행하여 **잃어버린오늘** 레코드를 검색하고 폼의 실행이 정상적으로 수행되는지를 확인하는 실습이다.

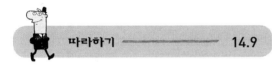

따라하기 14.9

동작 1 **상품주문내역기본폼**을 실행한다.

동작 2 매개 변수 값 입력 창에서 **잃어버린오늘**을 입력하여 레코드를 검색한다.

◎ 기본 폼에는 **잃어버린오늘** 레코드의 고객 정보가 검색된다.
◎ 하위 폼에는 **잃어버린오늘** 레코드의 상품 주문 정보가 표시된다.

동작 3 기본 폼과 하위 폼에 있는 임의의 필드 값을 변경시켜 내용의 수정 여부를 확인한다.

◎ 검색된 결과의 내용은 변경되어서는 안 된다.
◎ 만약 필드 값이 변경된다면 폼 디자인 창에서 속성을 변경한다.

동작 4 **상품주문내역기본폼**을 닫는다.

Help!!

사용자 중심으로 사용하기 편리하고 시각적으로 보기 좋은 폼을 디자인하여 폼의 기능을 증가시키기 위해 VBA 코드를 이용하여 프로그래밍 할 수 있다. VBA코드를 이용하여 프로그래밍 하려면 VB(visual basic) 언어의 구조와 함께 액세스의 오브젝트를 충분히 활용할 수 있어야 한다.

14.4	종합 연습문제

<12장>의 종합 연습문제에서 완성한 **네모헬스** 데이터베이스를 이용하여 회원의 건강식품 주문 내용을 검색할 수 있는 **건강식품주문조회기본폼**을 아래의 처리조건으로 <그림 14.12>와 같이 완성하고 이를 이용하여 회원의 주문 내용을 검색하라.

건강식품 주문자료 조회

회원번호		소　속	
성　명		전화번호	
생년월일		혈 액 형	
신장(cm)		체중(kg)	

주문자료

주문번호	주문날짜	제품명	수량	단가	금액	지불여부

<그림 14.12> **건강식품주문조회기본폼** 디자인

[처리조건]

※ 데이터베이스는 **네모헬스.MDB**를 이용한다.

1) 쿼리 이름: **건강식품주문조회기본폼용**

　성명의 매개 변수: [검색하려는 회원의 성명을 입력하세요]

2) 쿼리 이름: **건강식품주문조회하위폼용**

　금액 = 수량 * 단가

　표시되는 레코드는 주문날짜의 오름차순으로 표시되도록 한다.

3) 기본 폼 이름: **건강식품주문조회기본폼**, 하위 폼 이름: **건강식품주문조회하위폼**

4) **단가, 금액**의 텍스트 상자는 통화로 지정한다.

5) 기본 폼의 전체 속성은 아래와 같이 변경한다.

　　최소화 최대화 단추: 표시 안함

　　구분선: 아니오

　　레코드 선택기: 아니오

　　탐색 단추: 아니오

　　편집 가능: 아니오

　　삭제 가능: 아니오

　　추가 가능: 아니오

6) 하위 폼의 속성은 아래와 같이 변경한다.

　　레코드 선택기: 아니오

　　탐색 단추: 아니오

　　편집 가능: 아니오

　　삭제 가능: 아니오

　　추가 가능: 아니오

14.5 　보건의료 연습문제

〈12장〉의 보건의료 연습문제에서 완성한 **HK메디컬진료관리.accdb**를 이용하여 수진자의 진료내용을 검색할 수 있는 **HK메디컬진료자료검색기본폼**과 **HK메디컬진료자료검색하위폼**을 아래의 처리조건으로 〈그림 14.13〉과 같이 완성하고 이를 이용하여 수진자의 진료 내용을 검색하라.

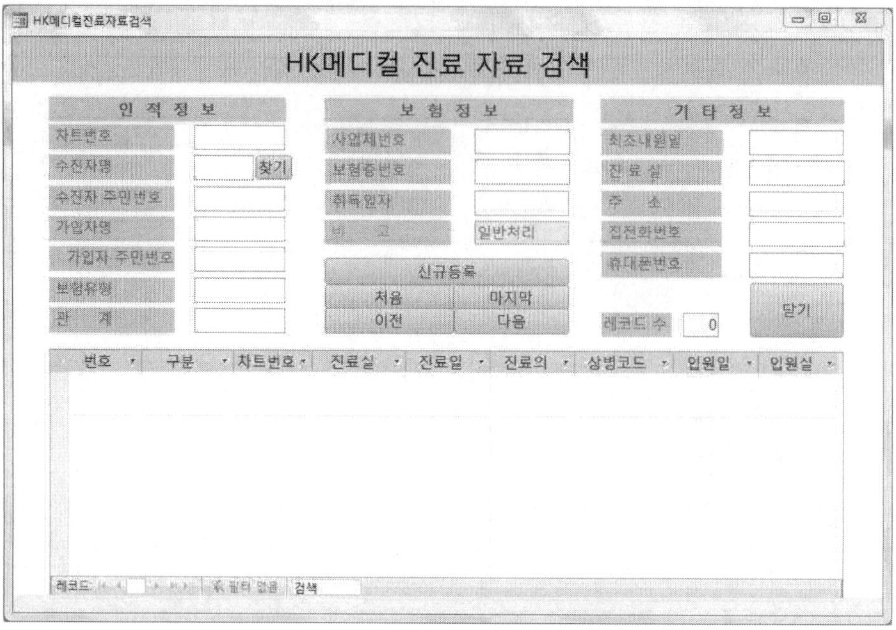

〈그림 14.13〉 **HK메디컬진료자료검색기본폼** 디자인

[처리조건1]

※ 데이터베이스는 **HK메디컬진료관리.accdb**를 이용한다.

1) 기본 폼 이름: **HK메디컬진료자료검색기본폼**

   하위 폼 이름: **K메디컬진료자료검색하위폼**

   ※ 〈그림 14.12〉와 같이 수진자의 성명 우측에 검색 버튼을 작성하여 검색하고 **HK메디컬진료자료검색기본폼** 실행 시 수진자명이 **SetFocus** 되도록 아래 코드를 추가하라.

```
Private Sub Form_Load()
    폼수진자명.SetFocus
End Sub
```

2) 기본 폼의 전체 속성은 아래와 같이 변경한다.

   최소화 최대화 단추: 표시 안함

   팝업: 예

구분선: 아니오

레코드 선택기: 아니오

탐색 단추: 아니오

편집 가능: 아니오

삭제 가능: 아니오

추가 가능: 아니오

3) 하위 폼의 속성은 아래와 같이 변경한다.

레코드 선택기: 아니오

탐색 단추: 아니오

편집 가능: 아니오

삭제 가능: 아니오

추가 가능: 아니오

[처리조건2]

※ HK메디컬진료자료검색기본폼을 수정하여 〈그림 14.14〉와 같이 가입자 직장 정보와 상병명을 표시하는 하위 폼을 추가하여 작성하라. 추가되는 폼의 쿼리는 작성자가 임의로 부여한다.

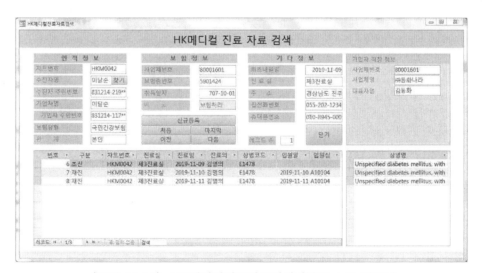

〈그림 14.14〉 **HK메디컬진료자료검색기본폼** 수정 디자인

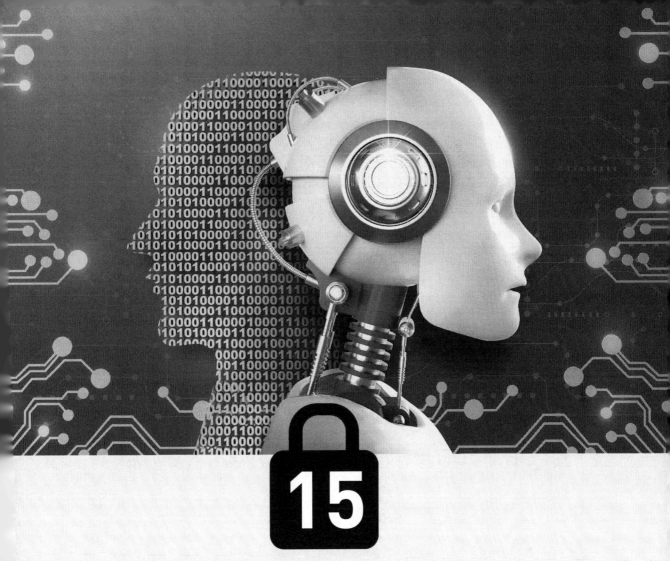

15

사용자 정의 보고서 작성하기

　　사용자 정의 보고서는 데이터베이스에서 검색된 결과를 문서로 인쇄하는 것으로 사용자가 원하는 형태의 보고서를 다양하게 만들 수 있다. 부모 테이블과 자식 테이블 간에 설정된 일대다 관계를 이용하여 원하는 형태의 정보를 검색하는 쿼리를 만든 후 쿼리를 이용하여 보고서를 작성한다.

사 례 고수준씨는 조인된 **고객**과 **주문** 테이블을 이용하여 영업관리에 필요한 각종 정보를 제공하고 영업관리에 유용한 보고서를 작성하기로 한다. 보고서 마법사를 이용하여 보고서를 만들면 보고서는 손쉽게 만들 수 있지만 영업과 관련한 매출 집계나 이익집계 등 다양한 형태의 사용자가 원하는 형태의 보고서를 만들기 어렵다. 따라서 고수준씨는 보고서 마법사를 사용하지 않고 쿼리로 검색된 자료를 바탕으로 다양한 정보를 제공해 줄 수 있는 보고서를 작성하기로 한다.

15.1　디자인 보기에서 새 보고서 만들기 방법의 사용

　　부모 테이블과 자식 테이블을 이용하여 원하는 정보를 검색하는 쿼리를 만들고 쿼리를 이용하면 보고서를 쉽게 작성할 수 있다. 쿼리를 작성한 후 보고서 마법사를 사용하면 손쉽게 보고서를 만들 수 있지만 사용자가 원하는 형태의 보고서를 만들기 어렵다. 예를 들어 사용자 정의 보고서 만들기를 통해 사용자는 **고객** 테이블의 거래처별 **주문** 자료의 금액 합계 및 이익금 합계 등을 보기 쉽게 표시하는 보고서를 만들 수 있다.

혼자하기　　　　　　　　　　15.1

　　액세스 쿼리 디자인 도구로 **고객**과 **주문** 테이블을 이용하여 **상호명**, **주문날짜**, **상품명**, **수량**, **단가**, **금액**, **입금여부**, **배송여부**를 나타내는 쿼리를 작성하라. **금액**은 다음 식으로 계산하고 쿼리 이름은 **상호명별주문내역**으로 한다.

　　금액 : int(수량 * 단가 * 1.1 / 10 + 0.5) * 10

다음 [따라하기 11.1]은 보고서 개체의 **디자인 보기에서 새 보고서 만들기 방법**으로 **상호명별주문내역** 쿼리를 작성하고 **상호명, 주문날짜, 상품명, 수량, 단가, 금액, 입금여부, 배송여부**를 표시하는 보고서를 작성하는 실습이다.

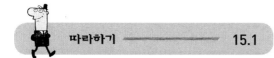

따라하기 ———————————— **15.1**

동작 1 **영업관리.accdb**의 만들기 리본 메뉴에서 보고서 디자인을 클릭한다.

◎ 〈그림 15.1〉과 같은 보고서 디자인 창이 열린다.

◎ 페이지 머리글은 필드 제목과 같이 모든 페이지의 상단에 표시되는 내용을 놓는다.

◎ 본문은 반복해서 표시될 테이블 필드 혹은 계산 필드를 놓는다.

◎ 페이지 바닥글은 쪽 번호와 같이 모든 페이지의 하단에 표시될 내용을 놓는다.

◎ 페이지 머리글, 본문, 페이지 바닥글은 크기를 조절할 수 있다.

◎ 그룹 정렬 및 요약은 특정 필드를 기준으로 그룹 계산 및 정렬을 지정할 수 있다.

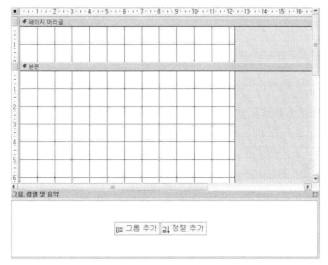

〈그림 15.1〉 보고서 디자인 창

동작 2 보고서 디자인 창의 전체 보고서 버튼(■)에서 우측 버튼을 클릭하여
표시된 메뉴에서 **속성**을 클릭하여 **기타** 탭을 클릭한다. 〈그림 15.2〉와
같이 **기타** 탭의 **팝업**을 **예**로 설정한다.

◎ 완성된 보고서의 실행 시 보고서가 팝업 형태로 실행된다.

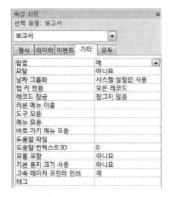

〈그림 15.2〉 보고서 기타 속성 시트

동작 3 보고서 속성 시트의 **데이터** 탭을 클릭한다.

◎ 〈그림 15.3〉과 같은 데이터 관련 속성 시트가 표시된다.
◎ 보고서를 만드는데 이용할 테이블이나 쿼리의 연결 속성을 지정한다.

〈그림 15.3〉 보고서의 데이터와 관련 속성 시트

동작 4 **레코드 원본 ......**의 목록 표시 버튼(■)을 클릭하고 목록에서 **상호명별주
문내역** 쿼리를 선택한다.

◎ 레코드 원본으로 **상호명별주문내역** 쿼리가 지정된다.

동작 5 디자인 리본 메뉴의 기존 필드 추가를 클릭한다.

◎ 속성 시트가 닫히고 〈그림 15.4〉와 같은 **상호명별주문내역** 필드 목록이 표시된다.

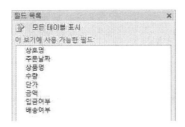

〈그림 15.4〉 필드 목록 표시

Help!!

필드 목록 표시하기

레코드 원본을 지정한 후 필드 목록이 표시 되지 않아 다시 표시하고자 할 경우에는 기존 필드 추가를 클릭한다.

동작 6 〈그림 15.5〉와 같이 필드 목록의 필드를 드래그하여 모든 필드를 보고서 **본문**으로 끌어다 놓는다.

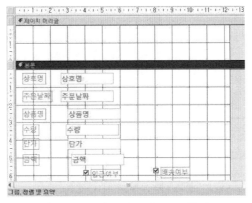

〈그림 15.5〉 필드의 본문 추가

동작 7 필드 목록 창을 닫는다.

동작 8   **상호명** 레이블을 선택하여 우측 버튼을 클릭한 후 표시된 메뉴에서 잘라내기(T)한다.

◎ **잘라내기** 단축키는 **Ctrl + X** 이다.

동작 9   페이지 머리글 영역을 클릭하고 마우스의 우측 버튼을 클릭한 후 팝업 메뉴에서 붙여넣기(P)를 클릭하여 옮기고 〈그림 15.6〉과 같이 아래로 적당히 끌어다 놓는다.

◎ **상호명** 레이블을 페이지 머리글에 붙여넣기 한 결과는 〈그림 15.6〉과 같다.
◎ **붙여넣기** 단축키는 **Ctrl + V** 이다.

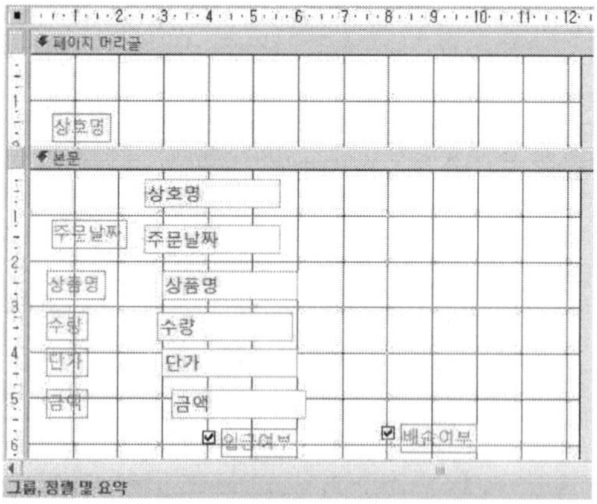

〈그림 15.6〉 상호명 레이블 붙여넣기 결과

동작 10   동일한 방법으로 **수량, 단가, 금액, 입금여부, 배송여부** 레이블을 모두 페이지 머리글 영역으로 이동 시킨다.

동작 11 〈그림 15.7〉과 같이 페이지 머리글 영역의 레이블 위치 및 크기를 조절하고 페이지 머리글 영역의 크기를 조절한다.

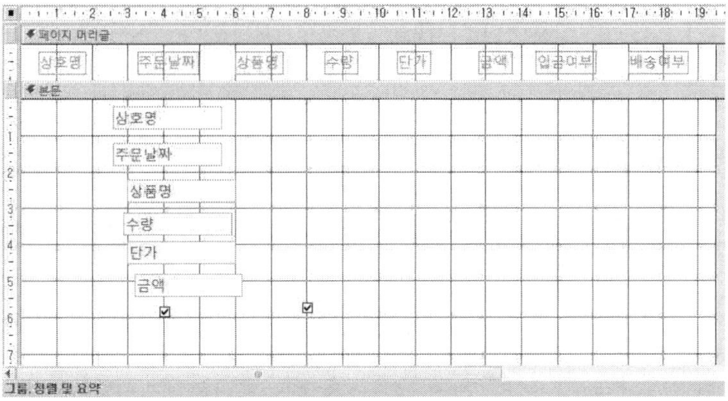

〈그림 15.7〉 페이지 머리글의 레이블 컨트롤 위치 및 영역 조절

동작 12 〈그림 15.8〉과 같이 본문의 텍스트 상자를 옮긴 후 크기를 조절하고 본문 영역의 크기를 조절한다. 본문의 텍스트 상자 위치에 맞춰 페이지 머리글 영역의 레이블도 위치를 변경한다.

◎ 페이지 머리글과 본문의 텍스트 상자 위치가 완료된 결과는 〈그림 15.8〉과 같다.

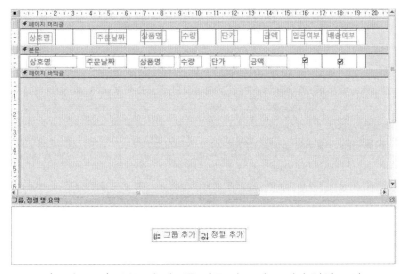

〈그림 15.8〉 본문의 컨트롤 이동 및 크기 조절과 영역 조절

361

동작 13 보고서 디자인 창의 닫기 버튼을 클릭하고 보고서 이름으로 **상호명별주문내역보고서**를 입력하여 저장한다.

◎ **상호명별주문내역보고서**로 저장된다.

동작 14 **상호명별주문내역보고서**를 실행한다.

◎ 〈그림 15.9〉와 같은 보고서 미리보기 창이 열린다.
◎ 레코드 순서와 개수, 단가, 금액의 값은 사용자에 따라 다를 수 있다.
◎ 틀린 부분이 있으면 **상호명별주문내역보고서**를 디자인 창에서 수정한다.

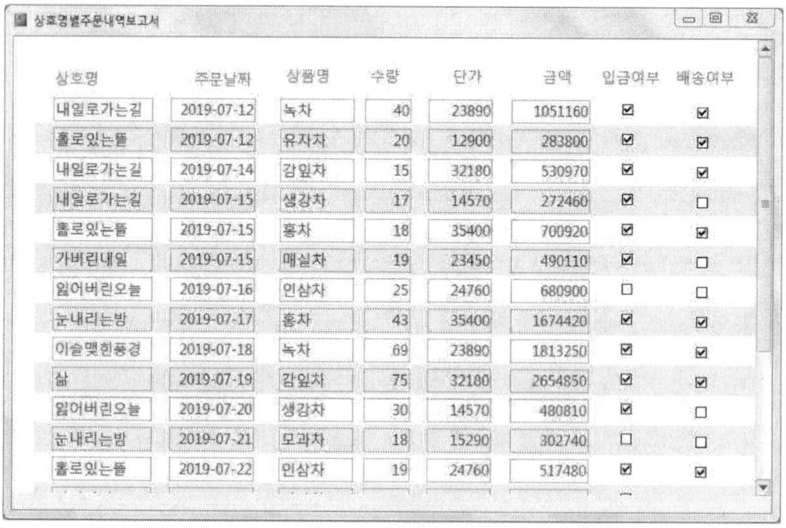

상호명	주문날짜	상품명	수량	단가	금액	입금여부	배송여부
내일로가는길	2019-07-12	녹차	40	23890	1051160	☑	☑
홀로있는뜰	2019-07-12	유자차	20	12900	283800	☑	☑
내일로가는길	2019-07-14	감잎차	15	32180	530970	☑	☑
내일로가는길	2019-07-15	생강차	17	14570	272460	☑	☐
홀로있는뜰	2019-07-15	홍차	18	35400	700920	☑	☑
가버린내일	2019-07-15	매실차	19	23450	490110	☑	☐
잃어버린오늘	2019-07-16	인삼차	25	24760	680900	☐	☐
눈내리는밤	2019-07-17	홍차	43	35400	1674420	☑	☑
이슬맺힌풍경	2019-07-18	녹차	69	23890	1813250	☑	☑
삶	2019-07-19	감잎차	75	32180	2654850	☑	☑
잃어버린오늘	2019-07-20	생강차	30	14570	480810	☑	☐
눈내리는밤	2019-07-21	모과차	18	15290	302740	☐	☐
홀로있는뜰	2019-07-22	인삼차	19	24760	517480	☑	☑

〈그림 15.9〉 **상호명별주문내역보고서** 실행 결과

동작 15 **상호명별주문내역보고서** 창을 닫는다.

15.2 표시 형식 지정과 선 컨트롤 추가

보고서의 본문이나 페이지 머리글 혹은 바닥글에 선 컨트롤을 추가하여 보고서를 보기 좋게 만들 수 있고 숫자로 표시되는 데이터는 다양한 형태의 표시 형식을 지정할 수 있다. 예를 들어 〈그림 15.9〉의 보고서 상단의 필드 이름과 데이터를 구분할 수 있도록 선을 추가하면 시각적으로 보기가 좋다.

다음 [따라하기 15.2]는 **상호명별주문내역보고서**를 수정하여 페이지 머리글에 **선** 컨트롤을 추가하고 **단가**와 **금액** 필드의 표시 형식을 **통화**로 지정하는 실습이다.

따라하기 ———— 15.2

동작 1 보고서 개체에서 상호명별주문내역보고서를 선택하고 우측 버튼을 클릭하여 디자인 보기(D) 버튼을 클릭한다.

◎ **상호명별주문내역보고서**의 디자인 창이 열린다.

동작 2 상단의 디자인을 클릭하여 표시된 리본 메뉴의 컨트롤에서 자세히를 클릭한다.

◎ 선을 포함하는 컨트롤이 자세하게 표시된다.

동작 3 컨트롤 도구에서 선(＼) 컨트롤을 선택하고 〈그림 15.10〉과 같이 페이지 머리글 영역의 필드 위와 아래에 선을 각각 추가한다.

직선 추가하기 : 선 컨트롤을 이용하여 직선을 추가하려면 Shift 키를 누른 채 시작점에서 끝점까지 마우스를 끌어 놓는다.

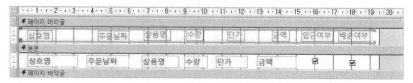

〈그림 15.10〉 페이지 머리글에 선 컨트롤 추가

동작 4 본문의 **단가** 텍스트 상자에 마우스 포인터를 옮기고 우측 버튼을 클릭
하여 팝업 메뉴에서 속성을 선택한다.

◎ **단가** 텍스트 상자의 속성 창이 열린다.

동작 5 형식 탭을 선택하고 형식 목록에서 **통화**를 선택한다.

◎ **단가**의 표시 형식 속성이 **통화**로 지정된다.

동작 6 동일한 방법으로 **금액** 텍스트 상자의 표시 형식을 **통화**로 지정한다.

◎ **금액**의 표시 형식 속성이 **통화**로 지정된다.

동작 7 수정한 **상호명별주문내역보고서**를 저장하고 실행 한다.

◎ 실행된 **상호명별주문내역보고서**는 〈그림 15.11〉과 같다.
◎ 레코드 수와 **단가**, **금액**의 값은 사용자에 따라 다를 수 있다.

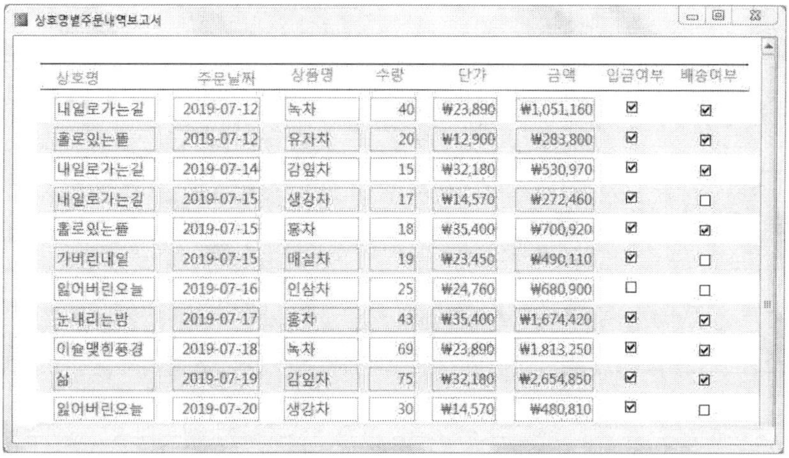

상호명별주문내역보고서

상호명	주문날짜	상품명	수량	단가	금액	입금여부	배송여부
내일로가는길	2019-07-12	녹차	40	₩23,890	₩1,051,160	☑	☑
홀로있는뜰	2019-07-12	유자차	20	₩12,900	₩283,800	☑	☑
내일로가는길	2019-07-14	감잎차	15	₩32,180	₩530,970	☑	☑
내일로가는길	2019-07-15	생강차	17	₩14,570	₩272,460	☑	☐
홀로있는뜰	2019-07-15	뽕차	18	₩35,400	₩700,920	☑	☑
가버린내일	2019-07-15	매실차	19	₩23,450	₩490,110	☑	☐
잃어버린오늘	2019-07-16	인삼차	25	₩24,760	₩680,900	☐	☐
눈내리는밤	2019-07-17	홍차	43	₩35,400	₩1,674,420	☑	☑
이슬맺힌풍경	2019-07-18	녹차	69	₩23,890	₩1,813,250	☑	☑
삶	2019-07-19	감잎차	75	₩32,180	₩2,654,850	☑	☑
잃어버린오늘	2019-07-20	생강차	30	₩14,570	₩480,810	☑	☐

〈그림 15.11〉 선 컨트롤이 추가되고 통화 형식이 설정된 보고서

동작 8 **상호명별주문내역보고서** 창을 닫는다.

15.3 데이터 정렬과 그룹별 합계 계산하기

액세스 보고서에서는 하나 이상의 필드를 기준으로 레코드를 정렬할 수 있고 그룹화 될 수 있다. 정렬은 레코드를 특정 필드를 기준으로 오름차순 혹은 내림차순으로 표시하는 것을 말하고 그룹화는 특정 필드를 기준으로 그룹을 짓는 것을 말한다. 그룹화 된 레코드는 그룹별 합계를 계산할 수 있다. 예를 들어 **상호명**을 오름차순 정렬하고 그룹화 하여 소계를 계산하면 보고서의 내용을 보다 보기 좋게 표시할 수 있다.

다음 [따라하기 15.3]은 **상호명별주문내역보고서**를 수정하여 **상호명** 오름차순 정렬하고 그룹별 바닥글에 상호명별 **금액** 합계(소계)를 계산하여 나타내는 실습이다.

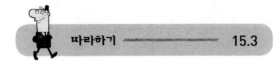

따라하기 ——————— **15.3**

동작 1 보고서 개체에서 상호명별주문내역보고서를 선택하고 우측 버튼을 클릭하여 디자인 보기(D) 버튼을 클릭한다.

◎ **상호명별주문내역보고서**의 디자인 창이 열린다.

동작 2 상단의 디자인을 클릭하여 표시된 리본 메뉴의 그룹화 및 정렬을 클릭한다.

◎ 〈그림 15.12〉와 본문 하단에 **그룹, 정렬 및 요약**을 지정할 수 있는 창이 열린다.

〈그림 15.12〉 그룹, 정렬 및 요약 창

동작 3 그룹 추가를 클릭하여 표시된 목록에서 **상호명**을 선택한다.

◎ 그룹화 기준으로 상호명이 설정된 결과는 〈그림 15.13〉과 같다.
◎ 그룹 또는 정렬을 추가할 수 있다.
◎ 상호명을 **오름차순**, **내림차순**으로 지정할 수 있다.

〈그림 15.13〉 그룹 기준 필드로 **상호명** 지정

동작 4 자세히▶를 클릭하여 표시된 내용에서 머리글 구역 표시의 목록 표시 버튼을 클릭하여 머리글 구역 표시 안 함을 선택하고 바닥글 구역 표시 안함의 목록 표시 버튼을 클릭하여 머리글 구역 표시를 선택한다.

◎ 본문 위의 **상호명 머리글 구역**이 표시되지 않는다.
◎ 본문 아래에 **상호명 바리글 구역**이 표시된다.

동작 5 그룹화 기준 상호명 하단의 정렬 추가 버튼을 클릭하여 표시된 목록에서 **주문날짜**를 선택한다.

◎ 그룹화 된 **상호명**은 **주문날짜** 기준으로 오름차순 정렬된다.

동작 6 정렬 및 그룹화 창을 닫는다.

◎ **상호명별주문내역보고서** 디자인 창에 **상호명 바닥글**이 추가되어 있다.

동작 7 도구 상자에서 텍스트 상자 컨트롤(개네)을 클릭하여 〈그림 15.14〉와 같이 **상호명 바닥글** 영역에 추가하고 바닥글 영역과 텍스트 상자의 위치 및 크기를 적절하게 조절한다.

◎ **Text??:**의 **??**는 사용자에 따라 숫자가 다를 수 있다.

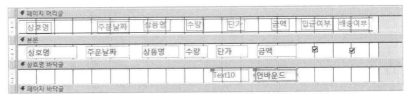

〈그림 15.14〉 **상호명 바닥글**에 텍스트 상자 추가

동작 8 레이블 컨트롤의 **Text??:**을 **금액 소계:**로 수정한다.

◎ 레이블 캡션 **Text??**이 **금액 소계:**로 수정된다.

동작 9　추가된 텍스트 상자의 언바운드에서 **=Sum(금액)**을 입력한다.

　　◎ **=Sum(금액)**에서 Sum은 합계를 계산하는 함수이다.

　　◎ 이 식에 의해 그룹별 합계(소계)를 계산할 수 있다.

동작 10　추가된 텍스트 상자의 표시 형식을 **통화**로 지정한다.

　　◎ **=Sum(금액)** 계산의 결과는 통화 형식으로 표시한다.

동작 11　상호명 바닥글에 〈그림 15.15〉와 같이 선 컨트롤을 추가한다.

　　◎ **=Sum(금액)**은 **=Sum([금액])**으로 자동 표시된다.

〈그림 15.15〉 금액 계산과 선 컨트롤의 추가

동작 12　수정한 **상호명별주문내역보고서**를 저장하고 실행한다.

　　◎ 〈그림 15.16〉은 그룹별 합계가 계산된 **상호명별주문내역보고서**이다.

〈그림 15.16〉 그룹별 금액 합계(소계)가 추가된 보고서

동작 13 **상호명별주문내역보고서** 창을 닫는다.

15.4 **보고서 머리글/바닥글 이용하기**

액세스 보고서에서는 보고서의 머리글/바닥글을 이용하여 보고서 전체와 관련한 제목 혹은 총 합계를 표시할 수 있다. 예를 들어 **상호명별주문내역보고서**의 보고서 제목으로 **(주)고조선 거래처 주문 내역서**'를 입력하고 **금액**의 전체 합계를 표시할 수 있다.

다음 [따라하기 15.4]는 **상호명별주문내역보고서**를 수정하여 보고서 머리글/바닥글을 추가하고 바닥글에 **금액**의 총 합계를 표시하는 실습이다.

동작 1 보고서 개체에서 상호명별주문내역보고서를 선택하고 우측 버튼을 클릭하여 디자인 보기(D) 버튼을 클릭한다.

◎ 상호명별주문내역보고서의 디자인 창이 열린다.

동작 2 본문(◆ 본문)에서 우측 버튼을 클릭하여 표시된 메뉴에서 보고서 머리글/바닥글(H)를 클릭한다.

◎ 상호명별주문내역보고서 디자인 창에 보고서 머리글과 보고서 바닥글 영역이 추가된다.

동작 3 〈그림 15.17〉과 같이 보고서 바닥글에 도구 상자의 텍스트 상자 컨트롤(개내)을 추가하여 레이블은 금액 총계:로 입력하고 텍스트 상자에는 =sum(금액)으로 입력 한 후 텍스트 상자의 표시 형식을 통화로 지정하고 보고서 바닥글 영역의 크기를 조절한다. 금액 총계: 아래에 선 컨트롤을 추가한다.

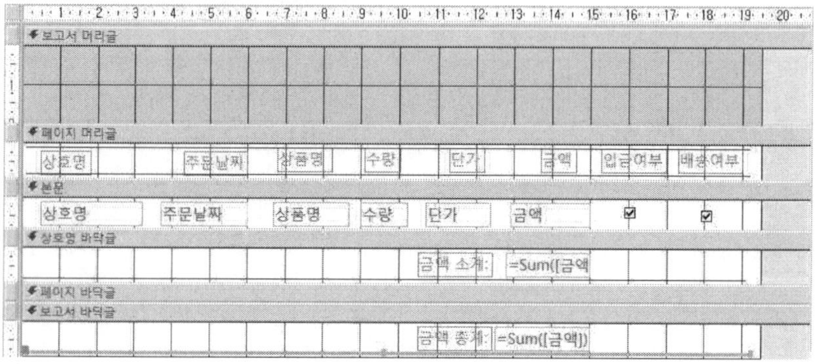

〈그림 15.17〉 보고서 바닥글에 **금액** 총계 텍스트 상자의 추가

동작 4 수정한 **상호명별주문내역보고서**를 저장하고 미리 보기 창을 연다.

◎ 〈그림 15.18〉은 금액 총계가 계산된 **상호명별주문내역보고서**'의 하단 일부이다.

상호명별주문내역보고서								
				금액 소계:	₩1,495,210			
이슬맺힌풍경	2019-07-18	녹차	69	₩23,890	₩1,813,250	☑		☑
				금액 소계:	₩1,813,250			
잃어버린오늘	2019-07-16	인삼차	25	₩24,760	₩680,900	☐		☐
잃어버린오늘	2019-07-19	인삼차	22	₩24,760	₩599,190	☑		☐
잃어버린오늘	2019-07-20	생강차	30	₩14,570	₩480,810	☑		☐
				금액 소계:	₩1,760,900			
홀로있는뜰	2019-07-12	유자차	20	₩12,900	₩283,800	☑		☑
홀로있는뜰	2019-07-15	홍차	18	₩35,400	₩700,920	☑		☑
홀로있는뜰	2019-07-22	인삼차	19	₩24,760	₩517,480	☑		☑
				금액 소계:	₩1,502,200			
				금액 총계:	₩14,819,400			

〈그림 15.18〉 금액 총계가 계산된 **상호명별주문내역보고서**의 하단 일부

동작 5 **상호명별주문내역보고서** 창을 닫는다.

다음 [따라하기 15.5]는 **상호명별주문내역보고서**를 수정하여 보고서 머리글에 보고서 제목으로 **(주)고조선 거래처별 주문 내역서**를 표시하는 실습이다.

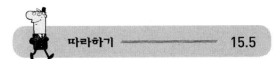

따라하기 ━━━━━ 15.5

동작 1 보고서 개체에서 상호명별주문내역보고서를 선택하고 우측 버튼을 클릭하여 디자인 보기(D) 버튼을 클릭한다.

◎ **상호명별주문내역보고서**의 디자인 창이 열린다.

동작 2 〈그림 15.19〉와 같이 보고서 머리글에 도구 상자의 레이블 컨트롤(
가나)을 추가하고 캡션을 **(주)고조선 거래처별 주문 내역서**로 입력하고 글
꼴 크기를 **16**으로 지정하여 **진하게**한 후 적당한 위치에 이동시킨다.

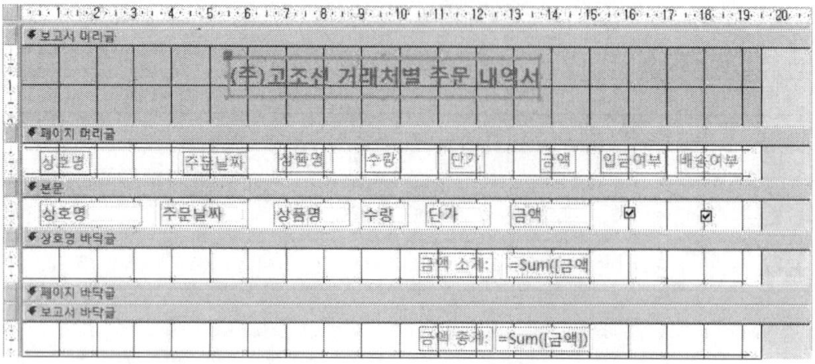

〈그림 15.19〉 보고서 머리글 영역에 제목 삽입

동작 3 수정한 **상호명별주문내역보고서**를 저장하고 실행한다.

◎ 〈그림 15.20〉은 제목이 삽입된 **상호명별주문내역보고서**이다.

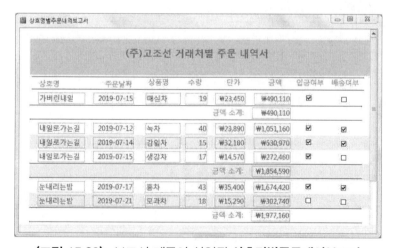

〈그림 15.20〉 보고서 제목이 삽입된 **상호명별주문내역보고서**

동작 4 **상호명별주문내역보고서** 창을 닫는다.

15.5 페이지 바닥글에 보고서 페이지 표시하기

페이지 바닥글에는 페이지마다 표시되어야 할 내용을 나타낼 수 있다. 예를 들어 보고서의 하단에 페이지 혹은 인쇄 날짜 등을 표시할 수 있다.

다음 [따라하기 15.6]은 **상호명별주문내역보고서**를 수정하여 페이지 바닥글에 보고서 페이지를 표시하는 실습이다.

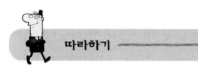

따라하기 ——————— 15.6

동작 1 보고서 개체에서 상호명별주문내역보고서를 선택하고 우측 버튼을 클릭하여 디자인 보기(D) 버튼을 클릭한다.

◎ **상호명별주문내역보고서**의 디자인 창이 열린다.

동작 2 페이지 바닥글 영역의 간격을 조절하고 〈그림 15.21〉과 같이 텍스트 상자 컨트롤(개내)을 추가한 후 텍스트 상자에 =[page] & " / " & [pages]을 입력하고 레이블은 삭제하여 적당한 위치로 이동시킨다.

◎ **page**는 해당 페이지를 나타낸다.
◎ **&**는 문자를 연결하는 연산자이다.
◎ **pages**는 전체 페이지를 나타낸다.
◎ 표시형식은 **현 페이지 / 전체 페이지**로 나타난다.
◎ 작성 날짜를 표시하려면 텍스트 상자를 추가하고 =now()를 입력하면 된다.

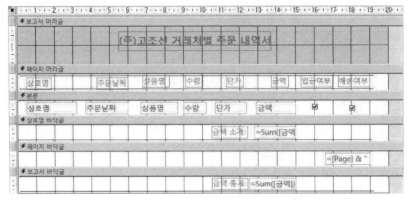

〈그림 15.21〉 페이지 바닥글에 페이지 표시의 추가

동작 3 수정한 **상호명별주문내역보고서**를 저장하고 미리 보기 창을 연다.

◎ 보고서 하단에 **1 / 1**이 표시된다.
◎ 현 페이지도 **1** 전체 페이지도 **1**이다.

동작 4 **상호명별주문내역보고서** 창을 닫는다.

15.6 중복 필드 값 숨기기

보고서에서 중복되는 레코드의 필드 내용을 한 개만 표시되도록 할 수 있다. 예를 들어 **상호명별주문내역보고서**에서 동일한 **상호명**이 반복하여 표시되는데 이를 한 개만 표시할 수 있다.

다음 [따라하기 15.7]은 **상호명별주문내역보고서**를 수정하여 **상호명**이 중복 표시되지 않도록 하는 실습이다.

따라하기 ━━━━━━━━━ **15.7**

동작 1 보고서 개체에서 상호명별주문내역보고서를 선택하고 우측 버튼을 클릭
하여 디자인 보기(D) 버튼을 클릭한다.

◎ **상호명별주문내역보고서**의 디자인 창이 열린다.

동작 2 본문의 **상호명** 텍스트 상자에서 우측 버튼을 클릭하여 표시된 목록에서
속성을 클릭하고 형식 탭을 선택한다.

◎ 〈그림 15.22〉와 같은 **상호명** 속성 창이 열린다.

〈그림 15.22〉 **상호명** 속성 시트

동작 3 속성 시트의 중복 내용 숨기기에서 **예**를 선택한다.

◎ **상호명**이 중복되므로 **상호명**의 중복 내용을 숨긴다.

동작 4 **상호명** 속성 창을 닫는다.

동작 5 수정한 **상호명별주문내역보고서**를 저장하고 미리 보기 창을 연다.

◎ 〈그림 15.23〉는 **상호명**이 중복되지 않도록 지정한 **상호명별주문내역보고서**이다.

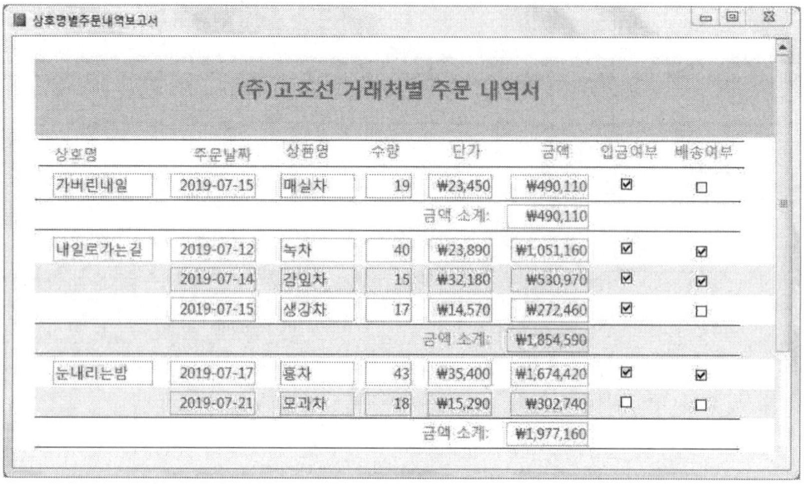

상호명별주문내역보고서

(주)고조선 거래처별 주문 내역서

상호명	주문날짜	상품명	수량	단가	금액	입금여부	배송여부
가버린내일	2019-07-15	매실차	19	₩23,450	₩490,110	☑	☐
				금액 소계:	₩490,110		
내일로가는길	2019-07-12	녹차	40	₩23,890	₩1,051,160	☑	☑
	2019-07-14	감잎차	15	₩32,180	₩530,970	☑	☑
	2019-07-15	생강차	17	₩14,570	₩272,460	☑	☐
				금액 소계:	₩1,854,590		
눈내리는밤	2019-07-17	홍차	43	₩35,400	₩1,674,420	☑	☑
	2019-07-21	모과차	18	₩15,290	₩302,740	☐	☐
				금액 소계:	₩1,977,160		

〈그림 15.23〉 상호명이 중복 표시되지 않는 보고서

동작 6 **상호명별주문내역보고서** 창을 닫는다.

15.7 선 컨트롤의 속성 변경

보고서에서 들어 있는 선 컨트롤의 속성을 변경하여 다양한 모양의 선을 표시할 수 있다. 예를 들어 **상호명별주문내역보고서**에서 페이지 머리글에 들어 있는 선을 굵게 하여 소계를 구분하는 선과 다른 형태로 구분되도록 할 수 있다.

다음 [따라하기 15.8]은 **상호명별주문내역보고서**를 수정하여 페이지 머리글에 들어 있는 선을 굵게 표시하는 실습이다.

따라하기 —————————— 15.8

동작 1 보고서 개체에서 상호명별주문내역보고서를 선택하고 우측 버튼을 클릭
하여 디자인 보기(D) 버튼을 클릭한다.

◎ **상호명별주문내역보고서**의 디자인 창이 열린다.

동작 2 페이지 머리글의 선 컨트롤을 선택하고 마우스 우측 버튼을 클릭한 후
형식 탭을 선택한다.

◎ 〈그림 15.24〉와 같은 선 속성 시트 창이 열린다.

〈그림 15.24〉 선 컨트롤 속성 시트

동작 3 속성 창의 테두리 두께 텍스트 상자의 목록에서 **2 pt**를 선택한다.

◎ 선 두께가 약간 굵어진다.

동작 4 동일한 방법으로 페이지 머리글의 다른 선 하나도 두께를 **2 pt**로 지정
한다.

동작 5 선 속성 창을 닫는다.

동작 6 수정한 **상호명별주문내역보고서**를 저장하고 실행한다.

◎ 〈그림 15.25〉는 선 속성을 수정한 **상호명별주문내역보고서**이다.

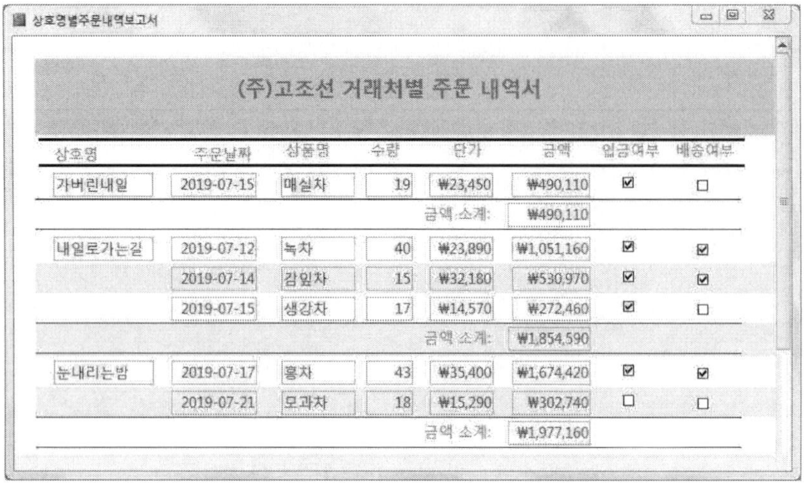
상호명별주문내역보고서

(주)고조선 거래처별 주문 내역서

상호명	주문날짜	상품명	수량	단가	금액	입금여부	배송여부
가버린내일	2019-07-15	매실차	19	₩23,450	₩490,110	☑	☐
				금액 소계:	₩490,110		
내일로가는길	2019-07-12	녹차	40	₩23,890	₩1,051,160	☑	☑
	2019-07-14	감잎차	15	₩32,180	₩530,970	☑	☑
	2019-07-15	생강차	17	₩14,570	₩272,460	☑	☐
				금액 소계:	₩1,854,590		
눈내리는밤	2019-07-17	홍차	43	₩35,400	₩1,674,420	☑	☑
	2019-07-21	모과차	18	₩15,290	₩302,740	☐	☐
				금액 소계:	₩1,977,160		

〈그림 15.25〉 선 속성을 수정한 결과

동작 7 **상호명별주문내역보고서** 창을 닫는다.

15.8 텍스트 상자의 테두리 스타일 및 배경색 수정

보고서의 본문 텍스트 상자의 테두리 스타일 및 배경색 수정을 흰색으로 수정하여 보고서를 만들 수 있다. 업무 형태에 따라 〈그림 15.25〉와 같이 표시할 수도 있지만 텍스트 상자의 스타일 및 배경색을 없애야 할 경우도 있다.

다음 [따라하기 15.8]은 **상호명별주문내역보고서**를 수정하여 본문 텍스트 상자의 테두리 스타일 및 배경색을 변경하는 실습이다.

동작 1 보고서 개체에서 상호명별주문내역보고서를 선택하고 우측 버튼을 클릭하여 디자인 보기(D) 버튼을 클릭한다.

◎ 상호명별주문내역보고서의 디자인 창이 열린다.

동작 2 본문(✦본문)에서 우측 버튼을 클릭하여 표시된 메뉴에서 속성을 클릭하고 형식 탭을 선택한다.

◎ 본문 속성의 형식 시트 창이 열린다.

동작 3 다른 배경색의 목록 표시 버튼을 클릭하여 색 없음을 선택한다.

◎ 행 구분을 위해 표시되는 다른 배경색이 색 없음으로 지정된다.

동작 4 상호명 바닥글의 속성에서 다른 배경색의 목록 표시 버튼을 클릭하여 색 없음을 선택한다.

◎ 소계를 계산한 상호명 바닥글의 구분을 위해 표시되는 다른 배경색이 색 없음으로 지정된다.

동작 5 본문의 모든 컨트롤을 선택하고 우측 버튼을 클릭하여 표시된 메뉴에서 속성을 클릭하고 형식 탭을 선택한다.

동작 6 테두리 스타일의 목록 표시 버튼을 클릭하여 투명을 선택한다.

◎ 텍스트 상자의 실선이 투명으로 된다.

동작 7 상호명 바닥글의 텍스트 상자를 선택하고 우측 버튼을 클릭하여 표시된 메뉴에서 속성을 클릭하고 형식 탭을 선택한다.

동작 8 테두리 스타일의 목록 표시 버튼을 클릭하여 투명을 선택한다.

◎ 텍스트 상자의 실선이 투명으로 된다.

동작 9 보고서 바닥글의 텍스트 상자를 선택하고 우측 버튼을 클릭하여 표시된 메뉴에서 속성을 클릭하고 형식 탭을 선택한다.

동작 10 테두리 스타일의 목록 표시 버튼을 클릭하여 투명을 선택한다.

◎ 텍스트 상자의 실선이 투명으로 된다.

동작 11 수정한 **상호명별주문내역보고서**를 저장하고 실행한다.

◎ 〈그림 15.26〉은 테두리 스타일과 배경색을 수정한 **상호명별주문내역보고서** 결과이다.

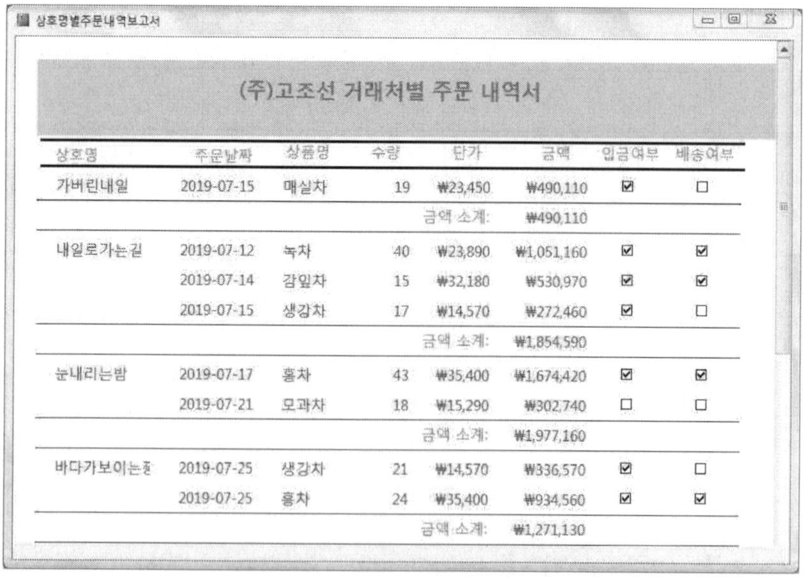
상호명별주문내역보고서

(주)고조선 거래처별 주문 내역서

상호명	주문날짜	상품명	수량	단가	금액	입금여부	배송여부
가버린내일	2019-07-15	매실차	19	₩23,450	₩490,110	☑	☐
				금액 소계:	₩490,110		
내일로가는길	2019-07-12	녹차	40	₩23,890	₩1,051,160	☑	☑
	2019-07-14	감잎차	15	₩32,180	₩530,970	☑	☑
	2019-07-15	생강차	17	₩14,570	₩272,460	☑	☐
				금액 소계:	₩1,854,590		
눈내리는밤	2019-07-17	홍차	43	₩35,400	₩1,674,420	☑	☑
	2019-07-21	모과차	18	₩15,290	₩302,740	☐	☐
				금액 소계:	₩1,977,160		
바다가보이는	2019-07-25	생강차	21	₩14,570	₩336,570	☑	☐
	2019-07-25	홍차	24	₩35,400	₩934,560	☑	☑
				금액 소계:	₩1,271,130		

〈그림 15.26〉 테두리 스타일과 배경색을 수정한 결과

Help!!

보고서를 잘 만들려면 많은 노력과 반복적인 연습이 필요하다. 이 책에서 제시하고 있는 방법은 최소한의 보고서 작성 방법만을 다루고 있다. 이를 실무에 충분히 반영하기 위해서는 여러 가지 형태의 보고서를 많이 만들어 보아야 한다.

상호명별주문내역 쿼리에서 **상호명**의 조건에 아래와 같은 매개 변수를 입력하여 쿼리를 수정한 후 **상호명별주문내역보고서**를 실행하고 매개 변수 값으로 **눈내리는밤**을 넣어 보고서의 미리 보기 결과를 확인한다.

◎ 미리 보기는 **눈내리는밤**에 해당하는 레코드의 주문내역을 표시한다.

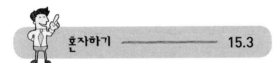

상호명별주문내역보고서를 실행하여 매개 변수 값으로 다른 **상호명**들을 입력하여 보고서 미리 보기의 결과를 살펴본다.

15.9 종합 연습문제

〈12장〉의 종합 연습문제에서 완성한 **네모헬스** 데이터베이스를 이용하여 회원의 소속별 헬스 건강식품 주문 내역 보고서를 출력하는 **건강식품주문보고서**를 아래의 처리조건으로 〈그림 15.27〉과 같이 완성하고 미리 보기로 결과를 확인하라.

[처리조건]

1) **소속** 순(COEX, COMA, RISTE)으로 정렬하고, 같은 소속에서는 **성명**의 오름차 순으로 정렬(sort)한다.

2) 금액 = 수량 × 단가

3) 소계 : 소속 별 금액 합계

4) 총계 : 전체의 금액 합계

5) **단가**와, **금액**의 형식은 통화(₩)를 지정한다.

6) 데이터의 정렬 형식은 중앙정렬을 원칙으로 하며 〈그림 15.6〉을 참조하여 열 과 간격, 자릿수 등은 일정하게 맞추어 통일성을 기하여야 한다.

7) **작성일자**는 현재 날짜를 YY.MM.DD 형식으로 표시한다.

※ 보고서의 세로선은 표시하지 않아도 됨.

헬스 건강식품 주문 내역

작성일자 : YY.MM.DD 　　　　　　　　　　　　　　　　　　〈단위:원〉

소 속	성 명	주문날짜	제품명	수량	단 가	금 액
COEX	XXX	XX.XX.XX	XXX	XX	₩X,XXX	₩X,XXX
	·	·	·	·	·	·
	·	·	·	·	·	·
	·	·	·	·	·	·
					소　계:	₩XX,XXX
COMA	XXX	XX.XX.XX	XXX	XX	₩X,XXX	₩X,XXX
	·	·	·	·	·	·
	·	·	·	·	·	·
	·	·	·	·	·	·
					소　계:	₩XX,XXX
RISTE	XXX	XX.XX.XX	XXX	XX	₩X,XXX	₩X,XXX
	·	·	·	·	·	·
	·	·	·	·	·	·
	·	·	·	·	·	·
					소　계:	₩XX,XXX
					총　계:	₩XX,XXX

〈그림 15.27〉 건강식품주문보고서 모양

15.10　　　보건의료 연습문제

〈12장〉의 보건의료 연습문제에서 완성한 **HK메디컬진료관리.accdb**를 이용하여 진료실별 진료 내역 보고서를 인쇄하는 **HK메디컬진료내역보고서**를 아래의 처리조건으로 〈그림 15.28〉과 같이 완성하고 미리 보기로 결과를 확인하라.

[처리조건]

1) **진료실**(제1진료실, 제2진료실, 제3진료실) 순으로 정렬하고, 동일 진료실 내에서는 **진료일** 오름차순으로 정렬(sort)한다.

2) 진료건수 : **진료실**별 진료 건 수

3) 총 진료건수 : **진료실** 전체의 진료 건 수

4) 데이터의 정렬 형식은 중앙정렬을 원칙으로 하며 〈그림 15.27〉을 참조하여 열과 간격, 자릿수 등은 일정하게 맞추어 통일성을 기하여야 한다.

5) 진료실은 중복 표시하지 않는다.

6) **작성일자**는 현재 날짜를 YY.MM.DD 형식으로 표시한다.

HK메디컬 진료 내역 보고서

작성일 : YY.MM.DD

진료실	차트번호	수진자명	진료일	진료의	상병코드	입원일	입원실
제1진료실	XXXXXXX • • •	XXX • • •	XX.XX.XX • • •	XXX • • •	XX • • •	₩X,XXX • • •	₩X,XXX • • •
							진료건수: XXX건
제2진료실		XXX • • •	XX.XX.XX • • •	XXX • • •	XX • • •	₩X,XXX • • •	₩X,XXX • • •
							진료건수: XXX건
제3진료실		XXX • • •	XX.XX.XX • • •	XXX • • •	XX • • •	₩X,XXX • • •	₩X,XXX • • •
							진료건수: XXX건
						총 진료건수:	XXX건

〈그림 15.28〉 HK메디컬진료내역보고서 형식

16

SQL

액세스는 MS 오피스 패키지 군에 포함되어 있는 RDBMS로 MS 윈도우즈 운영체제 계열에서 활용된다. 따라서 액세스는 개인용 컴퓨터에서 소규모 데이터베이스를 구현하는데 적합하고 쉬운 사용자 인터페이스와 액세스 특유의 다양한 마법사 기능을 통해 소규모 데이터베이스를 손쉽게 구축할 수 있다. 또한 액세스는 비즈니스 분야에서 가장 널리 사용되고 있는 엑셀 데이터와의 상호 변환이 가능하고, 처리된 결과를 웹 문서로 쉽게 전환할 수 있으므로 비즈니스 실무 분야에 널리 사용된다.

액세스에서 직접 실행 가능한 VBA(visual basic for applications)는 강력한 데이터베이스 응용 프로그램을 작성할 수 있는 프로그래밍 언어로 활용될 수 있다. 또한 액세스는 웹 프로그래밍 언어인 ASP와 연동되므로 웹 데이터베이스 구축에도 활용할 수 있다. 그러나 액세스는 손쉽게 테이블에 접근할 수 있으므로 오라클, 인포믹스 등의 대규모 RDBMS에 비해 상대적으로 보안성이 취약하다.

관계형 DBMS를 이용하여 응용 프로그램을 구현하려면 SQL의 사용은 불가피하다. 그리고 오라클, 인포믹스, MySQL, SQL 서버 등의 관계형 DBMS을 사용하기 위해서는 SQL을 알아야 한다.

16.1   SQL이란?

SQL은 1974년에 IBM 연구소에서 발표한 SEQUEL(structured english query language)에서 연유한다. 이것은 오라클, 인포믹스, 사이베이스, DB2 등과 같은 관계형 DBMS에도 채택되었고 미국표준연구소(ANSI)와 국제표준기구(ISO)에서도 관계형 데이터베이스의 표준언어로 채택하였다. 현재의 표준 SQL은 1992년에 개정된 것으로 SQL/92, SQL-92 또는 단순히 SQL2라고 한다. 이 장에서는 SQL2를 중심으로 설명하고 실습한다.

SQL의 의미는 구조화 질의어이지만 단순히 검색만을 위한 데이터 질의어가 아니라 데이터 정의, 데이터 조작, 데이터 제어 기능을 모두 제공하는 종합적인 데이터베이스 언어의 역할을 한다. SQL은 온라인 터미널을 통해 대화식 질의어로 사용하는 것은 물론이고 비주얼 베이직, 델파이, 파워빌더 등 다양한 범용 프로그래밍 언어에 삽입된 형태로도 사용이 가능할 뿐만 아니라 ASP, PHP, JSP 등의 웹 프로그래밍에도 효율적으로 사용될 수 있다.

16.2 SQL 데이터 정의어(DDL, data definition anguage)

SQL이 처리하는 대상은 기본적으로 테이블이다. 이 테이블에는 기본 테이블, 뷰, 임시 테이블이 있다. 기본 테이블은 DDL(DDL, data definition language)로 만들어 지는 테이블로서 테이블 이름을 가지고 있으며 독자적으로 존재할 수 있는 테이블이다. 뷰도 DDL로 만들어 지지만 독자적으로 존재하지 못하고 기본 테이블로부터 유도되어 만들어지는 가상 테이블이다. 임시 테이블은 DDL로 만들어지는 것이 아니고 질의문 처리 결과로 만들어지는 테이블을 말한다. DDL은 기본 테이블과 뷰를 생성하고 제거하는 명령문을 포함하고 있다. SQL 데이터 정의를 위한 명령문에는 CREATE(객체의 생성), ALTER(객체의 변경), DROP(객체의 삭제) 명령문이 있다. 객체는 테이블 혹은 뷰를 말한다.

🔒 기본 테이블의 생성

기본 테이블을 생성하기 위한 생성문의 일반적 형식은 다음과 같다. 구문에서 대괄호([])로 묶인 부분은 생략 가능한 부분이다. 중괄호({})로 묶인 부분은 중복 가능 부분을 나타내는데 +는 1번 이상, 기호(*)는 0번 이상의 중복을 나타낸다. +나 *앞에는 반복되는 요소들이 콤마로 분리된다.

```
CREATE TABLE 기본테이블_이름
        ({열이름 데이터타입 [NOT NULL][DEFAULT 값],}+
        [PRIMARY KEY (열이름_리스트),]
        {[UNIQUE (열이름_리스트),]}*
        {FOREIGN KEY(열이름_리스트)
                REFERENCES 기본테이블[()]
                [ON DELETE 옵션]
                [ON UPDATE 옵션]]}*
        [CONSTRAINT 이름][CHECK(조건식)]);
```

🔒 인덱스 정의

인덱스 정의를 위한 일반적인 구문 형식은 다음과 같고, 생성된 인덱스는 DBMS에 의해 자동적으로 관리된다.

```
CREATE [UNIQUE] INDEX 인덱스_이름
        ON 테이블_이름(열이름 [ASC | DESC {,열이름 [ASC | DESC]})
        [CLUSTER];
```

UNIQUE 옵션은 기본 키나 대체 키에 대한 인덱스를 생성할 때 사용하며, 중복 값을 허용하는 보조키에 대한 인덱스를 생성할 때는 생략한다. ASC는 대상 열 값의 오름차순, DESC는 내림차순으로 인덱스를 생성한다.

🔒 기존 테이블에 필드의 추가

기존 테이블에 새로운 필드를 추가하려면 DDL중 ALTER TABLE 명령문을 사용한다. 다음 구문은 기존의 기본 테이블에 새로운 필드(열)를 첨가시키는 명령문 형식이다.

```
ALTER TABLE 기본테이블_이름 ADD 열_이름 데이터_타입;
```

🔒 기존 테이블의 필드 삭제

기존 테이블에서 SQL을 사용하여 불필요한 필드를 삭제하려면 ALTER 명령문의 DROP 절을 사용한다. 다음 구문은 기존의 기본 테이블에 불필요한 필드(열)를 삭제시키는 명령문 형식이다.

```
ALTER TABLE 기본테이블_이름
DROP 필드_이름 {CASCADE | RESTRICT};
```

이 형식에서 삭제할 필드_이름 다음에는 CASCADE나 RESTRICT 옵션을 사용할 수 있다. CASCADE 옵션을 사용하면 삭제하려는 테이블의 필드를 참조하고 있는 다른 테이블의 필드도 모두 자동으로 삭제된다. RESTRICT 옵션을 사용하면 삭제하려는 테이블의 필드를 참조하고 있는 다른 테이블 필드는 삭제되지 않는다.

🔒 테이블 삭제

DROP TABLE 명령문으로 제거할 수 있지만 삭제된 테이블은 저장된 데이터와 함께 모두 삭제되므로 주의해야 한다. 테이블 삭제와 관련한 기본 명령문의 일반 형식은 다음과 같다.

DROP TABLE 기본테이블_이름;

16.3   SQL 데이터 조작어

SQL의 데이터 조작어(DML, data manipulation language)는 데이터 조작과 관련된 명령문으로 INSERT(삽입), SELECT(검색), DELETE(삭제), UPDATE(갱신)을 수행하는 4가지 명령문이 존재한다. 데이터 정의문에서와 마찬가지로 DML문에서 처리되는 대상은 기본 테이블이나 뷰가 된다.

🔒 INSERT

만들어진 테이블에 한 개의 레코드(행)을 직접 삽입하기 위한 INSERT 문의 일반적 형식은 다음과 같다.

INSERT
INTO 테이블[(열이름_리스트)]
VALUES (열값_리스트);

🔒 UPDATE

SQL 데이터 조작어에 해당하는 UPDATE 명령문을 사용하면 입력되어 있는 레코드의 내용을 갱신할 수 있다. 테이블에 저장된 필드의 값을 갱신하는 방법은 한 테이블에서 조건에 맞는 행에 대한 열의 값을 갱신하는 방법과 검색(SELECT)문을 이용하여 다른 테이블에서 검색된 내용으로 해당 필드의 값으로 갱신하는 방법이 있다. 다음 구문은 조건에 맞는 행에 대한 필드의 값을 변경하는 명령문 형식이다.

UPDATE 기본_테이블
SET {열_이름 = 산술식},+
[WHERE 조건];

WHERE절에 조건이 주어지면 해당 조건을 만족하는 모든 레코드들이 SET 절에서 나타낸 식으로 변경된다.

🔒 DELETE

SQL 데이터 조작어에 해당하는 DELETE 명령문을 사용하면 입력되어 있는 레코드를 삭제할 수 있다. 다음 구문은 조건에 맞는 레코드를 삭제하는 명령문 형식이다.

DELETE FROM 기본_테이블
[WHERE 조건];

WHERE절에 조건이 주어지면 해당 조건을 만족하는 모든 레코드들가 삭제된다. 만약 WHERE절이 없으면 해당 테이블은 모든 레코드가 삭제되고 빈 테이블이 된다.

🔒 DELETE

SQL의 데이터 조작어인 SELECT 명령문을 사용하면 기본 테이블이나 뷰에서 원하는 정보를 검색할 수 있다. SELECT 명령문은 오라클, 인포믹스, 사이베이스, SQL 서버, MySQL 등 상용 DBMS의 SQL 조작어에서 가장 빈번하게 사용되는 명령문으로 응용 프로그램 개발 도구인 비주얼 베이직, 델파이, 파워빌더 등으로 만드는 프로그램 내에 삽입하여 데이터베이스에서 원하는 정보를 검색하는 명령문으로 이용할 수 있다.

특히 ASP(active server page), JSP(JAVA server page), PHP(professional HTML preprocessor) 등을 활용하여 클라이언트/서버 웹 어플리케이션을 개발하고자 하는 웹 프로그래머는 데이터베이스의 데이터 정의어(DDL)과 더불어 레코드 조작과 관련된 질의어인 INSERT(삽입), SELECT(검색), DELETE(삭제), UPDATE(갱신)의 4가지 명령을 반드시 알아두어야 한다. 또 액세스를 활용하여 액세스 VBA(visual basic for application) 혹은 비주얼 베이직 등의 개발 도구를 이용하여 어플리케이션을 개발하고자하는 프로그래머 역시 이와 관련된 SQL을 필수적으로 알아두어야 한다.

테이블에서 원하는 레코드를 검색하는 SELECT 문의 일반 형식은 다음과 같다. 여기서 찾고자하는 레코드의 조건식은 WHERE 후에 기술된다. 만약 조건식을 기술하지 않으면 테이블에 입력된 모든 레코드가 표시된다.

```
SELECT[ALL | DISTINCT] 열이름_리스트 FROM 기본테이블_이름
        [WHERE 조건식]
        [GROUP BY 열이름_리스트 [HAVING 조건]]
        [ORDER BY 열이름_리스트 [ASC | DESC]];
```

GROUP BYWJF은 대상 테이블을 지정된 열 이름의 값에 따라 그룹별로 만들어준다. HAVING절은 각 그룹에 대한 조건을 기술한다. HAVING 절은 반드시 GROUP BY절과 함께 사용한다. ORDER BY절은 최종 검색 결과를 오름차순 혹은 내림차순으로 정렬한다.

Help!!

액세스에서 제공되는 선택 쿼리 편집기로 만든 쿼리는 조건식을 가진 SELECT 문으로 변환되어 저장된다.

16.4 SQL 데이터 제어어

데이터 제어어(DCL, data control language)는 다수의 사용자에 의해 공동으로 사용되는 데이터베이스에 여러 가지 규정이나 기법을 통해 데이터 제어를 위한 명령문을 말한다. 특히 데이터 제어어는 데이터를 보호하기 위한 데이터 보안(security), 데이터 무결성(integrity), 데이터 회복(recovery)과 병행 수행(concurrency) 제어를 명세할 수 있는 명령어를 포함해야 되기 때문에 주로 데이터 관리 목적으로 사용된다. 통상적으로 데이터 제어어는 데이터 정의어의 일부로 포함되어 사용된다.

🔒 보안

데이터베이스 보안은 불법적인 데이터의 폭로나 변경 또는 파괴로부터 데이터베이스를 보호하는 것을 말한다. 데이터베이스 보안의 목적은 합리적인 사용자만이 허가 받은 데이터 객체에 허가 받은 연산을 안전하게 실행할 수 있도록 보장해 주는 것이다. 이를 위해서는 보안 규정을 정의하고 이것을 시행할 수 있는 기법이 필요하다.

🔒 무결성

데이터베이스에서 무결성이란 데이터의 정밀성이나 정확성을 의미하며 데이터베이스에 저장된 데이터 값을 정확하게 유지하는 것을 말한다. DBMS는 데이터베이스의 무결성을 유지하기 위해 DBMS의 한 구성 요소로서 무결성 서브시스템을 가지고 있다. 즉 무결성 서브시스템은 저장된 데이터 값을 정확하게 유지하기 위한 기능을 가지고 있고 데이터 갱신이 발생할 때 무결성 규정에 위반되지 않는가를 감시한다.

Help!!

트랜잭션

트랜잭션은 다수개의 연산들을 모아 하나의 논리적 기능을 수행하기 위한 작업의 단위를 말한다. 데이터베이스에서 회복과 병행 제어의 기본 단위가 바로 트랜잭션을 개념으로 설명된다. 예를 들어 어떤 사람이 A 은행의 계좌에서 100만원을 B은행의 계좌로 송금하는 경우를 가정해보자. A은행 계좌에서 100만원을 출금한 후 B은행의 계좌로 송금하던 도중 B은행의 시스템이나 인터넷 장애로 인해 송금 처리가 완료되지 않았다. 이 경우 A은행 계좌에서는 100만원이 출금되고 B은행에는 입금되지 않은 문제를 야기한다.

만약 트랜잭션의 개념이 도입되지 않은 경우라면 고객은 자신도 모르게 100만원의 손실을 입게된다. 이 경우 트랜잭션이란 A은행에서의 출금과 B은행으로의 입금 작업을 하나의 논리적인 작업 단위로 간주하여 두 작업 중에 어느 한 작업이라도 처리되지 않은 경우 처음 상태로 되돌리고 두 작업 모두 정상 처리되었을 때만 작업이 완료된 것으로 간주하는 작업 단위를 말한다.

🔒 회복

데이터베이스에서 회복이란 장애가 일어났을 때 데이터베이스를 장애 발생 이전의 일관된 상태로 복원시키는 것을 말한다. 여기서 일관된 상태란 데이터베이스에 오류가 없는 상태로 내용에 모순이 없는 상태를 말한다. 장애란 정해진 명세대로 시스템이 작동하지 않는 상태를 말하고 장애의 원인에는 디스크 붕괴나 전원 고장으로 인한 하드웨어 결함, 소프트웨어의 논리 오류로 인한 소프트웨어 결함, 사람의 실수 등이 있을 수 있다. DBMS는 이러한 장애를 대비하기 위해 회복 관리자(recovery manager)를 두고 있다. 회복 관리자는 DBMS의 서브 시스템으로 신뢰성 있는 회복을 책임지기 위해 장애 발생을 탐지할 수 있는 기능과 탐지된 장애로부터 데이터베이스를 복원시키는 기능을 가지고 있다.

🔒 병행 수행

데이터베이스에서 병행 수행이란 몇 개의 트랜잭션을 동시에 수행시키는 것으로서 그 처리의 시작과 종료가 서로 중복되는 것을 말한다. 하나의 트랜잭션을 이 트랜잭션을 위해 작동하는 하나의 프로세스 또는 몇 개의 프로세스로 표현될 수 있다. 병행 수행이 적절히 제어되지 않을 때는 각 트랜잭션 그 자체는 올바르다고 할지라도 데이터베이스를 동시에 접근하는데 따른 트랜잭션들 간의 간섭으로 예기치 못한 잘못된 결과를 생성해 낼 수 있다. 즉 갱신 분실, 모순성, 연쇄복귀 등의 문제가 야기될 수 있다.

Help!!

SQL 요약

SQL은 테이블 구조와 관련한 데이터 **정의어(DDL)**, 데이터 조작과 관련한 데이터 **조작어 (DML)**, 접근 제한 및 보안 등과 관련한 데이터 **제어어(DCL)**로 구분될 수 있다. SQL의 주요 정의어에는 CREATE, ALTER, DROP 등이 있다. 또 SQL의 주요 데이터 조작어에는 SELECT, INSERT, DELETE, UPDATE문이 있다.

17

SQL을 이용하여 테이블 만들기

웹 프로그래밍, 응용 프로그램의 개발, 오라클 또는 인포믹스 등의 관계형 DBMS 의 사용하려면 표준 SQL을 사용할 수 있어야 한다. 그러므로 데이터베이스 사용자는 다양한 DBMS 환경에 적용할 수 있는 표준 SQL의 데이터 정의어와 조작어를 사용하여 테이블의 구조를 정의하고 데이터를 입력할 수 있어야 하고 테이블간의 조인을 통해 다양한 정보를 검색해 낼 수 있어야 한다. 새로운 실습 환경을 위해 C(혹은 A:)에 **고조선2** 폴더에 새로운 영업관리.accdb를 만들어 **고객** 테이블을 만든다.

> ### Help!!
>
> SQL 실습에서는 **고조선** 폴더에 만들었던 **영업관리.accdb**를 **고조선2** 폴더에 다시 만들 것 이므로 데이터베이스 이론과 관련한 내용은 기술하지 않고, 실습을 통해 심무에 활용할 수 있도록 SQL의 사용 방법을 익히는데 중점을 둔다.

다음 [따라하기 17.1]은 SQL 실습을 위해 **고조선2** 폴더를 만들고 새로운 **영업관리.accdb** 파일을 생성하는 실습이다.

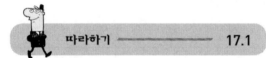

따라하기 ———————— 17.1

동작 1 C:(혹은 USB)에 **고조선2** 폴더를 만든다.

◎ 새로운 **영업관리.accdb** 파일을 저장하기 위한 폴더이다.

동작 2 액세스를 실행하고 새로운 데이터베이스를 만들기 위해 파일 메뉴의 새로 만들기를 선택한다.

동작 3 파일 이름(N): 텍스트 상자 우측의 데이터베이스 경로를 변경하는 열기 버튼(📁) 을 클릭하여 USB(혹은 C:)의 **고조선2** 폴더를 선택하고 파일 이름(N): 텍스트 상자에 **영업관리**라고 입력한다.

동작 4 생성된 파일이 저장될 폴더의 경로와 파일 이름이 정확한지 살펴보고 **만들기**를 클릭한다.

◎ 고조선2 폴더에 영업관리 데이터베이스가 생성된다.

동작 5 액세스를 종료하고 **고조선2** 폴더에 **영업관리.accdb**가 생성되었는지 확인한다.

17.1   CREATE TABLE문을 이용한 테이블 구조 정의

다음 [따라하기 17.2]는 엑세스의 SQL 직접 입력창에서 SQL 데이터 정의어로 **고객** 테이블을 만드는 실습이다.

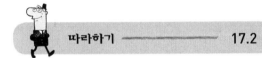

따라하기 ———— 17.2

동작 1 액세스를 실행하고 **고조선2** 폴더의 **영업관리.accdb** 파일을 연다.

동작 2 리본 메뉴 아래의 노란 줄 경고 창이 뜨면 **이 콘텐츠 사용**을 클릭한다.

동작 3 **만들기** 리본 메뉴에서 **쿼리 디자인** 버튼을 클릭한다.

◎ **선택 쿼리** 디자인 창과 **테이블 표시** 창이 열린다.

동작 4 **테이블 표시** 창의 **닫기** 버튼을 클릭한다.

◎ **테이블 표시** 창이 닫히고 **선택 쿼리** 디자인 창을 이용할 수 있다.

동작 5 디자인 리본 메뉴에서 SQL을 클릭한다.

◎ 쿼리를 직접 입력할 수 있는 쿼리 입력 창이 열린다.

〈그림 17.1〉 쿼리 직접 입력/표시 창

동작 6 SELECT;을 삭제하고 다음의 SQL을 쿼리 입력 창에 입력한다.

```
create table 고객 (
            고객번호  char(3),
            상호명     char(24),
            성명  char(8),
            직위  char(8),
            주소  char(30),
            전화번호  char(8)  );
```

◎ **고객**은 테이블 이름이다.
◎ **고객번호 char(3)**에서 **고객번호**는 필드 이름이다.
◎ **고객번호 char(3)**에서 **char**은 데이터 형식으로 텍스트(문자)를 의미한다.
◎ **고객번호 char(3)**에서 **(3)**은 데이터의 길이를 나타낸다.
◎ 〈그림 17.2〉는 위의 SQL을 입력한 것이다.

〈그림 17.2〉 **고객** 테이블 정의 SQL

> **Help!!**
>
> **세미콜론(;)의 역할**
>
> SQL에서 세미콜론(;)은 매우 중요하다. 세미콜론은 SQL언어의 한 문장 단위의 마지막에 놓여 문장과 문장의 구분을 나타낸다. 예를 들어 상기의 SQL은 세미콜론이 있는 곳까지 한 문장으로 인식된다. 물론 줄바꾸기를 하지 않고 계속하여 내용을 입력해도 되지만 위와 같이 여러 줄에 걸쳐 입력하는 방법은 시각적으로 내용을 이해하기 쉽다.

동작 7 쿼리1의 닫기 버튼을 클릭한다.

　◎ 쿼리 이름을 입력할 수 있는 창이 열린다.

동작 8 쿼리 이름(N): 입력난에 **고객테이블생성**을 입력하고 확인 버튼을 클릭한다.

　◎ 〈그림 17.3〉과 같이 **고객테이블생성** 쿼리가 만들어진다.
　◎ 🦅 는 **고객테이블생성** 쿼리가 데이터 정의어와 관련된 쿼리임을 나타낸다.
　◎ 쿼리 입력창은 데이터 정의어, 데이터 조작어를 입력할 수 있다.

〈그림 17.3〉 **고객테이블생성** 쿼리

동작 9 **고객테이블생성** 쿼리의 내용을 확인하기 위해 고객테이블생성을 선택하고 디자인 보기(D)를 클릭한다.

　◎ **고객테이블생성**으로 앞서 입력한 쿼리 내용이 표시된다.
　◎ SQL에 오류 부분이 없는지를 확인한다.

◎ 오류 부분이 있다면 수정한다.

동작 10 고객테이블생성 쿼리 창을 닫고 저장한다.

◎ **고객테이블생성** 쿼리가 저장된다.

동작 11 고객테이블생성 쿼리를 더블 클릭하여 실행한다.

◎ 〈그림 17.4〉와 같이 데이터 정의 쿼리 실행 여부를 묻는 창이 열린다.

〈**그림 17.4**〉 데이터 정의 쿼리의 실행 여부를 묻는 창

동작 12 예(Y)를 클릭한다.

◎ **고객** 테이블이 생성된다.

Help!!

데이터 정의어와 관련된 쿼리는 실행에 신중을 기해야 한다. 만약 새로운 테이블을 생성하려면 이미 만들어져 있는 테이블은 삭제한 후 만들어야 하지만 테이블 삭제는 저장된 모든 데이터를 잃어버리게 큰 사고로 이어질 수 있기 때문이다.

17.2   INSERT문을 이용한 데이터 입력

SQL에서는 데이터 조작어(DML)에 해당하는 INSERT문으로 테이블에 데이터를 입력한다. 액세스에서 테이블을 열어 테이블에 데이터를 직접 입력하는 방법은 실무에서 큰 사고로 이어질 수 있는 위험성을 내포하고 있다. 반면에 SQL을 사용하는 DBMS는 테이블을 직접 열어 모든 데이터에 접근할 위험성은 상대적으로 적지만 데이터 입력에 불편이 있다. 따라서 실무 현장에서는 데이터 입력 혹은 정보 검색을 위해 응용 프로그램을 개발하여 사용한다.

다음 [따라하기 17.3]은 INSERT문을 이용하여 **고객** 테이블에 1개의 레코드를 직접 입력하는 실습이다.

따라하기 ————————— 17.3

동작 1 만들기 리본 메뉴의 쿼리 디자인 버튼을 클릭하고 테이블 표시 창의 닫기 버튼을 클릭한 후 디자인 리본 메뉴에서 SQL을 클릭한다.

◎ 쿼리를 입력 창이 열린다.

동작 2 쿼리 입력 창에 다음의 SQL을 입력한다.

> insert into 고객 (고객번호, 상호명, 성명, 직위, 주소, 전화번호)
> values("103", "내일로가는길", "엄지영", "대표", "서울시 성동구",
> "709-1023");

◎ **고객**은 테이블 이름이다.
◎ 입력될 <u>텍스트 데이터는 따옴표</u>로 묶는다.
◎ 1개의 레코드를 모두 삽입하는 경우 열 이름_리스트를 생략할 수 있다.
◎ **고객** 테이블에 한 개의 레코드를 삽입하는 SQL이다.

동작 3 쿼리1의 닫기 버튼을 클릭한다.

◎ 쿼리 이름을 입력할 수 있는 창이 열린다.

동작 4 쿼리 이름(N): 입력난에 **고객데이터입력**을 입력하고 확인 버튼을 클릭한다.

◎ 〈그림 17.5〉과 같이 **고객데이터입력** 쿼리가 만들어진다.
◎ ✦!는 **고객데이터입력** 쿼리가 데이터 추가 쿼리임을 나타낸다.

〈그림 17.5〉 **고객데이터입력** 쿼리 생성

동작 5 고객데이터입력 쿼리를 실행한다.

◎ 〈그림 17.6〉과 같은 레코드 추가 쿼리의 실행 여부를 묻는 경고 창이 열린다.

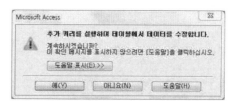

〈그림 17.6〉 **고객데이터입력** 쿼리의 실행 여부 확인

동작 6 레코드 추가 쿼리의 실행 여부를 묻는 경고 창에서 예(Y)를 클릭한다.

◎ 〈그림 17.7〉과 같은 경고 창이 열린다.

〈그림 17.7〉 레코드 추가 여부 확인

동작 7 레코드 추가와 관련한 경고 창에서 예(Y)를 클릭한다.

◎ **고객** 테이블에 1개의 레코드가 추가된다.

다음 [따라하기 17.4]는 SELECT문을 이용하여 **고객** 테이블에 입력된 레코드의 내용을 확인하는 실습이다.

Help!!

데이터 조작어에 해당하는 SELECT문은 SQL에서 가장 많이 사용되는 명령문으로 테이블 조인을 통해 사용자가 원하는 다양한 정보를 제공한다. 그러므로 SELECT문과 관련된 상세한 내용은 정보 검색과 관련한 SELECT 단원에서 다루고자하며 〈따라하기 17.4〉의 실습은 **고객** 테이블에 입력된 전체 레코드의 내용을 확인하는 실습이다.

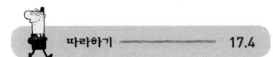

따라하기 ————— 17.4

동작 1 만들기 리본 메뉴의 **쿼리 디자인** 버튼을 클릭하고 **테이블 표시** 창의 **닫기** 버튼을 클릭한 후 **디자인** 리본 메뉴에서 **SQL**을 클릭한다.

◎ 쿼리를 입력 창이 열린다.

동작 2 쿼리 입력 창에 다음의 SQL을 입력한다.

select * from 고객;

◎ **고객**은 테이블 이름이다.

◎ **select**는 선택 쿼리로 데이터 조작어이다.

◎ *****은 모든 필드를 의미한다.

◎ 이 **쿼리**는 테이블의 모든 필드를 표시하는 선택 쿼리이다.

동작 3 쿼리1의 닫기 버튼을 클릭한다.

◎ 쿼리 이름을 입력할 수 있는 창이 열린다.

동작 4 쿼리 이름(N): 입력난에 **고객데이터전체표시**을 입력하고 확인 버튼을 클릭한다.

◎ **고객데이터전체표시** 쿼리가 만들어진다.

동작 5 고객데이터전체표시 쿼리를 실행한다.

◎ **고객데이터전체표시** 쿼리가 실행되어 입력된 내용이 모두 표시된다.

다음 [따라하기 17.5]는 **고객데이터입력**를 이용하여 1개의 레코드를 추가로 입력하는 실습이다.

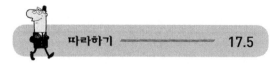

따라하기 ———— 17.5

동작 1 고객데이터입력 쿼리를 선택하고 디자인 버튼을 클릭한다.

◎ 고객데이터입력 쿼리 편집 창이 열린다.

동작 2 입력된 내용을 다음의 내용으로 SQL을 수정한다.

> insert into 고객 (고객번호, 상호명, 성명, 직위, 주소, 전화번호)
> values("104", "홀로있는뜰", "김도환", "영업과장", "부산시 해운대구",
> "303-2198");

◎ **고객데이터입력** 쿼리의 수정된 내용은 〈그림 17.8〉과 같다.

INSERT INTO 고객 (고객번호, 상호명, 성명, 직위, 주소, 전화번호)
VALUES ("104", "홀로있는뜰", "김도환", "영업과장", "부산시 해운대구", "303-2198");

〈**그림 17.8**〉 고객데이터입력의 내용 수정

동작 3 **고객데이터입력** 편집 창을 닫고 변경된 쿼리를 저장한다.

◎ **고객데이터입력** 쿼리의 변경된 내용이 저장된다.

동작 4 **고객데이터입력** 쿼리를 실행하고, 경고 창에서 **예(Y)**를 클릭하여 추가 쿼리를 실행한다.

◎ **고객** 테이블에 1개의 레코드가 추가된다.

동작 5 **고객데이터전체표시** 쿼리를 실행한다.

◎ **고객** 테이블에 **104** 레코드가 추가되어 있다.

Help!!

레코드가 중복되어 입력된 경우
사용자가 실수로 데이터 입력 쿼리를 여러 번 실행시켰다면 실행시킨 수만큼 데이터가 추가된다. 불필요한 레코드는 삭제할 수 있으므로 그대로 둔다.

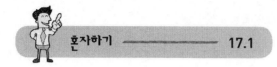

동일한 방법으로 SQL을 이용하여 다음 레코드를 모두 추가하고 확인하라.

105, 가버린내일, 박천후, 판매팀장, 대구시 달성구, 876-2143

17.3   폼을 이용한 데이터 입력

응용 프로그램을 만들 때 데이터 입력/출력과 관련된 폼을 작성하는 것은 매우 중요하다. 폼이 잘 만들어져 있으면 응용 프로그램의 사용자는 그 만큼 편리하게 사용할 수 있기 때문이다.

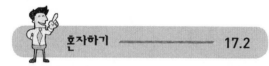

〈그림 17.9〉과 같이 **고객자료입력폼**을 디자인하고 처리조건으로 속성을 변경하여 폼을 완성하고 다음 데이터를 입력한 후 입력된 결과를 확인하라.

106, 잃어버린오늘, 방재기, 관리과장, 대전시 유성구, 443-1002

107, 눈내리는밤, 강후둥, 총무팀장, 경상남도 진주시, 882-0808

108, 이슬맺힌풍경, 이방원, 사원, 전라남도 고흥군, 554-2233

109, 삶, 정주해, 총무이사, 제주도 서귀포시, 102-1212

110, 아침햇살, 심도일, 영업팀장, 경기도 고양시, 383-3383

111, 추억만들기, 하수상, 대표, 인천시 계양구, 404-4404

112, 해당화언덕, 전기화, 판매과장, 서울시 동작구, 311-1122

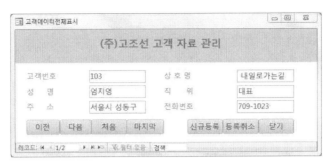

<그림 17.9> 고객자료입력폼

[처리조건]

1) **고객번호**, **전화번호**는 입력마스크를 사용하여 데이터를 입력한다.

2) 아래 동작을 일으키는 **처음**, **이전**, **다음**, **마지막**, **신규등록**, **등록취소** 버튼을 추가 하고 탐색 단추를 사용할 수 없도록 한다.

    처음 : 처음 레코드로 이동한다.

    이전 : 이전 레코드로 이동한다.

    다음 : 다음 레코드로 이동한다.

    마지막 : 마지막 레코드로 이동한다.

    신규등록 : 새로운 데이터를 입력한다.

    등록취소 : 입력중인 데이터의 입력을 취소한다.

3) **전화번호** 데이터를 입력하거나 수정한 후 **Tab** 키를 이용해 탭을 이동시키면 **고 객번호** 텍스트 상자로 탭이 이동하도록 한다.

4) 다음과 같이 전체 폼 속성을 변경한다.

    캡션: 고객자료입력

    팝업: 예

    최대화 최소화 단추: 표시 안함

    레코드 선택기: 아니오

    탐색 단추: 아니오

    구분선: 아니오

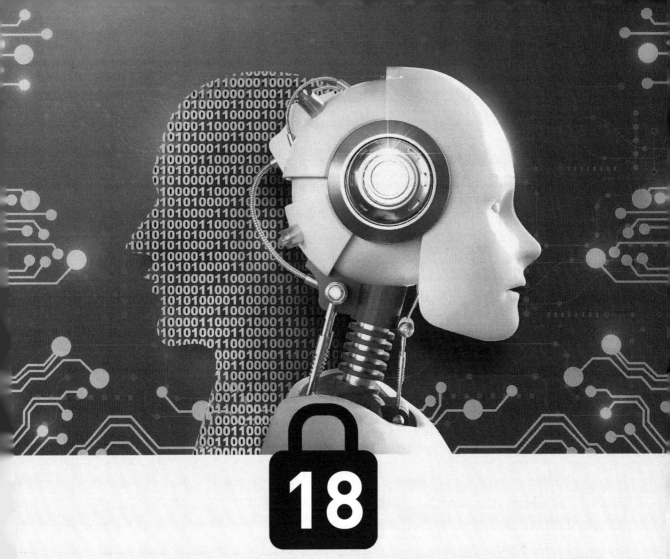

18

SQL을 이용한 테이블 수정

SQL의 데이터 정의어에 해당하는 ALTER TABLE 명령문을 이용하면 이미 만들어져 있는 기본 테이블에 새로운 열을 추가하거나 삭제하여 테이블의 구조를 변경할수 있다. SQL의 데이터 조작어에 해당하는 UPDATE 명령문을 사용하면 입력되어있는 레코드의 데이터를 수정할 수 있다.

18.1   SQL을 이용한 테이블 구조변경(필드 추가)

기존 테이블에 새로운 필드를 추가하려면 DDL중 ALTER TABLE 명령문을 사용한다.

다음의 [따라하기 18.1]은 ALTER TABLE 명령문을 이용하여 **고객** 테이블에 **광역시_도**, **구_시_군**, **동_번지** 필드를 추가하는 실습이다. 테이블 구조를 변경하기 전 **고객** 테이블의 구조와 데이터는 〈그림 18.1〉과 같다.

Help!!

필드 이름
표준 SQL에서는 필드 이름에 /가 허용되지 않는다. 따라서 /를 대신하여 _를 사용한다. **광역시/도**는 **광역시_도**로 **구/시/군**은 **구_시_군**으로 **동_번지**는 **동_번지**로 필드 이름을 변경해야한다.

고객번호	상호명	성명	직위	주소	전화번호
103	내일로가는길	엄지영	대표	서울시 성동구	709-1023
104	홀로있는뜰	김도환	영업과장	부산시 해운대구	303-2198
105	가버린내일	박천후	판매팀장	대구광역시 달서구	876-2143
106	잃어버린오늘	방재기	관리과장	대전광역시 유성구	443-1002
107	눈내리는밤	강후동	총무팀장	경상남도 진주시	882-0808
108	이슬맺힌풍경	이방원	사원	전라남도 고흥군	554-2233
109	삶	정주해	총무이사	제주도 서귀포시	102-1212
110	아침햇살	심도일	영업팀장	경기도 고양시	383-3383
111	추억만들기	하수상	대표	인천광역시 개양구	404-4404
112	해당화언덕	전기화	판매과장	서울특별시 동작구	311-1122

〈그림 18.1〉 고객 테이블

따라하기 ━━━━━━━━━━ **18.1**

동작 1 액세스를 실행하고 **고조선2** 폴더의 **영업관리.accdb** 파일을 연다.

동작 2 리본 메뉴 아래의 노란 줄 경고 창이 뜨면 이 콘텐츠 사용을 클릭한다.

동작 3 만들기 리본 메뉴에서 쿼리 디자인 버튼을 클릭하고 테이블 표시 창의 닫
기 버튼을 클릭한다.

◎ **테이블 표시** 창이 닫히고 **선택 쿼리** 디자인 창을 이용할 수 있다.

동작 4 디자인 리본 메뉴에서 SQL을 클릭하여 다음의 SQL을 입력한다.

alter table 고객 add 광역시_도 char(5);

Help!!

필드 이름

표준 SQL을 이용하여 필드를 추가하거나 변경할 경우에는 필드 이름을 만드는 데 주의해야
한다. 만약 **광역시/도**로 필드 이름을 입력하면 필드 정의와 관련한 구문 오류로 입력이 되지
않는다. 그러므로 필드 이름을 **광역시_도**로 해야 한다. 특수 문자 **/**는 필드 이름에 사용할 수
없다.

동작 5 쿼리1의 닫기 버튼을 클릭한 후 쿼리 이름(N): 입력난에 **고객필드추가**를
입력하고 확인버튼을 클릭한다.

◎ **고객필드추가** 쿼리가 만들어진다.

◎ 🔧는 **고객필드추가** 쿼리가 데이터 정의어와 관련된 쿼리 임을 나타
낸다.

동작 6 고객필드추가 쿼리를 실행한다.

◎ 〈그림 18.2〉와 같이 데이터 정의 쿼리 실행 여부를 묻는 창이 열린다.

〈그림 18.2〉 데이터 정의어 실행을 통한 테이블 구조 변경 여부 확인

동작 7 예(Y)를 클릭한다.

◎ **고객** 테이블에 **광역시_도** 필드가 추가된다.

동작 8 고객데이터전체표시 쿼리를 실행한다.

◎ 〈그림 18.3〉과 같이 **광역시_도** 필드가 추가되어 있다.

고객번호	상호명	성명	직위	주소	전화번호	광역시_도
103	내일로가는길	엄지영	대표	서울시 성동구	709-1023	
104	홀로있는뜰	김도환	영업과장	부산시 해운대구	303-2198	
105	가버린내일	박천후	판매팀장	대구광역시 달서구	876-2143	
106	잃어버린오늘	방재기	관리과장	대전광역시 유성구	443-1002	
107	눈내리는밤	강후동	총무팀장	경상남도 진주시	882-0808	
108	이슬맺힌풍경	이방원	사원	전라남도 고흥군	554-2233	
109	삶	정주해	총무이사	제주도 서귀포시	102-1212	
110	아침햇살	심도일	영업팀장	경기도 고양시	383-3383	
111	추억만들기	하수상	대표	인천광역시 개양구	404-4404	
112	해당화언덕	전기화	판매과장	서울특별시 동작구	311-1122	

〈그림 18.3〉 **광역시_도** 필드가 추가된 결과

Help!!

추가된 필드의 위치
표준 SQL을 이용하여 필드를 추가하는 경우에는 이미 만들어져 있는 필드의 마지막 필드 뒤에 순차적으로 추가된다.

동작 9 고객데이터전체표시 테이블을 닫는다.

동작 10 고객필드추가 쿼리를 선택하고 디자인 보기(D)을 클릭한다.

◎ **고객필드추가** 데이터 정의 쿼리 창이 열린다.

동작 11 쿼리 편집 창의 쿼리를 다음 SQL로 수정한다.

alter table 고객 add 시_군_구 char(5);

동작 12 고객필드추가 쿼리를 실행하고 필드를 추가한다.

◎ **고객** 테이블에 **시_군_구** 필드가 추가된다.

동작 13 동일한 방법으로 고객필드추가 쿼리를 수정하여 **동_번지** 필드를 char(15)로 추가한다.

동작 14 고객데이터전체표시 쿼리를 열어 추가된 필드를 확인한다.

◎ **고객** 테이블에 **시_군_구**와 **동_번지** 필드가 추가되어 있다.
◎ 필드가 추가된 결과는 〈그림 18.4〉와 같다.

고객번호	상호명	성명	직위	주소	전화번호	광역시_도	시_군_구	동_번지
103	내일로가는길	엄지영	대표	서울시 성동구	709-1023			
104	흙로있는뜰	김도환	영업과장	부산시 해운대구	303-2198			
105	가버린내일	박천후	판매팀장	대구광역시 달서구	876-2143			
106	잃어버린오늘	방재기	관리과장	대전광역시 유성구	443-1002			
107	눈내리는밤	강후동	총무팀장	경상남도 진주시	882-0808			
108	이슬맺힌풍경	이방원	사원	전라남도 고흥군	554-2233			
109	삶	정주해	총무이사	제주도 서귀포시	102-1212			
110	아침햇살	심도일	영업팀장	경기도 고양시	383-3383			
111	추억만들기	하수상	대표	인천광역시 개양구	404-4404			
112	해당화언덕	전기화	판매과장	서울특별시 동작구	311-1122			
*								

〈그림 18.4〉 필드가 추가된 결과

18.2 SQL을 이용한 테이블 구조변경(필드 삭제)

기존 테이블에서 SQL을 사용하여 불필요한 필드를 삭제하려면 ALTER 명령문의 DROP 절을 사용한다.

다음의 [따라하기 18.2]는 SQL을 이용하여 **고객** 테이블에서 **주소** 필드를 삭제하는 실습이다.

따라하기 ———— 18.2

동작 1 만들기 리본 메뉴에서 쿼리 디자인 버튼을 클릭하고 테이블 표시 창의 닫기 버튼을 클릭한다.

◎ **테이블 표시** 창이 닫히고 **선택 쿼리** 디자인 창을 이용할 수 있다.

동작 2 디자인 리본 메뉴에서 SQL을 클릭하여 편집 창에서 다음의 SQL을 입력한다.

alter table 고객 drop 주소;

Help!!

필드 삭제 시 유의 사항

필드 삭제 시에는 상당한 주의를 필요로 한다. 필드는 삭제됨과 동시에 저장된 필드의 내용도 모두 삭제되기 때문이다. 또, 여러 개의 테이블에 관련 필드가 참조되어 있을 경우에는 이 필드도 함께 삭제되어야 참조 무결성 제약 조건을 위반하지 않으므로 관련 필드를 삭제하려면 CASCADE 옵션을 사용한다.

동작 3 쿼리1의 닫기 버튼을 클릭하고 **쿼리 이름(N):** 입력난에 **고객테이블필드삭제**를 입력하고 **확인**버튼을 클릭한다.

◎ **고객테이블필드삭제** 쿼리가 저장된다.

◎ ▨ 는 **고객테이블필드삭제** 쿼리가 데이터 정의어와 관련된 쿼리 임을 나타낸다.

동작 4 **고객테이블필드삭제** 쿼리를 실행한다.

◎ 데이터 정의 쿼리 실행 여부를 묻는 창이 열린다.

동작 5 **예(Y)**를 클릭한다.

◎ SQL이 실행되고 **고객** 테이블의 **주소** 필드가 삭제된다.

동작 6 **고객데이터전체표시** 쿼리를 실행하고 **주소** 필드가 삭제되었는지를 확인한다.

◎ **주소** 필드가 삭제된 결과는 〈그림 18.5〉와 같다.

고객번호	상호명	성명	직위	전화번호	광역시_도	시_군_구	동_번지
103	내일로가는길	엄지영	대표	709-1023			
104	홀로있는돌	김도환	영업과장	303-2198			
105	가버린내일	박천후	판매팀장	876-2143			
106	잃어버린오늘	방재기	관리과장	443-1002			
107	눈내리는밤	강후동	총무팀장	882-0808			
108	이슬맺힌풍경	이방원	사원	554-2233			
109	삶	정주해	총무이사	102-1212			
110	아침햇살	심도일	영업팀장	383-3383			
111	추억만들기	하수상	대표	404-4404			
112	해당화언덕	전기화	판매과장	311-1122			

〈그림 18.5〉 주소 필드가 삭제된 결과

<table>
<tr><td>18.3</td><td>SQL을 이용한 레코드 내용 갱신</td></tr>
</table>

SQL 데이터 조작어에 해당하는 UPDATE 명령문을 사용하면 입력되어 있는 레코드의 내용을 갱신할 수 있다.

다음의 [따라하기 18.3]은 SQL을 이용하여 **고객** 테이블의 필드 값을 갱신하는 실습이다.

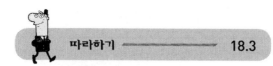

따라하기 ——————— 18.3

동작 1 만들기 리본 메뉴에서 쿼리 디자인 버튼을 클릭하고 테이블 표시 창의 닫기 버튼을 클릭한다.

◎ **테이블 표시** 창이 닫히고 **선택 쿼리** 디자인 창을 이용할 수 있다.

동작 2 디자인 리본 메뉴에서 SQL을 클릭하여 편집 창에서 다음의 SQL을 입력한다.

```
update 고객
set 광역시_도="서울특별시", 시_군_구="성동구", 동_번지="상왕십리동"
where 고객번호="103";
```

Help!!

SQL 문장
SQL의 한 문장은 세미콜론(;)이 있는 끝 지점까지이다. SQL은 한 줄에 모두 작성할 수도 있고 앞의 SQL과 같이 여러 줄에 걸쳐 작성할 수도 있다. 그러나 여러 줄에 걸쳐 작성하는 방법이 SQL 문장의 의미를 시각적으로 쉽게 이해할 수 있으므로 많이 사용된다. 또한, 텍스트(문자) 형식의 상수 데이터로는 스트링(인용부호를 붙인 문자) 상수를 사용한다.

동작 3 쿼리1의 닫기 버튼을 클릭하고 **쿼리 이름(N):** 입력난에 **고객테이블레코드 갱신**을 입력하고 **확인** 버튼을 클릭한다.

◎ **고객테이블레코드갱신** 쿼리가 저장된다.

◎ ⚡!는 **고객테이블레코드갱신** 쿼리가 레코드 내용을 수정하는 쿼리 임을 나타낸다.

동작 4 고객테이블레코드갱신 쿼리를 실행한다.

◎ 〈그림 18.6〉과 같이 데이터 갱신 쿼리 실행 여부를 묻는 창이 열린다.

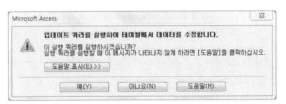

〈그림 18.6〉 갱신 쿼리 실행 여부 확인

동작 5 예(Y)를 클릭한다.

◎ SQL이 실행되고 〈그림 18.7〉과 같이 데이터 갱신과 관련한 경고 창이 열린다.

〈그림 18.7〉 레코드 갱신 여부 확인

동작 6 예(Y)를 클릭한다.

◎ SQL이 실행되고 **고객번호**가 **103**인 레코드의 **광역시_도**, **시_군_구**, **동_번지** 필드의 내용이 수정된다.

동작 7 고객데이터전체표시 퀴리를 실행하여 확인한다.

◎ 〈그림 18.8〉과 같이 **고객번호**가 **103**인 레코드의 내용이 수정 입력
되어 있다.

고객번호	상호명	성명	직위	전화번호	광역시_도	시_군_구	동_번지
103	내일로가는길	엄지영	대표	709-1023	서울특별시	성동구	상왕십리동
104	홀로있는뜰	김도환	영업과장	303-2198			
105	가버린내일	박천후	판매팀장	876-2143			
106	잃어버린오늘	방재기	관리과장	443-1002			
107	눈내리는밤	강후동	총무팀장	882-0808			
108	이슬맺힌풍경	이방원	사원	554-2233			
109	삶	정주해	총무이사	102-1212			
110	아침햇살	심도일	영업팀장	383-3383			
111	추억만들기	하수상	대표	404-4404			
112	해당화언덕	전기화	판매과장	311-1122			

〈그림 18.8〉 103 레코드의 내용이 수정 입력된 결과

동작 8 고객테이블레코드갱신 퀴리를 선택하고 디자인 보기(D) 모드에서 다음 내
용으로 수정하여 저장한다.

```
update 고객
set 광역시_도="부산광역시", 시_군_구="해운대구", 동_번지="좌동"
where 고객번호="104";
```

동작 9 고객테이블레코드갱신 퀴리를 실행하여 해당 레코드의 내용을 갱신하고
104레코드가 갱신되었는지 확인한다.

◎ **고객번호**가 **104**인 레코드의 내용이 수정 입력되어 있어야 한다.

동작 10 동일한 방법을 사용하여 다음의 내용으로 **고객** 테이블의 내용을 갱신한다.

고객번호가 105인 레코드의 광역시_도="대구광역시", 시_군_구="달
서구", 동_번지="신당동"으로 수정한다.

18.4 사용자 정의 폼을 이용한 레코드 갱신

응용 프로그램에서 폼이 잘 만들어져 있으면 프로그램 사용자는 그 만큼 편리하게 사용할 수 있다. 사용자 정의 폼을 이용하여 데이터를 입력하거나 갱신하면 사용자는 데이터의 입력에 일관성을 기할 수 있고 데이터 입력 및 수정과 관련하여 효율성을 높일 수 있다.

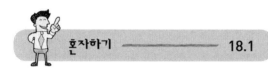

혼자하기 ━━━━━━━━ 18.1

앞서 만든 **고객자료입력폼**을 삭제한 후 〈그림 18.9〉과 같은 **고객자료입력폼**을 다시 만들고 다음 데이터로 레코드를 갱신하라.

고객번호	광역시_도	시_군_구	동_번지
106	대전광역시	유성구	송강동
107	경상남도	진주시	상봉동
108	전라남도	고흥군	대서면 송강리
109	제주도	서귀포시	대포동
110	경기도	고양시	일산구 가좌동
111	인천광역시	계양구	다남동
112	서울특별시	동작구	노량진동

[처리조건]

1) **고객번호**, **전화번호**는 입력마스크를 사용하여 데이터를 입력한다.
2) **직위**, **광역시/도**, **시/군/군**의 데이터 입력은 콤보 상자를 이용한다.
3) 폼의 **비고**는 **직위**에 따라 다음의 조건대로 표시되도록 하고 탭 이동 및 데이터 입력을 할 수 없도록 한다.

> **[조건] 담당자**의 **직위**가 **대표**이면 **최대 6%까지 할인 가능**으로 표시하고, **담당자**의 **직위**가 **영업과장**이면 **최대 5%까지 할인 가능**으로 표시하고, 나머지는 **할인율 없음**으로 표시되게 한다.

4) 아래 동작을 일으키는 **처음, 이전, 다음, 마지막, 신규등록, 닫기** 단추(버튼)를 추가하고 탐색 단추를 사용할 수 없도록 한다.

처음 : 처음 레코드로 이동한다.
이전 : 이전 레코드로 이동한다.
다음 : 다음 레코드로 이동한다.
마지막 : 마지막 레코드로 이동한다.
신규등록 : 새로운 데이터를 입력한다.
닫기 : **고객자료입력폼II**의 창을 닫는다.

5) 폼의 **레코드 수** 우측 텍스트 상자에는 입력된 고객의 전체 레코드 수가 **자동으로 표시**되도록 하고 탭 이동 및 데이터 입력을 할 수 없도록 한다.

6) **전화번호** 데이터를 입력하거나 수정한 후 **Tab** 키를 이용해 탭을 이동시키면 **고객번호** 텍스트 상자로 탭이 이동하도록 한다.

7) 다음과 같이 전체 폼 속성을 변경한다.
캡션: 고객자료입력
팝업: 예
최대화 최소화 단추: 표시 안함
레코드 선택기: 아니오
탐색 단추: 아니오
구분선: 아니오

고객 자료 등록/수정

고객번호		상 호 명	
담 당 자		직 위	▼
광역시/도	▼	구/시/군	▼
동/번지		전화번호	
비 고			

| 처음 | 이전 | 다음 | 마지막 | | 신규등록 | 등록취소 |

〈그림 18.9〉 **고객자료입력폼II**의 디자인 형식

18.5 **SQL을 이용한 레코드 삭제**

SQL 데이터 조작어에 해당하는 DELETE 명령문을 사용하면 입력되어 있는 레코드를 삭제할 수 있다.

다음의 [따라하기 18.4]는 SQL을 이용하여 **고객** 테이블의 특정 레코드 1개를 삭제하는 실습이다.

따라하기 —————— 18.4

동작 1 만들기 리본 메뉴에서 **쿼리 디자인** 버튼을 클릭하고 **테이블 표시** 창의 **닫기** 버튼을 클릭한다.

◎ **테이블 표시** 창이 닫히고 **선택 쿼리** 디자인 창을 이용할 수 있다.

동작 2 디자인 리본 메뉴에서 SQL을 클릭하여 편집 창에서 다음의 SQL을 입력한다.

delete from 고객
where 고객번호="112";

동작 3 쿼리1을 **고객테이블레코드삭제**로 저장한다.

◎ **고객테이블레코드삭제** 쿼리가 저장된다.

◎ ✕! 는 **고객테이블레코드삭제** 쿼리가 레코드 삭제 쿼리 임을 나타낸다.

동작 4 고객테이블레코드삭제 쿼리를 실행한다.

◎ 〈그림 18.10〉과 같이 데이터 삭제 쿼리 실행 여부를 묻는 창이 열린다.

〈그림 18.10〉 삭제 쿼리 실행 여부 확인

Help!!

레코드 삭제시 유의 사항

레코드는 삭제되면 되살릴 수 없으므로 삭제 시 신중을 기해야 한다. 특히 조건 절을 생략하는 경우 테이블 내에 있는 모든 데이터가 삭제되어 빈 테이블만 남게 되므로 주의를 요한다.

동작 5 예(Y)를 클릭한다.

◎ SQL이 실행되고 〈그림 18.11〉과 같이 데이터 갱신과 관련한 경고
창이 열린다.

〈그림 18.11〉 레코드 삭제 여부 확인

동작 6 예(Y)를 클릭한다.

◎ SQL이 실행되어 **고객번호**가 **112**인 레코드가 영구히 삭제된다.

동작 7 고객데이터전체표시 쿼리를 실행하고 결과를 확인한다.

◎ **고객번호**가 **112**인 레코드가 삭제되었음을 확인한다.

혼자하기 ————————— 18.2

고객데이터입력 쿼리를 다음 내용으로 수정하고 실행하여 다음 레코드를 추가하라.

insert into 고객 (고객번호, 상호명, 성명, 직위, 전화번호,
광역시_도, 시_군_구, 동_번지)
values('112', '해당화언덕', '전기화', '판매과장', '303-2198',
'서울특별시', '동작구', '노량진동');

데이터 입력과 수정에서 쿼리를 직접 이용할 경우와 폼을 이용할 경우를 비교해 보면 쿼리와 폼의 차이를 이해할 수 있다. 쿼리는 주로 웹 프로그래밍, 혹은 응용 프로그램 개발자의 프로그램 코드에 삽입되어 유용하게 사용된다.

18.6 테이블 삭제

테이블은 DROP TABLE 명령문으로 제거할 수 있지만 삭제된 테이블은 저장된 데이터와 함께 모두 삭제되므로 주의해야 한다. 테이블 삭제와 관련한 기본 명령문의 일반 형식은 다음과 같다.

```
DROP TABLE 기본테이블_이름;
```

테이블 삭제 실습 생략 : 테이블은 삭제되면 영구히 되살릴 수 없다. 테이블에는 수많은 데이터가 저장되어 있으므로 섣불리 삭제해서는 안 된다. 따라서 테이블 삭제와 관련한 실습은 생략한다.

19

SQL을 이용한 선택 쿼리 작성

SQL의 데이터 조작어인 SELECT 명령문을 사용하면 기본 테이블이나 뷰에서 원하는 정보를 검색할 수 있다. SELECT 명령문은 오라클, 인포믹스, 사이베이스, SQL 서버, MySQL 등 상용 DBMS의 SQL 조작어에서 가장 빈번하게 사용되는 명령문이다. SELECT 명령문은 응용 프로그램 개발 도구인 비주얼 베이직, 델파이, 파워빌더 등으로 만들어지는 프로그램 내에 삽입하여 사용되거나 웹 프로그래밍 개발 도구인 ASP, JSP, PHP 등에 삽입되어 데이터베이스에서 원하는 정보를 검색하는 명령문으로 사용된다.

[따라하기 19.1]은 SQL의 INSERT문을 사용하여 **고객** 테이블에 레코드를 추가로 입력하는 실습이다. 쿼리를 이용한 정보 검색의 유용성을 확인하기 위해서는 가능한 많은 데이터를 입력하는 것이 좋다.

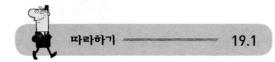

따라하기 ━━━━━━━━━ **19.1**

동작 1 　고객데이터입력 쿼리를 다음 내용으로 수정하여 **113**레코드를 추가한다.

insert into 고객
(고객번호, 상호명, 성명, 직위, 전화번호, 광역시_도, 시_군_구, 동_번지)
values
("113", "석양이있는집", "강석양", "영업과장", "884-1251", "울산광역시", "중구", "교동");

동작 2 　고객자료입력폼을 이용하여 다음 레코드를 모두 추가한다.

고객번호	상호명	성명	직위	전화번호	광역시/도	구/시/군	동/번지
114	시가있는집	이시인	대표	774-9090	강원도	동해시	괴란동
115	고인돌	고석기	영업과장	740-4848	광주광역시	광산구	고룡동
116	추억이머무는곳	김추억	대표	780-4949	충청남도	공주시	검상동
117	겨울풍경	박풍경	관리과장	777-1212	충청북도	단양군	가곡면
118	가을나들이	이가을	판매과장	221-3311	전라북도	장수군	계남면

동작 3　**고객데이터전체표시** 쿼리를 실행시키고 입력된 내용을 확인한다.

◎ **고객** 테이블의 레코드 내용은 〈그림 19.1〉과 같다.

◎ 입력된 레코드의 순서와 개수는 차이가 있을 수 있다.

고객번호	상호명	성명	직위	전화번호	광역시_도	구_시_군	동_번지
103	내일로가는길	엄지영	대표	709-1023	서울특별시	성동구	상왕십리동
104	홀로있는뜰	김도환	영업과장	303-2198	부산광역시	해운대구	좌동
105	가버린내일	박천후	판매팀장	876-2143	대구광역시	달서구	신당동
106	잃어버린오늘	방재기	관리과장	443-1002	대전광역시	유성구	송강동
107	눈내리는밤	강후동	총무팀장	882-0808	경상남도	진주시	상봉동
108	이슬맺힌풍경	이방원	사원	554-2233	전라남도	고흥군	대서면 송강리
109	삶	정주해	총무이사	102-1212	제주도	서귀포시	대포동
110	아침햇살	심도일	영업팀장	383-3383	경기도	고양시	일산구 가좌동
111	추억만들기	하수상	대표	404-4404	인천광역시	개양구	다남동
112	해당화언덕	전기화	판매과장	311-1122	서울특별시	동작구	노량진동
113	석양이있는집	김석양	영업과장	664-1251	울산광역시	중구	교동
114	시가있는집	이시인	대표	774-9090	강원도	동해시	괴란동
115	고인돌	고석기	영업과장	740-4646	광주광역시	광산구	고룡동
116	추억이머무는곳	김추억	대표	760-4949	충청남도	공주시	검상동
117	겨울풍경	박풍경	판매과장	777-1212	충청북도	단양군	가곡면
118	가을나들이	이가을	판매과장	221-3311	전라북도	장수군	괴남면

〈그림 19.1〉 **고객** 테이블의 내용

19.1　SELECT 문을 사용한 쿼리의 작성과 실행

SELECT 문을 사용한 쿼리는 액세스에서 사용되는 가장 일반적인 형태의 쿼리이다. SELECT 문을 사용하여 만들어진 쿼리는 지정된 조건으로 테이블에서 데이터를 검색하여 사용자가 지정한 순서대로 표시할 수 있다.

다음의 [따라하기 19.2]는 SQL의 SELECT 문으로 **고객** 테이블로부터 **서울특별시**에서 영업하는 거래처의 **상호명**, **성명**, **광역시_도**를 검색하여 표시하는 쿼리를 **서울시내에있는거래처검색**으로 만들고 실행하는 실습이다.

따라하기 ──────── 19.2

동작 1 만들기 리본 메뉴에서 쿼리 디자인 버튼을 클릭하고 테이블 표시 창의 닫기 버튼을 클릭한다.

◎ **테이블 표시** 창이 닫히고 **선택 쿼리** 디자인 창을 이용할 수 있다.

동작 2 디자인 리본 메뉴에서 SQL을 클릭하여 편집 창을 연다.

◎ 쿼리를 직접 입력할 수 있는 쿼리 입력 창이 열린다.

동작 3 쿼리 입력 창에 다음 SQL을 입력한다.

select 상호명, 성명, 광역시_도 from 고객 where 광역시_도="서울특별시";

◎ **select** 뒤의 **상호명, 성명, 광역시_도**는 표시될 필드이다.
◎ **from** 뒤의 **고객**은 검색될 테이블이다.
◎ **where** 뒤의 **광역시_도="서울특별시"**는 검색 조건식이다.
◎ 조건식은 **광역시_도** 필드의 내용이 **서울특별시**인 레코드를 의미한다.

동작 4 쿼리 입력 창을 닫은 후 쿼리 이름(N): 입력난에 **서울시내에있는거래처검색**을 입력하고 확인 버튼을 클릭한다.

◎ **서울시내에있는거래처검색** 쿼리가 만들어진다.

동작 5 서울시내에있는거래처검색 쿼리를 실행한다.

◎ 쿼리 실행 결과는 〈그림 19.2〉와 같다.
◎ 실행 결과는 액세스의 선택 쿼리 실행 결과와 같다.
◎ 액세스의 선택 쿼리는 SQL의 SELECT 명령문으로 만들어진다.₩

〈그림 19.2〉 **서울시내에있는거래처검색** 쿼리의 실행 결과

Help!!

액세스 선택 쿼리 작성 창에서 만들어진 쿼리와 SQL의 SELECT로 만든 쿼리는 동일한 결과
를 나타낸다. 이는 액세스로 만들어진 선택 쿼리도 표준 SQL의 SELECT 구조로 만들어져 실
행됨을 의미한다. 따라서 액세스에서 만든 쿼리는 SQL로 볼 수 있고, SQL로 만든 쿼리는 액
세스 쿼리 디자인 창에서 볼 수 있다. 그러나 데이터베이스를 사용하는 기본적인 방법은 SQL
임을 기억해 두기 바란다.

동작 6 쿼리 실행 창을 닫는다.

19.2 SELECT 문에서 필드 표시 순서의 변경

SELECT 문에서 표시하고 싶지 않는 필드는 SELECT 뒤의 필드에 나열하지 않으면
된다. 또 표시하고자 하는 필드의 순서를 변경하여 표시하려면 SELECT 뒤에 차례로
나열한다.

다음의 [따라하기 19.3]은 **서울시내에있는거래처검색** 쿼리를 수정하여 **상호명**, **성명**
필드만을 표시하는 실습이다.

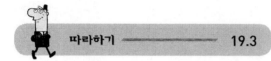

Access for Beginners 액세스 실전솔루션

동작 1 서울시내에있는거래처검색 쿼리를 선택한 후 디자인 버튼을 클릭하여 SQL 편집 창을 연다.

◎ **서울시내에있는거래처검색** 쿼리 편집 창이 열린다.

동작 2 select 뒤의 **광역시_도** 필드만 삭제하여 다음 쿼리로 수정한다.

select 상호명, 성명 from 고객 where 광역시_도="서울특별시";

동작 3 디자인 창의 닫기 버튼을 클릭하고 변경한 내용을 저장한다.

◎ 변경된 **서울시내에있는거래처검색** 쿼리가 저장된다.

동작 4 서울시내에있는거래처검색 쿼리를 싫행한다.

◎ 쿼리 실행 결과는 〈그림 19.3〉과 같다.

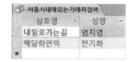

〈그림 19.3〉 **상호명, 성명** 필드만 표시된 결과

동작 5 쿼리 실행 창을 닫는다.

다음의 [따라하기 19.4]는 **서울시내에있는거래처검색** 쿼리를 수정하여 **고객** 테이블의 필드를 모두 표시하는 실습이다.

동작 1 고객서울시내에있는거래처검색의 쿼리 편집 창에서 다음 쿼리로 수정한다.

select * from 고객 where 광역시_도="서울특별시";

◎ select 뒤의 *는 **고객** 테이블의 모든 필드를 의미한다.

동작 2 수정된 쿼리를 저장하고 실행한다.

◎ 쿼리 실행 결과는 〈그림 19.4〉와 같다.

고객번호	상호명	성명	직위	전화번호	광역시_도	구_시_군	동_번지
103	내일로가는길	엄지영	대표	709-1023	서울특별시	성동구	상왕십리동
112	해당화언덕	전기화	판매과장	311-1122	서울특별시	동작구	노량진동

〈그림 19.4〉 **고객** 테이블의 필드가 모두 표시된 결과

서울시내에있는거래처검색 쿼리를 수정하여 **고객** 테이블로부터 **서울특별시**에서 영업하는 거래처의 **상호명**, **성명**, **직위**, **전화번호** 순서로 표시하는 쿼리로 수정하고 실행하라.

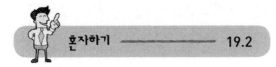

서울시내에있는거래처검색 쿼리를 수정하여 **고객** 테이블로부터 **서울특별시**에서 영업하는 영업점의 **상호명**, **직위**, **성명**, **동번지** 순서로 표시하는 쿼리로 수정하고 실행하라.

19.3 검색 조건이 없는 SELECT 문

SELECT 문에서 WHERE를 포함하여 조건식을 없애면 테이블의 모든 레코드가 표시된다. 이 쿼리는 테이블에 저장되어 있는 레코드를 모두 나타내고자 할 경우에 사용한다.

다음의 [따라하기 19.5]는 조건식 없이 **상호명**, **직위**, **성명**, **동번지**, **전화번호** 필드의 모든 내용을 표시하는 실습이다.

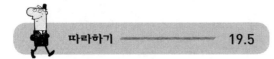

동작 1 만들기 리본 메뉴에서 쿼리 디자인 버튼을 클릭하고 테이블 표시 창의 닫기 버튼을 클릭한다.

◎ **테이블 표시** 창이 닫히고 **선택 쿼리** 디자인 창을 이용할 수 있다.

동작 2 디자인 리본 메뉴에서 SQL을 클릭하여 편집 창에서 다음의 SQL을 입력한다.

select 상호명, 직위, 성명, 전화번호, 동_번지 from 고객;

◎ where 조건식 부분이 없으므로 레코드가 모두 표시된다.

동작 3 **전국거래처자료검색**으로 쿼리를 저장한다.

동작 4 전국거래처자료검색 쿼리를 실행한다.

◎ 쿼리 실행 결과는 〈그림 19.5〉와 같다.
◎ 표시된 레코드의 순서 및 내용은 데이터 입력 순서에 따라 다소의
차이가 있을 수 있다.

상호명	직위	성명	전화번호	동.번지
내일로가는길	대표	엄지영	709-1023	상왕십리동
홀로있는뜰	영업과장	김도환	303-2198	좌동
가버린내일	판매팀장	박천후	876-2143	신당동
잃어버린오늘	관리과장	방재기	443-1002	송강동
눈내리는밤	총무팀장	강후동	882-0808	상봉동
이슬맺힌풍경	사원	이방원	554-2233	대서면 송강리
삶	총무이사	정주혜	102-1212	대포동
아침햇살	영업팀장	심도일	383-3383	일산구 가좌동
추억만들기	대표	하수상	404-4404	다남동
해당화언덕	판매과장	전기화	311-1122	노량진동
석양이있는집	영업과장	김석양	664-1251	교동
시가있는집	대표	이시인	774-9090	괴란동
고인돌	영업과장	고석기	740-4646	고릉동
추억이머무는곳	대표	김추억	760-4949	검상동
겨울풍경	판매과장	박풍경	777-1212	가곡면
가을나들이	판매과장	이가을	221-3311	괴남면

〈그림 19.5〉 **전국거래처자료검색** 쿼리의 실행 결과

동작 5 쿼리 실행 창을 닫는다.

19.4　SELECT 문에서 레코드를 정렬하여 표시하기

　　SELECT 문을 사용하여 레코드를 일정한 기준에 따라 정렬하여 표시해야할 경우가 있다. 예를 들어 〈그림 19.5〉는 레코드가 특별한 기준 없이 표시되어 있다. 레코드 정렬은 데이터베이스 사용자가 거래처의 **상호명**을 가나다순으로 오름차순 정렬하여 표시하거나 거래처의 담당자 **성명**을 기준으로 오름차순 정렬하여 표시하고자 하는 경우에 해당한다. 또 필요에 따라서는 실적이 높은 것에서부터 낮은 것으로 내림차순 정렬하여 표시할 수 있다.

　　다음의 [따라하기 19.6]은 **전국거래처자료검색** 쿼리를 수정하여 **상호명**이 오름차순 정렬되어 표시되도록 하는 실습이다.

따라하기 ━━━━━━ 19.6

동작 1　전국거래처자료검색 쿼리의 편집 창을 연다.

동작 2　편집 창에 있는 쿼리를 다음 쿼리로 수정한다.

select 상호명, 직위, 성명, 전화번호, 동_번지
from 고객
order by 상호명 asc;

　◎ **order by** 뒤의 **상호명** 필드는 정렬 기준 필드이다.
　◎ **asc**는 올림차순(ascending) 정렬을 의미한다.
　◎ **asc** 대신에 <u>desc</u>를 놓으면 **내림차순**(descending) **정렬**된다.

동작 3　수정된 쿼리를 저장하고 실행한다.

◎ 〈그림 19.6〉과 같이 **상호명**의 가나다순으로 레코드가 정렬되어 있다.

전국거래처자료검색				
상호명	직위	성명	전화번호	동_번지
가버린내일	판매팀장	박천후	876-2143	신당동
가을나들이	판매과장	이가을	221-3311	괴남면
겨울품경	판매과장	박풍경	777-1212	가곡면
고인돌	영업과장	고석기	740-4646	고릉동
내일로가는길	대표	엄지영	709-1023	상왕십리동
눈내리는밤	총무팀장	강후동	882-0808	상봉동
삶	총무이사	정주해	102-1212	대포동
석양이있는집	영업과장	김석양	664-1251	교동
시가있는집	대표	이시인	774-9090	괴란동
아침햇살	영업팀장	심도일	383-3383	일산구 가좌동
이슬맺힌풍경	사원	이방원	554-2233	대서면 송강리
잃어버린오늘	관리과장	방재기	443-1002	송강동
추억만들기	대표	하수상	404-4404	다남동
추억이머무는곳	대표	김추억	760-4949	검상동
해당화언덕	판매과장	전기화	311-1122	노량진동
홀로있는뜰	영업과장	김도환	303-2198	좌동

〈그림 19.6〉 **상호명** 오름차순으로 정렬된 창

동작 4 쿼리 실행 창을 닫는다.

전국거래처자료검색 쿼리를 **상호명** 내림차순 정렬되도록 수정하여 실행하라.

고객 테이블을 **성명**, **상호명**, **직위**, **전화번호**, **동_번지** 순으로 표시하되 **직위**(오름차순), **상호명**(오름차순) 정렬되도록 하라. 쿼리 이름은 **혼자하기19_4**로 저장한다.

19.5 　　SELECT 문에서 와일드카드를 사용한 조건식

SELECT 문에서는 WHERE 뒤에 다양한 형태의 조건식을 놓을 수 있다. 문자열과 관련한 연산자 **like**는 와일드카드와 조합하여 문자열이 부분적으로 일치하는 다양한 정보를 데이터베이스로부터 검색해 낼 수 있다. 예를 들어 **상호명**에 **추억**이라는 단어로 시작되는 **상호명**의 레코드만을 검색해 낼 수도 있고 **내일**이 포함된 레코드를 검색해 낼 수도 있다.

다음의 [따라하기 19.7]은 **전국거래처자료검색** 쿼리를 수정하여 **상호명**에 **추억**이라는 단어로 시작되는 **상호명**의 레코드를 **성명** 필드의 오름차순으로 검색하는 실습이다.

따라하기 ━━━━━━ 19.7

동작 1 　**전국거래처자료검색** 쿼리를 다음 쿼리로 수정한다.

select 상호명, 직위, 성명, 전화번호, 동_번지
from 고객
where 상호명 like "추억*"
order by 성명 asc;

◎ **where** 뒤의 **like** 연산자는 유사한 값을 가진 문자열 데이터를 검색한다.

◎ **"추억*"의** * 와일드카드는 글자의 개수에 관계없음을 나타낸다.

◎ 조건식은 **추억**으로 시작하는 문자열을 가진 **상호명**의 검색을 의미한다.

◎ **order by** 뒤의 **성명 asc**는 성명 필드의 오름차순을 의미한다.

동작 2 수정된 쿼리를 저장하고 실행한다.

◎ 실행 결과는 〈그림 19.7〉과 같다.
◎ **상호명**이 **추억**으로 시작하는 레코드가 **성명** 필드의 오름차순으로 정
   렬되어 있다.

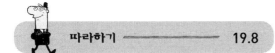

전국거래처자료검색				
상호명	직위	성명	전화번호	동_번지
추억이며무는곳	대표	김추억	760-4949	검상동
추억만들기	대표	하수상	404-4404	다남동

〈그림 19.7〉 **상호명**이 **추억**으로 시작하는 레코드의 검색

동작 3 쿼리 실행 창을 닫는다.

다음의 [따라하기 19.8]은 **전국거래처자료검색** 쿼리를 수정하여 **상호명**에 **내일**이라
는 단어가 포함되어 있는 **상호명**의 레코드를 정렬 없이 검색하는 실습이다.

따라하기 ———————— **19.8**

동작 1 **전국거래처자료검색** 쿼리를 다음 쿼리로 수정한다.

select 상호명, 직위, 성명, 전화번호, 동_번지
from 고객
where 상호명 like "*내일*";

◎ where 뒤의 조건식은 **상호명**에 **내일**이 포함된 레코드의 검색을 의미
   한다.
◎ 정렬 조건이 없으므로 정렬없이 표시된다.

동작 2 수정된 쿼리를 저장하고 실행한다.

◎ 실행 결과는 〈그림 19.8〉과 같다.

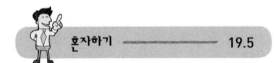

〈**그림 19.8**〉 **상호명**에 **내일**이 포함된 레코드의 검색

동작 3 쿼리 실행 창을 닫는다.

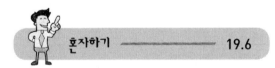

혼자하기 ────────── 19.5

전국거래처자료검색 쿼리를 수정하여 **상호명**의 세 번째 글자가 **있**인 레코드를 검색
하라.

◎ 한 문자를 의미하는 **"?"** 와일드카드를 사용한다.
◎ **where** 뒤의 검색 조건으로 **like "??있*"**를 사용한다.

혼자하기 ────────── 19.6

전국거래처자료검색 쿼리를 수정하여 **전화번호**의 세 번째 숫자가 **4**인 레코드를 검
색하라.

◎ 숫자 한자리를 의미하는 **"#"** 와일드카드를 사용한다.
◎ **where** 뒤의 검색 조건은 **like "##4*"**를 사용한다.

19.6   SELECT 문에서 논리 연산자를 사용한 조건식

SELECT 문에서는 논리(AND, OR, NOT) 연산자를 사용하여 참(true)과 거짓 (false)에 해당하는 레코드를 검색해 낼 수 있다. 예를 들어 **고객** 테이블에서 AND 연 산자를 사용하면 **직위**가 **대표**이면서 **성명**의 성이 **김**씨인 두 조건을 모두 만족하는 레 코드를 검색할 수 있다. 그리고 OR 연산자를 사용하면 **상호명**에 **추억** 또는 **내일**이 포 함된 두 조건 중 한 개를 만족하는 레코드를 검색할 수 있다. 또한 NOT 연산자를 사용하면 **직위**가 **대표**가 아닌 모든 레코드를 검색해 낼 수 있다.

다음의 [따라하기 19.9]는 **전국거래처자료검색** 쿼리를 수정하여 **직위**가 **대표**이면서 **성명**의 성이 **김**씨인 레코드를 검색하는 실습이다.

따라하기 ———————— 19.9

동작 1   **전국거래처자료검색** 쿼리를 다음 쿼리로 수정한다.

> select 상호명, 직위, 성명, 전화번호, 동_번지
> from 고객
> where 직위="대표" and 성명 like "김*";

◎ **where** 뒤의 **=** 연산자는 같다는 의미를 가진다.

◎ **and** 연산자는 A 와 B라는 의미로 A와 B의 두 조건을 모두 만족하 는 경우가 참(true)이다.

◎ 조건식은 **직위**가 **대표**이면서 **성명**의 성이 **김**씨인 레코드를 검색한다.

동작 2   수정된 쿼리를 저장하고 실행한다.

◎ 실행 결과는 〈그림 19.9〉와 같다.

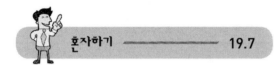

〈그림 19.9〉 **직위**가 **대표**이면서 **성명**의 성이 **김**씨인 레코드 검색

동작 3 쿼리 실행 창을 닫는다.

혼자하기 ——— 19.7

전국거래처자료검색 쿼리를 수정하여 **상호명**에 **추억** 또는 **내일**이 포함된 레코드를 검색하라.

◎ where 뒤의 검색 조건은 **상호명 like "*추억*" or 상호명 like "*내일*"**를 사용한다.
◎ or 연산자는 A 또는 B의 의미로 A 혹은 B의 조건중 한 개를 만족하는 경우가 참(true)이다.

혼자하기 ——— 19.8

전국거래처자료검색 쿼리를 수정하여 **직위**가 **대표**가 아닌 모든 레코드를 검색하라.

◎ where 뒤의 검색 조건은 not **직위**='**대표**'을 사용한다.
◎ not 연산자는 **not A**의 A가 아닌 경우는 모두 참(true)이다.
◎ where 뒤의 검색 조건을 **직위** 〈〉 '**대표**'로 해도 결과는 동일하다. 〈〉 연산자는 같지 않다는 의미이다.

> **Help!!**
>
> **폼의 입력란을 이용한 레코드 검색**
> 폼의 입력란과 SQL을 이용하면 사용하기 편리한 검색 폼을 만들 수 있다. 이와 같은 방법으로 레코드를 검색하려면 해당 SQL을 프로그램에 삽입하여 사용하거나 인덱스를 사용한다. 이 방법은 응용 프로그램 개발 언어 또는 웹 프로그램 개발 언어로 작성한 프로그램 코드 내에 삽입하여 사용한다.

19.7   SELECT 문에서 매개 변수의 사용

매개 변수를 사용하면 쿼리를 변경하지 않고서도 원하는 정보를 다양하게 검색할 수 있다.

다음의 [따라하기 19.10]은 **전국거래처자료검색** 쿼리를 수정하여 매개 변수 **검색직위**를 이용하여 원하는 레코드를 검색하는 실습이다.

따라하기 ————— 19.10

동작 1   **전국거래처자료검색** 쿼리를 다음 쿼리로 수정한다.

> select 상호명, 직위, 성명, 전화번호, 동_번지
> from 고객
> where 직위=검색직위;

◎ **where** 뒤의 **직위**는 필드 이름이다.
◎ **=** 뒤의 **검색직위**는 매개 변수이고 사용자 임의로 만들 수 있다.
◎ 테이블에 포함되지 않은 이름을 사용하면 매개 변수이다.
◎ 매개 변수 이름은 공백을 포함하지 않는다.

> **Help!!**
>
> 표준 SQL을 채택한 DBMS에서는 DBMS에 따라 이와 같은 형태의 매개 변수가 허용되지 않을 수 있다. 해당 DBMS의 매뉴얼을 참조하기 바란다.

동작 2 수정된 쿼리를 저장하고 실행한다.

◎ 〈그림 19.10〉과 같은 **검색직위** 매개 변수 값 입력 창이 열린다.

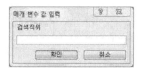

〈그림 19.10〉 매개 변수 값 입력 창

동작 3 매개 변수 값으로 **대표**를 입력한다.

◎ 실행 결과는 〈그림 19.11〉과 같다.

전국거래처자료검색

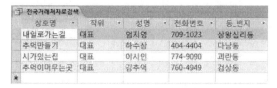

상호명	직위	성명	전화번호	동_번지
내일로가는길	대표	엄지영	709-1023	상왕십리동
추억만들기	대표	하수상	404-4404	다남동
시가있는집	대표	이시인	774-9090	괴란동
추억이머무는곳	대표	김추억	760-4949	검상동
*				

〈그림 19.11〉 매개 변수 값 **대표**가 검색된 창

동작 4 **전국거래처자료검색** 쿼리 실행 창을 닫는다.

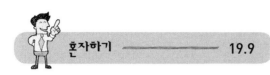

혼자하기 ——————— 19.9

전국거래처자료검색 쿼리를 수정하여 **상호명**을 매개 변수 **검색상호명**으로 검색하여 **고객번호, 상호명, 직위, 성명, 광역시_도, 구_시_군, 동_번지, 전화번호** 필드 순으로 표시하라.

혼자하기 ——————— 19.10

매개 변수 **검색상호명**으로 원하는 **상호명**을 검색하는 **전국거래처자료검색** 쿼리를 이용하여 **전국거래처자료검색폼**을 작성하라.

[처리조건]

1) **전국거래처자료검색** 쿼리를 사용한다.
2) 폼 이름은 **거래처자료검색폼**으로 한다.
3) 레코드 입력, 수정, 삭제가 허용되지 않도록 속성을 변경한다.
4) **거래처자료검색폼**의 디자인은 〈그림 19.11〉과 같이 한다.
5) 다음과 같이 폼 전체 속성을 변경한다.

캡션: 거래처 자료검색
최대화 최소화 단추: 표시 안함
레코드 선택기: 아니오
팝업: 예
탐색 단추: 아니오
구분선: 아니오

거래처 자료 검색

고객번호   상 호 명

담 당 자   직   위

광역시/도   구/시/군

동/번지   전화번호

〈그림 19.12〉 **거래처자료검색폼**의 디자인

20

SQL을 사용한 관계 설정

오라클, 인포믹스, 사이베이스, SQL 서버, MySQL 등의 상용 DBMS를 효과적으로 사용하기 위해서는 관계형 DBMS의 가장 강력한 기능중의 하나인 테이블간의 관계를 정의할 수 있어야 한다. 액세스에서는 관계 설정 도구를 이용하면 쉽게 테이블간의 관계를 정의할 수 있다. 그러나 대형 DBMS에서 데이터베이스 구현을 위해 테이블간의 관계를 정의하려면 SQL을 사용하여 테이블 정의하고 관계와 제약조건을 설정할 수 있어야 한다.

20.1   SQL을 사용한 기본 키 지정

두 개 이상의 테이블을 연결하여 사용하려면 관계형 DBMS의 조인 기능을 사용해야 한다. 조인은 내부 조인과 외부 조인으로 나누어지는데 통상적으로 조인이라 하면 내부 조인(inner join)을 말한다. 내부 조인은 두 개의 테이블의 공통 필드에 동일한 값을 가지는 레코드에 한해서 두 테이블의 레코드를 선택적으로 연결하는 방식으로 무결성 제약조건을 만족해야 한다. 예를 들어 **고객** 테이블과 **주문** 테이블을 연결한 정보 검색이 내부 조인에 해당한다. 즉 부모 테이블인 **고객**의 기본 키인 **고객번호** 값과 자식 테이블인 **주문**의 외래 키인 **고객번호** 값이 동일한 레코드가 연결되어 표시되는 경우이다.

만약 **영업관리.MDB**에 있는 **고객** 테이블에 **주문** 테이블을 만들어 내부 조인을 하려면 **고객** 테이블의 **고객번호**를 기본 키로 지정해야한다. 기본 키는 개체 무결성 제약조건을 위반할 수 없고 널(null)이 허용될 수 없다. SQL을 이용하여 기본 테이블의 특정 필드를 기본 키로 지정하는 방법은 CREATE문을 사용하여 처음 테이블을 정의할 때 지정하는 방법과 테이블 구조 변경으로 지정하는 방법이 있다.

고객 테이블을 처음으로 정의할 때 기본 키를 지정하는 예는 다음과 같다. 즉 기본 키 필드에 **not null primary key**를 추가한다.

```
create table 고객 (
            고객번호  char(3) not null primary key,
            상호명      char(24),
```

성명 char(8),

직위 char(8),

주소 char(30),

전화번호 char(8));

이미 정의된 테이블에 대해 기본 키를 지정하는 방법은 표준 SQL을 사용하는 상용 DBMS와 액세스의 방법에 약간의 차이가 있다. 참고로 표준 SQL에서 정의된 테이블에 대해 기본 키를 지정하려면 다음 형태의 ALTER 명령문을 사용한다.

ALTER TABLE 테이블_이름 ADD CONSTRAINT 필드_이름 PRIMARY KEY;

그러나 **액세스에서는 이미 정의된 테이블에 대해 기본 키를 지정하려면 INDEX 명령문을 사용**한다. 인덱스(index)는 특정 필드를 기준으로 레코드의 신속한 검색을 위해 인덱스를 만드는 명령문이다. 예를 들어 액세스의 테이블 디자인 창에서 **고객** 테이블의 **고객번호**를 기본 키로 지정하면 자동적으로 인덱스가 **예(중복불가능)**으로 만들어진다. 액세스에서 인덱스를 정의하는 구문의 일반적인 형식은 다음다.

CREATE [UNIQUE] INDEX 인덱스_이름

ON 테이블_이름 (필드_이름 [ASC|DESC][, 필드_이름 [ASC|DESC], ...])

[WITH { PRIMARY | DISALLOW NULL | IGNORE NULL }]

20.2 　액세스 인덱스의 이해와 인덱스 만들기

데이터베이스에서 인덱스란 테이블에서 원하는 레코드를 빨리 찾을 수 있도록 레코드의 위치 정보를 모아 놓은 데이터베이스 내의 개체를 말한다. 정해진 필드의 인덱스는 항상 오름차순 혹은 내림차순으로 자동으로 정렬된다. 예를 들어 책에서 원하는 내용을 빨리 찾을 수 있도록 만들어 놓은 색인표를 연상하면 된다. 색인표는 원하는 내용을 빨리 찾을 수 있도록 오름차순으로 정렬되어 있고 내용의 우측에는 내용이 있는 페이지가 표시되어 있다. 책을 읽는 사람은 필요에 따라 색인표를 사용

하여 원하는 정보를 찾고 원하는 페이지로 바로 이동할 수 있다.

인덱스는 단순히 데이터베이스 내에 있는 하나의 개체로서가 아니라 처리하고자 하는 프로젝트 전반에 걸친 폭 넓은 이해와 지식을 가지고 있어야 용도에 맞게 적절히 정의하여 사용할 수 있다. 액세스에서는 SQL을 사용하여 테이블의 기본 키를 정의하게 되면 자동적으로 인덱스를 생성하고 기본 키로 지정된 필드를 기준으로 자동적으로 레코드를 오름차순 혹은 내림차순으로 정렬하게 된다.

다음 [따라하기 20.1]은 INDEX 명령문을 사용하기 전에 **영업관리.MDB**의 **고객** 테이블의 디자인 보기에서 **고객번호** 필드의 속성을 확인하는 실습이다.

따라하기 ———————— **20.1**

동작 1 **고조선2** 폴더의 **영업관리.accdb** 파일을 열어 고객 테이블을 선택하고 디자인 보기를 클릭한다.

◎ **고객** 테이블 디자인 창이 열린다.

◎ **고객번호 필드 좌측에 기본 키 표시 아이콘(   )이 없다.**

◎ 〈그림 20.1〉 **고객번호** 필드 일반 속성에서 **인덱스**는 **아니오**이다.

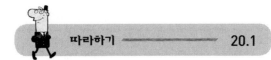

일반	조회	
필드 크기	3	
형식		
입력 마스크		
캡션		
기본값		
유효성 검사 규칙		
유효성 검사 텍스트		
필수	아니요	
빈 문자열 허용	예	
인덱스	아니요	
유니코드 압축	예	
IME 모드	한글	
문장 입력 시스템 모드	없음	
스마트 태그		

〈그림 20.1〉 **고객번호**의 필드 속성

> **Help!!**
>
> **고객번호**를 기본 키로 지정하지 않은 채 데이터를 입력하면 레코드는 입력한 순서대로 표시되지만 기본 키로 지정하면 레코드는 기본적으로 입력 순서와 관계없이 **고객번호** 오름차순으로 표시된다.

동작 2 테이블 구조 디자인 창을 닫는다.

다음 [따라하기 20.2]는 **영업관리.MDB**에서 액세스의 INDEX 명령문을 사용하여 **고객** 테이블의 **고객번호**가 널(null)을 허용하지 않는 기본 키가 되도록 쿼리를 작성하고 실행하는 실습이다. 쿼리 이름은 **고객기본키지정**이다.

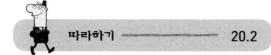

따라하기 ═══════════════ 20.2

동작 1 **영업관리.accdb** 파일을 열고 만들기 리본 메뉴에서 쿼리 디자인 버튼을 클릭한다.

◎ **선택 쿼리** 디자인 창과 **테이블 표시** 창이 열린다.

동작 2 테이블 표시 창의 닫기 버튼을 클릭한다.

◎ **테이블 표시** 창이 닫히고 **선택 쿼리** 디자인 창을 이용할 수 있다.

동작 3 디자인 리본 메뉴에서 SQL을 클릭한다.

◎ 쿼리를 직접 입력할 수 있는 쿼리 입력 창이 열린다.

동작 4 다음의 SQL을 쿼리 입력 창에 입력한다.

create unique index 고객번호
on 고객 (고객번호 ASC) with primary;

◎ **unique**는 인덱스의 중복을 허용하지 않는 구문이다.

◎ **index** 뒤의 **고객번호**는 인덱스 이름이다.

◎ **on** 뒤의 **고객**은 테이블 이름이다.

◎ 괄호 안의 **고객번호**는 필드 이름이고 **ASC**는 오름차순을 의미한다.

◎ **with primary**는 **고객번호**를 기본 키로 지정하는 구문이다.

◎ **세미콜론(;)**은 쿼리 문장의 끝임을 나타낸다.

동작 5 쿼리의 닫기 버튼을 클릭하고 쿼리 이름(N): 입력난에 **고객기본키지정**을 입력한 후 확인 버튼을 클릭한다.

◎ **고객기본키지정** 쿼리가 만들어진다.

동작 6 고객기본키지정 쿼리를 선택하고 열기(O)를 클릭한다.

◎ 〈그림 20.2〉와 같은 데이터 정의 쿼리 실행 여부를 묻는 창이 열린다.

〈그림 20.2〉 데이터 정의 쿼리의 실행 여부 확인

동작 7 예(Y)를 클릭한다.

◎ **고객** 테이블의 **고객번호** 인덱스가 생성되고 **고객번호**가 기본 키로 지정된다.

다음 [따라하기 20.3]은 INDEX 명령문을 사용하여 **고객번호** 인덱스를 생성한 **고객** 테이블의 **고객번호** 필드 속성을 확인하는 실습이다.

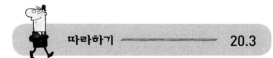

동작 1 **고객** 테이블을 선택하고 **디자인 보기**를 클릭한다.

◎ **고객** 테이블 디자인 창이 열린다.

◎ **고객번호** 필드 좌측에 기본 키 표시 아이콘(🔑)이 있다.

◎ 〈그림 20.3〉과 같이 **고객번호** 필드 속성의 **인덱스**는 **예(중복불가능)**이다.

〈그림 20.3〉 **고객번호**의 필드 속성

동작 2 테이블 구조 디자인 창을 닫는다.

20.3 외래 키와 참조 무결성

    자식 테이블에 부모 테이블의 유일 레코드를 식별하는 필드를 포함하는 경우 이를 외래 키라고 한다. 예를 들어 **고객** 테이블의 레코드를 구분하는 기본 키인 **고객번호**를 **주문** 테이블에 만들어 고객의 거래 내역에 **고객번호**를 이용한다면 한 고객이 여러 차례의 거래(1:N의 관계)를 하게 된다. 여기서 **주문** 테이블에서 사용된 **고객번호** 필드는 외래 키이다. 이것은 반복되는 그룹 속성을 제거한 뒤 기본 테이블의 기본 키를 추가해 새로운 테이블을 생성하고 기본의 테이블과 1:N의 관계를 형성한다라는 **제1정규화** 이론을 반영한 것이다.

    부모 테이블과 자식 테이블간에는 1:N의 관계가 성립할 수 있다. 이때 자식 테이블에서 부모 테이블에 없는 데이터를 참조하면 참조 무결성 제약조건을 위반한 것이 된다. 참조 무결성 제약조건은 테이블과 테이블간의 참조에 대한 일관성을 유지하기 위한 제약조건으로 참조하는 테이블의 외래 키 값은 참조되는 테이블의 기본 키 값에 반드시 존재해야 한다.

    다음 [따라하기 20.4]는 SQL을 사용하여 아래와 같은 구조의 **주문** 테이블을 **고객번호**를 외래 키로 하여 참조 무결성 제약조건을 만족하도록 **고객** 테이블과 관계를 설정한 테이블 구조를 생성하는 실습이다. 쿼리 이름은 **주문테이블생성**으로 한다.

필드이름	데이터형식	필드크기	참고
주문번호	int		PK, not null
주문날짜	date		
고객번호	char	3	FK
상품명	char	5	
수량	int		
단가	int		
입금여부	bit		
배송여부	bit		

따라하기 ―――――――― 20.4

동작 1 **영업관리.accdb** 파일을 열고 **만들기** 리본 메뉴에서 **쿼리 디자인** 버튼을 클릭한다.

◎ **선택 쿼리** 디자인 창과 **테이블 표시** 창이 열린다.

동작 2 **테이블 표시** 창의 **닫기** 버튼을 클릭한다.

◎ **테이블 표시** 창이 닫히고 **선택 쿼리** 디자인 창을 이용할 수 있다.

동작 3 **디자인** 리본 메뉴에서 **SQL**을 클릭한다.

◎ 쿼리를 직접 입력할 수 있는 쿼리 입력 창이 열린다.

동작 4 다음의 SQL을 쿼리 입력 창에 입력한다.

```
create table 주문 (
        주문번호 int not null primary key,
        주문날짜 date,
        고객번호 char(3),
        상품명 char(5),
        수량 int,
        단가 int,
        입금여부 bit,
        배송여부 bit,
        constraint 주문참조무결성 foreign key (고객번호)
        references 고객);
```

◎ **int** 형식은 4바이트 크기의 정수(integer)를 입력할 수 있다.

◎ **not null**은 필드에 널(null)을 허용하지 않는다.

◎ **primary key**는 해당 필드를 기본 키로 지정한다.

◎ **char(3)** 형식은 3개의 문자(character)를 입력할 수 있다.

◎ **bit**는 이진 데이터로 1(yes) 또는 0(no)를 입력할 수 있다.

◎ **constraint**는 제약 조건의 기술 부분으로 **주문참조무결성**은 사용자가 부여한 제약 조건 이름이다.

◎ **foreign key**는 외래 키로 사용되는 필드를 기술하는 부분으로 **주문**의 **고객번호**를 통해 **고객**의 **고객번호**와 관계가 설정된다.

◎ **references**는 참조 테이블을 기술하는 부분으로 **고객**의 기본 키가 참조된다.

◎ <u>**고객**</u>과 <u>**주문**</u> 테이블 사이에 1:N(∞)의 관계가 설정된다.

Help!!

참조 무결성 제약조건 지정 방법

액세스에서 참조 무결성 제약조건을 지정하는 방법은 관계 설정 도구를 이용하는 방법과 constraint 절을 이용하여 SQL에서 정의하는 방법이 있다. 보다 상세한 constraint 절의 내용은 도움말을 참조하기 바란다.

동작 5 **주문테이블생성**으로 쿼리를 저장한다.

동작 6 주문테이블생성 쿼리를 실행한다.

◎ 데이터 정의 쿼리 실행 여부를 묻는 창이 열린다.

동작 7 예(Y)를 클릭한다.

◎ **주문** 테이블이 생성된다.

동작 8 개체에서 테이블을 선택한다.

◎ **주문** 테이블이 생성되어 있다.

동작 9 데이터베이스 도구의 리본 메뉴에서 관계를 클릭한다.

◎ **고객**과 **주문** 테이블간의 1:N 관계가 설정되어 있다.

동작 10 관계 창을 닫는다.

◎ **고객**과 **주문** 테이블간의 1:N 관계가 설정되어 있다.

다음 [따라하기 20.5]는 SQL의 삽입(insert) 명령으로 다음 데이터를 입력하는 **주문데이터입력** 쿼리를 작성 1개의 레코드를 추가하는 실습이다. **입금여부**, **배송여부** 필드 값에 해당하는 **1**은 참(true)으로 yes를 의미한다.

1, 2019-07-12, 103, 녹차, 40, 23890, 1, 1

따라하기 ——————— 20.5

동작 1 SQL 쿼리 입력 창을 열고 다음 내용을 입력한다.

insert into 주문 (주문번호, 주문날짜, 고객번호,
　　　상품명, 수량, 단가, 입금여부, 배송여부)
　　　values(1, #2019-07-12#, "103", "녹차", 40, 23890,1,1);

◎ **주문** 테이블에 입력되는 첫 번째 레코드를 삽입 SQL이다.
◎ 날짜 데이터는 #으로 앞과 뒤를 묶어서 입력한다.
◎ <u>숫자 데이터는 따옴표를 사용하지 않는다.</u>
◎ **주문** 테이블에서 **고객번호**는 문자(char)로 정의되어 있으므로 **103**은 문자 데이터이다.

동작 2 작성된 쿼리를 **주문데이터입력**으로 저장한다.

동작 3 **주문데이터입력** 쿼리를 실행하고 경고 창에서 예(Y)를 클릭한다.

◎ 〈그림 20.4〉과 같은 레코드 추가 경고 창이 열린다.

〈**그림 20.4**〉 레코드 추가 여부 확인

동작 4 예(Y)를 클릭한다.

◎ 첫 번째 레코드가 **주문** 테이블에 추가된다.

동작 5 **주문데이터입력** SQL 편집 창에서 다음의 레코드를 추가하도록 SQL을 수정한 후 실행하여 두 번째 레코드를 추가한다.

2, 2019-07-12, 104, 유자차, 20, 12900, 1, 1

동작 6 SQL 쿼리 입력 창에서 다음 내용을 입력하여 쿼리를 만든 후 **주문데이터전체표시**로 저장한다.

select * from 주문;

동작 7 **주문데이터전체표시** 쿼리를 실행한다.

◎ **주문** 테이블의 데이터 입력 결과는 〈그림 20.5〉와 같다.
◎ **주문날짜**의 날짜가 시간으로 표시되어 있으나 **간단한 날짜**로 형식을 변경해 표시할 수 있다.
◎ **입금여부**와 **배송여부** 필드에 표시된 **-1**은 예(yes)를 의미한다.
◎ **입금여부**와 **배송여부** 필드의 **0**은 아니오(no)를 의미한다.

주문							
주문번호 ▾	주문날짜 ▾	고객번호 ▾	상품명 ▾	수량 ▾	단가 ▾	입금여부 ▾	배송여부 ▾
1	2019-07-12	103	녹차	40	23890	-1	-1
2	2019-07-12	104	유자	20	12900	-1	-1
*							

〈그림 20.5〉 **주문** 테이블의 데이터 입력 결과

동작 8 **주문** 테이블을 닫는다.

20.4 기본 폼과 하위 폼을 이용한 데이터 입력

쿼리를 이용하여 데이터를 입력하면 데이터 입력이 불편하다. 따라서 현장에서는 데이터 입력을 위한 폼을 만들어 사용하는데, 쿼리는 프로그램 코드 내에 삽입되어 사용된다. 그러므로 고급 응용 프로그램을 작성하는 프로그래머의 입장에서 보면 쿼리는 매우 중요하다. 예를 들어 **고객-주문** 시스템에서 하위 폼이 포함된 기본 폼을 이용하면 한 개의 폼에서 신규 고객을 등록시킬 수 있고, 해당 고객 주문 내용은 하위 폼에서 쉽게 입력할 수 있다. 하위 폼이 포함된 기본 폼은 관계가 설정된 부모(**고객**) 테이블과 자식(**주문**) 테이블의 데이터 입력과 검색에 유용하게 이용될 수 있다.

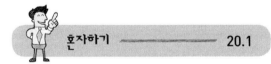
혼자하기 20.1

〈그림 20.6〉과 같이 **고객주문기본폼**과 **고객주문하위폼**을 디자인하고 처리조건으로 속성을 변경하여 폼을 완성한 후, 이를 이용하여 좌측의 **고객번호**에 해당하는 **고객**의 **주문** 데이터를 입력하라.

103, 3, 2019-07-14, **감잎차**, 15, 32180, 1, 1

103, 4, 2019-07-15, **생강차**, 17, 14570, 1, 0

104, 5, 2019-07-15, **홍차**, 18, 35400, 1, 1

105,	6,	2019-07-15,	매실차,	19,	23450,	1,	0
106,	7,	2019-07-16,	인삼차,	25,	24760,	0,	0
107,	8,	2019-07-17,	홍차,	43,	35400,	1,	1
109,	9,	2019-07-18,	녹차,	69,	23890,	1,	1
109,	10,	2019-07-19,	감잎차,	75,	32180,	1,	1
106,	11,	2019-07-20,	생강차,	30,	14570,	1,	0
107,	12,	2019-07-21,	모과차,	18,	15290,	0,	0
104,	13,	2019-07-22,	인삼차,	19,	24760,	1,	1

[처리조건]

1) 기본 폼의 이름은 **고객주문기본폼**으로 한다.

2) **고객번호**, **전화번호**는 입력마스크를 사용하여 데이터를 입력한다.

3) **직위**, **광역시/도**, **시/군/군**의 데이터 입력은 콤보 상자를 이용한다.

4) 폼의 **비고**는 **직위**에 따라 다음의 조건대로 표시되도록 하고 탭 이동 및 데이터 입력을 할 수 없도록 한다.

> **[조건]** 담당자의 **직위**가 **대표**이면 **최대 6%까지 할인 가능**으로 표시하고, **담당자**의 **직위**가 **영업과장**이면 **최대 5%까지 할인 가능**으로 표시하고, 나머지는 **할인율 없음**으로 표시되게 한다.

5) **처음**, **이전**, **다음**, **마지막**, **신규등록**, **닫기** 단추(버튼)를 추가하고 탐색 단추를 사용할 수 없도록 한다.

6) 폼의 **레코드 수** 우측 입력란에는 입력된 고객의 전체 레코드 수가 **자동으로 표시**되도록 하고 탭 이동 및 데이터 입력을 할 수 없도록 한다.

7) **전화번호** 데이터를 입력하거나 수정한 후 **Tab** 키를 이용해 탭을 이동시키면 **고객번호** 입력란으로 탭이 이동하도록 한다.

8) 하위 폼의 이름은 **고객주문하위폼**으로 저장한다.

※ 언급하지 않은 부분은 사용자 임의로 판단하여 처리한다.

고객/주문 자료 관리

고객번호	▭	상 호 명	▭
담 당 자	▭	직　　위	▼
광역시_도	▼	구_시_군	▼
동_번지	▭	전화번호	▭
비　　고	▭		

| 처음 | 이전 | 다음 | 마지막 | 레코드 수: ▭ | 신규등록 | 닫기 |

주문자료

주문번호	주문날짜	상품명	수량	단가	입금여부	배송여부

〈그림 20.6〉 **고객주문기본폼**의 디자인 형식

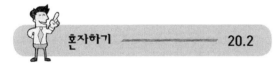

혼자하기 ———————— 20.2

고객주문기본폼을 이용하여 다음 고객을 신규 등록하고 주문내역을 입력하라.

119, 숭어가뛰는집, 저숭어, 대표, 부산광역시, 해운대구, 우동, 454-3409

14, 2019-07-27, 매실차, 19, 23450, 1, 0

15, 2019-07-27, 녹차, 33, 23890, 1, 1

SQL의 조인을 이용한 정보 검색

SQL의 데이터 조작어인 SELECT 명령문에 조인(join)절을 사용하면 테이블을 연결하여 원하는 정보를 검색할 수 있다. 관계형 DBMS에서 가장 중요한 기능 중의 하나인 조인은 테이블과 테이블을 연결하는 조작으로 부모 테이블의 기본 키와 자식 테이블의 외래 키를 이용하여 여러 개의 테이블을 한 개의 테이블인 것처럼 사용할 수 있다. 오라클, 인포믹스, 사이베이스, SQL 서버, MySQL 등의 상용 DBMS를 잘 활용하기 위해서는 SQL 조작어인 SELECT 명령문을 이용한 조인 기능을 잘 활용할 수 있어야 한다. 또한 액세스를 이용하여 응용 프로그램을 구현하거나 웹 프로그래밍할 경우에도 조인을 사용한 SELECT문은 중요한 매개체 역할을 한다.

21.1 조인

조인은 두 개 이상의 테이블로부터 필요한 열을 선택하여 마치 하나의 테이블인 것처럼 사용할 수 있도록 하는 논리적인 연결을 말한다. 조인은 내부 조인(inner join)과 외부 조인(outer join) 등 다양한 형태의 조인이 있으나 기본적으로 조인은 내부 조인을 의미하고 관계형 데이터베이스에서 가장 많이 사용한다.

내부 조인은 부모 테이블의 기본 키를 자식 테이블의 외래 키로 연결하는 필드에 같은 값을 가질 때 두 테이블로부터 레코드를 연결하는 방식이다. 예를 들어 액세스 쿼리 디자인 도구를 이용해 두 개의 테이블을 연결하여 정보를 검색한 정보 검색은 모두 내부 조인에 해당한다. 즉 부모 테이블에 있는 기본 키와 자식 테이블에 있는 외래 키로 내부 조인된 것이다.

다음 [따라하기 21.1]은 **고객** 테이블과 **주문** 테이블의 내부 조인을 통해 **고객** 테이블의 **상호명**과 **주문** 테이블의 **주문날짜**, **상품명**, **수량**, **단가** 필드를 표시하는 **주문자료 검색** SQL 쿼리를 만드는 실습이다.

따라하기 ———————— **21.1**

동작 1 **고조선2** 폴더의 **영업관리.accdb** 파일에서 SQL을 클릭하여 SQL 입력 창을 연다.

동작 2 다음의 SQL을 쿼리 입력 창에 입력한다.

> select 상호명, 주문날짜, 상품명, 수량, 단가
> from 고객 inner join 주문 on 고객.고객번호 = 주문.고객번호;

◎ **select** 뒤의 필드는 두 테이블에서 추출된 필드 이름이다.
◎ **from** 뒤의 내용은 내부 조인된 테이블이다.
◎ **inner join**은 **고객**과 **주문** 테이블을 내부 조인한다.
◎ **on** 다음의 **고객.고객번호=주문.고객번호**는 서로 조인될 필드이다.
◎ 세미콜론(;)은 쿼리 문장의 마지막임을 나타낸다.

Help!!

두 테이블에서 동일한 필드 이름이 존재할 때
두 테이블에서 동일한 필드 이름이 존재할 경우에는 필드 이름 앞에 테이블 이름을 놓고 점을 찍어 구분한다. 예를 들어 **고객** 테이블의 **고객번호**라는 의미로 **고객.고객번호**과 같이 표기한다. 동일한 이름이 없을 때는 테이블 이름을 생략할 수 있다.

동작 3 작성된 쿼리를 **주문자료검색**으로 저장한다.

동작 4 주문자료검색 쿼리를 실행한다.

◎ **주문자료검색** 쿼리 실행 결과는 〈그림 21.1〉과 같다.

주문자료검색

상호명	주문날짜	상품명	수량	단가
내일로가는길	2019-07-12	녹차	40	23890
내일로가는길	2019-07-14	감잎차	15	32180
내일로가는길	2019-07-15	생강차	17	14570
홀로있는뜰	2019-07-12	유자차	20	12900
홀로있는뜰	2019-07-15	홍차	18	35400
홀로있는뜰	2019-07-22	인삼차	19	24760
가버린내일	2019-07-15	매실차	19	23450
잃어버린오늘	2019-07-16	인삼차	25	24760
잃어버린오늘	2019-07-20	생강차	30	14570
잃어버린오늘	2019-07-19	인삼차	22	24760
눈내리는밤	2019-07-17	홍차	43	35400
눈내리는밤	2019-07-21	모과차	18	15290
이슬맺힌풍경	2019-07-18	녹차	69	23890
삶	2019-07-19	감잎차	75	32180
숨어가뛰는집	2019-07-25	홍차	24	23450
숨어가뛰는집	2019-07-25	녹차	33	23890
*				

〈그림 21.1〉 **주문자료검색** 쿼리 실행 결과

Help!!

주문자료검색 쿼리 실행의 결과가 다르면?

주문자료검색 쿼리의 결과가 〈그림 21.1〉과 다른 것은 고객과 주문 테이블의 데이터 입력의 차이 때문이다. 따라서 해당 실습에는 큰 무리가 없으므로 문제되지 않는다. 중요한 것은 SQL로 작성된 쿼리가 사용자의 의도에 맞도록 작동하느냐가 중요한 것이다.

동작 5 **주문자료검색** 쿼리 실행 창을 닫는다.

21.2 SELECT문에 계산 필드의 추가

금액 필드를 추가하여 **단가**에 부가 가치세 10%를 반영하고 **금액**의 십원 단위 미만은 INT 함수로 반올림하여 절사한다.

금액 : 수량 * 단가 * 1.1

금액 : int(수량 * 단가 * 1.1 / 10 + 0.5) * 10

다음 [따라하기 21.2]는 SQL 쿼리 **주문자료검색**을 수정하여 계산 필드인 **금액**을 **수량 * 단가**로 계산하여 단단위 절사한 수식으로 표시하는 실습이다.

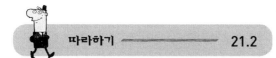

따라하기 ──────── **21.2**

동작 1 **주문자료검색** 쿼리의 SQL 쿼리 편집 창을 연다.

◎ **주문자료검색** SQL 쿼리 편집 창이 열린다.

Help!!

필드 이름 전후의 대괄호

쿼리를 작성한 후 디자인 창을 열면 **[상호명]**과 같이 필드 이름의 전후에 대괄호(〔〕)가 붙어 있을 수 있다. 이것은 액세스 자체에서 자동으로 필드 구분을 위해 붙이는 기호이다.

동작 2 **주문자료검색** 쿼리 입력 창의 내용을 다음 쿼리로 수정하여 입력한다.

> select 상호명, 주문날짜, 상품명, 수량, 단가,
> int(수량*단가*1.1*0.1+0.5)*10 as 금액
> from 고객 inner join 주문 on 고객.고객번호 = 주문.고객번호;

◎ **int(수량*단가*1.1/10+0.5)*10 as** 금액은 계산 필드이다.
◎ **as** 앞은 수식이다.
◎ **as** 다음은 테이블에 없는 사용자 정의 필드 이름이다.

동작 3 수정된 **주문자료검색** 쿼리를 저장하고 실행한다.

◎ 실행된 결과는 〈그림 21.2〉와 같다.

〈그림 21.2〉 **금액** 필드가 추가된 결과

Help!!

표시 형식의 지정

〈그림 21.2〉와 같은 결과에서 금액에 통화(₩) 표시나 콤마(,) 형식 등으로 지정하려면 DBMS에서 제공하는 표시 형식을 사용하거나 응용 프로그램 작성 도구를 사용하여 원하는 형식으로 지정할 수 있다.

동작 4 **주문자료검색** 쿼리 실행 창을 닫는다.

21.3   SELECT문의 검색 조건

SELECT문에 조건식을 기술할 수 있는 WHERE를 사용하면 조건에 맞는 자료만을 검색해 낼 수 있다. 예를 들어 **주문** 테이블에서 입금하지 않은 거래처를 검색하거나 일정 금액 이상을 거래하는 고객을 검색할 수 있다.

다음 [따라하기 21.3]은 SQL 쿼리 **주문자료검색**을 수정하여 주문한 내용의 금액을 입금하지 않은 레코드를 검색하는 실습이다.

따라하기 —————————— **21.3**

동작 1 **주문자료검색** 쿼리를 선택하고 **디자인 보기(D)** 버튼을 클릭한다.

동작 2 **주문자료검색** 쿼리 입력 창의 내용을 다음 쿼리로 수정하여 입력한다.

> select 상호명, 주문날짜, 상품명, 수량, 단가,
>> int(수량*단가*1.1*0.1+0.5)*10 as 금액, 입금여부
> from 고객 inner join 주문 on 고객.고객번호 = 주문.고객번호
> where 입금여부=0;

◎ **where** 뒤에 검색 조건식을 기술한다.
◎ 조건식 **입금여부=0**은 입금하지 않은 레코드를 말한다.
◎ 입금한 레코드를 검색하려면 **입금여부=-1**로 조건식을 만든다.

동작 3 수정된 **주문자료검색** 쿼리를 저장하고 실행한다.

◎ 실행된 결과는 〈그림 21.3〉과 같다.
◎ **입금여부** 필드의 **0**은 **아니오(no)**의 의미이다.

상호명	주문날짜	상품명	수량	단가	금액	입금여부
잃어버린오늘	2019-07-16	인삼차	25	24760	680900	☐
눈내리는밤	2019-07-21	모과차	18	15290	302740	☐
*						☑

〈그림 21.3〉 입금되지 않은 레코드를 검색한 결과

동작 4 **주문자료검색'** 쿼리 실행 창을 닫는다.

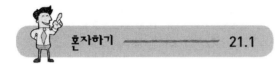

혼자하기 ——————— 21.1

SQL 쿼리 **주문자료검색**을 수정하여 주문한 내용의 **금액**을 입금한 레코드를 검색하는 쿼리를 작성하고 실행하라.

21.4 SELECT문의 조건식에 비교 연산자 사용

Like, =, 〈〉, 〈, 〈=, 〉, 〉= 등의 비교 연산자와 특정 범위의 값을 검색하는 Between…and 연산자를 사용하면 다양한 정보를 정확하고 빠르게 검색해 낼 수 있다.

다음 [따라하기 21.4]는 SQL 쿼리인 **주문자료검색**을 수정하여 **금액**의 값이 1,000,000원 이상인 데이터를 검색하는 실습이다.

따라하기 ——————— 21.4

동작 1 **주문자료검색** 쿼리를 선택하고 디자인 보기(D) 버튼을 클릭한다.

동작 2 **주문자료검색** 쿼리 입력 창의 내용을 다음 쿼리로 수정하여 입력한다.

```
select 상호명, 주문날짜, 상품명, 수량, 단가,
        int(수량*단가*1.1*0.1+0.5)*10 as 금액, 입금여부
from 고객 inner join 주문 on 고객.고객번호 = 주문.고객번호
where int(수량*단가*1.1*0.1+0.5)*10〉=1000000;
```

◎ 조건식은 **금액**의 계산식을 이용하여 세운다.
◎ 조식식은 **금액**의 계산 값이 1,000,000이상인 레코드를 검색한다.

동작 3 수정된 **주문자료검색** 쿼리를 저장하고 실행한다.

◎ 실행된 결과는 〈그림 21.4〉와 같다.

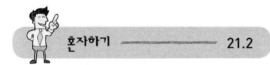

〈그림 21.4〉 **금액**이 1,000,000원 이상인 레코드 검색

동작 4 **주문자료검색** 쿼리 실행 창을 닫는다.

혼자하기 ═══════ 21.2

SQL 쿼리 **주문자료검색**을 수정하여 금액이 500000원 이하인 레코드를 검색하라.

다음 [따라하기 21.5]는 SQL 쿼리 **주문자료검색**을 수정하여 **주문날짜**가 **2007-07-15**에서 **2007-07-20**까지인 레코드를 검색하는 실습이다.

따라하기 ═══════ 21.5

동작 1 **주문자료검색** 쿼리를 선택하고 디자인 보기(D) 버튼을 클릭한다.

동작 2 **주문자료검색** 쿼리 입력 창의 내용을 다음 쿼리로 수정하여 입력한다.

```
select 상호명, 주문날짜, 상품명, 수량, 단가,
       int(수량*단가*1.1*0.1+0.5)*10 as 금액, 입금여부
from 고객 inner join 주문 on 고객.고객번호 = 주문.고객번호
where 주문날짜 between #7/15/2019# and #7/20/2019#;
```

◎ **날짜** 데이터의 좌우에 **#**을 붙인다.

◎ 날짜는 **월/일/년** 순서로 기술한다.

◎ **주문날짜**가 **2019-07-15**에서 **2019-07-20**까지인 레코드를 검색한다.

동작 3 수정된 **주문자료검색** 쿼리를 저장하고 실행한다.

◎ 실행된 결과는 〈그림 21.4〉와 같다.

상호명	주문날짜	상품명	수량	단가	금액	입금여부
내일로가는길	2019-07-15	생강차	17	14570	272460	☑
홀로있는뜰	2019-07-15	홍차	18	35400	700920	☑
가버린내일	2019-07-15	매실차	19	23450	490110	☑
잃어버린오늘	2019-07-16	인삼차	25	24760	680900	☐
눈내리는밤	2019-07-17	홍차	43	35400	1674420	☑
이슬맺힌풍경	2019-07-18	녹차	69	23890	1813250	☑
삶	2019-07-19	감잎차	75	32180	2654850	☑
잃어버린오늘	2019-07-20	생강차	30	14570	480810	☑
잃어버린오늘	2019-07-19	인삼차	22	24760	599190	☑

〈그림 21.5〉 **주문날짜**가 07-07-15~07-07-20의 레코드

동작 4 **주문자료검색** 쿼리 실행 창을 닫는다.

21.5   SELECT문에 계산 함수의 사용

주문 테이블의 전체 수량의 합계를 알고 싶으면 어떻게 해야 할까? 전통적 방법에서는 처음부터 끝까지 반복을 하면서 어떤 변수에 테이블의 **수량**을 계속해서 더해 나가야 한다. 그러나 SQL에서는 평균(avg), 개수(count), 최대값(max), 최소값(min), 총계(sum) 등의 함수를 사용하면 쉽게 결과를 알 수 있다.

다음 [따라하기 21.6]은 새로운 **주문자료통계** SQL 쿼리를 작성하여 **주문** 테이블의 **수량** 합계를 계산하는 실습이다.

따라하기 ——————— 21.6

동작 1 만들기 리본 메뉴의 **쿼리 디자인**을 클릭한다.

동작 2 SQL을 클릭하여 SQL 입력 창을 연다.

동작 3 다음의 SQL을 쿼리 입력 창에 입력한다.

> select sum(수량) as 수량합계 from 주문;

◎ **주문** 테이블의 **수량** 합계(sum)를 계산한다.
◎ **as** 다음의 **수량합계**는 테이블에 없는 사용자 정의 필드 이름이다.

동작 4 쿼리의 닫기 버튼을 클릭하고 쿼리 이름(N): 입력난에 **주문자료통계**를 입력한 후 확인 버튼을 클릭하여 저장한다.

동작 5 주문자료통계 쿼리를 실행한다.

◎ **주문자료검색** 쿼리 실행 결과는 〈그림 21.6〉과 같다.
◎ **주문** 테이블의 **수량합계**가 계산된다.
◎ 결과는 학습자의 데이터 상황에 따라 다소 차이가 있을 수 있다.

〈그림 21.6〉 **주문자료통계** 쿼리 실행 창

동작 6 **주문자료통계** 쿼리 실행 창을 닫는다.

다음 [따라하기 21.7]은 SQL 쿼리 **주문자료통계**를 수정하여 **주문** 테이블의 **수량** 평균 계산 필드를 추가하는 실습이다.

동작 1 **주문자료통계** 쿼리를 선택하고 디자인 보기(D) 버튼을 클릭한다.

동작 2 **주문자료통계** 쿼리 입력 창의 내용을 다음 쿼리로 수정한다.

select sum(수량) as 수량합계, avg(수량) as 수량평균
from 주문;

◎ **avg**는 평균(average)을 계산하는 함수다.
◎ **as** 다음의 **수량합계**는 테이블에 없는 사용자 정의 필드 이름이다.

동작 3 수정된 **주문자료통계** 쿼리를 저장하고 실행한다.

◎ 실행된 결과는 〈그림 21.7〉과 같다.
◎ 결과는 학습자의 데이터 상황에 따라 차이가 있을 수 있다.

〈그림 21.7〉 **수량평균**이 추가된 결과

동작 4 **주문자료통계** 쿼리 실행 창을 닫는다.

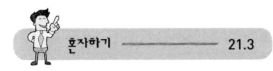

SQL 쿼리 **주문자료통계**를 수정하여 **수량**의 **최대값**, **수량**의 **최소값**, **레코드수**를 계산하는 필드를 추가하라(max, min, count함수를 사용). 레코드 수를 계산할 때는 count함수를 count(*)로 사용한다.

21.6 SELECT문에 GROUP BY의 사용

SELECT문에 GROUP BY를 추가하면 레코드의 그룹별 합계, 평균, 최대값, 최소값 등의 함수 값을 계산할 수 있다. 만약 GROUP BY절이 생략되면 전체를 하나의 그룹으로 취급한다. 예를 들어 **고객** 테이블과 **주문** 테이블을 내부 조인하여 **상호명**별 거래 횟수, 거래 금액의 합계, 평균 등을 한번에 계산할 수 있다.

다음 [따라하기 21.8]은 SQL 쿼리 **주문자료통계**를 수정하여 **고객** 테이블과 **주문** 테이블의 내부 조인을 통해 **고객** 테이블의 **상호명**별 거래 횟수, 거래 금액의 합계를 계산하는 실습이다. 금액은 다음 수식으로 계산한다.

금액 : int(수량 * 단가 * 1.1 / 10 + 0.5) * 10

동작 1 　**주문자료통계** 쿼리를 선택하고 **디자인 보기(D)** 버튼을 클릭한다.

동작 2 　**주문자료통계** 쿼리 입력 창의 내용을 다음 쿼리로 수정하여 입력한다.

```
select 상호명, count(*) as 거래횟수,
       sum(int(수량*단가*1.1/10+0.5)*10) as 금액합계
from 고객 inner join 주문 on 고객.고객번호=주문.고객번호
group by 상호명;
```

◎ **count(*)**은 레코드의 수를 계산한다.
◎ **group by** 다음에 기술된 **상호명** 별로 레코드 그룹을 만든다.

동작 3 수정된 **주문자료통계** 쿼리를 저장하고 실행한다.

◎ 실행된 결과는 〈그림 21.8〉과 같다.
◎ 결과는 학습자의 데이터 상황에 따라 차이가 있을 수 있다.

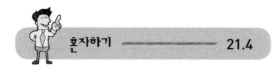

상호명	거래횟수	금액합계
가버린내일	1	490110
내일로가는길	3	1854590
눈내리는밤	2	1977160
삶	1	2654850
숭어가뛰는집	2	1486290
이슬맺힌풍경	1	1813250
잃어버린오늘	3	1760900
홀로있는뜰	3	1502200

〈그림 21.8〉 **상호명** 별 거래 횟수와 금액 합계

동작 4 **주문자료통계** 쿼리 실행 창을 닫는다.

혼자하기 ————————— **21.4**

SQL 쿼리 **주문자료통계**를 수정하여 **고객**와 **주문** 테이블을 내부 조인하고 **상호명**별
거래 횟수, 평균금액, 최대금액, 최소금액을 계산하라. 금액 계산은 다음 수식을 이
용한다.

금액 : int(수량 * 단가 * 1.1 / 10 + 0.5) * 10

21.7 SELECT문에 HAVING의 사용

HAVING은 GROUP BY를 사용하여 그룹별로 처리를 할 경우 각 그룹의 구성 요건을 기술한다. 만약 GROUP BY가 생략되면 HAVING도 생략되어야 한다. 예를 들어 **상호명**이 **홀로있는뜰**만의 거래 횟수, 금액의 합계를 계산하려면 HAVING를 사용해야 한다.

다음 [따라하기 21.9]는 SQL 쿼리 **주문자료통계**를 수정하여 **고객**과 **주문** 테이블을 내부 조인하고 **상호명**이 **홀로있는뜰**인 레코드의 거래 횟수, 이익금액의 합계를 계산하는 실습이다. 이익금액은 다음 수식으로 계산한다.

이익금액 : int(단가 * 0.25 / 10 + 0.5) * 10 * 수량

따라하기 ———————— **21.9**

동작 1 **주문자료통계** 쿼리를 선택하고 **디자인(D)** 버튼을 클릭한다.

동작 2 **주문자료통계** 쿼리 입력 창의 내용을 다음 쿼리로 수정하여 입력한다.

```
select 상호명, count(*) as 거래횟수,
       sum(int( 단가 * 0.25 / 10 + 0.5 ) * 10 * 수량) as 이익금액합계
from 고객 inner join 주문 on 고객.고객번호=주문.고객번호
group by 상호명
having 상호명="홀로있는뜰";
```

◎ **having**은 그룹별 구성 요건으로 **상호명**이 **홀로있는뜰**을 의미한다.

동작 3 수정된 **주문자료통계** 쿼리를 저장하고 실행한다.

◎ 실행된 결과는 〈그림 21.9〉와 같다.

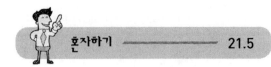

〈그림 21.9〉 상호명이 **홀로있는뜰**인 레코드의 이익금액 합계

동작 4 **주문자료통계** 쿼리 실행 창을 닫는다.

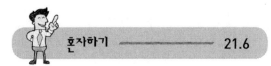

혼자하기 ———————— 21.5

SQL 쿼리 **주문자료통계**를 수정하여 **고객**와 **주문** 테이블을 내부 조인하고 거래 횟수가 2 이상인 레코드의 거래횟수, 이익금액의 합계를 계산하여 **상호명**과 함께 표시하도록 하라.

```
select 상호명, count(*) as 거래횟수,
        sum(int( 단가 * 0.25 / 10 + 0.5 ) * 10 * 수량) as 이익금액합계
from 고객 inner join 주문 on 고객.고객번호=주문.고객번호
group by 상호명
having count(*)>=2;
```

혼자하기 ———————— 21.6

SQL 쿼리 **주문자료통계**를 수정하여 **고객**과 **주문** 테이블을 내부 조인하고 **상호명**이 **내일로가는길**의 거래 횟수, 이익금액의 평균, 최대이익금액, 최소이익금액을 계산하라. 이익금액 계산은 다음을 이용한다.

이익금액 : int(단가 * 0.25 / 10 + 0.5) * 10 * 수량

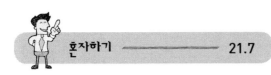

SQL 쿼리 **주문자료통계** 쿼리를 수정하여 **고객**과 **주문** 테이블을 내부 조인하고 **광역시_도**별 거래 횟수, 금액 합계, 금액 평균, 최대금액, 최소금액을 계산하라. 금액 계산은 다음 수식을 이용한다.

금액 : int(수량 * 단가 * 1.1 / 10 + 0.5) * 10

21.8   SELECT문에 서브쿼리의 사용

서브쿼리(subquery)는 다른 질의문에 중첩되어 사용된 SELECT문으로 IN 다음에 기술된다. 서브쿼리로 검색된 결과는 집합 레코드를 생성하고 IN은 집합의 멤버십 연산자(∈)로 해석할 수 있다. 예를 들어 **상호명**이 **내일로가는길**인 레코드의 **주문날짜**, **수량**, **단가**를 내부 조인을 사용하지 않고 서브쿼리를 이용해 검색할 수 있다.

다음 [따라하기 21.10]은 SQL 쿼리 **주문자료검색**을 수정하여 **상호명**이 **내일로가는길**인 레코드의 **주문날짜**, **수량**, **단가**를 <u>조인을 사용하지 않고</u> 서브쿼리를 이용해 검색하는 실습이다.

동작 1   **주문자료검색** 쿼리를 선택하고 **디자인 보기(D)** 버튼을 클릭한다.

동작 2   **주문자료검색** 쿼리 입력 창의 내용을 다음 쿼리로 수정하여 입력한다.

```
select 주문날짜, 수량, 단가
from 주문
where 고객번호 in
        (select 고객번호
        from 고객
        where 상호명="내일로가는길");
```

◎ 서브쿼리를 사용한 검색이다.

◎ **in** 다음에는 select 문을 서브쿼리로 기술할 수 있다.

◎ 먼저 서브쿼리에서 **상호명**이 **내일로가는길**인 **고객번호**를 검색한다.

◎ 검색된 **고객번호**로 **주문** 테이블에서 **주문날짜**, **수량**, **단가**를 검색한다.

동작 3 수정된 **주문자료검색** 쿼리를 저장하고 실행한다.

◎ 실행된 결과는 〈그림 21.10〉과 같다.

◎ **상호명**이 **내일로가는길**인 레코드의 **주문날짜**, **수량**, **단가** 검색이다.

주문자료검색

주문날짜	수량	단가
2019-07-12	40	23890
2019-07-14	15	32180
2019-07-15	17	14570

〈그림 21.10〉 서브쿼리를 사용한 검색

Help!!

필드 표시의 제한

서브쿼리를 사용하여 검색한 경우 서브쿼리의 테이블 필드를 표시할 수 없다. 예를 들어 앞의 예제에서 서브쿼리에 있는 **고객** 테이블의 **상호명** 필드는 표시할 수 없다. 그러나 내부 조인을 사용하면 **상호명** 필드를 표시할 수 있다.

IN 이외의 연산자 사용

서브쿼리에 IN이 아닌 비교 연산자(=, 〉, 〈, 〉=, 〈=,〈〉 등)를 사용할 수 있다.

동작 4 **주문자료검색** 쿼리 실행 창을 닫는다.

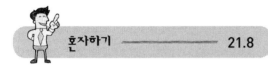

혼자하기 ———————— 21.8

다음의 **주문자료검색** 쿼리에서 in을 =로 변경하여 실행한 후, in을 =로 변경해도 결과에는 변함이 없음을 확인하라.

```
select 주문날짜, 수량, 단가
from 주문
where 고객번호 in
        (select 고객번호
        from 고객
        where 상호명="내일로가는길");
```

다음 [따라하기 21.11]은 SQL 쿼리 **주문자료검색**을 수정하여 **상호명**이 **내일로가는길**인 레코드의 **주문날짜**, **수량**, **단가**를 <u>조인을 사용</u>하여 검색하는 실습이다.

따라하기 ———————— 21.11

동작 1 **주문자료검색** 쿼리를 선택하고 디자인 보기(D) 버튼을 클릭한다.

동작 2 **주문자료검색** 쿼리 입력 창의 내용을 다음 쿼리로 수정하여 입력한다.

```
select 주문날짜, 수량, 단가
from 고객 inner join 주문 on 고객.고객번호=주문.고객번호
where 상호명="내일로가는길";
```

◎ inner join을 사용한 검색이다.

동작 3 수정된 **주문자료검색** 쿼리를 저장하고 실행한다.

◎ 실행된 결과는 〈그림 21.11〉과 같다.

◎ **상호명**이 **내일로가는길**인 레코드의 **주문날짜**, **수량**, **단가** 검색 결과이다.

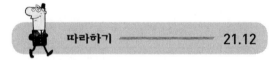

주문자료검색		
주문날짜 ·	수량 ·	단가 ·
2019-07-12	40	23890
2019-07-14	15	32180
2019-07-15	17	14570
*		

〈그림 21.11〉 내부 조인을 사용한 검색

동작 4 **주문자료검색** 쿼리 실행 창을 닫는다.

〈그림 21.10〉과 〈그림 21.11〉을 비교하면 서브쿼리를 사용하여 검색한 경우와 내부 조인을 사용한 경우의 결과는 차이가 없다. 그러나 내부 조인을 사용하면 두 개의 테이블 필드를 자유롭게 표시할 수 있고 서브쿼리는 SQL 조작문 UPDATE, DELETE 등과 결합하여 복수의 레코드를 제어하는데 유용하게 사용될 수 있다.

다음 [따라하기 21.12]는 SQL 쿼리 **주문자료검색**을 수정하여 **상호명**이 **내일로가는길**인 레코드의 **주문날짜**, **수량**, **단가**를 조인을 사용하여 검색하되 **상호명** 필드를 표시하는 실습이다.

따라하기 ━━━━━━━ **21.12**

동작 1 주문자료검색 쿼리를 선택하고 디자인 보기(D) 버튼을 클릭한다.

동작 2 주문자료검색 쿼리 입력 창의 내용을 다음 쿼리로 수정하여 입력한다.

select 상호명, 주문날짜, 수량, 단가

from 고객 inner join 주문 on 고객.고객번호=주문.고객번호

where 상호명="내일로가는길";

◎ **상호명** 필드를 추가한다.

동작 3 수정된 **주문자료검색** 쿼리를 저장하고 실행한다.

◎ 실행된 결과는 〈그림 21.12〉와 같다.

상호명	주문날짜	수량	단가
내일로가는길	2019-07-12	40	23890
내일로가는길	2019-07-14	15	32180
내일로가는길	2019-07-15	17	14570

〈그림 21.12〉 **상호명** 필드를 추가한 검색

동작 4 **주문자료검색** 쿼리 실행 창을 닫는다.

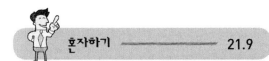

혼자하기 21.9

SQL 쿼리 **주문자료검색**을 수정하여 **상호명**이 **내일로가는길**인 레코드의 **주문날짜, 수량, 단가**를 <u>서브쿼리를 사용</u>해 검색하라.

select 주문날짜, 수량, 단가

from 주문

where 고객번호 not in

　　　(select 고객번호

　　　from 고객

　　　where 상호명='내일로가는길');

Help!!

서브쿼리에 EXISTS의 사용

EXISTS는 존재 종량자로서 EXISTS 다음에 나오는 서브쿼리의 실행으로 검색된 레코드의 존재를 검색한다. 만약 서브쿼리의 실행과 관련한 레코드가 존재하면 참으로 판정하고 없으면 거짓으로 판정한다. 이 책에서는 이와 관련한 실습은 생략한다. 참고로 고객과 주문 테이블에서 녹차를 주문한 고객의 성명, 직위, 전화번호를 서브쿼리와 EXISTS를 사용하면 아래와 같은 형식의 쿼리로 작성할 수 있다.

select 상호명, 성명, 직위, 전화번호 from 고객
where exists (select * from 주문 where 상품명="녹차");

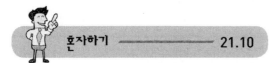

혼자하기 ──────── 21.10

SQL 쿼리 **주문자료검색**을 수정하여 **상호명**이 **내일로가는길**이 아닌 레코드의 **주문날짜**, **수량**, **단가**를 <u>조인을 사용</u>해 검색하라.

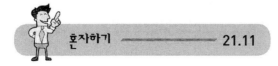

혼자하기 ──────── 21.11

SQL 쿼리 **주문자료검색**을 수정하여 **상호명**이 **홀로있는뜰**인 레코드의 **주문날짜**, **상품명**, **수량**, **단가**, **금액**를 <u>조인을 사용</u>하여 검색하라(**금액**은 **수량*단가**로 계산한다.)

Help!!

데이터베이스에서 원하는 정보를 얼마나 정확하게 검색하느냐 하는 것은 쿼리를 얼마나 잘 작성하느냐에 달려있다고 해도 지나친 말이 아니다. 쿼리를 만드는 방법은 액세스에서 제공하는 도구를 사용하는 방법과 SQL을 직접 입력하여 만드는 방법이 있다. 액세스에서 이 두 가지 방법 중 어느 것을 사용하느냐 하는 것은 사용자가 결정할 일이다. 그러나 액세스가 아닌 다른 상용 RDBMS를 사용하거나 응용 프로그램을 개발하거나 웹 프로그램을 개발해야하는 개발자는 표준 SQL을 알아야 데이터베이스를 효과적으로 제어할 수 있다.

21.9   SQL문의 폼 이용

정보 검색은 업무의 성격에 따라 다수가 필요한 정보에 쉽게 접근할 수 있어야 한다. 그러나 업무의 기밀을 요하는 경우에는 검색 권한도 제한할 수 있다. 하지만 다중이 이용하는 정보 검색이라면 검색 권한 외에는 입력, 수정, 삭제 등과 관련한 어떤 권한도 주어져서는 안 된다. 액세스에서는 폼의 속성 변경을 통해 검색된 데이터의 수정, 삭제, 입력을 쉽게 제한 할 수 있다. 다음 [혼자하기 21.12]와 [혼자하기 21.13]은 이와 관련한 실습이다.

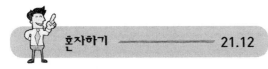

혼자하기 ——————— **21.12**

SQL 쿼리 **주문자료검색**을 수정하여 **상호명** <u>오름차순</u>으로 **상호명, 성명, 주문번호, 주문날짜, 상품명, 수량, 단가, 금액**를 표시하는 쿼리를 만들고, 〈그림 21.13〉과 처리조건을 참조하여 **상품주문내역조회폼**을 완성하라(**금액**은 **수량*단가**로 계산한다.) 완성된 폼을 실행한 후 액세스의 찾기 도구를 이용하여 **홀로있는뜰**의 주문내역을 검색해 보라.

<그림 21.13> 상품주문내역조회폼 디자인 형식

[처리조건]

1) 금액 = 수량 * 단가

2) 표시되는 레코드는 상호명 오름차순, 주문날짜의 오름차순으로 표시되도록 한다.

3) 단가, 금액의 텍스트 상자는 통화로 지정한다.

4) 전체 폼의 속성은 아래와 같이 변경한다.

최소화 최대화 단추: 표시 안함

구분선: 아니오

레코드 선택기: 아니오

팝업: 예

편집 가능: 아니오

삭제 가능: 아니오

추가 가능: 아니오

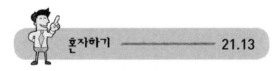
혼자하기 ————— 21.13

　　주문번호, 주문날짜, 상품명, 수량, 단가, 금액, 입금여부를 표시하는 SQL 쿼리를 새로 만들어 **주문자료검색** 쿼리로 저장한 후 <그림 21.14>와 처리조건을 참조하여 **고객** 테이블은 기본 폼 **고객주문기본폼**에 연결하고 **주문자료검색** 쿼리는 하위 폼 **고객주문하위폼**에 연결하여 만들어라(금액은 **수량*단가**로 계산한다.) 완성된 폼을 실행한 후 액세스의 찾기 도구를 이용하여 **내일로가는길**의 주문내역을 검색해 보라.

고객 주문 자료 검색

고객번호 ▢▢▢   상호명 ▢▢▢
담 당 자 ▢▢▢   직   위 ▢▢▢
광역시_도 ▢▢▢   구_시_군 ▢▢▢
동_번지 ▢▢▢   전화번호 ▢▢▢

주문자료

주문번호	주문날짜	상품명	수량	단가	금액	입금여부

〈그림 21.14〉 하위 폼이 포함된 **고객주문기본폼** 디자인

[처리조건]

1) 기본 폼용 테이블: **고객**

하위 폼용 쿼리: **주문자료검색**

※ 표시되는 레코드는 주문날짜의 오름차순으로 표시되도록 한다.

3) 기본 폼 이름: **고객주문기본폼**, 하위 폼 이름: **고객주문하위폼**
4) 단가, 금액의 텍스트 상자는 통화로 지정한다.
5) 기본 폼의 전체 속성은 아래와 같이 변경한다.

최소화 최대화 단추: 표시 안함

구분선: 아니오

레코드 선택기: 아니오

팝업: 예

탐색 단추: 아니오

편집 가능: 아니오

삭제 가능: 아니오

추가 가능: 아니오

6) 하위 폼의 속성은 아래와 같이 변경한다.

레코드 선택기: 아니오

탐색 단추: 아니오

편집 가능: 아니오

삭제 가능: 아니오

추가 가능: 아니오

혼자하기 ———— 21.14

다음의 SQL 쿼리를 이용하여 **상호명별주문내역** 쿼리를 만들고 쿼리를 실행하여 결과를 확인하라.

```
select 상호명, 주문날짜, 상품명, 수량, 단가,
       int(수량*단가*1.1/10+0.5)*10 as 금액, 입금여부, 배송여부
from 고객 inner join 주문 on 고객.고객번호 = 주문.고객번호;
```

혼자하기 ———— 21.15

상호명별주문내역 쿼리를 이용하여 아래와 같은 조건으로 〈그림 21.15〉와 같은 **거래처별주문내역보고서**를 작성하라.

1) **상호명**으로 오름차순 정렬되어 그룹화 되도록 한다.

2) **수량**과 **단가** 표시 형식은 통화로 지정한다.

3) **입금여부**의 표시 형식은 **Yes/No**로 지정한다.

4) **상호명**별 **금액** 합계(소계)를 계산하여 통화 형식으로 표시한다.

5) 보고서 바닥글에 전체 **금액** 총계를 계산하여 통화 형식으로 표시한다.

6) 보고서 머리글에 보고서 제목 **거래처별 주문 내역서**를 표시하고 **작성자**의 이름을 표시한다.

7) 페이지 바닥의 좌측에 **작성 날짜**가 표시되도록 한다(=now()함수 사용).

8) **상호명**이 중복되어 표시되지 않도록 한다.

9) 페이지 머리글의 선의 굵기는 2 pt로 지정한다.

거래처별 주문 내역 보고서

작성자: 홍 길 동

상호명	주문날짜	상품명	수량	단 가	금 액	입금여부
가버린내일	XX.XX.XX · · ·	XXX · · ·	XX · · ·	₩X,XXX · · ·	₩X,XXX · · ·	₩X,XXX · · ·
					소　계:	₩XX,XXX
가을나들이	XX.XX.XX · · ·	XXX · · ·	XX · · ·	₩X,XXX · · ·	₩X,XXX · · ·	₩X,XXX · · ·
					소　계:	₩XX,XXX
겨울풍경	XX.XX.XX · · ·	XXX · · ·	XX · · ·	₩X,XXX · · ·	₩X,XXX · · ·	₩X,XXX · · ·
					소　계:	₩XX,XXX
					총　계:	₩XX,XXX

〈그림 21.15〉 **거래처별주문내역보고서**의 형식

21.10 종합 연습문제

※ 아래의 문제에서 테이블 정의, 관계설정에서부터 검색에 이르기까지 필요한 쿼리는 모두 **SQL**로 만들고 쿼리 이름이 없는 것은 사용자 임의로 정한다.

> 네모헬스 회원의 건강식품의 주문 처리를 위한 사용자 정의 폼 **회원주문기본폼**을 아래의 처리조건으로 〈그림 21.18〉과 같이 완성하고 이를 이용하여 회원자료와 회원의 건강식품 주문 내용을 입력한 후 보고서 〈그림 21.19〉와 처리조건을 참조하여 보고서를 완성하라.

[처리조건]

1) 데이터베이스 명은 **네모헬스**로 한다.
2) 〈그림 21.16〉의 테이블 명은 **헬스회원**, 〈그림 21.17〉의 테이블 명은 **주문**으로 하고 테이블 내용을 참조하여 테이블 구조를 결정하고 관계를 설정한다.
4) 테이블의 데이터 입력은 만들어진 **회원주문기본폼**을 이용해 입력한다.

가. 입력 자료(data)

[헬스회원]

회원번호	소 속	성 명	전화번호	생년월일	혈액형	신장	체중
1001	COEX	오리온	2553-6672	90/02/18	A	170	60
2001	COMA	가리비	8897-2213	89/09/09	AB	167	75
1002	COEX	나른해	2236-6659	92/02/28	O	178	80
1003	COMA	얼씨구	6656-6621	89/07/09	B	176	66
2002	RISTE	주을래	4569-2013	87/05/06	A	180	55
1004	RISTE	가지마	5265-2653	88/03/06	AB	179	50
1005	RISTE	절씨구	1145-6523	90/11/12	B	178	67
2003	COMA	화구라	8879-2156	91/12/01	A	176	89
1006	COMA	하수상	2136-0213	90/07/07	O	175	76
2004	COEX	이동극	6521-0021	91/06/06	O	170	59
2005	COEX	허사수	9546-2115	91/01/02	A	165	47
2006	COMA	고두기	4125-3202	89/02/01	A	169	60
2007	RISTE	허설해	9859-6215	90/09/31	AB	172	65

〈그림 21.16〉 헬스회원 테이블

[주문]

주문번호	주문날짜	고객번호	제품명	수량	단가	지불유무
01	07-09-01	1001	ST1007	2	34500	1
02	07-09-01	1001	RR5600	1	12300	0
03	07-09-02	1003	RT5470	3	23400	1
04	07-09-03	1004	EW2345	4	12400	1
05	07-09-03	1005	GR6788	2	23450	0
06	07-09-04	1006	ST1007	1	34500	1
07	07-09-04	2001	RR5600	2	12300	0
08	07-09-06	2002	KJ4738	2	12430	1
09	07-09-07	2003	GE2323	1	23490	1
10	07-09-08	2004	SW1235	1	21430	1
11	07-09-09	2005	SH3209	2	21100	1
12	07-09-10	2006	KJ4738	3	12430	0
13	07-09-11	2007	TT1290	4	23120	1
14	07-09-12	2007	SE5560	3	24130	1

〈그림 21.17〉 주문 테이블

나. 입력/검색 화면(screen)

[처리조건]

※ 컨트롤의 이름은 필요시 작성자가 적절히 부여한다.

1) 기본 폼 명은 **회원주문기본폼**으로 하고, 하위 폼 명은 **회원주문하위폼**으로 만든다.

2) **회원번호**, **전화번호**, **생년월일**은 입력마스크를 사용한다.

3) **소속**, **혈액형**의 데이터 입력은 콤보 상자를 이용한다.

4) 폼의 **비고**는 **신장**과 **체중**에 따라 다음의 조건대로 표시되도록 하고 탭 이동 및 데이터 입력을 할 수 없도록 한다.

   [조건] 체중이 **(신장-체중)*0.9+10**의 값보다 크면 **과체중이므로 관리가 요구됨**으로 체중이 **(신장-체중)*0.9-10**의 값보다 적으면 **저체중이므로 관리가 요구됨**으로 나머지는 **정상으로 상태가 좋습니다**로 표시되게 한다.

5) 아래 동작을 일으키는 **처음**, **이전**, **다음**, **마지막**, **신규등록**, **닫기** 단추(버튼)를 추가하고 탐색 단추를 사용할 수 없도록 한다.

처음 : 처음 레코드로 이동한다.

이전 : 이전 레코드로 이동한다.

다음 : 다음 레코드로 이동한다.

마지막 : 마지막 레코드로 이동한다.

신규등록 : 새로운 데이터를 입력한다.

닫기 : **회원주문기본폼**의 창을 닫는다.

6) 폼의 **레코드 수** 우측 텍스트 상자에는 입력된 고객의 전체 레코드 수가 **자동으로 표시**되도록 하고 탭 이동 및 데이터 입력을 할 수 없도록 한다.

7) **체중** 데이터를 입력하거나 수정한 후 **Tab** 키를 이용해 탭을 이동시키면 **회원번호** 텍스트 상자로 탭이 이동하도록 한다.

네모 헬스 회원자료 관리

회원번호		소 속	▼
성 명		전화번호	
생년월일		혈 액 형	▼
신장(cm)		체중(kg)	
비 고			

| 처음 | 이전 | 다음 | 마지막 | 레코드 수: | | 신규등록 | 닫기 |

주문자료

주문번호	주문날짜	제품명	수량	단가	지불여부

〈그림 21.18〉 **회원주문기본폼**의 디자인 형태

다. 보고서 작성(이름: 건강식품주문보고서)

[처리조건]

1) **소속** 순(COEX, COMA, RISTE)으로 정렬하고, 같은 소속에서는 **성명**의 오름차순으로 정렬(sort)한다.

2) 금액 = 수량 × 단가

3) 소계 : 소속 별 금액 합계

4) 총계 : 전체의 금액 합계

5) **단가**와, **금액**의 형식은 통화(₩)를 지정한다.

6) 데이터의 정렬 형식은 중앙정렬을 원칙으로 하며 〈그림 21.19〉를 참조하여 열과 간격, 자릿수 등은 일정하게 맞추어 통일성을 기하여야 한다.

7) **작성일자**는 현재 날짜를 YY.MM.DD 형식으로 표시한다.

※ 보고서의 세로선은 표시하지 않아도 됨.

고객별 건강식품 주문 대장

작성일자 : YY.MM.DD   〈단위:원〉

소 속	성 명	주문날짜	제품명	수량	단 가	금 액
COEX	XXX	XX.XX.XX	XXX	XX	₩X,XXX	₩X,XXX
	•	•	•	•	•	•
	•	•	•	•	•	•
	•	•	•	•	•	•
					소 계:	₩XX,XXX
COMA	XXX	XX.XX.XX	XXX	XX	₩X,XXX	₩X,XXX
	•	•	•	•	•	•
	•	•	•	•	•	•
	•	•	•	•	•	•
					소 계:	₩XX,XXX
RISTE	XXX	XX.XX.XX	XXX	XX	₩X,XXX	₩X,XXX
	•	•	•	•	•	•
	•	•	•	•	•	•
	•	•	•	•	•	•
					소 계:	₩XX,XXX
					총 계:	₩XX,XXX

〈그림 21.19〉 **건강식품주문보고서** 모양

21.11 보건의료 연습문제

HK메디컬의 진료등록 업무의 처리를 위한 사용자 정의 폼 **HK메디컬진료관리기본폼**과 **HK메디컬진료관리하위폼**을 아래의 처리조건으로 〈그림 21.22〉와 같이 완성하고 이를 이용하여 〈그림 21.20A〉와 〈그림 21.20B〉의 진료등록 데이터와 〈그림 21.21〉의 진료 내용을 입력하라.

[처리조건]

1) 데이터베이스는 **HK메디컬진료관리실무.accdb**를 생성한다.
2) SQL로 〈그림 21.20A〉와 〈그림 21.20B〉의 테이블 명은 **진료등록**으로 하고 〈그림 21.21〉의 테이블 명은 진료로 하여 테이블을 정의하고 관계를 설정한다.
3) 기본 폼 명은 **HK메디컬진료관리기본폼**으로 하고, 하위 폼 명은 **HK메디컬진료관리하위폼**으로 저장한다.
4) 테이블의 데이터 입력은 만들어진 **HK메디컬진료관리기본폼**과 **HK메디컬진료관리하위폼**을 이용해 입력한다.

가. 입력 자료(data)

[진료등록 자료]

	인적정보						보험정보
차트번호	수진자명	주민번호1	가입자명	주민번호2	보험유형	관계	사업체번호
HKM0101	이도령	841214-219****	이도령	841214-219****	국민건강보험	본인	80001601
HKM0102	심놀부	031017-133****	구서방	825203-117****	국민건강보험	자녀	80006402
HKM0103	우삼순	051914-176****	박랑이	836717-259****	국민건강보험	자녀	80007703

〈그림 21.20A〉

보험정보		가타정보				
보험증번호	취득일자	최초내원일	진료실	주소	전화번호	휴대폰번호
5901424066	15/07/07	20/12/09	제1진료실	경상남도 진주시	055-202-1234	010-8945-0001
6363667777	17/07/15	20/12/10	제3진료실	경상남도 사천시	055-606-2222	010-2268-2211
9777958988	17/08/22	20/12/12	제2진료실	부산광역시 해운대구	051-707-2311	010-2214-3366

〈그림 21.20B〉

[진료 자료]

번호	차트번호	구분	진료일	진료실	진료의	상병코드	입원일	입원실
일련번호	HKM0042	초진	20-12-09	제1진료실	박춘삼	E1478	-	-
	HKM0043	초진	20-12-10	제2진료실	이동석	N083	-	-
	HKM0044	초진	20-12-12	제3진료실	김만철	C241	-	-
	HKM0042	재진	20-12-10	제1진료실	박춘삼	E1478	20-12-10	A10104
	HKM0043	응급	20-12-13	제2진료실	이동석	N083	20-12-15	B11305
	HKM0044	응급	20-12-13	제3진료실	김만철	C241	20-12-15	A10106
	HKM0042	재진	20-12-11	제3진료실	박춘삼	E1478	20-12-11	A10104
	HKM0043	재진	20-12-16	제1진료실	이동석	N083	20-12-16	B11305
	HKM0044	재진	20-12-17	제2진료실	김만철	C241	20-12-16	A10106

〈그림 21.21〉

나. 입력/검색 화면(screen)

[처리조건]

※ 컨트롤의 이름은 필요시 작성자가 적절히 부여한다.

1) **차트번호, 주민번호1, 주민번호, 사업체번호, 보험증번호, 취득일자, 최초내원일, 전화번호, 휴대폰번호**는 입력마스크를 사용하여 데이터를 입력한다.

2) **보험유형, 관계, 진료실**의 데이터 입력은 콤보 상자를 이용한다.

3) 폼의 **비고**는 **가입자명**에 따라 다음의 조건대로 표시되도록 하고 탭 이동 및 데이터 입력을 할 수 없도록 속성을 변경한다.

   [조건] 가입자명이 공백이 아니면 **보험 처리**로 아니면 **일반 처리**로 처리한다.

4) 아래 동작을 일으키는 **처음, 이전, 다음, 마지막, 신규등록, 닫기** 단추(버튼)를 추가하고 탐색 단추를 사용할 수 없도록 한다.

처음 : 처음 레코드로 이동한다.
이전 : 이전 레코드로 이동한다.
다음 : 다음 레코드로 이동한다.
마지막 : 마지막 레코드로 이동한다.
신규등록 : 새로운 데이터를 입력한다.
닫기 : HK메디컬진료관리기본폼의 창을 닫는다.

5) 폼의 **레코드 수** 우측 텍스트 상자에는 입력된 진료등록자의 전체 레코드 수가 **표시**되도록 한다.

6) 하위 폼은 아래와 같이 처리한다.
① **구분**(초진, 재진, 응급)과 **진료실**(제1진료실, 제2진료실, 제3진료실)은 콤보 상자로 처리하고 **구분**의 기본 값은 응급, **진료실**의 기본 값은 제1진료실로 처리한다.
② **번호**와 **차트번호**는 자동 입력되므로 탭 정지하지 않는다.
③ **진료일, 상병코드, 입원일, 입원실**은 입력마스크로 입력하도록 처리한다.
④ 하위 폼의 행 너비를 적절히 조절한다.

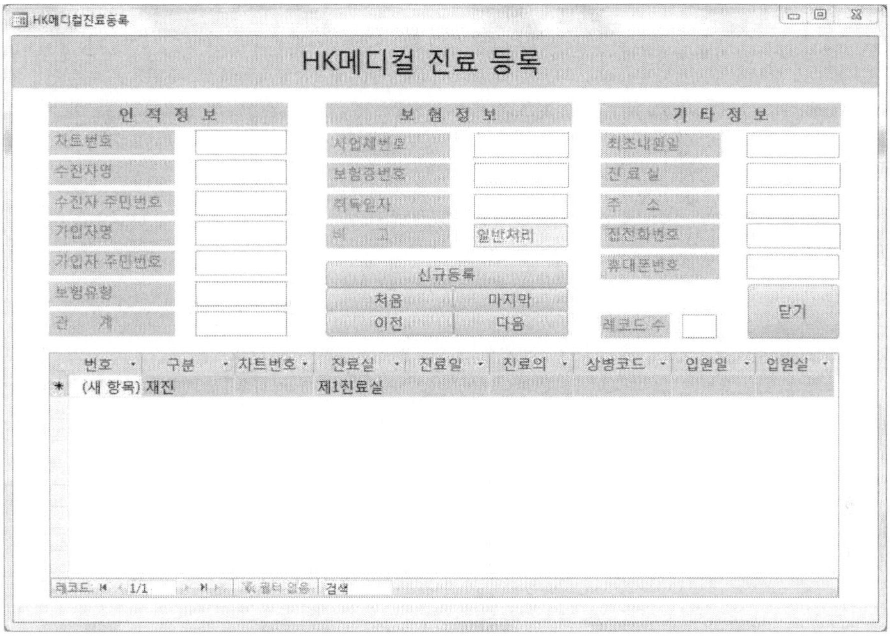

〈그림 21.22〉 **HK메디컬진료관리기본폼**의 디자인 형태

다. 보고서 작성(이름: HK메디컬진료내역보고서)

[처리조건]

1) **진료실**(제1진료실, 제2진료실, 제3진료실) 순으로 정렬하고, 동일 진료실 내에서는 **진료일** 오름차순으로 정렬(sort)한다.

2) 진료건수 : **진료실**별 진료 건 수

3) 총 진료건수 : **진료실** 전체의 진료 건 수

4) 데이터의 정렬 형식은 중앙정렬을 원칙으로 하며 〈그림 15.27〉을 참조하여 열과 간격, 자릿수 등은 일정하게 맞추어 통일성을 기하여야 한다.

5) **진료실**은 중복 표시하지 않는다.

6) **작성일자**는 현재 날짜를 YY.MM.DD 형식으로 표시한다.

HK메디컬 진료 내역 보고서

작성일 : YY.MM.DD

진료실	차트번호	수진자명	진료일	진료의	상병코드	입원일	입원실
제1진료실	XXXXXXX	XXX	XX.XX.XX	XXX	XX	₩X,XXX	₩X,XXX
	•	•	•	•	•	•	•
	•	•	•	•	•	•	•
	•	•	•	•	•	•	•
						진료건수: XXX건	
제2진료실		XXX	XX.XX.XX	XXX	XX	₩X,XXX	₩X,XXX
		•	•	•	•	•	•
		•	•	•	•	•	•
		•	•	•	•	•	•
						진료건수: XXX건	
제3진료실		XXX	XX.XX.XX	XXX	XX	₩X,XXX	₩X,XXX
		•	•	•	•	•	•
		•	•	•	•	•	•
		•	•	•	•	•	•
						진료건수: XXX건	
						총 진료건수: XXX건	

〈그림 21.23〉 HK메디컬진료내역보고서 형식

Access for Beginners 액세스 실전 솔루션

1판 1쇄 발행 2019년 02월 20일
1판 4쇄 발행 2023년 07월 10일
저   자 강경원
발 행 인 이범만
발 행 처 **21세기사** (제406-2004-00015호)
         경기도 파주시 산남로 72-16 (10882)
         Tel. 031-942-7861   Fax. 031-942-7864
         E-mail : 21cbook@naver.com
         Home-page : www.21cbook.co.kr
         ISBN 978-89-8468-824-7

정가 30,000원